Han van der Horst

Der Himmel so tief

Niederlande und Niederländer verstehen

NIEDERLANDE

Han van der Horst

Der Himmel so tief

Niederlande und Niederländer verstehen

Aus dem Niederländischen
von Gabriele de Koning

agenda Verlag

Die Deutsche Bibliothek – CIP-Einheitsaufnahme

Horst, Han /van der:
Der Himmel so tief. Niederlande und Niederländer verstehen /
Han van der Horst. Aus dem Niederländ. von Gabriele de Koning. –
Münster : Agenda-Verl., 2000
Einheitssacht.: De lage hemel <dt.>
ISBN 3-89688-080-2

Titel der niederländischen Ausgabe:
De lage hemel. Nederland en de Nederlanders verklaard
© 1996, 1999 Scriptum Books, Schiedam

© 2000 agenda Verlag GmbH & Co. KG
Hammer Str. 223, D-48153 Münster
Tel. +49–(0)251–79 96 10, Fax –79 95 19
E-mail: info@agenda.de
Internet: www.agenda.de
Satz und Umschlaggestaltung: Christian Huppert
Druck und Bindung: Krips B.V., Meppel/NL
ISBN 3-89688-080-2

INHALT

VORWORT SPEZIELL FÜR DEUTSCHE

Apfelsinenschalen auf den Kopf werfen

ICH WEISS NICHT, ob Heinrich Heines „Aus den Memoiren des Herrn von Schnabelewopski" autobiografische Elemente enthält. Selbst wenn dies nicht zutrifft, möglich wäre es auf jeden Fall.

Während seiner Irrfahrten kommt Schnabelewopski auch nach Amsterdam, wo er eine Theatervorstellung von „Der Fliegende Holländer" besucht. Gott hat diesen Kapitän dazu verurteilt auf ewig die Weltmeere zu befahren, bis er einer Frau begegnet, die ihn aufrichtig und für immer liebt. Und eine solche Frau findet sich natürlich auch. Jetzt lasse ich Heine zu Wort kommen: „Bei dieser Stelle, erinnere ich mich, hörte ich lachen, und dieses Lachen kam nicht von unten, aus der Hölle, sondern von oben, vom Paradiese. Als ich hinaufschaute, erblickte ich eine wunderschöne Eva, die mich mit ihren großen blauen Augen verführerisch ansah. Ihr Arm hing über der Galerie herab, und in der Hand hielt sie einen Apfel, oder vielmehr eine Apfelsine. Statt mir aber symbolisch die Hälfte anzubieten, warf sie mir bloß metaphorisch die Schalen auf den Kopf. War es Absicht oder Zufall? Das wollte ich wissen. Ich war aber, als ich ins Paradies hinaufstieg, um die Bekanntschaft fortzusetzen, nicht wenig befremdet, ein weißes sanftes Mädchen zu finden, eine überaus weiblich weiche Gestalt, nicht schmächtig aber doch kristallig zart, ein Bild häuslicher Zucht und beglückender Holdseligkeit. Nur um die linke Oberlippe zog sich etwas, oder vielmehr ringelte sich etwas, wie das Schwänzchen einer fortschlüpfenden Eidechse. Es war ein geheimnisvoller Zug, wie man ihn just nicht bei den reinen Engeln, aber auch nicht bei häßlichen Teufeln zu finden pflegt. Dieser Zug bedeutete weder das Gute noch das Böse, sondern bloß ein schlimmes Wissen; es ist ein Lächeln, welches vergiftet worden von jenem Apfel der Erkenntnis, den der Mund genossen. Wenn ich diesen Zug auf weichen vollrosigen Mädchenlippen sehe, dann fühl ich in den eigenen Lippen ein krampfhaftes Zucken, ein zuckendes Verlangen jene Lippen zu küssen; es ist Wahlverwandtschaft."

Das ist Biedermeier, Amsterdam vor ungefähr 170 Jahren. Natürlich kann man sich fragen, ob es gestattet ist, Bedeutungen in diesem Zitat zu suchen, die Heine vielleicht keineswegs beabsichtigte. Gleichwohl enthält diese Passage einige Elemente, die den heutigen Leser – auf jeden Fall mich – an das Verhältnis zwischen Niederländern und Deutschen erinnern, so wie es heute ist.

Schnabelewopski wird verführt von den Augen einer schönen Amsterdamerin, die so tut, als ob sie ihm Apfelsinenschalen auf den Kopf wirft. Jedenfalls metaphorisch. So etwas gefällt Niederländern tatsächlich noch immer. Sympathiekundgebungen von deutscher Seite beantworten sie gerne mit kleinen Sticheleien. Auf der Autobahn von Oberhausen nach Arnheim verblasst auf dem Betongeländer der ersten Brücke auf niederländischer Seite noch immer der Slogan „Sie betreten jetzt das Land der Europameister" oder so etwas Ähnliches. Ich habe mich noch nie für Fußball interessiert und wenn sich mein ganzes Land orange färbt, gehöre ich zu der Minderheit, die das alles mit Erstaunen zur Kenntnis nimmt.

An niederländischen Universitäten konsequent Englisch sprechen

Wie dem auch sei, Niederländer werfen Deutschen gerne Apfelsinenschalen auf den Kopf. Bei Umfragen stellt sich immer wieder heraus, dass Deutsche große Sympathien für das Nachbarland hegen, während die Niederländer sich, vorsichtig ausgedrückt, sehr viel reservierter äußern.

Das wissen die Deutschen auch. Ich treffe regelmäßig deutsche Studenten, die an niederländischen Universitäten studieren und konsequent Englisch sprechen, weil man – so sagen sie – Schwierigkeiten bekommt, wenn man Deutsch spricht. Meiner Meinung nach ist das stark übertrieben, aber ich kann mich nicht zurückhalten – ich muss dann auch meine Apfelsinenschale werfen. „Das kannst du natürlich machen", sage ich dann, „aber dann sprichst du Englisch mit deutschem Akzent. Das kennen die Niederländer aus dem Kino und vom Fernsehen, denn bei uns wird nichts synchronisiert, sondern alles untertitelt. Englisch mit deutschem Akzent sprechen Offiziere der Wehrmacht in amerikanischen Kriegsfilmen."

Damit sind wir sofort beim peinlichen Thema angelangt. Die meisten Denkmäler in den Niederlanden stammen aus der Zeit nach 1945 und erinnern an die Opfer der deutschen Besatzung. Da bietet es sich an, das Werfen der Apfelsinenschale mit dieser traumatischen Vergangenheit zu verbinden und dahinter puren Hass und Abneigung zu vermuten. Doch vieles spricht dagegen. So reagierten intellektuelle Kreise in den Niederlanden mit großem Erstaunen auf die Ehrfurcht, die man dem Buch des amerikanischen Soziologen Daniel Goldhagen in Deutschland entgegenbrachte. Denn seine darin zum Ausdruck gebrachte Überzeugung – die Bereitschaft an den Gräueltaten der Nazis mitzuwirken entspringe typisch deutschen Charakterzügen – wurde von Kritikern, sowohl Wissenschaftlern als auch Journalisten, aufs Schärfste zurückgewiesen. Die historische Neubewertung der Besatzungszeit, die in den Niederlanden seit dem Ende der sechziger Jahre stattfindet, hat dazu beigetragen. Wissenschaftliche Untersuchungen haben ergeben, dass etwa ein Prozent der Niederländer sich tatsächlich der anti-nationalsozialistischen Widerstandsbewegung angeschlossen hatte. Der größte Teil der Bevölkerung richtete sich irgendwie im besetzten Land ein. (Ich werde darauf in einem der folgenden Kapitel zurückkommen.) Im Großen und Ganzen konnten sich die Besatzer über die Mitwirkung beziehungsweise den nicht-aktiven Widerstand der Niederländer nicht beklagen. All die Denkmäler wurden zu Recht errichtet; sie sind Symbole einer wehrhaften Demokratie. Doch ist es erlaubt Fragezeichen zu setzen, was die tatsächliche Wehrhaftigkeit der Demokratie betrifft, zu einer Zeit, als sie gefordert war. Und das geschieht in den Niederlanden auch. Die Fragezeichen haben übrigens durchaus Gemeinsamkeiten mit denen, die man in Deutschland im Rahmen der Vergangenheitsbewältigung setzt. Ein solcher Prozess kommt jetzt auch im Zusammenhang mit der niederländischen Kolonialgeschichte in Gang. Am 1. Juli 2000 erteilte die niederländische Regierung die Genehmigung zum Bau zweier Denkmäler zum Gedenken an die Sklaverei. Der 1. Juli besitzt stark symbolischen Charakter. Es ist der surinamische Feiertag *keti koti*, der Tag des Abschüttelns der Ketten. Am 1. Juli 1863 wurde die Sklaverei in der niederländischen Kolonie in der Karibik abgeschafft. Dies geschah nach ausführlichen Beratungen in einem Parlament, das sich in dieser Angelegenheit kaum dem Druck der öffentlichen Meinung ausgesetzt sah. In Zukunft sollte jedes Jahr am 1. Juli die älteste Glocke Amsterdams – sie stammt aus dem Jahre 1511 und hängt im Turm der Zuiderkerk – zur Erinnerung an die Opfer derjenigen läuten, die Heinrich Heine einst zur Figur des Superkargo Mijnheer van Koek inspirierten, der an der Küste von Guinea seinen zwielichtigen Geschäften nachging.

Ich stelle bewusst einen Bezug zwischen den Jahren der Besatzung und der niederländischen Kolonialgeschichte her, weil dies in manchen Kreisen noch immer umstritten ist. Von 1945 bis 1949 kämpfte eine Armee niederländischer Rekruten in Indonesien gegen die dortige Unabhängigkeitsbewegung, die eine von Den Haag nicht anerkannte Republik ausgerufen hatte. Es war ein schmutziger Krieg, in dem – um die Sprache der niederländischen Regierung zu verwenden – die notwendigen Exzesse stattfanden. Ein Vergleich mit den Untaten der deutschen Besatzer hat grundsätzlich aufgebrachte Reaktionen der Veteranenverbände zur Folge. In den letzten Jahren wurde die niederländische Regierung einige Male aufgerufen ihr Bedauern wegen der Politik ihrer Rechtsvorgänger in jenen Jahren zu bezeugen. Dann wird immer wieder wütend gefragt: „Müssen wir in dem Bewusstsein leben umsonst in Indonesien gekämpft zu haben?"

Welche Frage steht nun im Zentrum dieses Geschehens – ohne je tatsächlich gestellt zu werden? Es geht darum, ob man ein Land und eine Gesellschaft für Geschehnisse verantwortlich machen kann, die sich in der fernen Vergangenheit ereignet haben, ob es so etwas gibt wie eine gesellschaftliche Erbsünde und was das für diejenigen bedeutet, die im Testament genannt werden. Die Tatsache, dass die niederländische Regierung ein Denkmal errichtet, zeigt, dass sie diese Schuld nicht von sich weist. Andererseits hat Ministerpräsident Kok sich in den letzten Jahren, wann immer er Aussagen zum Kolonialkrieg in Indonesien nicht vermeiden konnte, mit äußerster

Sorgfalt ausgedrückt. Inzwischen gibt es im ganzen Land praktisch niemanden mehr, der begeistert eine Lanze für die Regierungen brechen möchte, die nach dem Zweiten Weltkrieg versuchten den Indonesiern ihren Willen aufzuzwingen und nur durch Druck vor allem der Vereinigten Staaten zu einer Änderung ihrer Haltung gebracht wurden.

Um eins klarzustellen: Die Industrialisierung des Mordens, die in Auschwitz ihren Höhepunkt fand, ist als historische Tatsache in der Weltgeschichte einmalig. Die Wissenschaft sieht sich noch immer vor der Aufgabe zu untersuchen, wie diese Massenproduktion des Todes entstehen konnte und wer – bewusst oder unbewusst – Teil dieser gigantischen und effizient arbeitenden Maschinerie war.

Eine andere Frage aber ist die Vererbung der Schuld, wie auch die Frage, welche Konsequenzen dies für die Erben (übrigens in ganz Europa) haben muss. Nicht beglichene Rechnungen sind wichtige Produkte der Geschichte, wie wir täglich in den Nachrichten hören können. Man darf nicht leugnen, dass es nicht beglichene Rechnungen gibt. Aber man muss rational mit dieser Tatsache umgehen.

Nun haben wir diesen Punkt geklärt und brauchen später nicht mehr darauf zurückzukommen. Das hätte mein ganzes Buch überschattet.

'Mof' ist ein Schimpfwort für Deutsche

Umfragen zeigen immer wieder, dass Niederländer (insoweit sie nicht Exporteure wässriger Tomaten sind) bei den Deutschen durchaus einiges Ansehen genießen, während man andererseits in meinem Land nicht immer davor zurückschreckt zuzugeben, dass man 'die Moffen' nicht besonders mag.

'Mof' ist ein Schimpfwort für Deutsche; ein Wort, das bereits im 17. und 18. Jahrhundert bekannt war, obwohl niemand weiß, was es bedeutet. In den Niederlanden bezeichnet man damit den Muff, mit dem Damen beim Kirchgang ihre Hände vor der Kälte schützen. Eine relativ geläufige Erklärung lautet, dass deutsche Reisende, die die Niederlande besuchten, einen solchen Muff trugen. Das klingt etwas unwahrscheinlich, so dass wir uns mit der Tatsache zufrieden geben müssen, dass das Wort existiert und dass es nicht schmeichelhaft gemeint ist. Es stellt sich dann die Frage, wie wir den Begriff 'Mof' definieren und wie er entstanden ist. Wenn das Wort wirklich so alt ist, müsste es auch einen ebenso alten entscheidenden Unterschied zwischen Niederländern und Deutschen geben. Dafür müsste es dann Beweise geben, ebenso wie verschiedene Anzeichen für einen Zusammenstoß der Kulturen. Der typische Mof wurde – jedenfalls nach niederländischer Definition – am besten in Hollywood verkörpert, und zwar von einem Österreicher, Joseph von Sternberg. Man stelle sich einen strammem, uniformierten Herren mit einem Monokel und einem stählernen Blick vor, kurzum einen schneidigen Kerl. Er spricht mit gemessenen Worten. Jeder Satz klingt wie ein Kommando. Das einzige Lachen, das er kennt, ist das Hohnlachen. Für ihn gibt es nur Vorgesetzte und Untertanen. Sein Leben verläuft gemäß Vorschrift und er lässt nie Gnade vor Recht ergehen, denn beide Begriffe sind ihm fremd. Den ersten kennt er nicht, den zweiten verwechselt er mit „Gesetz". Man muss schon Österreicher sein um diese Karikatur der Wirklichkeit überzeugend darstellen zu können. Denn Sie, verehrte Leser, kennen diese Gestalt gut. Sie ist das, was Rheinländer und Bayern sich unter einem Preußen vorstellen; was Konrad Adenauer vor Augen hatte, wenn er an Berliner Autoritäten dachte. Im Hintergrund hört man Glanz und Gloria, Donner und Doria. Man sieht Soldaten mit Pickelhauben durch das Brandenburger Tor marschieren. Es ist wieder 1900 und man denkt sich einen mit spitzer Feder ausgerüsteten Karikaturisten dazu, der all das für ein Spottbild auf dem Titelblatt des Simplizissimus festhält. Denn bei so viel erhabener Pracht, so viel Strammheit hilft nur Spott. Die Moffen, das ist dasselbe wie die Saupreußen.

Das Königreich Preußen

Wann entstand diese Vorstellung? Die Grundlagen dafür wurden zu der Zeit gelegt, in der Heine seine „Memoiren des Herrn Schnabelewopski" schrieb, nach dem Untergang des Napoleonischen Reiches. Denn bei der Neugestaltung Europas auf dem Wiener Kongress erhielt das neue Königreich der Niederlande eine lange gemeinsame Grenze mit dem Königreich Preußen und mit Hannover, das 1863 von Preußen besetzt wurde. Diese war eine harte Grenze, eine deutliche, nicht zu übersehende Grenze – erstmals in der Geschichte. Hinter Winterswijk, Enschede und Kerkrade begann der preußische Beamtenstaat mit seinen Ständen, seinen ehernen Vorschriften und seiner Ehrfurcht vor der Armee, die schließlich die Befreiungskriege gewonnen hatte. Ein Staat schließlich, dessen Sprache die der lutherischen Bibel war.

Auch auf niederländischer Seite entstand ein Einheitsstaat. Anfänglich war dieser ebenfalls recht autoritär, aber er basierte doch eher auf der Tradition und der Mentalität alter holländischer Kaufmannsgeschlechter als auf einer Dynastie, die sich als Nachkommen des Alten Fritz betrachtete. Wilhelm I., der erste König der Niederlande, erhielt nicht umsonst den Beinamen Kaufmannskönig. In diesem neuen Staat herrschte die Kultur der holländischen Eliten. Auch sie sprach ihre eigene Sprache: die der kalvinistischen Bibel, ein Jahrhundert jünger als die Bibel Luthers, aber auch Fundament einer offiziellen Standardsprache, die an allen Schulen unterrichtet wurde.

Vor jener Zeit erschien die Grenze viel undeutlicher. Im Mittelalter waren die feudalen Kleinstaaten, die heute in den meisten niederländischen Provinzen noch zu erkennen sind, Teil des Heiligen Römischen Reiches Deutscher Nation. Dieses bereits seit Jahrhunderten kaum noch spürbare

Band war durch den Frieden von Münster 1648 formell getrennt worden, trotzdem war die Grenze zwischen der Republik der Vereinigten Niederlande – de facto einer Konföderation unabhängiger Staaten – und den Fürstentümern jenseits der Grenze, eher formal als real. Wer Reisebeschreibungen aus dem 17. Jahrhundert liest, kann zum Beispiel erfahren, dass in der Nähe von Kalkar die Währung der Republik den Münzen von Köln Platz machte. Eine deutliche Sprachgrenze gab es ebenfalls nicht. Man sprach in Vreden ungefähr den gleichen Dialekt wie in Winterswijk. Und auf welcher Seite der Grenze man geboren wurde, war mehr oder weniger Zufall. Loyalität gab es höchstens lokal oder regional. Ein tatsächliches Nationalgefühl ist größtenteils eine Entwicklung des 19. Jahrhunderts. Gleiches gilt für die niederländische und deutsche Selbstauffassung wie auch für die jeweiligen Meinungen und Vorurteile. Weiterhin fanden große Wanderungsbewegungen statt. Das Wirtschaftswachstum im 17. Jahrhundert, das die Provinz Holland zum reichsten und am meisten entwickelten Teil Europas machte, übte große Anziehungskraft auf Menschen aus dem Osten aus, die dem Elend und dem Hunger des Dreißigjährigen Krieges entflohen. Die meisten von ihnen fanden Arbeit in den holländischen Städten, sie stellten jedoch auch einen nicht geringen Teil der Besatzungen der Kriegsflotte und der Schiffe der Vereinigten Ostindischen und Westindischen Kompanie. Außerdem dienten sie in der damals staatlich genannten Armee, denn die Einwohner der sieben Provinzen selbst zeigten größtenteils wenig Begeisterung für den Militärdienst. Zur Erntezeit zogen Tausende westfälischer Kleinbauern nach Westen um auf dem Grundgebiet der Republik ein paar Pfennige zu verdienen. Man nannte sie Hannekemaaiers oder Poepen[1] oder eben Moffen. Mit diesem Begriff bezeichnete man damals also etwas ganz anderes als im vorigen Jahrhundert.

Der Verfasser des Grundgesetzes entstammte einer Familie deutscher Emigranten

Bis zur ersten Hälfte des 19. Jahrhunderts versuchten auch Handwerker noch, in den Niederlanden Arbeit zu finden. Durch allerlei Entwicklungen, auf die ich hier nicht weiter eingehen möchte, herrschte dort damals ein Mangel an guten, modern ausgebildeten Facharbeitern, so dass es Arbeit für deutsche Fachkräfte gab. Eine kleine Gruppe von ihnen – die über politischen Ehrgeiz verfügte – ließ sich 1848 vom Kommunistischen Manifest inspirieren. Sie waren Urheber kleinerer Krawalle, die eigentlich kaum ernst zu nehmen waren, den damaligen König Wilhelm I. jedoch dazu brachten eine liberale Verfassung zuzugestehen, die auch heute noch die Basis unseres Grundgesetzes ist. Der Verfasser Johan Rudolf Thorbecke entstammte übri-

---

[1] Eine früher gebräuchliche Bezeichnung für Westfalen, die zur Zeit der Heuernte in die Niederlande kamen, um Gras zu mähen.

gens einer Familie deutscher Emigranten. Ahnenforschung ist beliebt bei vielen Niederländern. Sobald sie etwas tiefer in die Vergangenheit vordringen, stoßen sie fast ausnahmslos auf deutsche Vorfahren. Auch ich bin keine Ausnahme. Ich bin geboren und aufgewachsen in Schiedam, einer kleinen Stadt, die heute mit Rotterdam verwachsen ist und ungefähr 75 000 Einwohner hat. Ein Großteil der wirklichen Autochthonen hat westfälische Vorfahren, die in der zweiten Hälfte des 18. Jahrhunderts auswanderten, um in den Brennereien und Geneverdestillerien Arbeit zu finden, für die die Stadt berühmt war. Vor kurzem noch sah ich vor dem Oberhausener Bahnhof einen Bus nach Kleekamp stehen. Kleekamp war der Mädchenname meiner Mutter. So weiß ich wieder etwas mehr über die Herkunft meiner Familie. Und für die Tatsache, dass mein Kopfhaar heute etwas dünner ist als mir lieb ist, sind die Gene der Familie Hersbach verantwortlich. Ein Blick ins örtliche Telefonbuch von Schiedam zeigt viele westfälisch klingende Familiennamen. Die meisten Familien haben ihre deutsche Herkunft inzwischen übrigens vergessen. Seit etwa zehn Jahren wird diese Geschichte durch eine Stiftung, die sich für freundschaftliches Zusammenleben der heutigen Bevölkerung einsetzt, die durch vielerlei Formen der Emigration einen stark multiethnischen Charakter bekommen hat, wieder zum Leben erweckt.

Deutlich holländisch gefärbt

Dieses Vergessen hängt zweifellos mit dem modernen niederländischen Nationalstaat zusammen, der im 19. Jahrhundert geprägt wurde. Allgemeiner Schulunterricht, eine für die Masse erschwingliche Presse, die allgemeine Wehrpflicht, all dies trug zum Entstehen eines Nationalgefühls bei, zur Bildung einer niederländischen Identität. Diese hatte stark holländischen Charakter, das heißt, sie war durch die Normen und Werte der Elite der Provinz Holland geprägt, die in den großen Städten Amsterdam, Rotterdam und Den Haag lebte. Dort gaben bereits seit dem späten Mittelalter lokale aristokratische Familien den Ton an, die meist vom Handel und seit dem 18. Jahrhundert auch von Bankgeschäften in einem für die damalige Zeit großen Maßstab lebten. Man muss sich vorstellen, dass in den Jahrzehnten vor der Gründung des Deutschen Reiches nicht Fürstentümer und Adlige wie Bismarck kulturell den Ton angaben, sondern die im Allgemeinen dunkel gekleideten Mitglieder des Senats von Bremen oder Hamburg. Während in Deutschland der Reichstag gegenüber der exekutiven Gewalt kaum Befugnisse hatte, gab es in den Niederlanden dank Thorbecke ein parlamentarisches System mit einem laut Verfassung politisch immunen König und einer Regierung, die beide Kammern des Parlaments durch ein Misstrauensvotum zum Rücktritt zwingen konnten. Da sich im Land keine deutliche politische Mehrheit entwickelte, konnten Beschlüsse nur durch Zusammenarbeit von Politikern unterschiedlicher politischer und religiöser Überzeugungen gefasst werden. Die Demokratisierung und die Ausdehnung des Wahlrechts – während man in Deutschland seit 1871 bereits das allgemeine Wahlrecht für Männer für den Reichstag kannte, mussten männliche Niederländer bis 1917 und Frauen noch vier Jahre länger darauf warten – betonten diese Vielfalt noch.

Niederländer waren zu vernünftig um Krieg zu führen

In der Zwischenzeit entwickelten die Niederlande sich schnell zu einer modernen Handelsnation mit der entsprechenden Industrie, ein Prozess, der durch das, was sich im Ruhrgebiet und im Rest Deutschlands während der Gründerzeit abspielte, stark beeinflusst wurde. Etwa zu jener Zeit begannen die Niederländer sich zu fragen, was eigentlich ihre hervorstechenden Eigenschaften seien. Dem deutschen Leser wird die Aufzählung bekannt vorkommen: Fleiß, Sparsamkeit, Pünktlichkeit, Königstreue, Vertrauen zum Staat, weil er es nun einmal ist, der uns alle vertritt (und zwar aus diesem einen Grund), Respekt vor Gesetzen und Vorschriften, Stolz auf das eigene Land, Organisationstalent, die Bereitschaft mit anderen aufgrund eigener, wohlüberlegter Überzeugungen zusammenzuarbeiten, die zu jener Zeit meist religiöser Art waren. Aber es gab auch Unterschiede. Als kleines Land konnten die Niederlande sich eine europäische Machtpolitik wie im 17. Jahrhundert üblich nicht erlauben, einer Epoche, die den damaligen Generationen übrigens als Vorbild präsentiert wurde. Die Regierung befleißigte sich ängstlicher Neutralität, weshalb Friedfertigkeit ein Charakteristikum des Selbstbildes war. Niederländer waren zu vernünftig um Krieg zu führen. Dass zur gleichen Zeit die Niederländisch-Indische Armee (damals noch eine Fremdenlegion, in der relativ viele Deutsche dienten) im heutigen Indonesien einen blutigen Eroberungsfeldzug um die Herrschaft über den indonesischen Archipel führte, tat dem keinen Abbruch. Indonesien war weit weg. So festigte sich bei den Niederländern die Überzeugung, dass sie alle zusammen ein sehr zivilisiertes Volk seien, das seine Angelegenheiten besser geregelt hatte als andere Völker. Man betrachtete dies als Vorrecht; Niederländer hatten mit anderen Ländern nichts zu tun, die mussten selbst zusehen, wie sie zurechtkamen. Zu diesem Nationalstolz gesellte sich das Wissen, dass die Niederlande noch immer eine Seefahrernation von großer Bedeutung waren. Überall in der Welt konnte man Niederländer treffen, ihre Fahne wehte auf Handelsschiffen auf allen Weltmeeren. So unterschieden sich die Niederländer von allen anderen durch ihre Friedenstaten; ein typisches Kennzeichen des Volkes war sein konstruktiver Charakter. Ein interessantes Detail in diesem Zusammenhang ist die Haltung der Niederlande im Ersten Weltkrieg. Man blieb neutral, ließ sich aber politisch von Wilhelms Burgfrieden inspirieren. Das niederländische Parlament orientierte sich am Reichstag, während sich das niederländische Volk geschlossen hinter Thron und Regierung scharte.

Mehr Gemeinsamkeiten als Unterschiede

Wer diese Ansichten über das niederländische Selbstbild mit den deutschen vergleicht, entdeckt mehr Gemeinsamkeiten als Unterschiede. Niederländer ähneln den Deutschen stark; dies ist eine in diesem Zusammenhang wichtige Feststellung.

Aber da ist noch mehr: Die deutsche Wissenschaft, deutsches Denken und deutsche Kunst genossen großes Ansehen. Die niederländischen Universitäten orientierten sich am Modell Wilhelm von Humboldts und Doktoranden mit internationalen Ambitionen entschieden sich oft dafür ihre Doktorarbeit in Deutsch abzufassen. Troelstra, der Begründer der niederländischen Sozialdemokratie, ging bei der großen deutschen Schwesterorganisation in die Lehre – und er war nicht der Einzige. Wer Artikel und Reden der Führungspersönlichkeiten der katholischen Sozialbewegung jener Tage analysiert, stellt fest, dass sie stark von der Koelnischen Volkszeitung, der Tageszeitung des linken Flügels des Zentrums, beeinflusst waren. Abraham Kuyper, der große protestantische Führer und Begründer der konfessionellen politischen Macht in den Niederlanden, war ein ausgesprochener Bewunderer des Deutschen Reichs. Trends, Mode und Musik kamen vor allem aus Paris und Berlin, damals so bedeutende Metropolen wie heute New York und Los Angeles. Als der große niederländische Dramaturg Herman Heyermans fand, dass es an der Zeit für eine internationale Karriere sei, ging er selbstverständlich nach Berlin, womit er den großen Traum manch eines ehrgeizigen Journalisten verwirklichte. Theodor Wolff vom Berliner Tageblatt gab ihm einen Vertrag als freier Mitarbeiter. Zwar hatte die Redaktion ab und zu Probleme mit seinen Artikeln, aber zu jener Zeit konnte sich jeder Niederländer mit Sekundarschulabschluss in Deutsch und Französisch ordentlich bis gut ausdrücken. Ihr Englisch dagegen war weniger gut, weil man es in der Schule weniger wichtig fand. In dieser Anerkennung für die deutsche Kultur war kein Platz für die Pickelhaube. Das stramm Preußische, die allgegenwärtige Disziplin, die der preußische Beamtenstaat der deutschen Bevölkerung mit so viel Beharrlichkeit aufgezwungen hatte, weckte eher amüsiertes Erstaunen. Man erinnerte sich an die eigene Wehrpflicht und stellte mit einem gewissen Gefühl der Überlegenheit fest, dass Niederländer niemals so perfekt würden marschieren können – oder wollen. Wegen ihrer seefahrerischen Tradition haben Niederländer normalerweise Respekt vor ihrer Kriegsflotte, die Armee aber ist Spielwiese von Stoppelhopsern, die in den Dünen und im Wald sinnlose Spielchen spielen. Man erzählte sich amüsiert die Geschichte von Damen in Deutschland, die in der Straßenbahn für Offiziere aufstünden. Und das Kaisermanöver und ähnliche Ereignisse sah man als eine Art überdimensionierte Sandkastenspiele an. Die Pickelhaube und alles, was dazugehörte, eigneten sich vortrefflich um holländische Apfelsinenschalen daran aufzuspießen um diese Moffen mit ihrer Wichtigtuerei wieder auf ihr wirkliches Maß zurechtzustutzen. Und passt nicht vielleicht auch ein holländisches Ei auf den Kopf des Professor Unrat, unsterblich geworden durch Emil Jannings in „Der blaue Engel"? Eher nicht, er ähnelte viel zu sehr einem Niederländer aus einer Kleinstadt. Diese Geschichte hätte sich genauso gut in Zwolle oder Alkmaar abspielen können.

Der Erste Weltkrieg änderte nichts an dieser Einstellung. Wer Zeitungen oder Zeitschriften aus jenen Tagen liest, stellt fest, daß der Protest sich praktisch immer gegen den Wahnsinn des Krieges im Allgemeinen richtete und – abgesehen von wenigen Ausnahmen – nicht gegen den Kaiser, Clemenceau oder Lloyd George. Der Versailler Vertrag wurde von den niederländischen Medien weitgehend mit großer Entrüstung aufgenommen und in der kulturellen Blütezeit der zwanziger Jahre verstärkte Berlin seine Position als die große Weltmetropole, aus der alle Erneuerung kam. Dann aber kamen New York und Hollywood und verwiesen Babelsberg auf einen – allerdings durchaus respektablen – zweiten Platz. Wie könnte es auch anders sein in einem Land, das sich für Kompositionen wie 'Veronika, der Lenz ist da' oder 'Heinz spielt abends so schön auf dem Schifferklavier' begeisterte.

Die deutsche Besatzungsmacht im Zweiten Weltkrieg aber, die fünf Jahre lang das Land beherrschte, verkörperte all das, was Niederländer mit dem typischen Moffen assoziieren: Marschmusik, Paradementalität, Strammstehen, Förmlichkeit, Großmäuligkeit, Regelsucht. Joseph von Sternberg hatte die Dorfschule beschlagnahmt um seine Einheit darin unterzubringen.

Für die damalige Generation wurde ein Zusammenhang zwischen der nationalsozialistischen Ideologie mit ihrem Rassismus und den Entbehrungen, die der Krieg mit sich brachte, hergestellt. Es gibt noch immer Gemüse, das ich nicht esse, weil meine Mutter es in den fünfziger Jahren mit den Worten „Im Krieg wärst du darüber froh gewesen" auftischte. Wenn mein Vater in jener Zeit ein Auto mit einem weißen Nummernschild sah, sagte er grundsätzlich: „Der weiß den Weg noch". In den Marmorfelsen der gemeinsamen Erinnerungen waren zwei Dinge eingemeißelt: zum einen der Lebensmittelmangel und die Hungersnot der letzten Kriegsmonate und zum anderen die Tatsache, dass die deutsche Armee einige Male Fahrräder beschlagnahmte. Daher das „Gib mein Fahrrad zurück", womit heute noch niederländische Hooligans ihre deutschen Kollegen beglücken. An diesem nationalen Fetisch hätten die Deutschen sich lieber nicht vergreifen sollen. Sogar dass auf Anordnung von Reichskommissar Seyss-Inquart 1943 alle Radios beschlagnahmt wurden, verursachte nicht so viel böses Blut.

Mein Vater erwähnte den Krieg übrigens nur selten. Wie hunderttausenden anderer war es ihm nicht gelungen sich dem Arbeitseinsatz zu entziehen.

Manchmal erzählte er ganz plötzlich etwas über die Bombardierung von Düsseldorf. Er erinnerte sich an kleine Details: die mehrere hundert Meter lange Reihe Feuerwehrautos, während alle Wasserleitungen geplatzt waren. Dass man zwei Tage lang über der Stadt die Sonne nicht sehen konnte. Ein anderes Mal sprach er über den Flugplatz Bad Voslau. Dann spreizte er seinen Daumen und seinen Zeigefinger: „So groß waren sie, die Fliegenden Festungen". Auch ein chaotisches Graz voller Russen kann ich mir vorstellen. Der gerade ernannte Stadtkommandant wies Niederländer und Franzosen an, so schnell wie möglich einen Zug samt Lokomotivführer zu erobern und gen Westen zu verschwinden. Und dann sehe ich die Lokomotive mit dem ängstlichen Lokomotivführer vor mir, der unter strenger Aufsicht der gerade befreiten Arbeiter Richtung Salzburg rast, wo angeblich die Amerikaner gerade eingetroffen waren. In Wirklichkeit ging es wahrscheinlich im Schritttempo voran. Wenn mein Vater solche Geschichten erzählte, habe ich niemals Schadenfreude über das Schicksal der Deutschen bemerkt. Gleiches gilt übrigens für andere seiner Generation, die ich als Junge – verrückt nach Abenteuern – Geschichten erzählen ließ. Zwischendurch höre ich wieder die Stimme meiner Großmutter: „Zuckerrüben bekamen wir zu essen und wir hatten Angst vor den Deutschen. Angst hatten wir."

Der Sozialdemokrat Willem Drees, dessen Bedeutung für die Niederlande der fünfziger Jahre mit der Konrad Adenauers für Deutschland vergleichbar ist, schrieb bereits in seinen Memoiren, die er unmittelbar nach der Befreiung publizierte, dass Deutschland weiterhin zur europäischen Völkergemeinschaft gehöre. In einer der ersten Nummern der Tageszeitung *Volkskrant*, die schon im Mai 1945 erschien, findet sich ein Artikel des Schriftstellers Godfried Bomans, in dem er dem Vorschlag widerspricht, Deutsch als Fach in der Sekundarstufe abzuschaffen. Das hatte das Erziehungsministerium übrigens niemals ernsthaft erwogen. Von Anfang an stand bei jedem seriösen Meinungsmacher in den Niederlanden der Gedanke, dass Deutschland sich nicht nur rehabilitieren müsse, sondern auch könne, im Vordergrund. Die ganze Tragweite des Holocaust wurde in den Niederlanden erst deutlich, als in den sechziger Jahren Jacques Pressers Studie „Untergang" publiziert wurde. In dieser aber ging es gerade auch um das Versagen der niederländischen Behörden, wodurch der niederländische Widerstand viel von seinem Glanz und dem Mythos der Unerschütterlichkeit verlor.

Ich kenne diese Geschichten nur vom Hörensagen, weil ich erst 1949 geboren bin. Wie bei meiner ganzen Generation entwickelte sich auch bei mir das politische Bewusstsein in den antiautoritären sechziger Jahren, wobei übrigens die Anführer unserer Studentenbewegung stark von Deutschland beeinflusst wurden. Nach der Massenbesetzung des Verwaltungszentrums der Amsterdamer Universität verloren sie sich zwar in der sog. Schmierer-Krahl-Diskussion, bei der es um die Frage ging, ob wir uns den Arbeitern anschließen sollten oder die Vorhut der revolutionären Bombe waren. Wie die meisten meiner Generation fing ich schließlich wieder an Hauptseminare zu belegen, während die erprobten Diskussionsteilnehmer bei der Kommunistischen Partei oder anderen sektiererisch-marxistischen Vereinigungen in deren Umfeld eine Heimat fanden. Auch das wird sicher manchem deutschen Leser bekannt vorkommen. Das in diesem Zusammenhang wichtigste kulturelle Charakteristikum der zweiten Hälfte des 20. Jahrhunderts ist die Tatsache, dass die amerikanische und, in geringerem Maße, die britische Kultur wichtige Teile der Position besetzt haben, die einst Frankreich und Deutschland eingenommen hatten. Dieses Phänomen hat durch die Bildungsreform Ende der sechziger Jahre noch einen zusätzlichen Impuls bekommen. Vor jener Zeit waren in den Niederlanden in der Sekundarstufe Englisch, Französisch und Deutsch Prüfungsfächer. Seither kann man diese Fächer abwählen, wobei Deutsch und Französisch oft den Konkurrenzkampf mit exakten Fächern verlieren. „Ich verkaufe nur wenige deutsche Bücher", erzählte mir vor kurzem eine Buchhändlerin bei 'Damokles' in Den Haag, wo ich regelmäßig nach antiquarischen Schätzen suche. „Ich verkaufe aber viele deutsche Autoren, die ins Niederländische übersetzt worden sind". Die Zeiten, in denen ein Heyermans sich traute für das Berliner Tageblatt zu schreiben, sind definitiv vorbei. Auch deutsche Filme sieht man nur sehr selten in niederländischen Kinos. Dass „Der Alte", „Kommissar Rex" oder „Derrick" treue Anhänger unter den niederländischen Fernsehzuschauern haben, ist keine Alternative. Andererseits diskutierte die Redaktion der liberalen Tageszeitung *NRC Handelsblad* in den vergangenen Jahren lange darüber, an welcher Zeitung man sich ein Vorbild nehmen solle, am *Guardian* oder der *Süddeutschen Zeitung*, aber wenn's drauf ankommt, orientiert die niederländische Presse sich an britischen und nicht an deutschen Vorbildern.

Obwohl jede niederländische Kabelgesellschaft grundsätzlich ARD, ZDF und WDR oder NDR und RTL ins Angebot aufnimmt, ist Deutschland für den durchschnittlichen Niederländer noch immer relativ unbekannt. Ich vermute, dass die Intellektuellen von vor rund 80 bis 100 Jahren öfter nach Osten schauten als die heutigen; und sei es auch nur, weil es keineswegs mehr selbstverständlich ist, dass sie Deutsch auf einem gewissen Niveau verstehen.

Umso weniger wird deutlich, wieviel Deutsche und Niederländer letzten Endes gemeinsam haben, dass es zwar einen Unterschied gibt, jedoch einen sehr feinen. Beweis: Wie könnten sich sonst Rudi Carrell, Linda de Mol und Lou van Burg dem Geschmack des deutschen Fernsehpublikums so mühelos anpassen? Wie könnte man anders den Erfolg des jüngsten niederländischen Exportprodukts – Big Brother – bei der großen Masse erklären? Und warum kommt mir so vieles bekannt vor bei der Besorgnis, mit der die seriöse deutsche Presse sich darüber äußert?

Im 21. Jahrhundert kennen sowohl Deutschland als auch die Niederlande eine für beide Seiten offensichtliche alltägliche Normalität. Das Trauma der Vergangenheit wird von der Zeit geheilt. Die Generationen, die sich anschicken meine abzulösen, stammen aus dem letzten Viertel des 20. Jahrhunderts. Ihr Bezugsrahmen ist ein gänzlich anderer, ihre prägende Erfahrung ist nicht die Ermordung Kennedys, die Gnade der späten Geburt oder das Aufbegehren gegen die Biederkeit unserer Eltern. Ihre Maßstäbe haben nichts mit der verschwundenen Nüchternheit des Wiederaufbaus zu tun. Sie erinnern sich daran, wie die normalen Fernsehprogramme plötzlich den Bildern von Bulldozern Platz machten, die eine Mauer niederrissen, und wie sie in ihren holländischen Wohnzimmern auf die Idee kamen sofort nach Berlin zu fahren. Sie haben es nicht getan und das tut ihnen immer noch ein wenig leid.

Doch zu ihrem geistigen Gepäck gehört weiterhin die Apfelsinenschale von Heines Eva. Auf der Reise durch Deutschland in der Nacht sehen sie, wie ein braver Bürger gehorsam vor der roten Ampel wartet. Abgesehen von ihrem eigenen Auto mit dem niederländischen Kennzeichen (auf dessen Stoßstange man noch den Fleck sehen kann, auf dem sich vor der Niederlage unserer Elf gegen die Nationalelf Deutschlands einige Wochen lang ein orangefarbener Aufkleber befand) ist kein Verkehr mehr unterwegs. Sie, die freien Niederländer, hätten die Kreuzung überquert ohne auf Grün zu warten. Schnell fühlt man sich ein klein wenig stolz. Das muss man uns zugestehen. Denn schließlich erfahren wir das Gleiche, was Heine damals erfuhr: die 'Wahlverwandtschaft'. Die Orangenschale macht den Kuss vielleicht etwas pikanter.

Ihnen, verehrte Leser und von mir als holländischem Nachfolger von Schnabelewopski zu verführende Leserin, bleibt es überlassen zu beschließen, ob Sie mir Recht geben. Wenn Sie sich in der Gesellschaft Dirceu Borges' befinden, der gesagt hat: „Hier solltest du nicht bleiben. Hier ist der Himmel zu tief."

EINFÜHRUNG

Antwort an Dirceu Borges

„HIER SOLLTEST DU NICHT BLEIBEN", sagte Dirceu Borges nach einer ersten flüchtigen Begegnung mit den Niederlanden zu seiner Tochter. „Hier ist der Himmel zu tief." Ich erinnerte mich daran, als wir uns in Brasilien wiedersahen, wo es mir besser gefiel als ihm in den Niederlanden. Ich lobte die Hafenstadt Belém. „Belém gefällt dir, weil es so ist, wie du dir eine brasilianische Stadt vorstellst", wies er mich zurecht. „Heiß, schmutzig und ein wenig heruntergekommen; es bestätigt deine Vorurteile über Brasilien. Wir dachten beide an das, was de Gaulle einst über Brasilien gesagt hatte: 'Le Brésil, ce n'est pas un pays sérieux'".

Über so etwas ärgerte sich Dirceu Borges; der nach einer Karriere in der Werbebranche praktisch aus dem Nichts eine Reihe moderner Unternehmen aufgebaut hatte, darunter einen Rinderzuchtbetrieb, in dem Vieh mit hochentwickelten genetischen Verfahren veredelt wurde. Außerdem hatte er einige Romane über das Leben im Bundesstaat São Paulo geschrieben. Er wusste um die Bedeutung von Images und dessen, was die Menschen erkennen wollen. Mit seiner Bemerkung über Belém traf er den Nagel auf den Kopf. Ich fühlte mich wohl in Brasilien, aber wie bei den meisten Niederländern beruhte dieses Gefühl auf Vorurteilen; am besten gefiel es mir im Norden und Nordosten, wo die schnell voranschreitende Modernisierung des Landes verhältnismäßig wenig Spuren in der traditionellen Lebensart hinterlassen hatte. Dass sich die Leute in so großer Zahl aufmachten um in der hektischen Metropole São Paulo ihr Glück zu suchen änderte daran nichts. Der Nordosten war authentischer; dort sahen wir, was wir sehen wollten. Wir konnten die überall vorhandene Armut in dieses Bild integrieren, denn wir wussten: Brasilien gehört zu den Entwicklungsländern. Das spürte Dirceu Borges und es gefiel ihm nicht. Er vermutete dahinter ein Überlegenheitsgefühl: „Wie anders und romantisch ist Brasilien doch, wie charmant rückständig".

Er verfrachtete mich in seinen Chevrolet Diplomat *(made in Brazil)* und raste mit mir über die Anhanguera, den Schnellweg, der São Paulo mit dem Bundesstaat Minas Gerais verbindet. Wir hörten im Autoradio *Sertaneja*, seine Lieblingsmusik, die mich an Countrymusik und an Schnulzen zugleich erinnerte und für mich absolut nichts Brasilianisches hatte. Wir passierten riesige Straßenschilder und abgesehen von deren Farbe sah die Anhanguera genauso aus wie jede andere Autobahn auf der Welt.

In Brasilien wird schon seit rund fünfzig Jahren das indische Zeburind mit den einheimischen Kühen gekreuzt. Dirceu ging noch einen Schritt weiter, indem er bei Zuchtkühen Superovulation erzeugte, so dass sie zwanzig Embryos bildeten, die danach in die Gebärmütter „normaler" Kühe eingepflanzt wurden. Das wollte er mir zeigen. Wir näherten uns im Chevrolet seiner Veredlungsstation, deren Kuppeln im Sonnenlicht glänzten.

Kuppeln? Am Horizont zeichnete sich ein Komplex indischer Tempel ab. Ich vernahm das Geräusch von Gongs, das mich an religiöse Zeremonien erinnerte.

Doch im Innern des Tempels befanden sich Laboratorien und Ställe und der Gong war ein Kunstwerk, das sich im Wind bewegte. Vor der Tür verkündete ein riesiges Schild den Namen des Betriebes: *Nova India Genética.* So wurde mir einiges deutlich, doch alles verstand ich immer noch nicht. Das Ganze wirkte auf mich vor allem kitschig. Das Gebäude, so erklärte mir Dirceu, warb für sich selbst. Hier wurde schließlich brasilianisches Vieh dank des genetischen Einsatzes des indischen Zebu veredelt. In der Abflughalle des nahegelegenen Flughafens hing ein enormes Farbfoto des Tempels mit der Aufschrift Nova India Genética. Das macht komplizierte Erläuterungen überflüssig. *The building was the message.*

Jetzt begann ich zu verstehen, warum Dirceu seine Tochter vor dem „tiefen Himmel" in den Niederlanden gewarnt hatte. Es hing mit meiner ersten Reaktion zusammen, der eines typischen Niederländers. Dirceu war Romanautor und diese fühlen oft genau, was ihr Gegenüber denkt. Wenn er den Tempel irgendwo in den Niederlanden gebaut hätte, zum Beispiel in Wageningen, wo an der Agraruniversität seine Konkurrenten tätig sind, hätte man ihn für verrückt erklärt; mit oder ohne Zebu. Eine genetische Veredlungsstation hat wie eine solche auszusehen. Der Tempel hätte ihn Kunden gekostet, denn das Bauwerk würde man in den Niederlanden als teuer und exzentrisch verurteilen. Wer so etwas baute, konnte nicht ganz richtig im Kopf sein. Mit so jemandem macht man keine Geschäfte. Niederländer würden nie verstehen, dass Architektur etwas über den Zweck eines Gebäudes aussagen kann.

Dirceu konstatierte in den Niederlanden eine bestimmte Flachheit, einen Hang zum Konventionellen, Angst vor dem Unbekannten. Es gibt dort keinen Platz für Abenteurer.

Mit dem „tiefen Himmel" hatte er recht

In manchen Dingen hatte er zwar Unrecht, dennoch war an seiner Analyse etwas Wahres dran. Das mit dem „tiefen Himmel" stimmt tatsächlich. Allzu oft hängen graue Wolken über dem Land. Sie filtern das Sonnenlicht, lassen die Farben verblassen. Meine Pläne waren zu oft in Mitspracherunden geraten, aus denen sie gestutzt, geschoren und auf Maß geschneidert wieder zum Vorschein kamen. Meine Kollegen, normalerweise Niederländer, mit denen zusammen ich ein Vorhaben realisieren wollte, verfügten tatsächlich über ein ausgeprägtes Risikobewusstsein. Sie sprachen laufend von „Durchführbarkeit", darüber, dass mehr Zeit nötig sei, diskutierten den Kostenaspekt, obwohl doch – wie Dirceu, der Unternehmer, es ausdrücken würde – für jede gute Idee Geld zu finden ist. Wenn das nicht gelingt, ist es keine gute Idee.

Doch über meine Pläne diskutierte jedermann, als ob sein Leben davon abhinge. Und wenn die Diskussion abgeschlossen wurde, waren die Pläne meist ein Stück bescheidener geworden. Alle Schnörkel und außergewöhnlichen Anhängsel, alle Wölbungen, um es einmal so auszudrücken, waren zerredet. Aber ausgeführt wurden die Pläne meist doch und ihr Kern blieb unverändert. Probleme mit der Finanzierung gab es auch nicht.

Ich hatte mich inzwischen darauf eingestellt. Meine Vorschläge waren eher anspruchsvoller als bescheidener geworden, denn auf die Art und Weise – so sagte ich mir selbst – blieb noch das meiste davon übrig.

Die tiefhängenden Wolken kommen übrigens in einem der bekanntesten niederländischen Gedichte vor, das von unserem heldenhaften Kampf gegen das Wasser berichtet. Sie können aber auch etwas ganz anderes symbolisieren.

Ich hatte Dirceu mit meiner Vorliebe für die vom Mehltau geplagte tropische Stadt Belém in der Seele getroffen. Er hatte mich mit seinen tiefhängenden Wolken getroffen. So kommt das Missverständnis in die Welt.

Deshalb habe ich dieses Buch geschrieben.

Es ist eine Art Antwort an Dirceu Borges. Aber für den unwahrscheinlichen Fall, dass er doch versuchen würde, in den Niederlanden etwas aufzubauen, könnte es ihm auch von Nutzen sein.

Auch für eine größere Leserschaft kann das Buch von Vorteil sein. Die Niederlande sind, obwohl immer wieder das Gegenteil behauptet wird, ein Einwanderungsland. Die Binnengrenzen der Europäischen Union verschwinden, die Außengrenzen werden immer durchlässiger. Bei einem Spaziergang über die Kalverstraat in Amsterdam oder die Lijnbaan in Rotterdam befindet man sich in einer internationalen, multikulturellen Gesellschaft.

Die drängende Frage: „Was ist niederländisch?"

Dieses Buch könnte eine Gebrauchsanweisung sein. Niederländer sind damit vorsichtig, denn sie stehen auf dem Standpunkt, dass jeder selbst alles herausfinden muss. Sie drängen sich niemandem auf, weil sie selbst auch am liebsten in Ruhe gelassen werden, es sei denn, sie hätten signalisiert, dass etwas anderes erwünscht ist. Aber ein Buch liegt beim Buchhändler im Regal, man kann es mitnehmen oder liegen lassen.

Die Frage ist: Was ist niederländisch? Holzschuhe, Tulpen, das Nikolausfest, die Amsterdamer Grachten, das Deltaprojekt, feucht-kalter Südwestwind beim Spaziergang auf dem Deich, die flache Endlosigkeit der Polder mit friesischen Kühen? All das gehört dazu, doch neunzig Prozent der Menschen kommen damit nie in Berührung. Für die Niederlande ist all dies genauso typisch wie Belém für Brasilien. Wer sich mehr oder weniger dauerhaft hier niederlässt, findet sich in einer ganz anderen Wirklichkeit wieder. Diese Dinge sind nicht ausschlaggebend.

Das Lied *Der Alte Maasweg* sagt sehr viel mehr aus:

> *Ich steh auf der Autobahn mit leerem Tank*
> *Der Regeln prasselt aufs Dach*
> *Ich muss wohl wieder per Anhalter nach Haus*
> *Ich denk an dich bei jedem Schritt.*
> *In der Ferne bleibt ein Transit stehen,*
> *ich komm nie wieder von dir los,*
> *ich seh die Caltex im Nebel,*
> *Ölflecken auf der Maas.*
> *Ich laufe einfach weiter,*
> *doch ich kann nirgendwo hin.*
> *Es regnet noch immer,*
> *ich fühl mich so einsam,*
> *denn mit dir ist es vorbei.*
> *Auf dem Alten Maasweg, nachts um viertel vor drei.*

So etwa lautete der erste Hit der „Amazing Stroopwafels", bekannt in den Niederlanden, weltberühmt in Rotterdam und Umgebung. Wenn sie irgendwo auftreten, lassen die Fans sie nicht von der Bühne, bevor sie dieses Lied gesungen haben. Es drückt perfekt eine für Rotterdam typische „Herbstmelancholie" aus. Wir alle haben die Raffinerie Caltex im Nebel gesehen, denn der Alte Maasweg führt durch ein Gebiet mit chemischer Industrie, die entlang der dreißig Kilometer Maasufer das Rückgrat der niederländischen Wirtschaft bildet. Der Text dieses Liedes gehört inzwischen zum geistigen Gepäck einer ganzen Generation aus der Umgebung Rotterdams.

Allerdings handelt es sich bei dem Lied um eine Bearbeitung der *Manhattan Island Serenade* von Leon Russell. Die Stroopwafels verleugnen das auch keineswegs und singen ihre eigenen Strophen abwechselnd mit dem amerikanischen Original, das wie folgt lautet:

> *Sitting on a highway*
> *in a broken van*
> *thinking of you again.*
> *Guess, I'll have to hitch-hike*
> *to the station.*
> *With every step I see your face*
> *Like a mirror looking back at me,*

> *saying you are the only one*
> *making me feel*
> *I could survive*
> *and so glad to be alive.*
> *Nowhere to run and*
> *not a guitar to play*
> *messed up inside.*
> *And it's been raining all day*
> *since you went away,*
> *Manhattan Island Serenade.*

In der niederländischen Version ist der Regen stärker und physisch zu fühlen. Die geographischen Informationen sind bedeutend präziser und die Traurigkeit wird prägnanter – und meiner Meinung nach weniger poetisch – ausgedrückt. Doch fühlt man die Seelenverwandtschaft. Außerdem ähneln alle Großstädte einander und zweifellos gibt es auch in New York einen Alten Maasweg. Länder und Völker haben ihre Charakteristiken, aber die lassen sich nicht mit Folklore ausdrücken. Es gibt eine Art weltweiter Kultur mit eigenem Gesicht und eigener Symbolik, wie es sich für eine moderne Industriegesellschaft gehört. Sie äußert sich in populärer Kultur, in Mode, Erfindungen, Lebensweisen. Der Rotterdamer Boulevard Weena ist etwa genauso lang wie die Avenida Paulista in São Paulo oder der Jalan Thamrin in Jakarta oder manche Teile des Thanon Sekhumvit in Bangkok. Im letzten Absatz seines Essays *De stad als kunststuk (Die Stadt als Kunstwerk,* 1987) beschreibt der Amsterdamer Kultursoziologe Abram de Swaan den Ursprung dieser Übereinstimmung:

> „Das ist die Stadt, die noch über den Ozean hinweg im Kulturleben auf diesem Kontinent den Ton angeben kann, die praktisch als wahre Weltstadt nicht nur die Kultur der eigenen Nation dominiert, sondern auch das Zentrum dessen ist, was sich auf dem Kontinent abspielt und die schließlich zwischen den Kulturen dieser Kontinente vermittelt, das ist New York, der Mittelpunkt von Atlantis, die kulturelle Hauptstadt von Europa."

Diese Beeinflussung mit New York in der Vermittlerrolle (ausdrücklich nicht als Zentrum kulturellen Imperialismus) definiert de Swaan in einem anderen Artikel, *Perron Nederland (Bahnsteig Niederlande,* 1988) als kulturelle Internationalisierung. Er spricht darin über „weltbürgerliche Kultur" und schreibt:

> „Die Internationalisierung der Niederlande spielt sich auf zwei Ebenen ab: erstens als wachsende tatsächliche gegenseitige Abhängigkeit der niederländischen Gesellschaft und der Außenwelt; zweitens als wachsende Ausrichtung

der niederländischen Kultur, vor allem der Massenkultur, auf die weltbürgerliche, vor allem amerikanische Kultur."

Schon früher (in *Verdriet en lied van de kosmopoliet [Verdruss und Lied des Kosmopoliten]*, 1985) begrüßte de Swaan die weltbürgerliche Kultur:

> „Jede Woche sind jetzt die Musikpaläste ausverkauft, weil eine afrikanische Band zu Gast ist. Vor fünfundzwanzig Jahren kamen auch schon afrikanische Gruppen in die Niederlande, die Frauen tanzten mit nacktem Oberkörper, die Männer schlugen die Trommeln. Man fand das äußerst interessant und sehr authentisch und kümmerte sich weiter nicht darum. Die afrikanischen Gruppen, die jetzt kommen, machen Bastardmusik, schamlos gemischt aus Stammesfolklore, islamitischen Kirchengesängen, amerikanischer Gebrauchsmusik und karibischer Festmusik. Keine Synthese, sondern ein Gemisch, aus dem Stammesleben herausgeholt, aus dem Dorfleben berstend."

De Swaan stellt weiter fest:

> „In diesem weltweiten Kreislauf sind die Niederlande eine Station. Das ist die Funktion und der Sinn der niederländischen Sprache und Kultur, man kann damit in die Welt hinein- und wieder aus ihr heraustreten. Der Nutzen einer Nation besteht darin, dass sie ein Bahnsteig zur Welt ist."

De Swaan ist nicht nur ein angesehener und respektierter Professor, sondern auch überzeugter Amsterdamer. Letztere – und nicht nur sie – gehen selbstverständlich davon aus, dass sie in der einzigen echten Weltstadt der Niederlande leben, mit direkter Verbindung zu allem Neuen und Experimentellen in dieser Welt. Schon seit Generationen besitzt die Stadt eine magische Anziehungskraft auf jeden, der die Nase voll hat vom konventionellen Dorfleben. Amsterdam sieht sich selbst als das Fenster der Niederlande zur Welt. Hier geschieht alles früher als im Rest des Landes, so glauben vor allem die Amsterdamer selbst. Das gilt natürlich auch für andere Hauptstädte, doch in den Niederlanden ist der Abstand zwischen der Hauptstadt und der Provinz geringer, nicht nur geographisch, sondern vor allem auch geistig gesehen. Die Niederlande sind nicht nur klein, sondern auch sehr stark verstädtert, vor allem im Westen. Die städtischen Zentren bestimmen das Leben und diese Vorherrschaft wurzelt tief in historischer Tradition. Außerdem sind die Niederlande ein Land mit internationaler Handelstradition, das genau an der Stelle liegt, wo das deutsche, französische und angelsächsische Kulturleben aufeinander treffen. Das alles verleiht der Gesellschaft das kosmopolitische Gesicht, das de Swaan in seinen Essays so begeistert beschreibt. Und tatsächlich: *Der Alte Maasweg* ist ein typisches Beispiel für diesen Kosmopolitismus. Und längst nicht das einzige. Vor rund zehn Jahren stand eine große Zahl von Fernsehzuschauern innerhalb kürzester Zeit im Bann der ersten wöchentlich ausgestrahlten niederländischen Seifenoper, *Gute Zeiten, schlechte Zeiten.* Die allerdings basierte auf einem australischen Vorläufer. So finden sich noch unzählige andere Beispiele.

Daher ist die Feststellung erlaubt, dass de Swaans kulturelle Internationalisierung, seine weltbürgerliche Kultur (das Produkt des Vermittlers New York) der ganze Mischmasch Teil der Wirklichkeit ist, in der Niederländer leben. Es wäre denn auch nicht richtig, daraus die rein „niederländischen" Elemente, was immer diese sein mögen, herauszufiltern. Leser, die in anderen Ländern aufgewachsen sind, werden deshalb in diesem Buch vieles aus ihrem eigenen Land erkennen. Zu Hause ist es nicht viel anders. Reaktionen sind manchmal vergleichbar. Aber sie werden sich bei diesem Urteil auf unterschiedliche Passagen beziehen. Denn die weltweite Kultur hat etwas mit Gewürzen gemeinsam. Sie verbinden sich mit dem Gericht, sie können vorherrschen, aber den Geschmack niemals ganz bestimmen. So kommt es, dass das, was ähnlich scheint, doch auch anders ist, obwohl es unmöglich ist, die Gewürze, wenn sie einmal hinzugefügt wurden, von den anderen Zutaten zu trennen.

Wenn es anders wäre, hätte Dirceu Borges die tiefhängenden Wolken auch nicht bemerkt.

Deshalb beschäftigt dieses Buch sich nicht mit Tulpen, Holzschuhen und dem Nikolausfest. Über diese Phänomene wurde für Ausländer schon genug geschrieben, über die Fahrräder natürlich auch. Das Fahrrad ist ein phantastisches Transportmittel, solange man nicht bergauf fahren muss, und Berge gibt es in den Niederlanden nicht viele. Ansonsten lässt sich über das Fahrrad wenig sagen.

Dieses Buch beschäftigt sich mit anderen Dingen. Nicht so sehr damit, wie die Niederländer aussehen, sondern wie sie sich verhalten. Es versucht die Mentalität zu beschreiben, die ihren Leben zugrunde liegt.

Das ist natürlich ein gefährliches Spiel. Sogar Bienen und Ameisen, bis vor kurzem noch als roboterartige Wesen angesehen, die nur als Mitglied ihrer Kolonie von Bedeutung sind, scheinen einen viel individuelleren Charakter zu haben als man dachte, von Menschen ganz zu schweigen. Unsere Reaktionen werden vor allem von unserer Individualität bestimmt. Doch gibt es kulturell bedingtes Verhalten. Die Avenida Paulista ähnelt vielleicht dem Weena in Rotterdam, aber meine Körpersprache und mein Gang sind anders als die der Brasilianer. Und daran erkennen sie mich problemlos als Ausländer, obwohl ich mit meiner Statur durchaus aus einem ihrer südlichen Bundesstaaten stammen könnte. Aber ich bin einfach anders. Wie soll man so etwas in Worte fassen?

Das Königliche Tropeninstitut in Amsterdam erforscht bereits seit mehr als einem Jahrhundert andere Kulturen, nicht nur auf soziologischem Gebiet, sondern auch auf dem der Medizin und Landwirtschaft. Zu Recht besitzt es einen Ruf als internationale Organisation mit viel Erfahrung auf dem

Gebiet der interkulturellen Kommunikation. Seit einigen Jahren bietet das Institut seine Erfahrung auf eine ganz spezielle Art und Weise an: Es veranstaltet Orientierungskurse für Ausländer über die niederländische Gesellschaft. Dafür hat man fünf Eigenschaften ausgewählt, deren Bezeichnung auf Englisch wie folgt lautet: *egalitarian, utilitarian, organized, trade oriented, privacy minded*. Ich habe sie folgendermaßen übersetzt: egalitär, praktisch, gut organisiert, Handelsgeist und unantastbares Privatleben. Unter diesen Nenner ordnet man praktisch alle Phänomene ein, mit denen ein Ausländer, der sich mehr oder weniger permanent in den Niederlanden aufhält, konfrontiert wird. Vor allem, wenn sie anfänglich Erstaunen, Schrecken, Wut oder Mutlosigkeit hervorrufen. So entsteht ein Bild vom Niederländer als soziales Wesen. Dabei darf man nicht vergessen, dass Menschen in noch größerem Maße als soziale Insekten einander ausschließlich bei oberflächlicher Betrachtung ähnlich sind. Sie sind vor allem Individuen. Man darf sie nie als die Ausnahme sehen, die die Regel bestätigt.

Kein Mensch ist Gefangener seiner Kultur.

Dieses Buch befasst sich in jeweils einem Kapitel mit allen Epitheta, mit denen das Königliche Tropeninstitut den Niederländer umschreibt. Es sind insgesamt fünf. Das sechste Kapitel beschäftigt sich mit Angehörigen kultureller Minderheiten, die sich hauptsächlich in den letzten vierzig Jahren in den Niederlanden niedergelassen haben und sich vor allem in städtischer Umgebung so nachdrücklich manifestieren, dass sie das Stadtbild prägen.

Damit erbringen sie in den heutigen Niederlanden den deutlichsten Beweis dafür, dass Gesellschaften, Kulturen, Mentalitäten durch Dynamik und Veränderung geprägt werden. Natürlich gibt es konstante Größen, gemeinsame Erfahrungen und darauf basierende kollektive Erinnerungen und Mythen, aber auch der permanente Gehalt dieser Konstanten darf nicht überschätzt werden. Dieses Buch beschäftigt sich per definitionem mit Veränderung. Es beschreibt Prozesse. Ich schreibe es heute, morgen sind die Niederlande wieder ein wenig anders.

Aber das macht das Leben spannend. Auch unter einem tiefen Himmel, Dirceu.

1. EGALITÄR

Wer im Überfluss lebt, ist von Dornen umringt

*Benimm dich normal, das ist verrückt genug – Wirklicher Reichtum
äußert sich bescheiden – Niemand soll dominieren – Konsens als Prinzip –
Das ganz gewöhnliche Königshaus – Calvins harte Lehre und sanfte Praxis –
Souveränität in eigenen Kreisen – Überfluss und schöner Schein –
Risiken vermeiden – Der Fürsorgestaat – Das neue Primat des Individuums*

NUR WENIGE NIEDERLÄNDER haben jemals von Karel Nolet gehört, aber
seine Genevermarke *Ketel 1* steht in jedem Getränkemarkt ganz vorne im
Regal.

Nolets Erfolg beruht auf einer ausgeklügelten Marketingstrategie. Er
betont nachdrücklich, dass sein Familienunternehmen bereits 1695 gegründet wurde, so dass der Verbraucher sozusagen drei Jahrhunderte handwerklichen Könnens schmecke; eine Tradition, die auch im Preis zum Ausdruck
kommt. Die Strategie hat Erfolg, was sich auch darin äußert, dass so viele
Bitten um eine Führung durch diesen offensichtlich altehrwürdigen Betrieb
eingehen. Die Besucher bekommen eine äußerst effizient organisierte Brennerei zu sehen, in der achtzehn Arbeitnehmer nicht nur Ketel 1, sondern
auch eine ganze Reihe anderer Getränke produzieren. Außerdem gibt es
noch einen preisgekrönten Videofilm zu sehen.

Diesen Videofilm kann man den Besuchern nicht zeigen, ohne einige
Erläuterungen anzubringen.

Der Film wurde für Zwischenhändler in den Vereinigten Staaten produziert, in denen Karel Nolet seit einer Reihe von Jahren *Ketel 1*-Wodka verkauft. Er selbst ist im Film nur ein einziges Mal zu sehen, und zwar am Steuer seines Mercedes. Dieser Mercedes, so wird den Besuchern erläutert, wurde extra für die Aufnahmen für einen Tag gemietet. Natürlich fährt der Chef
keinen Mercedes, sondern einen BMW. Ohne den Mercedes – so betonen
die Hersteller des Videofilms, die bekannten Toonder Studios – wäre der
Film für den amerikanischen Markt nicht geeignet. Entstünde der Eindruck,
als besäße der Direktor nicht einen ordentlichen, europäisch aussehenden
Wagen, könnten die Großhändler an der Seriosität des Unternehmens zweifeln.

In den Niederlanden ist es genau umgekehrt. Mit dem Mercedes beweist
der Direktor, dass er den großen Mann spielt. Offensichtlich mangelt es ihm
an Loyalität gegenüber seinem Unternehmen. Der teure Wagen macht deutlich, was mit dem Gewinn passiert: Die Marke Ketel wird es bei dieser deka-

denten Protzerei nicht lange geben, Karel Nolet ist offensichtlich kein seriöser Unternehmer. Außerdem: Der Genever ist teuer und warum sollte man mit seinem guten Geld für das Auto des Direktors zahlen?

Volkswagen hat sich diese Mentalität für einen Fernseh-Werbespot zu Nutze gemacht: Dabei fährt eine Reihe von Autos vor, eines größer als das andere und zum Schluss kommt ein teurer Mercedes ins Bild. Die Untertitel zeigen, worum es geht: „Das Auto des Geschäftsführers der Fabrik", „Das Auto des Generaldirektors der Fabrik", „Das Auto des Vorstandsvorsitzenden der Fabrik". Zum Schluss erscheint ein gewöhnlicher Volkswagen im Bild: „Das Auto des Krisenmanagers der Fabrik".

Die Besucher von Ketel lassen sich durch die Erläuterungen über den Mercedes überzeugen. Sie finden es clever für einen Tag eine Limousine zu mieten um bei einem ausländischen Publikum Eindruck zu schinden. Außerdem kommt noch ein unausgesprochener Gedanke hinzu: Glücklicherweise sind wir Niederländer nicht so. *Wir benehmen uns normal, das ist verrückt genug.* Aber was spricht dagegen ein wenig zu schummeln um im Ausland Geld zu verdienen? Why not?

Jeder muss nach seiner eigenen Fasson selig werden. Andererseits ist jedem Niederländer klar: *Sich regen bringt Segen.*

Weder Hütten noch Paläste

Bei den kursiv gedruckten Sätzen handelt es sich um beliebte niederländische Sprichwörter, die einander scheinbar widersprechen. Beim ersten geht es um einen Aufruf zu angepasstem Verhalten, beim zweiten darum, jeden sein eigenes Leben führen zu lassen, möge es auch ausgefallen sein; das dritte preist ein arbeitsames und sparsames Leben: Wohlstand fällt einem nicht in den Schoß, man muss ihn verdienen. Und auch wenn man sich Wohlstand erarbeitet hat, ist das noch kein Grund sich extravagant zu benehmen. Schlösser sind selten in den Niederlanden. Ein Besucher sieht keine Hütten, aber auch keine Paläste. Sogar die „Paläste" im Besitz der königlichen Familie sind eher überdimensionierte Villen und keineswegs mit Versailles, Sanssouci, Buckingham Palace oder Windsor zu vergleichen. Sogar das jahrhundertealte Haus Oranien kann sich dem Konformismus des *Benimm dich normal, das ist verrückt genug* nicht entziehen. Auch für den Monarchen gilt das obengenannte Gesetz des Mercedes.

Dennoch sieht der ausländische Besucher auf der Straße auch Menschen, die erkennbar nicht dem Normalbild entsprechen. Durch die Straßen von Amsterdam schreitet zum Beispiel das wandelnde Kunstwerk Fabiola, stets in glitzernde Gewänder mit langer Schleppe gehüllt, was ihm ein androgynes Aussehen verleiht. Fabiola kann sich frei bewegen und ziert sogar offizielle (frei zugängliche) Veranstaltungen mit seiner Anwesenheit. In der ersten Hälfte der neunziger Jahre war die Amsterdamer Homosexuellen-Diskothek

„iT" einer der größten Erfolge im Gastronomiegewerbe. iT brachte es zu europäischem Ruhm wegen der bizarren Kleidung eines Teils der Besucher, der sie oft noch einen sadomasochistischen Hauch verliehen, bzw. der weitgehenden Abwesenheit dieser Bekleidung. Auf der Tanzfläche ist alles erlaubt, sagte der Besitzer, abgesehen vom Beischlaf, der den Profis vorbehalten ist, die das iT dafür bezahlt Stimmung zu erzeugen. Die Regenbogenpresse publiziert gerne Fotos aus dem iT und was sie zeigen, ist für den durchschnittlichen Familienvater außergewöhnlich. Eins allerdings vermisst man auf den Fotos: Gold und Juwelen. Selbst ein sich exzentrisch vergnügender Niederländer lässt die Sklavenkette nicht so schnell mit Diamanten bestücken, auch wenn das Konto dies hergäbe. Es riefe Aggressionen hervor. So aber betrachtet das große Publikum die Zustände im iT mit erstauntem Interesse, aber nicht mit Wut oder Ablehnung. *Die müssen selbst wissen, was sie tun.* Wieder so eine beliebte niederländische Redensart.

Die gleiche Regenbogenpresse hat auch keine Klatschkolumnen, wie man sie in den weniger seriösen Zeitungen der meisten anderen Länder findet. Die Partys der Industriellen, Parlamentsabgeordneten oder Minister, die Empfänge der *haute volée* sind nicht Gegenstand der Berichterstattung, weil sie normalerweise nicht extravagant genug sind um einen Bericht zu rechtfertigen und auch, weil die einschlägigen Journalisten selten bei diesen Privatveranstaltungen geduldet werden. Die Klatschblätter müssen sich mit Artikeln über die Feste von Künstlern der Popkultur und Fernsehstars zufrieden geben. In diesen Kreisen lässt man sich von Hollywood inspirieren, hier gibt es wohl angeberischen Reichtum zu beobachten. Nicht nur den der Stars selbst, sondern auch den ihrer reichen Freunde, oft *Selfmade*-Geschäftsleute, die sich nicht um die ungeschriebenen Gesetze kümmern, mit denen der alte Geldadel sich umgeben hatte. Solche Leute sind in den Augen vieler Niederländer nicht ganz koscher, sonst würden sie sich nicht so verhalten.

In den neunziger Jahre lernten die Niederländer erstmals solche Kreise in der beliebten Fernsehsendung *Glamourland* kennen, die über Partys, Vernissagen usw. berichtete. Das Programm war so erfolgreich, weil der Präsentator, G.J. Dröge, die Hauptdarsteller im Smoking elegant zum Besten hielt. Sein Ausgangspunkt war ein Bibelzitat, das jeder Niederländer, religiös oder nicht, kennt: *Alles ist Eitelkeit.* Diese Kreise konnte man einfach nicht ernst nehmen.

Dennoch haben es so manche Stammgäste des iT zu etwas gebracht. Tagsüber, wenn sie in korrekter, jedoch unauffälliger Kleidung ihren Geschäften nachgehen, sieht man ihnen das jedoch nicht an.

Das bringt den scheinbaren Gegensatz zwischen *Benimm dich normal, das ist verrückt genug* und *Jeder muss nach seiner eigenen Fasson selig werden* wieder auf Normalmaß zurück.

Wenn man wirklich reich ist, ist Zurückhaltung fast ein Muss

Jedes Jahr gibt es in den Niederlanden ein paar Dutzend Millionäre mehr. Weltweit operierende Unternehmen wie Shell oder Philips sind zu einem großen Teil fest in niederländischem Boden verwurzelt. Konsortien wie zum Beispiel die Banken ABN AMRO oder Rabo zählen zu den ersten zwanzig der internationalen Großbanken. Das durchschnittliche Pro-Kopf-Einkommen liegt bei etwa vierzigtausend Gulden pro Jahr und hat sich in den letzten fünfzig Jahren etwa versechsfacht. In den Niederlanden gibt es unglaublich viel Reichtum. Und ein großer Teil davon befindet sich in den Händen einiger Weniger. Die allerdings kennt kaum jemand. Wenn man wirklich reich ist, ist Zurückhaltung fast ein Muss. In den dreißiger Jahren fuhr noch mancher Minister mit der Straßenbahn zu seinem Ministerium. Heutzutage verfügen Minister über ein Auto mit Chauffeur, aber das ist keineswegs selbstverständlich. Sie rechtfertigen sich mit ihrem vollen Terminkalender und damit, dass es sich während des Fahrens so gut arbeiten lässt. Industriebosse tun es den Ministern nach. Sie schützen ihre Privatsphäre in großen Villen, oft in den Millionärsdörfern Wassenaar oder Aerdenhout, die jedoch nach internationalen Maßstäben eher bescheiden sind. Ihren Einfluss üben sie aus den Vorstandsetagen heraus aus und sie meiden die Publizität. Topmanager, wie etwa P. Smits von KPN, Cor Boonstra von Philips oder Arnout Wellink von der Niederländischen Nationalbank treten nur in die Öffentlichkeit, wenn sie im Rahmen ihrer Tätigkeit etwas mitzuteilen haben, z.B. bei der Hauptversammlung. Dann verschwinden sie sofort wieder in der Anonymität. Und sie geben sich große Mühe ihre eigene Person soweit möglich im Hintergrund zu halten.

Der durchschnittliche Unternehmer, und Gleiches gilt für Politiker oder hohe Beamte, wird Erfolge nicht schnell als sein eigenes Verdienst bezeichnen, jedenfalls nicht in der Öffentlichkeit. Vielmehr wird er betonen, dass der Erfolg gemeinsamer Anstrengung zuzuschreiben und er lediglich Teil eines Teams sei, dass er ohne die Hilfe der anderen nie so viel hätte erreichen können, dass das Unternehmen mit seinen Mitarbeitern stehe oder falle. Jedenfalls wenn er – denn Frauen nehmen trotz ihres wachsenden Einflusses in Unternehmen bisher kaum Führungspositionen ein – vernünftig ist. Sonst ist ihm der Spott der Öffentlichkeit sicher.

Die Familie bleibt ganz und gar im Hintergrund. Die Gattin von Ruud Lubbers, der in den achtziger und neunziger Jahren lange Zeit Ministerpräsident war, trat ab und zu in die Öffentlichkeit, meist durch die Hintertür der Society-Kreise, und darüber waren die Niederländer nicht sehr erfreut. Sie bildete eine auffällige Ausnahme von der Regel. Es ist zwar keineswegs so, dass die Lebensgefährten niederländischer Führungspersönlichkeiten sich nur mit Ikebana beschäftigen; sie sind oft ebenfalls beruflich erfolgreich, ihre

Karriere hat jedoch mit der des Partners nichts zu tun. Eine Hillary Clinton wäre in den Niederlanden undenkbar, es sei denn, sie profilierte sich gänzlich unabhängig von ihrem Partner unter ihrem Mädchennamen. Nur wenige wissen zum Beispiel, dass die derzeitige Ministerin für Entwicklungszusammenarbeit, Eveline Herfkens, und ihr Kollege Ed van Thijn, früherer Parlamentsabgeordneter, viele Jahre Bürgermeister von Amsterdam und später kurze Zeit Innenminister, einst verheiratet waren. Viele merkten erst auf der Beerdigung von Ien Dales, der damaligen Innenministerin, dass sie und Elisabeth Schmitz, ebenfalls eine respektierte Politikerin, Lebensgefährtinnen gewesen waren. In diesem Zusammenhang fragten sich viele Journalisten, ob ein solches Eindringen in das Privatleben anderer zulässig sei und ob man das Publikum an der Trauer von Frau Schmitz teilhaben lassen dürfe.

Der Respekt vor dem Privatleben anderer sorgt dafür, dass die Art von Neugier, die eine Flugstunde weiter westlich manch einen Politiker den Kopf kostet, in den Niederlanden unbekannt ist. Doch wie verhält es sich mit dem iT? Das iT betritt man durch eine Tür in einer blinden Mauer, vor der ein Rausschmeißer steht. Gleich zu gleich gesellt sich gern und das Publikum bleibt draußen vor der Tür. Und ohnehin – so denken die meisten – geht das niemanden etwas an. Eine Persönlichkeit des öffentlichen Lebens muss man nach ihrer Arbeit und ihrem Auftreten in der Öffentlichkeit beurteilen, nicht nach ihrem Privatleben. Dass das meist nicht allzu spektakulär ist, kann man daran sehen, dass so viele Niederländer auch abends die Gardinen nicht zuziehen und damit einen Blick auf die gediegenen Möbel und das aufgeräumte Wohnzimmer ermöglichen. Hängt diese Offenheit damit zusammen, dass so viele Niederländer gerne zeigen wollen, wie „normal" sie sich auch im Privatleben benehmen? Das weiß man nicht genau. Vielleicht hilft uns der Ausdruck *kamertjeszonde* (Hinterzimmersünde) weiter. Im *Van Dale* (Wörterbuch der niederländischen Sprache) wird er folgendermaßen definiert: „Laster, im Sinne von beschränkt; alltäglich: ein Bereich der Biederkeit und verschämten Lüsternheit". Aber wer diesen Gedankengang nachvollzieht, begibt sich ins Gebiet der Spekulation, genauso wie die Ur- und Frühgeschichtler, die versuchen, eine „ursprüngliche Gesellschaft" zu konstruieren. Tatsache ist, dass die Gardinen nicht geschlossen werden und einen Blick auf ein großes Maß an Gleichartigem gestatten.

Diese Eigenheiten der niederländischen Gesellschaft sind über die Jahrhunderte hin vielen Reisenden aufgefallen. Die jeweilige Interpretation hängt vom persönlichen Geschmack ab. Man findet in ihren Werken begeisterte Beschreibungen des niederländischen Gespürs für Toleranz und Demokratie, Lobgesänge auf das abwechslungsreiche, vielfarbige Leben, aber auch dumpfe Schilderungen einer angepassten, farblosen Mittelschicht. Vor einem Jahrhundert präsentierte der portugiesische Schriftsteller Ramalho Ortigão seinen Landsleuten die Niederlande als Vorbild für Offenheit und fortschrittliche Gesinnung. In den achtziger Jahren des vorigen Jahrhunderts nannte sein Landsmann Rentes de Carvalho ein ähnliches Buch über die Niederlande *Wo der andere Gott wohnt*. Ein Schlechtwetter-Gott, der eine im Grunde puritanische Gesellschaft beaufsichtigt, die ihr Desinteresse als Toleranz ansieht. *„Adieu, canards, canaux, canaille"* soll Voltaire nach einem kurzen Besuch der Niederlande gesagt haben. Der deutsche Soziologe Ernest Zahn, lange Jahre Professor an der Universität Amsterdam, beschwert sich über eine akademische Kultur, die alles auf das Vorhersehbare reduziert. Das ist doch etwas anderes als die „magische Anziehungskraft", deren sich Amsterdam in den siebziger Jahren erfreute und die es zu einem Wallfahrtsort wie *swinging* London oder San Francisco machte, wo man mit Blumen im Haar herumlief. Zu jener Zeit galten die Niederlande als Brennpunkt internationaler Erneuerung, wo man einen neuen Lebensstil ausprobierte, ein erstes Experimentieren mit dem, was man später „postindustrielle Gesellschaft" nannte. Das Adjektiv, mit dem all dies bezeichnet wurde, lautete „verspielt", das Gegenteil von „normal".

Aber auch zu jener Zeit sah man durch fast jedes Fenster die althergebrachte Sitzgarnitur und das graue Licht des Schwarzweißfernsehers, denn Farbfernsehen gab es noch kaum. Und der damalige Ministerpräsident Piet de Jong, der all das Verspielte mit mildem Lächeln zur Kenntnis nahm, war ein Konservativer, ein katholischer ehemaliger U-Boot-Kapitän, dessen Position zu keinem Zeitpunkt gefährdet war.

Dennoch muss gesagt werden, dass man in der konventionellen niederländischen Gesellschaft für ausgefallenes Benehmen einen viel niedrigeren Preis zahlt als in vielen anderen Ländern. Diese Toleranz entstand im Laufe vieler Generationen und hängt in hohem Maße mit der Entstehungsgeschichte des niederländischen Staates zusammen.

Heute ist das Königreich der Niederlande eine moderne Nation, ein Staat mit einheitlicher Gesetzgebung, dessen Grenzen weder im In- noch im Ausland zur Diskussion stehen. Über die demokratischen und parlamentarischen Ausgangspunkte, gemäß derer das Land regiert wird, gibt es keine Auseinandersetzung. Ein weiterer die Einheit befördernder Faktor ist das offizielle Niederländisch, die allgemein anerkannte nationale Sprache. Auch die Architektur von Landschaft und Gebäuden besitzt einen unverkennbar eigenen Charakter, der deutlich wird, sobald man aus Deutschland oder Belgien ins Land kommt. Man weiß sofort, dies ist ein eigenständiges Land. Und das hat nichts mit den verwaisten Grenzposten zu tun, die an die Zeit vor dem Wegfallen der europäischen Binnengrenzen erinnern. Man sieht es an den Feldern, den Straßen, der Art und Weise, in der Dörfer und Städte sich in die Landschaft einfügen, am Verhalten der anderen Straßenbenutzer, am Aussehen und sogar am Text der Reklametafeln.

Eine Epoche, die den in ihr lebenden Generationen als Vorbild dienen kann

Diese Niederlande sind in vielerlei Hinsicht ein Produkt des 19. Jahrhunderts. Die Standardisierung, die wir vom Autofenster aus wahrnehmen, hat ihre Wurzeln in wichtigen Erfindungen des neunzehnten Jahrhunderts, wie z.b. der Schnellpresse für Zeitungsdruck, preiswertem Papier, Eisenbahnen und Teerstraßen, Schulpflicht, Telegrafen, Telefon, täglicher Postzustellung und überhaupt jeglicher Form von Massenproduktion. Es waren die Ideologen des 19. Jahrhunderts, die den niederländischen Volkscharakter sozusagen erfunden haben, die über die technischen Mittel verfügten um ihn zum Standard zu erheben. Dazu lieferten sie eine „vaterländische" Geschichte, die zwei Jahrtausende zurückreichte, und sogar eine ganze Epoche, die zeitgenössischen Generationen als Vorbild dienen konnte, das sogenannte *Goldene Zeitalter*, das 17. Jahrhundert. Es war das Jahrhundert von Rembrandt und Spinoza, weltweiter Handels- und Entdeckungsreisen, Heldentaten und wirtschaftlicher Blüte, denn Amsterdam war damals das Finanzzentrum der westlichen Welt (in weit größerem Umfang als Wall Street es heute ist) und Unternehmer aus dem westlichen Teil des Landes dominierten praktisch den europäischen Handel. Es war eine inspirierende Zeit, umso mehr als die ersten siebzig Jahre des 19. Jahrhunderts für die Niederlande nicht einfach gewesen waren. Zusammen mit Portugal und Irland gehörten die Niederlande zu den rückständigsten Ländern Europas. Das Land war ein einziges Armenhaus und die einst blühende Handelsstadt Amsterdam erfreute sich in ganz Europa des zweifelhaften Rufs eines Paradieses für billigen Sex. Von den drei Millionen Einwohnern hatten lediglich hunderttausend einen Lebensstandard, den wir heute als Minimum ansehen. Die durchschnittliche Lebenserwartung betrug ungefähr dreißig Jahre.

Diese Situation änderte sich schnell und aufsehenerregend. Die Art und Weise dieses Umschwungs hat viel mit den Besonderheiten der heutigen Niederlande zu tun. Gleiches gilt jedoch für die Zeit davor: ein von einer verarmten Gesellschaft mit Gold behängtes Jahrhundert und der Krieg, der ihm voranging, ein Krieg, dem man ganz im Geist des 19. Jahrhunderts den Charakter eines nationalen Unabhängigkeitskampfes verlieh, sogar den Charakter eines Kampfes zwischen Gut und Böse, zwischen Gott und Satan.

Dass Karel Nolet keinen Mercedes fährt, hat mit diesem Komplex von Faktoren zu tun.

Die Vorstellung von den Niederlanden als einer separaten Einheit ist nur ein paar Jahrhunderte alt und nie sehr stark ausgeprägt gewesen. „Große" europäische Nationen wie Frankreich, Deutschland oder England entstanden durch den Aufstieg von Königshäusern, die fest im Sattel saßen. Von einem solchen Königshaus, das die Nation zusammenhielt, konnte an den Mündungen von Rhein, Maas und Schelde, wo heute die Niederlande und

Belgien liegen, keine Rede sein. Dadurch erhielten lokale Machthaber fast unbegrenzten Spielraum. Das Gebiet war in eine Vielzahl von praktisch unabhängigen Grafschaften und Herzogtümern aufgeteilt, deren Einwohner offiziell Untertanen des Kaisers des Heiligen Römischen Reichs Deutscher Nation oder des Königs von Frankreich waren, sich in der Praxis jedoch kaum um diese hohen Herrschaften kümmerten. Die meisten heutigen niederländischen Provinzen entstanden aus diesen kleinen Staaten. Oft sind sogar ihre Grenzen noch zu erkennen.

Es waren Feudalstaaten, innerhalb derer das gesellschaftliche Netzwerk aus persönlichen Abhängigkeitsverhältnissen bestand, wobei die Schwächeren den Stärkeren im Tausch für Schutz und andere Vorrechte Treue gelobten. Da die jeweiligen Grafen und Herzöge jedoch nur in seltenen Fällen die militärische Macht besaßen, um Treue tatsächlich zu erzwingen, erhielten diese Verhältnisse mehr und mehr erblichen Charakter oder nahmen ausgesprochen komplizierte Formen an. Die Fürsten mussten sich ihre Position immer öfter erkaufen, indem sie ihren Untergebenen neue Vorrechte zubilligten.

Notwendig wurde dies vor allem, als eine Klasse von Kaufleuten entstand, die im Gegensatz zu den Grafen, Herzögen und traditionell allem Geschäftlichen abgeneigten Großgrundbesitzern aufs Geldverdienen erpicht waren. An den Mündungen dreier wichtiger natürlicher Verbindungswege – Rhein, Schelde und Maas – entstand problemlos ein lebhafter Handel. Sofern die Mindestvoraussetzungen für Sicherheit erfüllt waren, entstand die Art von Siedlung, die wir heute Stadt nennen. Geldmangel und Machtstreben waren der Grund dafür, dass die Grafen und Herzöge diesen Niederlassungen alle möglichen Rechte zugestanden und im Gegenzug für Treue bzw. Geld sogar politische Befugnisse preisgaben. Das älteste Dokument, in dem der Name Amsterdam vorkommt, enthält ein Privileg aus dem Jahre 1275, mit dem Floris V., Graf von Holland, Bewohnern seines Rechtsgebiets Befreiung von Mautgebühren gewährt; zweifellos mit dem Hintergedanken sie dazu zu bringen von den mit ihm wetteifernden Herren van Aemstel zu ihm überzulaufen.

Seit dem 12. und 13. Jahrhundert erhielten neue Niederlassungen Stadtrechte mit umfangreichen Freiheiten und Vorrechten, was praktisch Autonomie bedeutete. Auf diese Art und Weise wurden die Befugnisse der Grafen und Herzöge immer weiter dezimiert. Man sollte allerdings nicht der Versuchung erliegen, all dies als frühe Form von Demokratie anzusehen, wie verschiedene historisch angehauchte Ideologen späterer Zeit dies taten. Es handelte sich vielmehr um ein sehr komplexes System von außergewöhnlichen Vorrechten und Regelungen, von denen in der Praxis eine Familie profitierte, obwohl in den jeweiligen Dokumenten von einem Gebiet, einem Schloss oder einem Dorf die Rede war. Auch in den Städten lag die Macht in

Händen einer beschränkten Anzahl von Angehörigen vornehmer Familien, Rat und Magistrat wurden im Regelfall durch das System der Kooptation gebildet. Auf diese Art und Weise entstand jedoch eine Form von *checks and balances*. Wenn das System funktionieren sollte, musste stets versucht werden zu einem Konsens zu kommen.

All diese Grafschaften und Herzogtümer gerieten auf die Dauer in die Hände des Hauses Habsburg, das auch den deutschen Kaiser stellte. Ein komplizierter Prozess, der mehr als ein Jahrhundert dauerte; mit strategischen Heiraten und Erbschaften, um die oft mit Waffengewalt gekämpft werden musste. Um das Jahr 1540 herum hatte dann das Gebiet an den Mündungen von Rhein, Maas und Schelde nur noch einen einzigen Herrscher, Karl V., der seine gesamten Ländereien mit der Bezeichnung „Die Niedrigen Lande" bzw. „Niederlande" versah. Karl V. hatte natürlich auch alle traditionellen Rechte und Vorrechte übernommen, ein unübersichtliches System, das seine Macht einschränkte, womit er sich als mächtigster Fürst in Europa nicht zufrieden gab. Er wollte Ordnung in das Chaos bringen und ernannte für das gesamte Gebiet einen Landvogt mit Sitz in Brüssel und für jede Grafschaft und jedes Herzogtum einen Stellvertreter, der Leutnant oder Statthalter genannt wurde, das königliche Siegel verwenden durfte und sich im Allgemeinen recht großer Freiheiten erfreute um nach eigenem Gutdünken zu handeln, denn Kommunikation war eine langsam verlaufende und schwierige Angelegenheit. Im Allgemeinen wählte Karl V. für solche Vertrauensposten wichtige Edelleute aus, die persönliche Beziehungen im jeweiligen Gebiet hatten, zum Beispiel den am Brüsseler Hof aufgewachsenen Wilhelm, Graf von Nassau und Prinz von Oranien, weil seine Familie wichtige Landgüter im Herzogtum Brabant ihr eigen nannte, dessen Hauptstadt damals Brüssel war.

Wer sich mit der europäischen Geschichte des 16. und 17. Jahrhunderts beschäftigt, wird feststellen, dass es eine Vielzahl von Konflikten zwischen Königen, die die Zentralisierung vorantrieben, und ihren Untertanen gab, die auf die ihnen im Mittelalter verliehenen Vorrechte pochten. Meistens siegten die Könige; Frankreich und Spanien sind dafür die besten Beispiele.

In den Niederlanden geschah das Umgekehrte. Als Ergebnis des von den Niederländern stolz „Achtzigjähriger Krieg" (1568–1648) genannten Konflikts blieben die mittelalterlichen Vorrechte und Privilegien Basis der staatlichen Ordnung.

Nach der Abdankung Karls V. wurde dessen Sohn Philipp als Philipp II., König von Spanien, Herrscher über die Niederlande. Die spanische Krone wusste ihre Untertanen der meisten *fueros* (Gewohnheitsrechte) oder Privilegien zu berauben und Philipp, ein Mann klarer Verhältnisse, setzte in den Niederlanden einen vergleichbaren Prozess in Gang. Gleichzeitig agierte er viel heftiger, als sein Vater es jemals getan hatte, gegen den Protestantismus.

Schon länger stand auf der Zugehörigkeit zu einer anderen als der römisch-katholischen Religion als „Ketzerei" der Tod auf dem Scheiterhaufen, der neue König bestand jetzt darauf, dass die Strafe auch vollzogen wurde.

In den Niederlanden gab es durchaus Sympathie für kirchliche Reformbewegungen, die seit Luthers Aktion im Jahre 1517 überall in Europa entstanden. Zwar nahmen diese nicht die Formen einer Zerreißprobe für die Kirche an, aber die Führungsschichten in Stadt und Land und sogar innerhalb der Kirche selbst fanden die neuen Denkansätze nicht unsympathisch ohne jedoch damit drastische Konsequenzen für ihr religiöses Leben zu verbinden. Dies ähnelte ein wenig den Vorstellungen der progressiven 68er, die mit Onkel Ho, dem Großen Vorsitzenden Mao und Comandante Che Guevara sympathisierten ohne selbst Kommunisten zu werden.

Der berühmte Gelehrte Erasmus von Rotterdam bildete gewissermaßen das Modell für diese Haltung. Bei ihm wusste man jahrelang nicht, ob er zu den Reformern zählte oder treuer Katholik war. Diese Führungsschicht hatte denn auch die Neigung, die Verfolgung von Protestanten, Wanderpredigern oder ausgesprochenen Ketzern – trotz anderslautender Weisungen aus dem weit entfernten Spanien – nicht mit allzu viel Eifer durchzuführen. Diese Haltung nahmen sie sogar gegenüber den Anhängern von Johannes Calvin an.

Kalvinisten haben sich strikten Verhaltensregeln zu unterwerfen

Die meisten von ihnen wohnen auf dem Land, aber wer weiß, um was es geht, erkennt sie auch in den großen Städten: die Anhänger der „Schwarze-Strümpfe-Kirche". Sonntags eilen die Familien geschlossen zur Kirche, die Frauen mit Kopfbedeckung und langem Rock, die Männer in Schwarz oder allenfalls in gedecktem Grau. Die Strümpfe sind vielleicht nicht mehr ganz so schwarz wie früher, aber insgesamt erwecken diese Gläubigen noch immer den Eindruck von Demut und Schuld.

Sie sind auf dem Weg zum ersten der beiden stundenlangen Gottesdienste, die sie am Tag des Herrn besuchen. Sie singen das Lob Gottes in langen, getragenen Liedern, aber das Herzstück ist und bleibt die Predigt, bei der der Pfarrer ihnen nach allen Regeln der Kunst die Leviten liest. Die besten Pfarrer sind aufgrund durch Jahrhunderte entwickelter rhetorischer Begabung in der Lage, bittere Tränen zu vergießen. „Oh, wäre doch nur einer auserwählt", ruft der Pfarrer verzweifelt aus, denn ihr Gott ist vor allem ein zorniger Richter, der ohne Erbarmen die Auserwählten von der großen Masse der Verdammten trennt.

Die Gläubigen hören verschreckt zu, während der Pfarrer einer niederländischen Redensart zufolge „Hölle und ewige Verdammnis predigt". Ab und zu kommt es vor, dass ein einziger Gläubiger fühlt, dass Gott mit dem

Finger auf ihn gedeutet und ihn auserwählt hat, die meisten aber bleiben ihr Leben lang in schrecklicher Ungewissheit.

Sie lehnen daher jegliche „Anpassung an Weltliches" ab, die mit Sicherheit zum ewigen Untergang führte. Unter Anpassung an Weltliches ist alles zu verstehen, was dem Leben seine Farbe verleiht: modische Kleidung, Ausgehen, Kino und Fernsehen, obwohl das letztere heute nicht mehr als ganz so verwerflich gilt. Für die Einwohner des abgelegenen St. Philipsland in Zeeland galt bis in die fünfziger Jahre eine Wasserleitung als zu weltlich. Eine Reihe der Schwarze-Strümpfe-Religionsgemeinschaften weigert sich noch immer sich vorsorglich impfen zu lassen, weil dies gegen Gottes Willen verstieße.

Etwa sechshunderttausend Niederländer bekennen sich zu diesem strengen Glauben. Sie wohnen größtenteils in einem Streifen, der in Zeeland im Südwesten beginnt und sich bis zur Provinz Overijssel im Nordosten hinzieht, und drücken manchen ländlichen Gemeinschaften einen schweren Stempel auf.

Sie betrachten sich selbst als die rechtmäßigen Erben Calvins, die im Gegensatz zu den großen protestantischen Kirchen dessen Erbe nicht für die Welt und deren sündhafte Versuchungen verschleudert haben.

Johannes Calvin ist neben Martin Luther der wichtigste Kirchenreformer des Christentums, nicht nur wegen seiner theologischen Grundsätze, sondern auch wegen des Modells für eine kirchliche Organisation, das er entwickelte. Seine Grundsätze und sein Geist haben die Niederlande wesentlich beeinflusst. Der Mensch, so Calvins Lehre, ist von Natur aus schlecht. Gottes Gnade allein kann einige Auserwählte retten, aber das ist nicht deren eigenes Verdienst. Calvin ging sogar davon aus, dass Gott von vornherein festgelegt hat, welche wenigen Auserwählten das himmlische Königreich erben und wer in die Hölle gestürzt wird.

Trotzdem trägt jeder Mensch Verantwortung für sein eigenes Schicksal und sein Verhältnis zum Allerhöchsten. Im Prinzip ist all dies in der Bibel zu finden, der einzigen Quelle des Wissens über Gott.

All dies führte zu äußerst strenger Religionsausübung, bei der katholischer Prunk und die Ausgelassenheit Roms fehl am Platz sind. Kalvinisten hatten sich strengen Verhaltensregeln zu unterwerfen, wobei alle weltlichen Vergnügungen wie Würfelspiele, Kartenspielen, Tanzen, Theaterbesuch usw. als schwere Sünden betrachtet wurden. Der Sonntag stand im Zeichen einer sich an der orthodox jüdischen Sabbatfeier orientierenden allgemeinen Ruhepflicht. Eifer und Pflichtbewusstsein, schmucklose Kleidung, einfaches Verhalten waren große Tugenden.

Die meisten protestantischen Kirchen in den Niederlanden bekennen sich zum Kalvinismus. Nur die kleineren, radikaleren Kirchengemeinschaften jedoch praktizieren diesen noch in seiner ursprünglichen Form. Insgesamt handelt es sich um mehr als eine halbe Million Menschen, die einer Reihe sich gegenseitig mehr oder weniger ausschließender Gemeinschaften angehören. Calvin war nicht nur Theologe, sondern auch ein begabter Organisator. Er entwickelte ein Kirchenmodell, in dem gewählte Kirchenvorstände, die sich als treue Kalvinisten bewährt hatten, Pastoren anstellten. Diese Kirchenvorstände konnten die Mitglieder der Kirchenzucht unterwerfen, das heißt, ihnen Strafen auferlegen, wenn sie sich nicht an das vorgeschriebene Verhaltensmuster hielten oder abweichende Auffassungen hegten. Dies ist ein typisches Organisationsmodell für straffe Führung und weist verblüffende Parallelen zu demjenigen auf, welches Lenin drei Jahrhunderte später für den Sieg des Bolschewismus entwickelte; außerdem eignet es sich ausgezeichnet für Verschwörungen.

Calvin war schließlich der Meinung, dass diese kirchliche Organisation eine Art Aufsicht über die weltlichen Herrscher führen müsse, für die das Wort Gottes ebenfalls die alleinige Richtschnur zu sein hatte. Insofern unterschied sich seine Denkweise nicht von der der schiitischen Mullahs im heutigen Iran.

Wie praktisch all dies war, zeigte sich, als die Ereignisse so kompliziert wurden, dass ihre Schilderung den Rahmen dieses Buchs sprengen würde. Im Kern ging es darum, dass im Jahre 1566, einem Jahr der Krisen und Hungersnöte, vor allem in Flandern das Volk unzufrieden wurde und unter Führung von Kalvinisten im so genannten Bildersturm das Innere von Kirchen zerstörte, da Heiligenbilder ein Zeichen von Götzendienst seien. Für Philipp II. ein Grund, in Brüssel einen neuen Landvogt zu ernennen, den Herzog von Alba, der als absoluter Schreckensherrscher in die niederländische Geschichte eingegangen ist. Während der deutschen Besatzung verglich man ihn – keineswegs unberechtigterweise – mit Adolf Hitler. Alba erschien mit einer Besatzungsarmee, richtete ein Sondergericht für religiöse Missetaten ein und zwang die örtlichen Eliten, die mit einer Petition, der „Bittschrift", den König gerade um Milde gebeten hatte, zu einer klaren Wahl: für die Petition oder dagegen. Um seinen Worten Kraft zu verleihen, ließ er zwei prominente Unterzeichner der Bittschrift, die Grafen von Egmont und Hoorne, enthaupten, während ein dritter, Prinz Wilhelm von Oranien, rechtzeitig nach Deutschland fliehen konnte.

Die Tyrannei vertreiben, die mir das Herz durchbohrt

Das größte Unrecht des Tyrannen Alba aber war der „Zehnte", eine neue Steuer auf geschäftliche Transaktionen, die er im Auftrag Philipps II. auf alle Vorrechte und Privilegien erhob. An diese Schandtat erinnerten sich spätere Generationen besser als an die religiöse Unterdrückung. In den Niederlanden gibt es die Redensart: *Einem anderen über den Geldbeutel weh tun*. So etwas ruft bei den Niederländern starke Emotionen hervor.

Jetzt zeigte sich die Kraft der kalvinistischen Vorhut: Ein Teil davon mutierte zur Guerillabewegung, die Bosgeuzen zu Lande, die Watergeuzen zu Wasser. Geus ist eine Verfälschung des französischen *gueux*, das Bettler bedeutet. Dies war ein Hinweis auf die Unterzeichner der Bittschrift, die schließlich um etwas gebeten hatten.

Wilhelm von Oranien und seine Brüder investierten in der Zwischenzeit in eine Armee von Söldnern, mit denen sie vergeblich die Truppen Albas angriffen. Letztendlich waren es die Wassergeuzen, die ab 1572 in einer Reihe von Städten in der Grafschaft Holland Fuß fassen konnten, was zu unzähligen Aufständen in den ganzen Niederlanden führte, die anfänglich nicht gegen König Philipp II., sondern gegen seine schlechten Diener gerichtet waren. Wilhelm von Oranien machte sich selbst mehr oder weniger zum Oberbefehlshaber der Bewegung.

Ein anonymer Autor schrieb das Kampflied „Wilhelmus", in dem die Ideologie des Aufstands in fünfzehn Strophen ausführlich beschrieben wird. Das „Wilhelmus" ist heute die Nationalhymne der Niederlande, deren erste Strophe jedes Kind kennt:

> *Wilhelmus van Nassauwe ben ik van Duitsen bloed*
> *Den vaderland getrouwe, blijf ik tot in den dood.*
> *Een prince van Oranje, ben ik vrij onverveerd,*
> *de koning van Hispanje heb ik altijd geëerd.*

> *Wilhelm von Nassawe bin ich von teutschem blut,*
> *dem vaterland getrawe bleib ich bis in den todt;*
> *ein printze van Uranien bin ich frey unerfehrt,*
> *den König von Hispanien hab ich allzeit geehrt.*

Die letzte Zeile, in der der König erwähnt wird, ist für die heutigen Generationen kaum noch begreiflich. Anders ist es mit der sechsten Strophe, die viele Menschen im Gegensatz zum Rest des Liedes wohl kennen:

> *Mijn schild ende betrouwen zijt gij, o God, mijn heer,*
> *op U, zo will ik bouwen, verlaat mij nimmermeer.*
> *Op dat ik vroom mag blijven, Uw dienaar, t'aller stond,*
> *De tirannie verdrijven, die mij het hart doorwondt.*

> *Mein schild und mein vertrauen bistu, o Gott mein herr,*
> *auff dich so will ich bauen, verlas mich nimmer mehr;*
> *das ich doch from mag bleiben, dir dienen zu aller stund,*
> *die tyrannei vertreiben die mir mein hertz durchwund.*

Zusammen enthalten diese beiden Strophen drei wichtige Elemente: die zentrale Rolle Wilhelms von Oranien als Anführer der Bewegung, die Anrufung Gottes und den Willen die Tyrannei zu vertreiben.

Niederländer berufen sich noch immer auf die diversen Aspekte des Aufstands um Ideologien eine Basis zu verleihen. Der Untertitel der linksgerichteten Tageszeitung *Het Parool*, aus dem Widerstand gegen die Nationalsozialisten hervorgegangen, lautet „frei und unverzagt". Die inzwischen nicht mehr existierende kalvinistische Tageszeitung *De Rotterdammer* erschien unter dem Motto „Mijn schild ende betrouwen zijt gij, o God, mijn heer". Der große Erfolg von Organisationen wie z.B. Amnesty International in den Niederlanden oder die große Zahl der Menschen, die gegen Militärdiktatoren wie seinerzeit Pinochet demonstrieren, zeigt, dass das „Vertreiben der Tyrannei" für viele eine ernst zu nehmende Sache ist.

Aufstand führt immer zu Radikalisierung. Wenn sich die Gegenpartei dann durch versöhnende Maßnahmen für gemäßigtere Kreise akzeptabler macht, entsteht eine neue Situation. Eine solche führte Philipp II. durch eine geschickte Kombination von Gewaltherrschaft und Zugeständnissen herbei.

Im Jahre 1579 schlossen die immer noch unversöhnlichen Provinzen das Abkommen, das nach dem Ort, an dem es getroffen wurde, Union von Utrecht heißt. Zwei Jahre später, 1581, widerriefen sie feierlich den Treueschwur an ihren König. Sie beriefen sich dabei auf eine revolutionäre Ideologie: Könige verdanken ihre Macht nicht Gott, sondern untergeordneten staatlichen Stellen, und wenn ein König sich der Tyrannei schuldig macht, haben diese das Recht ihn zu vertreiben.

Die Unterzeichner der Union von Utrecht widerriefen ihren Treueschwur gegenüber Philipp II. Es wäre dann logisch gewesen auch die Funktion des Statthalters, des Stellvertreters des Königs auf regionaler Ebene, abzuschaffen. Das geschah nicht, denn schließlich hatte Wilhelm von Oranien, inoffizieller Anführer des Aufstands, diese Funktion inne. Das Amt des Statthalters blieb bis zum Ende der Republik 1795 bestehen. Auch wurde es grundsätzlich von einem Oranier bekleidet, so dass diese Statthalterschaft monarchische Züge annahm. In der Praxis beerbten Söhne ihre Väter, obwohl die Provinz Holland das Amt auch über längere Zeiträume hin vakant ließ, weil viele Regenten die Macht der Oranier fürchteten, die ihrerseits beim Volk beliebt waren. Der kleine Mann neigte dazu, diese Nachkommen Wilhelms des Befreiers als Beschützer gegen die hohen Bürgerherren anzusehen, die den Rat bildeten.

Philipp II. sah Wilhelm von Oranien zu Unrecht als Verursacher all diesen Übels an. Er erklärte ihn für vogelfrei und erteilte Terroristen den Auftrag ihn zu töten, was im Jahre 1584 gelang. Der Prinz war der erste in einer langen Reihe von Politikern in der ganzen Welt, die durch einen Schuss aus einer Pistole ums Leben kamen. Das Einschussloch in der Wand ist im heutigen Städtischen Museum in Delft noch immer zu besichtigen.

Die Union von Utrecht war ein Kooperationsverband zwischen einer Reihe ehemaliger Grafschaften und Herzogtümer, der bis zum Jahre 1795 existierte. Letztendlich bildete die Union das verwaltungstechnische Fundament der „Republik der Sieben Vereinigten Provinzen", wie man die Niederlande im 17. und 18. Jahrhundert nannte. Dies war jedoch eine unsichere Grundlage, denn ihren Kern machte der Erhalt aller Privilegien, Vorrechte und Ausnahmeregelungen aus, wie sie sich seit dem Mittelalter herausgebildet hatten. Bis etwa 1960 machte man Studienanfängern im Fach Geschichte das Leben mit einem Pflichtexamen über diese „Union von Utrecht" schwer, in deren Statuten die Ausnahmen viel zahlreicher waren als die Regeln.

Gleiches galt für die Konstitution der einzelnen Provinzen, die mehr oder weniger als äußerst kompliziert organisierte Bundesländer funktionierten. Allmählich kamen dann noch eroberte Gebiete hinzu, so dass es keine zentrale Macht mehr gab. Die Provinzregierungen, Staaten genannt, schickten Gesandte nach Den Haag, wo alle zusammen die Generalstaaten bildeten, ein Gremium, das Beschlüsse nur einstimmig fassen konnte. Insgesamt bestand das Territorium dieser Republik aus Hunderten verschiedener Rechtsgebiete.

In einem solchen System ist Ehrgefühl eher hinderlich

In einem solchen System, wenn man diese Bezeichnung überhaupt verwenden möchte, ist Ehrgefühl eher hinderlich. Erfolgreicher ist harmoniebewusstes, vorsichtiges Taktieren, zusammen mit diskretem Klingeln der Taler, falls erforderlich. Dass sich in der Praxis eine Form der Zusammenarbeit entwickelte, hing mit zwei Faktoren zusammen: erstens dem gemeinsamen Feind, den es meist gab, zweitens der Tatsache, dass obwohl man dem König abgeschworen hatte, die Funktion des Statthalters in allen Provinzen erhalten blieb. Sie wurde jeweils einem Mitglied der Familie Wilhelms von Oranien übertragen und war praktisch erblich, wodurch das Amt des Statthalters einen monarchischen Charakter erhielt. Das Streben der Oranier von Generation auf Generation ihre Macht auszudehnen war meist von Erfolg gekrönt. Dies erforderte allerdings die Zusammenarbeit mit Bundesgenossen, denn an den komplizierten Verwaltungsstrukturen bissen sich die Oranier die Zähne aus. Sie hatten im Allgemeinen jedoch das Volk auf ihrer Seite und scheuten nicht davor zurück die Straße als politischen Faktor ins Spiel zu bringen. Die Popularität der heutigen königlichen Familie beruht in gewisser Weise noch immer auf dieser Tradition.

All dies aber hätte nicht ausgereicht um die Republik vor dem Auseinanderbrechen zu bewahren. Es gab noch einen dritten Faktor: die Provinz Holland.

Diese war bei weitem die reichste der sieben Provinzen und trug allein gut siebzig Prozent der gemeinsamen Kosten der Republik, was ihrer Stimme ein deutliches Übergewicht verlieh.

Den radikalen Kalvinisten war es gelungen den Aufstand zu dominieren doch nachdem sich die Situation auf Seiten der Union von Utrecht mehr und mehr stabilisiert hatte, verloren sie allmählich ihre Macht über die örtlichen Eliten. Wie ihre Großeltern zur Zeit von Karl V. und Philipp II. teilten diese Eliten wohl im Großen und Ganzen die Auffassungen Calvins, ein Großteil von ihnen aber hatte nicht die Absicht sich dessen theokratischem Modell zu unterwerfen, sich von Kirchenräten und strengen Pastoren fernsteuern zu lassen. Die Pastoren gaben ihnen daher den Schimpfnamen „Libertiner".

Es gelang den kalvinistischen Pastoren allerdings nicht eine Stellung zu erreichen, die der der heutigen iranischen Mullahs ähnelt, da die politischen Führer Freigeister blieben und ihr Einfluss auf die Kirchen auf die Dauer stärker wurde, so dass sie die gestrengen Pastoren ins Abseits zu manövrieren verstanden.

Eine unflexible orthodoxe Denkweise wäre in einer chaotischen Republik, in der nur mit Kompromissen und tatsächlich empfundener Wertschätzung für den anderen etwas zu erreichen war, ohnehin kaum sinnvoll gewesen. Die teilweise bis ins Absurde durchgeführte Dezentralisierung erzwang sozusagen eine tolerante Haltung. Wer dazu nicht bereit war, sah sich schnell im Abseits. Wer allzu offensichtlich dominieren wollte, erreichte in diesem System wenig.

Das galt auch für diejenigen, die die zahllosen Regeln und Vorschriften nicht den unmittelbaren Erfordernissen der Praxis anzupassen wussten. So entstand eine flexible Verwaltungsstruktur, die sich nicht in großen Konzepten verzettelte, sondern praktische Teillösungen für die jeweils herrschende Situation herbeiführte. Bei alledem hatte die Provinz Holland eine vorherrschende Stellung, weil dort die Macht praktisch Monopol städtischer Eliten war, deren Reichtum auf Fischerei, Handel und – in geringerem Umfang – Gewerbe basierte.

Derzeit ist Rotterdam der größte Hafen der Welt, und zwar nicht, weil die Niederlande so immens viel importieren und exportieren, sondern weil die Rheinmündung einen ausgezeichneten Umschlagplatz für die Durchfuhr von Gütern aus bzw. in die Europäische Union darstellt. Die Provinz Holland – und vor allem die Stadt Amsterdam – spielte im 17. Jahrhundert eine vergleichbare Rolle als europäisches Distributionszentrum nicht nur für Massengüter wie Holz, Getreide, Fisch, Zucker oder Tabak, sondern auch für Luxusartikel wie indonesische Gewürze, chinesische Seide oder indische Baumwolle. So brachte es Holland zum höchsten Lebensstandard des Kontinents und behielt diese Vorrangstellung bis zum Ende des 18. Jahrhunderts.

Die Rolle, die das damalige Amsterdam in Europa spielte, ähnelte der, die Hongkong heute im Verhältnis zu China spielt: eine prächtige, steinreiche Metropole, in der die wirtschaftlichen Fäden eines ganzen Kontinents zusammenliefen, ein Lager für jedes nur denkbare Produkt dieser Welt, eine Stadt, die dank Handel, Dienstleistungen und Rohstoffveredlung bestand, eine Insel der Aufgeschlossenheit, wo man unterschiedliche Lebensweisen und -prinzipien duldete. Denn letzteres ist eine Grundvoraussetzung für solche Blüte.

Die städtischen Eliten erwarben ihren Reichtum durch diesen Handel. Sie waren – um ein modernes Wort zu gebrauchen – vom richtigen Klima abhängig, was bedeutet, dass ihr Geld unter allen Umständen sicher sein musste. Die Amsterdamer Bank emittierte Münzen mit einem garantierten Edelmetallgehalt. Es existierten verschiedene Gesetze und Regeln, die Geschäftsleute für die damaligen Verhältnisse erfolgreich gegen Betrug schützten.

Missetaten wie Diebstahl, Raubüberfälle und sonstige Vermögensdelikte wurden drakonisch bestraft, obwohl die Gefahr gefasst zu werden im Vergleich zu heute relativ gering war. Eigentum war heilig und unantastbar.

Andererseits zeigte die städtische Regierung ein großes Maß an Toleranz, vor allem wenn diese Haltung den Wohlstand erhöhte. Aus ganz Europa strömten Emigranten in das blühende Holland. Falls sie Geld mitbrachten, waren sie von ganzem Herzen willkommen. So konnten sich zu Anfang des 17. Jahrhunderts portugiesische jüdische Kaufleute, die aus ihrem eigenen Land vertrieben worden waren, problemlos in Amsterdam niederlassen. Man gestand ihnen sogar interne Selbstverwaltung zu. Ihre prächtige Synagoge ist immer noch ein Schmuckstück in der Innenstadt. Gegen verarmte Flüchtlinge aus dem durch den Dreißigjährigen Krieg verelendeten Deutschland trat man allerdings manchmal hart auf. Die Schützengilde, eine Art Bürgerwacht, wie sie auf Rembrandts berühmtem Gemälde *Die Nachtwache* zu sehen ist, veranstaltete regelmäßig Razzien, vertrieb die Flüchtlinge aus der Stadt oder zwang sie auf Kriegsschiffen anzuheuern.

Dulden wurde zur zweiten Natur

In das Privatleben der Bürger mischte die holländische Regierung sich am liebsten so wenig wie möglich ein, jedenfalls solange es sich im Verborgenen abspielte. In der Republik gab es noch eine große katholische Minderheit, deren Bewegungsfreiheit durch diskriminierende Maßnahmen eingeschränkt wurde; Hinterlassenschaft der Kalvinisten nach den ersten Jahren des Aufstands. Die Katholiken hatten ihre Kirchen verloren und durften auch ihren Gottesdienst nicht mehr ausüben, jedenfalls nicht offiziell. Solange katholische Kirchen von außen nicht als solche zu erkennen waren, machten die Behörden aber normalerweise keine Schwierigkeiten und gestanden den

Katholiken zu ihren Gottesdienst auszuüben. Praktische Toleranz, die im Widerspruch zu bestehender Gesetzgebung steht, ist für niederländische Politiker zur zweiten Natur geworden. So wie eine katholische Kirche toleriert wurde, solange sie wie eine Scheune oder ein Wohnhaus aussah, kann heute ein mittelständischer Unternehmer weiche Drogen verkaufen, solange sein Lokal wie ein Café aussieht. In gleicher Weise hat die moderne Obrigkeit vor kurzem die seit 1911 verbotene organisierte Prostitution legalisiert und duldet unter Umständen auch verbotene Glücksspiele.

Für den Fall des Falles jedoch hat man das Gesetzbuch immer zur Hand. Das merkten schon die Katholiken, die im Goldenen Zeitalter allzu offen ihre Religion ausübten. Und das merken heute Haschhändler, bei denen die Espressomaschine nach Ansicht der Behörden nur noch Symbolcharakter hat. Faustregel: Niemand darf in einem *Coffeeshop* mehr als fünf Gramm Haschisch oder „Gras" in Besitz haben. Wenn es zum Beispiel zu Beschwerden von Anwohnern kommt, wenn in einem Viertel die Kriminalität übermäßig stark ansteigt, wenn der Eindruck entsteht, dass auch harte Drogen verkauft werden, was, trotz aller gegenteiligen Behauptungen aus dem Ausland in den Niederlanden streng verboten ist, dann gibt es große Probleme.

Und das geht ganz schnell, denn Duldung schafft Freiraum für Willkür, ein äußerst effektives Mittel um bestimmten Entwicklungen Einhalt zu gebieten.

Es würde zu weit gehen diese tolerante Mentalität gänzlich der freiheitlichen Mentalität der städtischen Eliten zuzuschreiben. Oft gab es keine andere Wahl. Wie bereits gesagt, war die Republik tatsächlich in Hunderte einzelner Rechtsgebiete mit jeweils eigenen Gesetzen und Regelungen aufgeteilt. Die Macht der Regierung reichte selten weiter als einige Kilometer, so dass man nicht weit zu flüchten brauchte um sich der strengen Hand der Obrigkeit zu entziehen. Als im 18. Jahrhundert eine vielfältige politische Presse entstand, stellte sich heraus, dass die Obrigkeit oft in anderen Ländern toleranter war. Drucker zogen dann mit ihrem Unternehmen ein paar Kilometer weiter dorthin, wo die Machthaber ihrer politischen Auffassung gegenüber freundlicher gesinnt waren. Im verwaltungstechnischen Chaos der Republik war Duldung unumgänglich.

Regenten: ein Wort, das heute unangenehme Assoziationen hervorruft

Seit dem 17. Jahrhundert gibt es im Niederländischen ein Wort für lokale und regionale, sehr auf Kompromisse erpichte politische Führungspersönlichkeiten: Regenten – heutzutage keine schmeichelhafte Bezeichnung. Wird ein moderner Politiker als „Regent" bezeichnet, ist das ein bleibender Fleck auf seiner weißen Weste und seiner weiteren Karriere nicht förderlich. Eine oft gebrauchte Definition lautet: „Ein Regent ist jemand, der denkt, dass er besser als die Leute selbst weiß, was gut für sie ist."

Dies ist als direkter Hinweis auf die Republik der Sieben Vereinten Provinzen zu verstehen. Das Wort Demokratie habe ich bisher sorgfältig vermieden, denn mit Demokratie hatte das Verwaltungssystem wenig zu tun. Die Gremien der Republik wurden durch Ernennungen – normalerweise im Rahmen der Kooptation – gebildet. Die bereits ernannten Ratsmitglieder besetzten vakante Positionen in Eigenregie, so dass die politische Macht in der Praxis in Händen einer Reihe prominenter Familien lag.

Die Außenwelt kannte diese Regenten als „großmächtige Herren", wie ihre offizielle Bezeichnung lautete. Denn die Regenten traten grundsätzlich gemeinsam auf, ihre Macht war die Macht eines Kollektivs und als solche wurde sie den unteren Ständen auch vermittelt. Michiel de Ruyter, Admiral der niederländischen Kriegsflotte und Träger vieler ausländischer Titel und Orden, brauchte, wenn er den Herren Bericht erstattete, ausnahmsweise nicht zu stehen, sondern durfte Platz nehmen. Dies war eine größere Ehre als der Titel eines Herzogs, den ein ausländischer Bewunderer aus königlichem Hause ihm verliehen hatte.

Als Gruppe benahmen sich die Regenten sehr arrogant, untereinander jedoch durften sie sich nicht zu sehr voneinander unterscheiden, sonst gerieten die guten Beziehungen und die Kompromisskultur in Gefahr. Ein Regent mit zuviel und zu offen gezeigtem Ehrgeiz wurde von seinen Kollegen schnell auf seinen Platz verwiesen. Das Ergebnis ist sichtbar auf den vielen Gemälden in niederländischen Museen, die Regenten darstellen. Die großmächtigen Herren schauen uns selbstbewusst, aber nicht drohend an. Sie sind gut, aber nicht auffallend angezogen, das ganze Drum und Dran ist einfach. Sie strahlen den bekannten Grundsatz aus: *Benimm dich normal, das ist verrückt genug.* Trotzdem machen die Gemälde gleichzeitig die große Überlegenheit der Abgebildeten deutlich: Sie dünken sich besser als der Rest der Menschheit. Sie kennen die Spielregeln. Sie haben das Recht sich äußerst ernst zu nehmen und das tun sie denn auch. Sie sind gnädig, aber sie sind die großmächtigen Herren, und das darf niemand vergessen.

Auch die Wohnhäuser der Regenten strahlen diese Einstellung aus. Es sind ausnahmslos große Häuser mit drei oder vier Stockwerken, stehen aber in ordentlichen Reihen entlang der Grachten, was wiederum einen Eindruck von Gleichheit vermittelt. Die Giebel sind sorgfältig gestaltet, es gibt eine Freitreppe, etwas Zierde. Aber auffällig ist all das niemals, selbst nicht in dem bis weit ins 19. Jahrhundert hinein reichsten Viertel der Niederlande, dem Bogen der Herengracht in Amsterdam, etwa zwischen Leidsestraat und Wolvenstraat. Die Regenten hatten Häuser, keine Paläste, obwohl sie meist reicher waren als der durchschnittliche europäische Fürst, der sich eine Kopie von Versailles errichten ließ.

Der deutsche Wissenschaftler Max Weber, einer der Väter der Soziologie, führte all dies auf den Protestantismus zurück. In *Die protestantische Ethik und der Geist des Kapitalismus* erläutert er, wie der gediegene Bescheidenheitskult des Kalvinismus nicht nur diese Mentalität hervorrief, sondern auch dafür sorgte, dass erspartes Geld in neue gewinnträchtige Aktivitäten investiert wurde, statt die silbernen Münzen voll katholischer Lebensfreude in Richtung *Wein, Weib und Gesang* rollen zu lassen oder einen Mercedes anzuschaffen. Eine attraktive Theorie, vor allem für selbstbewusste Kalvinisten, sie hat jedoch im Laufe der Zeit viel von ihrer Überzeugungskraft eingebüßt. Trotzdem bleibt Webers Vision, sofern man sie nicht als exklusive Erklärung betrachtet, wertvoll. Das protestantische Ideal von Selbstbeherrschung passte jedenfalls sehr gut zu emotionsloser Beratschlagung, beherrschter Haltung, dem vorsichtigen Taktieren Schritt für Schritt, das erforderlich war um in der Republik einen Teil der Macht zu erringen.

Auf die Dauer entwickelte sich aus dieser Haltung Vornehmheit

Auf die Dauer entwickelte sich aus dieser Haltung in besseren Kreisen Vornehmheit, im Wörterbuch der Niederländischen Sprache wie folgt definiert: „1. Zum vornehmen Stand gehörend; 2. Eine bestimmte Würde, gepaart mit vornehmen Manieren, wie es jemandem aus diesem Stand entspricht: *eine vornehme Matrone, der vornehme Stand; aus vornehmer Familie stammend.*" Das ähnelt dem Verhalten, das wir in den Niederlanden als „von oben herab" bezeichnen. Man kann sogar einen als solchen zu identifizierenden vornehmen Akzent haben und dazu passende gemessene Gebärden, eine beherrschte Ausdrucksweise und teuer aussehende, jedoch niemals auffällige Kleidung, keineswegs den neuesten Trends entsprechend, lieber etwas altmodisch.

Diese Vornehmheit verdeckte manche Formen gesellschaftlicher Verrottung und Korruption. Dies wurde besonders deutlich, als die Republik im 18. Jahrhundert eine Zeit wirtschaftlicher Stagnation durchmachte und hinter anderen Ländern auf dem europäischen Festland zurückblieb, in denen die wirtschaftliche Blüte später begonnen hatte; etwa so wie England, einst Motor der industriellen Revolution und der Weltwirtschaft, seine Dynamik verlor. Im gleichen Jahrhundert entstand mit der Patriotenbewegung eine entschiedene Opposition zum Regentensystem und später auch gegen die Statthalter der Oranier. Diese Bewegung erhielt Unterstützung vor allem aus kleinbürgerlichen Ständen und aus Kreisen, die sich von der Macht ausgeschlossen sahen, wie zum Beispiel wohlhabende Katholiken. Nach dem Sturm auf die Bastille 1789 erklärte sich die Bewegung solidarisch mit der Französischen Revolution, und als französische Truppen 1795 die Republik besetzten, kam sie an die Macht. Der Statthalter der Oranier flüchtete nach England.

Die achtzehn Jahre der französischen Herrschaft über die Niederlande, die ursprünglich Vasallenstaat und, während der letzten drei Jahre, Teil des napoleonischen Kaiserreichs waren, brachten tatsächlich eine Revolution. Mit Zustimmung von Paris wurde die Union von Utrecht aufgelöst. Durch die Übernahme des Code Napoléon und des Strafgesetzbuchs entstand eine einheitliche Gesetzgebung. Die Föderation wurde zum Einheitsstaat mit Provinzen und Gemeinden; der Staat und seine Verwaltungsorgane erhielten die Struktur, die sie noch heute haben. Den Patrioten ist es außerdem zu verdanken, dass jeder Niederländer vor dem Gesetz gleich ist. Dies bedeutete, dass Juden oder Katholiken nun nicht mehr anders behandelt wurden als Kalvinisten und alle Ausnahmen, Privilegien und Sonderregelungen mit einem Federstrich wegfielen.

Als Kaiser Napoleons Tage im Jahre 1813 gezählt waren, fanden einige hochgestellte Haager Herren, dass es an der Zeit sei einen Staatsstreich zu verüben, bevor das Land von der preußischen oder russischen Armee besetzt würde. Sie vertrauten auf die noch immer bestehende emotionale Bindung zwischen den Oraniern und dem Volk. Wie sie über dieses einfache Volk dachten, kann man übrigens einem einzigen Satz in ihrer Proklamation entnehmen: „Das Volk bekommt einen Festtag auf Kosten der Staatskasse". Das bedeutete damals Schnaps gratis. Es war keineswegs die Absicht, dass das Volk selbst die Initiative ergriff. Wilhelm Friedrich, Sohn des letzten Statthalters, kehrte in die Niederlande zurück und wurde erst zum souveränen Fürsten und danach zum König der Niederlande ernannt, wobei in den ersten fünfzehn Jahren auch das heutige Belgien zum Königreich gehörte. Diese Allianz war nicht von Erfolg gekrönt und im Jahre 1830 lösten sich die Belgier durch eine Revolution aus dem neuen Königreich.

Wilhelm I., wie der König hieß, wollte genauso wenig wie der vornehme Teil seiner Anhängerschaft wieder die alte Republik zurück. Er ließ das napoleonische System wie auch den bestehenden Verwaltungsapparat größtenteils intakt. Der neue König versuchte seine Residenz Den Haag so auszuschmücken, wie es einer echten Monarchie geziemt. Noch immer findet man in der Innenstadt eine Reihe von Statuen größtenteils in Vergessenheit geratener Personen, wie zum Beispiel des Prinzen von Wied, Oberbefehlshaber von Wilhelms Armee, allesamt misslungene Versuche eine glanzvolle Atmosphäre zu kreieren. Auch das Schloss Noordeinde, heute Arbeitsplatz von Königin Beatrix, ist ein wenig zu klein und liegt viel zu unauffällig in einer engen Straße um die Größe einer Monarchie zu symbolisieren.

Ein Oranier kann und will nicht über eine Nation von Sklaven herrschen

Mitten während der deutschen Besatzung beschrieb das illegale Blatt *Oranje Bode* den Unterschied zwischen der im Exil in London lebenden Königin Wilhelmina und Adolf Hitler: „Dies ist unsere Fürstin und nichts anderes will sie sein: königliche Leitfigur eines mündigen Volkes. In diesem gesunden Verhältnis zwischen Volk und Fürst liegt eine unüberwindbare Kraft. Ein Oranier kann und will nicht über eine Nation von Sklaven herrschen, die sich gezwungenermaßen der Gewalt des Tyrannen beugt. Ein Volk wie das deutsche mag sich von seinen eigenen Machthabern knechten und unterdrücken lassen. Es kann stöhnend vor dem Fuß des Despoten kriechen, das niederländische Volk ist für diese Haltung nicht geschaffen."

Das Haus Oranien baute sein Ansehen niemals auf einer glanzvollen Hofhaltung oder spektakulärem Leben auf. Es gab zwar Sprösslinge des Hauses, die dies versuchten, aber solche Versuche erfreuten sich keineswegs allgemeiner Wertschätzung und außerdem konnte man auch merken, dass dies den Oraniern nicht wirklich im Blut lag. Die Worte aus dem *Oranje Bode* spiegeln natürlich den Geist jener Zeit wider, vor allem in den Passagen über die Deutschen, sind aber durchaus zutreffend. Das Königshaus verdankt sein Ansehen der Tatsache, dass es die Freiheit schützt, es wird nicht mit Macht, sondern mit Rechtssicherheit assoziiert.

Das Königshaus steht über den Parteien und garantiert einem jeden persönliche Freiheit.

Niederländer sind mühelos zu Lobpreisungen des Königshauses zu veranlassen. Die Königin, so sagen sie dann, ist eigentlich ein ganz normaler Mensch, das höchste Lob, das ein Niederländer zu vergeben hat. Ihre hohe Position steigt den Oraniern nicht zu Kopf, sie sind normal.

Der eigentliche Nationalfeiertag der Niederlande ist daher der Königinnentag, der 30. April, an dem Königin Beatrix offiziell ihren Geburtstag feiert. Sie wurde zwar am 31. Januar 1938 geboren, aber das fällt nun einmal mitten in den Winter. Königinnentag wird daher noch immer am Geburtstag ihrer Mutter Juliana gefeiert, deren Regierungszeit 1948 begann und 1980 endete.

Ende April ist die Wahrscheinlichkeit, dass das Wetter schön ist, etwas größer. Das muss auch so sein, denn Königinnentag feiert man auf der Straße, etwa wie eine Kirmes oder einen Markt. Vor allem in Amsterdam wird dieser Tag gefeiert. Einen Tag lang darf jedermann auf der Straße Handel treiben, so dass die Stadt zum gigantischen Markt wird. Die Menschenmasse ist unvorstellbar groß, durchschnittlich zählt man mehr als eine Million Menschen. Jede Gemeinde hat ihr eigenes Festprogramm.

Die Königin wählt zwei Gemeinden aus, die sie an diesem Tag mit ihrer ganzen Familie besucht. Das Fernsehen überträgt das Ereignis und diese Sendung erfreut sich grundsätzlich hoher Einschaltquoten. Städte und Dörfer wetteifern darum die königliche Familie empfangen zu dürfen, denn eine bessere Werbung gibt es nicht. Wenn man sich die Orte ansieht, die in den letzten Jahren ausgewählt wurden, erhält man den Eindruck, dass der Hof sich vor allem für Dörfer und Städte entscheidet, die ansonsten nicht gerade im Mittelpunkt des Interesses stehen.

Die Königin trifft ein und befindet sich sogleich inmitten eines Volksfestes mit Kirmescharakter, wobei ein großes Maß an Spontaneität zum Ausdruck kommt. Die Prinzen, ihre drei Söhne, demonstrieren ihre Kräfte bei Wettkämpfen, die die örtlichen Sportvereine organisieren, die Königin unterhält sich freundlich mit Kindern. Dieses folkloristische Geschehen lässt Außenstehende überrascht feststellen, dass die Königin und das Volk eins sind. Aber alles ist bis in die letzten Einzelheiten geplant, vor allem die spontanen Ereignisse.

Es ist keineswegs so, dass ein Theaterstück aufgeführt wird. Alles ist durchaus ehrlich gemeint, die gesamte Gemeinschaft zeigt ihre monarchistische Gesinnung und die Oranier fühlen sich tatsächlich dem Volk verbunden. Alles Trennende fällt weg, aber trotzdem haftet jedem Angehörigen des Hauses von Oranien auch etwas Sakrales an. Niederländische Kalvinisten der alten Schule sind fest davon überzeugt, dass Gott einen speziellen Pakt mit den Niederländern geschlossen hat, entsprechend dem Jehovas mit den Juden, und dass das Königshaus Symbol dieses Paktes ist. Dies hebt die Angehörigen des Königshauses doch über ihre Untertanen hinaus, in ihrer Anwesenheit darf daher nichts schief gehen.

Politiker oder Unternehmer werden grundsätzlich besonders nervös, wenn die Königin entgegen allen Erwartungen ihrer Einladung zu einem Arbeitsbesuch oder dem Mitfeiern des Königinnentages folgt. Sie möchten Ihre Majestät als normalen Menschen behandeln und überlassen daher nichts dem Zufall. Und dadurch wird alles so außergewöhnlich. Unzählige Unternehmen ließen speziell ihre Toiletten renovieren für den Fall, dass Ihre Majestät während ihres Besuchs eine solche aufzusuchen wünscht. Reden und Führungen werden bis ins kleinste Detail vorbereitet. Präzise Drehbücher vermelden, wer der Königin wann und mit welchen Worten vorgestellt wird.

Denn eine solche Begegnung bleibt unvergesslich. Meine Mutter erinnert sich noch immer daran, wie Königin Juliana mir als vierjährigem Kleinkind direkt in die Augen sah. Sie passierte uns in einer Limousine unterwegs zu einer Werft, wo sie ein Schiff taufen sollte. Mutter und ich waren Teil der begeisterten Menge am Straßenrand. Julianchen (ihr Kosename) trug ein schwarzes Hütchen und winkte. Einen Augenblick trafen sich unsere Augen. Höchstens drei Sekunden lang, aber im Familienkreis wird ab und zu noch darüber gesprochen. Mein Bruder allerdings hat mich inzwischen überholt. Auf seinem Kaminsims, dem zentralen Platz in einem niederländischen Wohnzimmer, steht ein Farbfoto, auf dem zu sehen ist, wie er Königin Beatrix ein elektrotechnisches Projekt erläutert, mit dem er gerade beschäftigt war.

Jeder Kontakt zwischen Fürst und Volk trägt die Züge eines Rituals. Und das macht die Zugehörigkeit zum Königshaus zu einer so schweren Aufgabe, der einzigen Position in den Niederlanden, zu der man es nicht durch eigene Anstrengung oder Ehrgeiz bringt, sondern durch Erbfolge. Die physische Belastung muss enorm groß sein. Ab und zu stellen Beobachter fest, dass es eigentlich unmenschlich ist so etwas von einer Familie zu verlangen, denn das Recht ein Leben zu führen, das nicht nur scheinbar, sondern tatsächlich normal ist, bleibt ihr verwehrt.

Positiv an dieser Sonderstellung ist die Tatsache, dass das Haus von Oranien sein Privatleben erfolgreicher als andere europäische Königshäuser gegen Klatschjournalisten schützen kann. Es ist keinesfalls so, dass niederländische *Paparazzi* bessere Menschen sind als ihre ausländischen Kollegen, ihre Leser jedoch würden bösartigen Klatsch nicht akzeptieren. Wer schlecht vom Königshaus spricht, hat die öffentliche Meinung massenhaft gegen sich. „Die Königin kann sich nicht verteidigen", heißt es dann. Man betrachtet Klatsch und Kritik an der Dynastie als feigen Überfall auf wehrlose Menschen; die Königin steht über den Parteien und ist daher über Kritik erhaben. Die meisten Niederländer empfinden einen Angriff auf das Königshaus wahrscheinlich instinktiv als Angriff auf ihre eigene Gesellschaft und die Einheit in Verschiedenheit, die deren Charakteristikum ist.

Außerdem gilt die Königin noch immer als Beschützerin der Schwachen. Einfache Bürger, die sich im Irrgarten der Bürokratie nicht auskennen, drohen bei vermeintlichem Unrecht daher auch damit, der Königin einen Brief zu schreiben. Wird diese Drohung wahrgemacht, sorgt der Hof dafür, dass der Brief die zuständigen Stellen erreicht.

Die gleiche Tradition umgibt die königliche Weihnachtsrede. Beatrix, genauso wie früher ihre Mutter, lenkt dann die Aufmerksamkeit auf große gesellschaftliche Probleme, übrigens ohne Lösungen vorzuschlagen, denn dies würde den Rahmen dessen sprengen, was die Verfassung ihr zugesteht. Die Minister sind verantwortlich für alles, was das Staatsoberhaupt, gemäß Verfassung unverletzlich, in Ausübung seiner Funktion sagt.

Wilhelm I. hatte bereits 1813 die Krone nur unter der Bedingung angenommen, dass eine „weise Verfassung" eingeführt werde. Durch die Verfassung entstand ein am englischen Modell orientiertes politisches System mit einem Unterhaus als *House of Commons* und einem Oberhaus, eigentlich für den Adelsstand, der sich unter Wilhelm I. schnell ausdehnte, da dieser mit großem Eifer Nachkommen vornehmer Regentenfamilien adelte. Das System basierte auf indirekten Wahlen, so dass nur die Allerreichsten über ein übrigens sehr begrenztes Mitspracherecht Einfluss ausüben konnten. Wilhelm I. verfügte über ziemlich uneingeschränkte Macht, die er jedoch mit großer Umsicht einsetzte. Er hatte großen Respekt vor dem, was wir heute Menschenrechte nennen.

Zur Zeit seiner Herrschaft befand sich das Königreich in einer Krise. Die Kriege in der Folge der Französischen Revolution hatten das Fundament unter der veralteten Wirtschaft beseitigt und die Niederlande waren eines der ärmsten und zurückgebliebensten Länder Europas geworden, damals vergleichbar mit Irland. Es gab zwar noch genügend altes Vermögen, es wurde jedoch überwiegend im Ausland investiert. Wilhelm I., dem England und seine industrielle Revolution vertraut waren, versuchte Modernisierungen durchzuführen. Vor allem aus England ließ er technische Experten kommen, die moderne Verfahren einführen sollten, etwa so, wie heute Entwicklungszusammenarbeit mit Ländern der Dritten Welt verläuft, aber all dies hatte kaum Erfolg.

Moderne Historiker stellten fest, dass um 1850 in den Niederlanden lediglich vier Prozent der Maschinenkraft durch Dampf erzeugt wurde, in England dagegen bereits 50 Prozent.

Die Oberklasse der damaligen Zeit war mit dem *Status quo* zufrieden. Sie wurde sich des Rückstands ihres Vaterlandes erst bewusst, als Wilhelm I. schon längst zu seinen Vorvätern heimgekehrt war. Thomas Cook, der Gründer des gleichnamigen Reisebüros, war einer derjenigen, der den Niederländern zu dieser Erkenntnis verhalf.

Schrecken und Scham

Cook organisierte 1851 Pauschalreisen zur ersten Weltausstellung, die im Crystal Palace in London stattfand. So konnte die niederländische Elite das neue Phänomen des organisierten Tourismus kennenlernen und das tat sie nur allzu gerne. Viele besuchten Crystal Palace, den Tempel der Dampfkraft, der Wunder und des Fortschritts. Der niederländische Pavillon fiel mit seinen traditionellen handwerklichen Produkten unangenehm auf. Man erschrak, man schämte sich. Auch wer nicht selbst nach London fuhr, konnte sich über das dort Gezeigte durch eine ausführliche Serie im *Algemeen Handelsblad*, der größten liberalen Zeitung jener Tage, die heute als angesehene Tageszeitung *NRC Handelsblad* noch immer existiert, ein Urteil bilden. Was stellte man fest? Zum Beispiel, dass die Briten ihre Produkte als „new" oder „improved" anpriesen, während niederländische Firmen mit Losungen wie „seit altersher" Aufmerksamkeit zu erregen versuchten.

1851 hatten die Niederlande eine liberale, erneuerungsgesinnte Regierung, deren bekanntester Vordenker der Leidener Professor Johan Rudolf Thorbecke war. Er war maßgeblich an der Erarbeitung der neuen Verfassung beteiligt gewesen, die in den Jahre 1848 und 1849 entstand, als König Wilhelm II., aufgeschreckt durch Revolutionen in Neapel und Paris und einige Demonstrationen in seinem eigenen Land, nach seinen eigenen Worten „während einer Nacht vom Konservativen zum Liberalen" geworden war. Die neue Verfassung schaffte die Monarchie nicht ab, legte jedoch die Immunität des Königs fest. Die gesamte politische Verantwortung ruhte auf den Schultern der Minister. Diese wurden von einem Parlament kontrolliert, dessen zweite Kammer direkt gewählt wurde, jedoch nicht von allen Bürgern. Wahlberechtigt waren nur Bürger männlichen Geschlechts, die einen bestimmten Mindestbetrag an Steuern zahlten. In der Praxis waren das etwa hunderttausend Reiche in einem Königreich mit ungefähr drei Millionen Einwohnern. Es handelte sich nicht um eine Demokratie, sondern eine Art Oligarchie. Gleichwohl, der Weg zum allgemeinen Wahlrecht war eingeschlagen, denn sogar Thorbecke selbst schloss nicht aus, dass der Zensus langsam aber sicher niedriger werden würde.

Fortschrittliche Leute, denen in London deutlich geworden war, dass sich in den Niederlanden etwas ändern musste, machten sich an die Modernisierung der Infrastruktur, für die Wilhelm I. übrigens bereits die Basis geschaffen hatte. In den ersten zwanzig Jahren nach 1848 entstand im Land ein dichtes Eisenbahnnetz, neue Kanäle wurden gegraben, die Gesetzgebung wieder einmal modernisiert und Telegrafenmasten erhoben sich überall in der Landschaft. Man führte ein System schneller Postzustellung einschließlich Briefmarken ein. Überall errichtete man Grundschulen, Überbleibsel der französischen Besatzung. Die Steuer auf Zeitungen und Zeitschriften, die einst dazu gedacht war, politische Kommentare von den einfachen Leuten fernzuhalten, verschwand. Schließlich schafften die Niederlande als eines der letzten europäischen Länder die Körperstrafe ab und waren zugleich das erste, das die Todesstrafe abschaffte. Wichtigstes wirtschaftliches Prinzip aller Regierungen war und blieb ein möglichst uneingeschränkter Freihandel. Dies alles war möglich, weil der Staat trotz der allgemeinen Armut doch über ausreichende Mittel verfügte. In der Kolonie Niederländisch-Indien wurden beträchtliche Überschüsse erzielt, die der Haager Staatskasse zugute kamen.

So entwickelte sich das Land hin zur industriellen Revolution, die um 1870 einsetzte. In den letzten dreißig Jahren des 19. Jahrhunderts erlebte das Land eine Periode phänomenalen wirtschaftlichen Wachstums, vergleichbar mit dem Aufstieg der Schwellenländer Südostasiens vor einigen Jahren. Das Land profitierte dabei übrigens von der wirtschaftlichen Entwicklung des Nachbarn im Osten, wo Bismarck im Jahre 1871 die deutsche Einheit herbeigeführt hatte. Er betrieb eine aktive Industrialisierungspolitik, von der auch die niederländische Wirtschaft profitierte, denn durch die Rheinmündung waren die Niederlande für einen großen Teil Deutschlands, vor allem für das Ruhrgebiet, das Tor zur Welt. Seit dieser Zeit ist Deutschland für die Niederlande bei weitem der wichtigste Handelspartner und heute sagt man auch, dass die Regierung in Den Haag eigentlich nur die Wirtschaftspolitik des Nachbarn im Osten nachvollziehen kann.

In den großen Städten Den Haag, Rotterdam, Amsterdam und Utrecht, in denen zwei Jahrhunderte lang Stagnation geherrscht hatte, verfünffachte sich die Bevölkerung innerhalb von fünfundzwanzig Jahren. Die Einwohnerzahl stieg rapide, jedoch nicht schneller als das Wirtschaftswachstum. Auch die gesundheitliche Situation – gegen 1870 betrug die durchschnittliche Lebenserwartung noch ungefähr dreißig Jahre – verbesserte sich schnell. Das lag nicht so sehr an der verbesserten medizinischen Versorgung, sondern vor allem an hygienischen Errungenschaften wie z.b. Wasserleitungen und Kanalisation. Fast alle Kinder hatten die Möglichkeit zumindest ein paar Jahre lang die Grundschule zu besuchen, wo sie rechnen, schreiben und lesen lernten. Die jetzt von Steuern befreiten Tageszeitungen und Zeitschriften waren finanziell für die große Masse erschwinglich. Abgesehen von teuren Zeitungen für die Höhergestellten, wie dem *Algemeen Handelsblad*, kamen Massenzeitungen wie *Het Geillustreerd Politienieuws* (Illustrierte Polizeinachrichten) oder die Tageszeitung *De Echo* auf, vor allem berühmt wegen der spannenden Fortsetzungsgeschichten. Weiterhin gab es Hunderte lokaler Zeitungen, die – trotz des uns primitiv und fragmentarisch erscheinenden Ansatzes – den Menschen zu Hause einen Blick in die große weite Welt erlaubten.

Und in den Städten stampften die Dampfmaschinen, rauchten die Schornsteine, ratterten die Maschinen und dröhnten die Niethämmer.

1879 erschien in Amsterdam eine neue Wochenzeitschrift, die *Recht voor Allen* hieß. Herausgeber war ein protestantischer Pastor, der den Glauben an Gott verloren hatte, Ferdinand Domela Nieuwenhuis.

Im gleichen Jahr gründete ein anderer Pastor, der seinen Glauben gerade wiedergefunden hatte, die erste moderne politische Partei in den Niederlanden, die *Anti-Revolutionäre Partei*. Sein Name war Abraham Kuyper. Die gesamte sozialistische Bewegung – von der gemäßigtsten bis zur radikalsten Variante – betrachtet Domela Nieuwenhuis als ihren Vorläufer, während man Kuyper heute wohl als Fundamentalisten bezeichnen würde.

Kuyper war wie die meisten Niederländer seiner Zeit von großen gesellschaftlichen Veränderungen betroffen. Es war eine Zeit, in der Menschen um der wachsenden Arbeitslosigkeit zu entfliehen ihre Dörfer verlassen mussten um in der großen, anonymen Stadt Arbeit zu suchen und in einem kargen Zimmer zu wohnen. In der Stadt, in der *Het Geillustreerd Politienieuws* mit auffälligen Zeichnungen und übertriebenen Geschichten von Missetaten und Elend die Menschen unsicher machte, waren Gott und seine Gebote plötzlich nicht mehr die Richtschnur für alles Handeln, jedenfalls nicht für die Reichen und Erfolgreichen, die in ihren Kutschen zur Börse oder zum Restaurant fuhren, die flanierten und ihren Verlobten schöne modische Kleider kauften. Wer von einer kleinen Welt plötzlich in eine große kommt, verliert seine Sicherheit.

Souveränität in den eigenen Kreisen

Kuyper wusste instinktiv, wo man diese Sicherheit, auch in modernen Zeiten, finden konnte: in der Bibel, bei den althergebrachten Worten Calvins. Kuypers orthodoxe Gesinnung war nicht das eigentlich Neue. Neu war, dass er diese problemlos mit den neuen Technologien, die die Modernisierung und die industrielle Revolution mit sich brachten, zu kombinieren wusste. Kuyper gab seiner rechtgläubigen Religiosität einen Platz mitten in der modernen Welt. Sie bot den Anker um sich in dieser Welt behaupten zu können. Er verfügte über eine Zeitung und eine Wochenzeitschrift um seine Vorstellungen zu verbreiten. Dank der Eisenbahn und täglicher Postzustellung war es jetzt möglich landesweit aktive Massenbewegungen zu gründen, und genau das tat er. Er gründete die Freie Universität Amsterdam um mit Gottes Segen die Wissenschaft zu befördern. Kuyper war in jeder Hinsicht ein moderner Mensch, ein Geschöpf des 19. Jahrhunderts.

Die Auswahl an Schulen ist groß

Wer eine Schule für seine Kinder sucht, wird noch heute mit dem Lebenswerk von Abraham Kuyper konfrontiert. Ein Blick ins Telefonbuch zeigt, wie groß die Auswahl an Schulen ist. Es gibt öffentliche Schulen, aber auch Schulen, in denen die Bibel eine Rolle spielt, wie die Sankt-Josephs-Schule, die Melanchthon-Gesamtschule. Das gilt nicht nur für große Städte, sondern auch für kleine Landgemeinden. Es gibt sehr viele verschiedene Schulen und ein Großteil davon ist konfessionell gebunden. Bis vor einigen Jahren hingen in vielen staatlichen Schulen Plakate mit der Aufschrift „Öffentliche Schulen sind für alle da". Ein Blick ins Telefonbuch hingegen zeigt, dass es in der Praxis oft anders ist.

Christliche, katholische und inzwischen auch islamische oder hinduistische Schulen sind keine privaten Schulen, sie werden voll und ganz vom Staat finanziert und unterstehen der Kontrolle der Schulinspektion. Sie erfüllen die Qualitätsanforderungen der Behörden, bestimmen aber selbst ihre religiöse Ausrichtung. Besser gesagt: Der Schulvorstand, offiziell auch „zuständige Behörde" genannt, tut das. Eltern können ihre Kinder in den Niederlanden in eine Schule schicken, die ihre eigenen Auffassungen vertritt. Falls diese Auffassungen nicht religiöser Art sind oder die Eltern Wert darauf legen, dass ihre Kinder mit anderen Kindern aus unterschiedlichen Kreisen aufwachsen, gibt es die öffentliche (kommunale) Schule, die nicht religiös ausgerichtet ist. Das Gesetz garantiert, dass das Unterrichtsministerium diese öffentlichen Schulen den anderen nicht vorzieht. Im Gegenteil, Schuldirektoren im öffentlichen Sektor klagen manchmal, dass sie in der Praxis weniger Spielraum haben als konfessionelle Schulen.

Wenn Eltern der Meinung sind, dass es keine ihren religiösen Auffassungen entsprechende Schule gibt, können sie selbst eine Schule gründen. Im Gesetz sind dafür die Qualitätsanforderungen formuliert, so muss der Unterricht zum Beispiel von befugten Lehrkräften erteilt werden. Sind alle übrigens nicht allzu schwierigen Bedingungen erfüllt, muss der Staat die Finanzierung übernehmen.

Genauso hatte Abraham Kuyper es sich vorgestellt.

Als Kalvinist sah er sich zu unaufhörlicher Opposition gegen das liberale Staatssystem gezwungen, das von der freisinnig orientierten Führungsschicht dominiert wurde. Kuyper war der Meinung, dass diese der Bevölkerung ihre religiöse Neutralität aktiv aufzuzwingen versuchte. Das geschah vor allem über den Schulunterricht, der immer mehr zur Regel wurde und den Kindern, so wie es im Gesetz festgelegt war, „allgemeine christliche und gesellschaftliche Tugenden" vermittelte. Diesen Werten stellte Kuyper seine politische Ideologie der „Souveränität in eigenen Kreisen" gegenüber. Schulbildung gehörte unzweideutig zum eigenen Kreis. Eltern mussten die Möglichkeit erhalten vom Staat finanzierte Schulen zu gründen, in denen sie die Unterrichtsziele bestimmen konnten. Dies wurde zum wichtigsten Programmpunkt seiner kalvinistischen Anti-Revolutionären Partei, deren Name eine Distanzierung von den Errungenschaften der Französischen Revolution ausdrückte. Doch Kuypers Lehre ging noch weiter: Zur Souveränität in eigenen Kreisen gehörten nicht nur Kirche, Schule und Politik, sondern auch diverse gesellschaftliche Organisationen wie Gewerkschaften, Interessenverbände, Einrichtungen für Erholung und kulturelle Bildung.

Kuypers Anstrengungen richteten sich weniger auf die Elite als auf die sozialen Gruppierungen darunter. *Kleine Leute* nannte Kuyper sie, ein Begriff aus dem Achtzigjährigen Krieg, denn er ließ sich vom Kampf gegen die Spanier inspirieren. Der Großteil der anti-revolutionären Symbolik entstammt dieser Zeit.

Kuyper benötigte die Stimmen der *Kleinen Leute* um seine Pläne zu verwirklichen. Er setzte sich deshalb aktiv für eine Ausweitung des Wahlrechts ein, die auch Schritt für Schritt erfolgte, bis die Niederlande sich mit der Einführung des allgemeinen Wahlrechts für Frauen im Jahre 1922 zu Recht als Demokratie bezeichnen konnten.

Abraham Kuypers Modell war auch für die Katholiken, damals etwa dreißig Prozent der Bevölkerung, geeignet, die ihre zu Kirchen umfunktionierten Scheunen inzwischen im großen Stil durch stolze neugotische Kathedralen ersetzten, sich aber oft noch als Bürger zweiter Klasse behandelt fühlten. Sie bauten im letzten Viertel des 19. und den ersten zwanzig Jahren des 20. Jahrhunderts ein vergleichbares Netz politischer, religiöser und sozialer Organisationen auf, natürlich mit einem verhältnismäßig strengen Katholizismus als Leitfaden. In dem Priester, Politiker und Journalisten

Schaepman fanden sie ihren eigenen Kuyper. Im Parlament, der Zweiten Kammer, schlossen Kalvinisten und Katholiken sich aus taktischen Gründen zusammen, vor allem um ihre Forderungen auf dem Gebiet des Erziehungswesens durchzusetzen, was ihnen 1917 auch gelang.

Im Grunde ging es um eine Offensive gegen die revolutionären Kräfte, denen vor allem die Liberalen zum Opfer fielen. Um *Recht voor Allen* und Domela Nieuwenhuis entstand eine lautstarke revolutionär-sozialistische Bewegung, die Angst und Schrecken verbreitete, zu Beginn jedoch den organisatorischen Fähigkeiten der Protestanten und Katholiken weit unterlegen war. Das änderte sich erst, als unter Leitung des Dichters und Juristen Pieter Jelles Troelstra die Sozialdemokratische Arbeiterpartei (SDAP) mit ihren Reformidealen entstand. Die Sozialisten übernahmen notgedrungen die Traditionen der Konfessionellen und errichteten ein vergleichbares Netz von Organisationen. Lediglich vom Erziehungswesen hielten sie sich fern, obwohl es Pläne gab Schulen gemäß sozialdemokratischem Gedankengut zu gründen. Aber die Umstände zwangen auch die Sozialdemokraten zur Souveränität in eigenen Kreisen. Als dann die Demokratie vollendet war, blieben für die stolzen Liberalen nicht mehr als zehn Prozent der Wählerschaft übrig.

Im Jahre 1901 ging die katholisch-kalvinistische Koalition als Sieger aus den Wahlen hervor. Abraham Kuyper bildete ein Kabinett, das er in so straffem Stil führte, dass man ihn als den ersten modernen Ministerpräsidenten der Niederlande bezeichnen kann. Seit der Zeit dominierten – abgesehen von ein oder zwei Ausnahmen – christliche Parteien die Regierungen. Erst im Jahre 1994 mussten sie sich erstmals mit der Oppositionsrolle begnügen.

Große Toleranz gegenüber Andersdenkenden

Die Souveränität in eigenen Kreisen hat auch mit den traditionellen Gegensätzen der Republik zu tun, die die damaligen Regenten zu Kompromissen zwang. Denn vor allem in protestantischen Kreisen führten die verschiedenen orthodoxen Erscheinungsformen zu Abspaltungen. Abraham Kuyper selbst erzwang innerhalb der seiner Meinung nach viel zu pluralistischen Nederlands Hervormde Kerk (Niederländische Reformierte Kirche) eine Spaltung, die man erst jetzt langsam zu überwinden scheint. Keine Strömung verfügte über eine eindeutige Mehrheit, so dass man gezwungen war gemeinsame Interessen zu identifizieren um durch Kompromisse zu Koalitionen zu kommen. Souveränität in eigenen Kreisen erforderte daher auch ein großes Maß an Toleranz Andersdenkenden gegenüber. Diese Andersdenkenden hingen zwar dem falschen Glauben an, aber sie hatten trotzdem das Recht sich innerhalb ihrer eigenen Kreise zu organisieren. Im Allgemeinen strebten die Führer dieser souveränen Kreise nach einer Trennung an der Basis. Ein niederländisches Sprichwort lautet: *Bei zwei Glauben auf einem Kissen schläft der Teufel in der Mitte.* In der öffentlichen Verwaltung gab es jedoch eine enge Zusammenarbeit, wobei auch den Liberalen und später den Sozialdemokraten ein Platz eingeräumt wurde. Das ganze System basierte auf einem Netz lokaler Kuypers, Schaepmans und Troelstras, die eine sehr wichtige Rolle bei der Entwicklung des eigenen Gebiets, der eigenen Stadt spielten und nach denen, wie nach anderen Politikern, Straßen und Plätze benannt wurden. Während die Gründer, die Vorläufer, die Initiatoren noch visionäre Charakterzüge hatten, waren ihre Nachfolger oft nüchterne Verwalter, die nicht im Rampenlicht zu stehen wünschten und in ihrer Haltung und politischen Vorgehensweise den früheren Regenten ähnelten. Sonst hätten sie auch nicht so erfolgreich sein können.

Das Gebäude Niederlande ist auf einzelnen Säulen errichtet

Der Politologe Arend Lijphart, Professor in Leiden, hat die Erforschung dieses Systems zu seinem Lebenswerk gemacht. Ihm verdanken wir auch das Wort, mit dem die Niederländer dieses System beschreiben: *verzuiling* = Versäulung. Die Symbolik ist offensichtlich: Das Gebäude Niederlande ruht auf separaten Säulen.

In Diskussionen gilt das Wort Versäulung heute als negativ besetzt. Es steht für eine in Schubfächer eingeordnete Gesellschaft, in der große Bevölkerungsgruppen sich von angeblichen Anführern manipulieren lassen, die dank ihrer strategischen Position in verschiedenen Netzwerken praktisch die Macht in Händen haben. Es hat auch einen Beigeschmack von geistiger Unterdrückung. In Gesprächen wird dann gerne das Klischeebeispiel vom „Römisch-Katholischen Ziegenzüchterverband" angeführt. Noch im Jahre 1954 verboten die katholischen Bischöfe den Katholiken in einem Hirtenbrief, Mitglied der sozialdemokratischen Partei, des sozialdemokratisch orientierten Rundfunkvereins oder der sozialdemokratisch orientierten Gewerkschaft zu werden. „Katholiken sollten dies mit Ehrfurcht nehmen und lesen", schrieb die größte katholische Tageszeitung, *De Volkskrant.* So geschah es auch. Es ist übrigens bezeichnend, dass dieser Hirtenbrief der damals engen politischen Zusammenarbeit zwischen der katholischen und der sozialdemokratischen Partei in keiner Weise schadete.

Die Tatsache, dass die umfangreichen gesellschaftlichen Netzwerke, die von Kuyper oder Schaepman begründet worden waren, zum Teil noch existieren, hat dazu geführt, dass das Wort „Versäulung" heute so unangenehme Assoziationen hervorruft. Die dazugehörende Überzeugung allerdings ist verwässert, ein Prozess, der in den sechziger Jahren in Gang kam und noch immer andauert.

Die sechziger Jahre waren eine kulturhistorische Wasserscheide

Die sechziger Jahre waren eine kulturhistorische Wasserscheide in der Geschichte der Niederlande. Auf den ersten Blick merkwürdig, denn es gibt eine Periode, die sich dafür eher eignen würde: die deutsche Besatzung von 1940 bis 1945; zweifellos die schlimmste Erfahrung seit dem Achtzigjährigen Krieg, mit dem Niederländer diese Zeit noch oft vergleichen. Die deutschen Besatzer beschränkten sich nicht darauf Truppen in den Niederlanden zu stationieren und die Niederländer zum Arbeitseinsatz für ihre Kriegswirtschaft zu zwingen, sie versuchten auch die Gesellschaft aktiv gemäß ihrem nationalsozialistischen Modell umzuformen. Das Säulendenken allerdings bot ausreichend Widerstand. Den Nationalsozialisten gelang es zwar die meisten Organisationen gleichzuschalten, aber deren Mitgliederzahl sank darauf schlagartig bis fast auf Null; unmittelbar nach der Befreiung stieg sie dann wieder an. Eine Koalition aus Liberalen, Sozialdemokraten und Widerstandskämpfern versuchte nach dem Krieg über die Massenorganisation Niederländische Volksbewegung und eine neue linke Partei – die Partei der Arbeit (PvdA) – die anti-nationalsozialistische Einheit der Besatzungszeit zu bewahren, dies gelang jedoch nicht. Die PvdA entwickelte sich zwar, blieb in der Praxis jedoch die alte sozialdemokratische Arbeiterpartei. Sie wurde zum Kern der „roten Säule", die sich nur ein neues Kleid überstreifte: Die Versäulung war schon ein Jahr nach der deutschen Niederlage in altem Glanz wiederhergestellt.

Dennoch sollte sie nicht einmal mehr zwei Jahrzehnte überdauern. Welchen Charakter hatte also diese Wasserscheide und warum entstand sie gerade während der sechziger Jahre? Die logischste Erklärung dafür ist die Entwicklung der Volkswirtschaft, die seit etwa 1870 mit Unterbrechungen aufwärts verlief. Gleiches galt allerdings für den Bevölkerungszuwachs. Ab etwa 1890 stagnierte das Pro-Kopf-Einkommen und das änderte sich bis Anfang der fünfziger Jahre nicht mehr. Es lag bei etwa einem Fünftel bis einem Sechstel des heutigen Wertes.

Der allgemeine Wohlstand stieg in diesem guten halben Jahrhundert im Allgemeinen trotzdem beträchtlich. Dank der Massenproduktion sanken die Preise einer Reihe von Konsumgütern, wie zum Beispiel hochwertiger Konfektionskleidung. Außerdem wurde der nationale Reichtum gerechter verteilt, was damit zusammenhing, dass die „Säulen" in vielerlei Hinsicht emanzipatorische Bewegungen waren. Für Kuyper, Schaepman und Troelstra ging es vor allem um die Bildung ihrer vielen Anhänger. Darunter verstanden sie nicht nur Unterricht gemäß der eigenen religiösen Überzeugung, sondern auch guten allgemeinbildenden Unterricht, was mit allgemeiner Entwicklung des Volkes gleichzusetzen war. Abraham Kuyper erregte 1892 viel Aufsehen mit großen Kongressen zu sozialen Themen, in denen das

Problem der Armut im Mittelpunkt stand. Im Gegensatz zu den Sozialdemokraten standen Katholiken und Kalvinisten der Idee des Klassenkampfs abweisend gegenüber. Die Verbesserung des Lebensstandards der weniger begüterten Anhänger war jedoch etwas anderes. Deshalb verfochten sie eine Art Gemeinwohl, wobei jeder Einzelne einen Anteil am nationalen Reichtum erhält und der Rest nach reiflicher gemeinsamer Beratschlagung fair verteilt wird. Die vielen örtlichen Kuypers und Schaepmans – oft Pastoren oder Pfarrer – waren außerdem gute Organisatoren. Sie organisierten Arbeiter, kleine Selbstständige und Handwerker in Verbänden, in denen sie sich gemeinsam für die Verbesserung ihrer Lebensverhältnisse einsetzen konnten. Typisch ist, dass die letzte Organisation, die im Rahmen der katholischen Versäulung entstand und diese gleichsam abrundete, eine Organisation für reiche Gläubige war, die *Sankt Adelbertsvereinigung*. Die katholische Gewerkschaft gab es schon ein Vierteljahrhundert früher.

Zurückschauend muss man feststellen, dass es dabei nicht etwa um persönliche Emanzipation ging, sondern um Gruppenemanzipation. Im Großen und Ganzen führte diese Emanzipation in den ersten dreißig Jahren des letzten Jahrhunderts dazu, dass Hunger und Elend verschwanden. Der Lebensstandard der meisten war zwar nach unseren heutigen Maßstäben äußerst bescheiden und wahrscheinlich inakzeptabel, aber im Allgemeinen stieg mit der Gruppenemanzipation auch der allgemeine Wohlstand.

Unkonventionelles Verhalten Einzelner war innerhalb einer Gruppe nicht erwünscht, und zwar aufgrund von Geldmangel. Eine finanziell bescheidene Lage erforderte angepasstes Verhalten. Es ist nicht vernünftig sich der eigenen Gruppe zu entfremden, denn man könnte sie eines Tages brauchen. Der versäulten Gesellschaft standen genügend Mittel zur Verfügung um abweichendes Verhalten zu bestrafen. Pastoren und Prediger verkündeten zum Beispiel noch bis in die fünfziger Jahre von der Kanzel, dass Gläubige ihre Einkäufe grundsätzlich bei Gleichgesinnten zu tätigen hätten. Genauso konnten sie deutlich machen, wenn jemand nicht mehr zur Gemeinschaft der Gläubigen gehörte. Vor allem in den Memoiren sozialistischer Persönlichkeiten findet man genug Beispiele dafür, das Leute, die zuviel Sympathien für rotes Gedankengut gezeigt hatten, Repressalien ausgesetzt waren. Mit anderen Worten: Nonkonformismus war eine teure, für die meisten unerschwingliche Liebhaberei.

Alles aus regulären Lohnerhöhungen finanziert

Die durchschnittliche niederländische Familie – Vater Facharbeiter, Mutter Hausfrau – konnte sich vom Lohn des Vaters um 1950 ordentliche Möbel, Kleidung und Ernährung leisten. Man abonnierte eine Tageszeitung, eine Illustrierte, eine Zeitschrift für die Kinder. Im Wohnzimmer stand eine Reihe von Büchern, vernünftige Romane, herausgegeben von einem zur eigenen

Säule gehörenden Verlag, die oft über einen Buchklub vertrieben wurden. Das war's dann auch. Das einzige große und teure Prunkstück im Zimmer, für das Frischvermählte oft erst eine Zeitlang sparen mussten, war das Radio. Kühlschrank, Plattenspieler oder Waschmaschine waren für die meisten Niederländer unerschwinglich, ganz zu schweigen von einem Fernsehgerät um die bescheidenen Programme zu empfangen, die seit 1951 vor allem auf Initiative der Firma Philips produziert wurden. Der Besitz eines Automobils wurde nicht einmal in Erwägung gezogen.

Der Autor dieses Buches entstammt so einer typischen niederländischen Familie, in der das Radio der größte Luxus war. Zwischen 1958 und 1964 bekamen wir nacheinander ein Fernsehgerät, eine Waschmaschine, einen Kühlschrank, einen Backofen und schließlich einen DAF, das damals gerade auf den Markt gekommene niederländische Personenauto. Hatte mein Vater – von Beruf Typograph bei einer mittelgroßen Druckerei – Karriere gemacht? Keineswegs, alles wurde aus normalen Lohnerhöhungen finanziert. Die Summe, die die Familie nicht zum Lebensunterhalt benötigte, wurde für Luxuskäufe gespart, denn über Krankheit, Unfälle oder Arbeitslosigkeit brauchte man sich keine Sorgen zu machen, deren Folgen wären vom Sozialversicherungssystem gedeckt worden.

All dies wurde von Nachkriegsregierungen zu Stande gebracht, in denen Katholiken, Sozialisten und Kalvinisten gemeinsam dafür sorgten, dass die Rolle des Staates stets bedeutender wurde. Dies hängt mit bestimmten Formen des für die Niederlande typischen Gemeinschaftsgefühls zusammen, zu dem wir später noch kommen, aber auch mit der Verankerung der Versäulung als Basis der niederländischen Gesellschaft, die von den Politikern der jeweiligen Gruppe angestrebt wurde.

Die gesellschaftlichen Organisationen – vor allem auf sozialem Gebiet –, Krankenhäuser, Vereinigungen für Krankenpflege in der häuslichen Umgebung, Abendschulen, Kinderheime usw. finanzierten sich anfänglich selbst. Große Ausnahme war das versäulte Unterrichtssystem, das seit 1917 größtenteils vom Staat finanziert wurde. Die Säulen strebten danach, diese Form der Finanzierung immer weiter auf ihr gesamtes Netzwerk auszudehnen, denn das kam der Kontinuität zugute. Dadurch entfernten sich diese Organisationen immer weiter von ihren einfachen Mitgliedern, worüber sich aber nur wenige Sorgen machten. Auf diese Art und Weise wurde ein immer größerer Teil der Sozialfürsorge vom Staat finanziert, was dann wieder dazu führte, dass die Aufgaben stetig größer wurden. Verpflichtungen, die in vielen Gesellschaften im Familienkreis übernommen wurden wie zum Beispiel die Krankenpflege oder die Unterstützung weniger begüterter Verwandter, wurden so zur Aufgabe spezieller Organisationen. Eine Wöchnerin hat für rund zehn Tage nach der Entbindung das Recht auf Hilfe durch eine Fachkraft im eigenen Haus. Wenn die Eltern nicht mehr selbstständig wohnen können, kommen sie in ein Altenheim mit hotelähnlichem Service und einer Reihe von medizinischen Einrichtungen.

Die Organisationen, die diese Dienste verrichten, sind inzwischen stets anonymer und bürokratischer geworden. Es gibt sie, man kann ihre Dienste in Anspruch nehmen und sie machen ihre Sache normalerweise gut. Aber irgendwie stehen sie dem Normalbürger nicht sehr nahe.

Das Paradox des Erfolgs der Säulen

Irgendwann konnten dann alle Bürger täglich Berichte aus der ganzen Welt auf dem Fernsehschirm sehen, sie konnten im Ausland Urlaub machen und besaßen außerdem aufgrund des steigenden Einkommens ein höheres Selbstbewusstsein. Aufgrund der gut funktionierenden gesellschaftlichen Organisationen konnten Niederländer wieder als Individuen denken und fühlen, als Menschen, die für sich selbst leben und nicht mehr Teil einer Gruppe sind. Das Paradox des Erfolgs der Säulen.

Viele Niederländer begrüßen diese Entwicklung, so zum Beispiel Marcel van Dam, der populäre frühere PvdA-Politiker und Ex-Chef des Fernseh- und Radiosenders VARA, der diese Entwicklung als eine Fortsetzung der Emanzipation bezeichnet. Andere bedauern sie, wie zum Beispiel der kalvinistische ehemalige Christdemokrat Elco Brinkman, der dem Individualismus, der die Verantwortung auf staatlich finanzierte Organisationen abschiebt, das Modell der fürsorglichen Gesellschaft gegenüberstellt. In der fürsorglichen Gesellschaft besinnt sich der Staat auf seine Kernaufgaben und erinnert das Individuum an seine persönlichen Verpflichtungen gegenüber den Mitmenschen und der gesamten Gesellschaft.

Wie dem auch sei, in den sechziger Jahren begann eine Entwicklung, in der das *Establishment* innerhalb der Säulen schnell seinen Einfluss auf den Anhang verlor. Zunächst wurde dies in den Medien deutlich. Die katholische, die kalvinistische und auch die sozialistische Presse fielen plötzlich hinter ihre nicht überzeugungsgebundene Konkurrenz zurück, die immer einen stabilen, jedoch begrenzten Marktanteil gehabt hatte. Zur Zeit gibt es in den Niederlanden keine Zeitung mehr, die sich explizit katholisch nennt, während es in den fünfziger Jahren noch mehr als dreißig waren.

Interessant ist in diesem Zusammenhang das Phänomen *Volkskrant*, zur Zeit eine eher dem linken Spektrum zuzurechnende Qualitätszeitung, die mit dem traditionell liberalen *NRC Handelsblad* konkurriert.

Die *Volkskrant* war ursprünglich die Tageszeitung der römisch-katholischen Gewerkschaft, die sich den politischen und geistigen Führern gegenüber folgsam zeigte. Als sich die Gläubigen nicht mehr an die Vorschriften der Kirche zu halten wünschten, wurde auch die *Volkskrant* unabhängiger. Dadurch gelang es ihr die Kinder der ursprünglichen Abonnenten, katholische Handwerker, an sich zu binden.

Diese Nachkriegs-Handwerker bildeten die erste Generation, der es möglich war ihren Kindern eine bessere Ausbildung zu ermöglichen als sie selbst genossen hatte. Der schnell steigende Wohlstand verbesserte auch die Bildungsmöglichkeiten. Die Regierung führte ein Stipendiensystem ein; wichtiger war es jedoch, dass die Eltern es sich erlauben konnten ihre Kinder am Sekundarunterricht teilnehmen zu lassen, da sie nicht länger auf den Lohn angewiesen waren, den die Kinder ab dem 14. Lebensjahr verdienen konnten, dem Lebensalter, in dem traditionell das Arbeitsleben der Niederländer begann. Diese Tendenz wurde in jeder Hinsicht gefördert, denn das Land brauchte für seine wirtschaftliche Entwicklung eine gebildete Bevölkerung.

Für die junge Generation, die nichts anderes als Fortschritt gewöhnt war, war all dies selbstverständlich. Sie konnte es sich sogar erlauben gegen die Generation ihrer Eltern zu protestieren, übrigens ohne deshalb die Früchte des Erfolgs dieser Generation zu verschmähen.

Sie ließen ihre Haare wachsen

Solche Jugendliche konnte man vor allem seit dem spektakulären Auftritt der Beatles in Amsterdam erkennen: Sie ließen ihre Haare wachsen. Sie betonten die Selbstverständlichkeit ihres Wohlstands, indem sie in ihrer Freizeit Jeans trugen; traditionell Kleidung von Leuten, die harte, schlecht bezahlte Arbeit verrichteten, jetzt aber Symbol der neuen Freiheit. Um ein kulturelles Statement abzugeben, schmückten sie sich genau mit dem Kleidungsstück, von dem ihre Eltern geglaubt hatten, sie könnten es für alle Zeit vergessen. Sie spotteten über traditionelle Normen und Werte der Mäßigung, vor allem was den Umgang der Geschlechter miteinander betraf. Die Antibabypille, seit 1963 frei erhältlich und in so großem Umfang benutzt, dass die demographischen Trends, die bis dahin auf einen rasanten Bevölkerungszuwachs wiesen, sich ins Gegenteil verkehrten, nahmen dem Sexualverkehr viel von seinen Risiken. So gerieten kulturelle Normen ins Wanken.

Die *Volkskrant* berichtete über diese Entwicklungen ausführlich und mit wachsender Sympathie. Die Zeitung feierte den Umzug in ein neues Gebäude mit der endgültigen Streichung des Untertitels „*Katholische Tageszeitung für die Niederlande*". Seither definiert die *Volkskrant* selbst ihren Standort nicht mehr. Aber sie ist das Sprachrohr vieler geworden, die die Versäulung überwunden haben.

Allerdings erfüllt sie diese Rolle auf ganz eigene Art und Weise: Die Zeitung hegt deutliche Sympathien für kulturellen Individualismus im Gegensatz zum persönlichen Egoismus. Denn die Redaktion setzt sich in guter niederländischer Tradition für die schwächsten Mitglieder der Gesellschaft ein. Sie glaubt, und auch das ist typisch niederländisch, dass die stärksten Schultern die schwersten Lasten tragen sollten.

Die Auflage beträgt zur Zeit etwa 350 000, während es in der Blütezeit der Versäulung 170 000 Exemplare waren. Die kalvinistische Tageszeitung *Trouw* entwickelte sich in vergleichbarer Weise, obwohl sie sehr viel stärker der religiösen Grundhaltung treu blieb und sich mit einer Auflage von etwa 129 000 behauptet. Der Rest der versäulten Presse jedoch, auch der einst so starken sozialistischen Presse, ist verschwunden. Die *Volkskrant* konnte sich behaupten, indem sie sich im gleichen Tempo wie ihre Leser aus der Versäulung löste.

Der feuchte holländische Grund ist ein fruchtbarer Boden für Paternalismus

Auf den ersten Blick erscheint die Kombination widersprüchlich: absoluter Liberalismus im Privatleben, kombiniert mit fast dem Gegenteil, wenn es um die Organisation der Gesellschaft geht, die mit zahllosen helfenden Händen die Bürger aus dem Sumpf ziehen muss, sofern sie aus welchen Gründen auch immer in diesen geraten sind. Für Niederländer jedoch ist das nicht erstaunlich. Denn der feuchte Boden der Niederlande ist ein fruchtbarer Boden für Paternalismus.

Von Ursprung sind die Niederlande eine christliche Nation und die Bibel räumt genauso wie der Koran den Armen eine wichtige Stellung ein. Almosen geben ist eine der größten Tugenden, genauso wie das Beherbergen von Fremden und der Schutz von Witwen und Waisen. Bereits im späten Mittelalter gab es wohlhabende Bürger, die etwas für die Armen tun wollten; am liebsten strukturiert und oft im Wege einer Hinterlassenschaft, denn wer Armen etwas hinterließ, dem öffneten sich die Himmelspforten. Ein gutes Beispiel dafür ist das Armenspital der Provinzstadt Schiedam, das im Stadtrecht aus dem Jahre 1275 erwähnt wird. Es war gemäß einem Dokument späteren Datums für „die Armen Christi" bestimmt, die Alten, Gebrechlichen, Kranken und andere, die im Spital versorgt werden mussten. Die religiöse Ausrichtung geht auch aus dem Namen hervor: Sankt-Jakobs-Gasthaus.

Ein solches Spital eignete sich ausgezeichnet dafür ihm etwas zu vererben. So gelangte das Spital an ausgedehnte Ländereien in der Umgebung Schiedams. Die Kosten bezahlte man aus den Zinsen, die das Vermögen erbrachte. Außerdem hatte die Gemeinde eine Art rudimentärer Steuer eingeführt um das Spital zu unterstützen: Das beste Kleidungsstück eines Verstorbenen fiel jeweils an das Spital, und außerdem erhielt es einen kleinen Anteil an dem in der Stadt zum Verkauf angebotenen Torf.

Der Sieg der Kalvinisten im Achtzigjährigen Krieg hatte das Verschwinden der gesamten offiziellen Infrastruktur von Klöstern und römisch-katholischen Bruderschaften zur Folge. In der Regel fielen ihre Besitztümer an die örtlichen Autoritäten, die die wohltätige Arbeit wie z.B. Krankenpflege jetzt selbst verrichten ließen.

Auch die strenge kalvinistische Kirchenorganisation hatte sich um die weniger begüterten Brüder und Schwestern zu kümmern, die sich nicht selbst ernähren konnten. Ihre religiöse Überzeugung gestattete es ihnen nicht solche Menschen ihrem Schicksal zu überlassen. Sie zu unterstützen wurde zur Spezialität einer neuen Art kirchlicher Würdenträger, der Diakone. So wurde die Versorgung Armer und Kranker eine Angelegenheit kirchlicher und weltlicher Politiker. Ein jeder, der es auf lokaler Ebene zu einigem Ansehen gebracht hatte, war im Vorstand der ein oder anderen wohltätigen Körperschaft vertreten. Vor allem in Städten erreichten diese Aktivitäten einen großen Umfang und gehörten im weitesten Sinne zu den offiziellen Aufgaben der städtischen Politiker. Diese Art der Wohltätigkeit hatte übrigens absolut nichts mit dem zu tun, was wir heute soziale Rechte nennen. Es war Christenpflicht wohltätig zu sein, aber die Empfänger hatten keineswegs einen Anspruch auf diese Wohltaten. Im Allgemeinen erhielten nur diejenigen Hilfe, die sie unbedingt benötigten. Dabei ging es dann nicht um Arbeitslose, sondern um Gebrechliche, Kinder, Alte, die keine Familie mehr hatten, die für sie sorgen konnte, weil sie z.B. einer Seuche erlegen war. Ausländische Besucher waren beeindruckt von diesen Aktivitäten, die im Vergleich zum Rest Europas beträchtlichen Umfang hatten, obwohl man nicht vergessen darf, dass vor allem während des Goldenen Zeitalters der Lebensstandard recht hoch war, so dass immer genug übrig blieb um Gutes zu tun.

Außerdem geschah all das auch keineswegs im Verborgenen. Die Sorge um Schwache und Kranke fungierte auch als Statussymbol, was sich am Umfang der dafür bestimmten Gebäude äußerte. Das Sankt-Jakobs-Gasthaus ist noch immer ein bestimmendes Element der Innenstadt Schiedams: Hinter einer Fassade im klassischen Stil griechischer Tempel, bekrönt mit Glockentürmen, verbirgt sich die Kapelle. An beiden Seiten wird ein großer Innenplatz von hohen Seitenflügeln begrenzt, in denen die Alten wohnten, für die das Haus hauptsächlich gedacht war. Das enorme Gebäude entstand 1789, zur Blütezeit Schiedams, als man es sich erlauben konnte eindrucksvoll zu bauen. Zur Zeit dient das Gebäude als Museum für Moderne Kunst.

Viele niederländische Städte besitzen solche historischen Gebäude. Amsterdam zum Beispiel hat das Maagdenhuis, einstmals Haus für verwaiste Mädchen, heute Verwaltungszentrum der Universität.

Außerdem gibt es die Hofjes (Höfchen). So bezeichnet man eine Reihe kleiner Häuser um einen – meist mit Gras bewachsenen – Innenhof, von der Außenwelt durch ein Tor abgeschlossen. Solche Hofjes entstanden meist durch das Legat eines verstorbenen Reichen, der genügend Geld hinterließ um die Baukosten zu bezahlen sowie genügend Kapital um die Hofjes – oft in Form einer Stiftung – weiter zu unterhalten. Normalerweise wurde vom Erblasser genau festgelegt, wer in den Häusern wohnen durfte: arme Witwen, kranke Ehepaare mit einer bestimmten Religionszugehörigkeit usw. Die meisten niederländischen Städte besitzen noch immer einige dieser Hofjes. Heute oft sehr schön renoviert dienen sie nur noch selten ihrer alten Funktion. Sie waren und sind Schmuckstücke der historischen Stadtzentren.

Hinter den Fassaden solcher Stiftungen allerdings fand sich kaum Luxus. Die Alten, die im Sankt-Jakobs-Gasthaus wohnten, mussten im Tausch für Kost und Logis alles übertragen, was sie ihr eigen nannten. Brachten sie nichts mit, dann mussten sie – zumindest solange sie noch laufen konnten – von Tür zu Tür gehen und versuchen einen Teil der durch sie entstehenden Kosten zu erbetteln. Diese Verpflichtung galt bis ins zwanzigste Jahrhundert. In eine große Zahl von Hofjes musste man sich „einkaufen". Man bezahlte einen Pauschalbetrag und hatte dann für den Rest seines Lebens Recht auf Unterkunft sowie, je nach Hofje, unterschiedliche Bezugsrechte, zum Beispiel für eine bestimmte Menge Torf um im Winter zu heizen. In anderen Fällen musste man seinen gesamten Besitz überschreiben. Das bedeutete, dass Reiche mehr für diese Dienstleistungen zahlen mussten als Arme.

Waisen waren auch zu jeder Zeit an ihrer Kleidung zu erkennen. Hilfsbedürftigkeit und Abhängigkeit mussten deutlich zu sehen sein.

Überfluss und schöner Schein

Hinter dieser Sorge für die Hilfsbedürftigen steckte allerdings noch mehr. Der britische Historiker Simon Schama hat seiner Kulturgeschichte des niederländischen Goldenen Zeitalters, *Überfluss und schöner Schein* (Originaltitel: *The Embarrassment of Riches*), ein Zitat von Johannes Calvin vorangestellt:

„Lasst die, die im Überfluss leben, daran denken, dass sie von Dornen umringt sind und lasst sie gut Acht geben, dass sie nicht gestochen werden." *(Kommentar zu Genesis 13, 5–7)*

Die Wohltätigkeit, so ansehnlich durch Höfchen und schlossähnliche Fassaden symbolisiert, versüßte den Reichen das schlechte Gewissen, das ihr materieller Erfolg mit sich brachte. Denn so liberal das Leben in der Praxis auch war, im Hinterkopf war man sich doch immer der kalvinistischen Drohung bewusst, dass viele gerufen sind, aber nur wenige auserkoren. Wohlstand und Reichtum können sich auch ins Gegenteil verkehren. Dazu schreibt Schama:

„Die große Zahl und Großzügigkeit der wohltätigen Einrichtungen in den Niederlanden ist, wie anderswo im barocken Europa, von den modernen Historikern als eine Ausübung der 'sozialen Kontrolle' klassifiziert worden. Und es besteht kein Zweifel, dass ein Teil ihrer Triebkraft seinen Ursprung in praktischen Überlegungen hatte. Wo Eliten mehr durch Überredung als durch Zwang herrschten, waren philanthropische Gegenleistungen in großem und verbindlichem Ausmaß ein kleiner Preis für den Schutz vor drohendem Volksaufruhr. Doch eine solche Erklärung für die Behandlung der Bedürftigen lässt so viel außer Acht, wie sie verständlich macht. Insbesondere zollt sie dem fast inbrünstigen Verlangen der Holländer ihr Vermögen durch Abgabe eines Teils davon an die weniger Begüterten in Ehren zu halten wenig Aufmerksamkeit."

Und weiter:

„Es war mehr ein moralischer Balanceakt, der unter der Bedingung, dass er gemeinschaftlich festgelegten Zwecken Rechnung trug, die Beibehaltung des Reichtums gestattete und nicht seine Zurückweisung verlangte."

Dennoch, bei der Wohltätigkeit geht es in größerem Maße, als Schama zugeben möchte, um soziale Kontrolle. Wer die Vorschriften der Wohltätigkeitseinrichtungen liest, wird erstaunt feststellen, wie genau das Leben reglementiert war und wie sehr man versuchte auch den geringsten Missbrauch zu verhindern. Es ist verblüffend festzustellen, wie gut es den Regenten gelang die Rücklagen zu erhöhen, so dass die Einrichtungen selbst immer reicher wurden, während die Bedürftigen ein äußerst einfaches Leben führten. Das Sankt-Jakobs-Gasthaus hatte im Keller sogar ein kleines Gefängnis für aufrührerische Alte. Aus den vierziger Jahren des 19. Jahrhunderts stammt ein Aufruf an die Amsterdamer Bürger Armenschulen zu unterstützen um dafür zu sorgen, dass die Kinder Gehorsamkeit und Dankbarkeit lernen. Etwa zur gleichen Zeit publizierte der Pfarrer und Schriftsteller Bernard ter Haar ein Gedicht, in dem er Gott dafür dankt, dass er eine Pelzjacke besitzt, nachdem er eine arme Frau in der Kälte frieren sah. Das war vollkommen ehrlich gemeint, ohne eine Spur von Zynismus. Schon im Mittelalter war man der Meinung, dass Gott arme Leute mit der Absicht geschaffen hat den Reichen Gelegenheit zu Taten der Nächstenliebe zu geben. Auf der anderen Seite ist es auch problematisch über Lebensumstände und Sitten der Vergangenheit ein Urteil nach unseren heutigen Maßstäben zu fällen. In den Niederlanden geschieht dies regelmäßig, denn Vorschriften wie die des Sankt-Jakobs-Gasthauses mit seiner vorgeschriebenen Bettelei und dem Gefängnis sind noch nicht ganz vergessen. Es sind Geschichten, die man gerne erzählt um zu verdeutlichen, wie gut es uns heute geht, in einer Zeit, in der wir ein Recht auf soziale Einrichtungen haben und Zeitungen wie die *Volkskrant* oder *Trouw* und ihre Leser sich für deren Fortbestehen einsetzen.

Das umfangreiche System der sozialen Sicherung stammt aus den letzten fünfzig Jahren, die Basis dafür wurde jedoch schon viel früher geschaffen, nämlich zur Blütezeit der Versäulung und unter dem Einfluss des aufkommenden Sozialismus. Ein Grundsatz wurde in dieser Säule stets gewahrt: Gerechte Entlohnung für Arbeit, aber auch Schutz gegen die Folgen von Arbeitslosigkeit, Krankheit und Altern sind Rechte, auf die man Ansprüche geltend machen kann. In kalvinistischen und katholischen Kreisen dachte man darüber anders. Im Gegensatz zu staatlichen Leistungen bevorzugte man gemeinsames Sparen und Versicherungen für alle, das Resultat jedoch war das gleiche. Auch Leute mit geringerer Wirtschaftskraft mussten gegen die Folgen von Schicksalsschlägen gewappnet sein. Tatsächlich waren es zunächst die Liberalen und später die Katholiken und Kalvinisten, die das erste Sozialsystem zu Stande brachten. So entstanden schließlich Arbeitslosenversicherungen, die auf staatliche Unterstützung rechnen konnten und von den versäulten Gewerkschaften verwaltet wurden. Dabei blieb es nicht: Der Staat gewährte Menschen, die aufgrund längerer Arbeitslosigkeit aus diesen Kassen nichts mehr erhielten, eine kleine Unterstützung.

Die meisten Regelungen basierten auf einem Versicherungssystem

Der starke Anstieg des Lebensstandards seit 1950 gab dem noch immer versäulten Staat die Möglichkeit diese Unterstützung anders zu organisieren. Dabei entschied man sich in traditioneller Weise für einen Kompromiss: Bürger hatten Anspruch auf Unterstützung, aber die meisten Regelungen basierten auf dem Versicherungssystem. Das beste Beispiel dafür ist die Allgemeine Rentenversicherung, die jedem Niederländer nach dem 65. Lebensjahr eine Rente etwa in Höhe des gesetzlichen Mindestlohnes garantiert. Dafür zahlen die Bürger Beiträge. Diese Beiträge fließen jedoch nicht in einen Rentenfonds, der mittels Investitionen und geschäftlicher Aktivitäten ausreichend Kapital bildet um die Renten zahlen zu können. Die Renten werden durch ein Umlagesystem aus den Pflichtbeiträgen der jüngeren Generation bezahlt. Die später eingeführte Arbeitsunfähigkeitsversicherung funktioniert nach dem gleichen System, ebenso die staatlichen Krankenkassen. Wer Beiträge bezahlt, erwirbt damit noch keine Ansprüche. Der Staat kann das Gesetz zum Beispiel abschaffen oder die Höhe der Leistungen, die Dauer, für die sie gezahlt werden, oder die Voraussetzungen für den Bezug ändern. Das hat er in den letzten Jahren auch getan, was ihm den Ruf eines unzuverlässigen Versicherers eingebracht hat. Der durchschnittliche Bürger hat nämlich wenig Verständnis für den Begriff „Umlagesystem". Schließlich arbeiten die privaten Versicherungen, bei denen die meisten Niederländer Verträge abgeschlossen haben, auch nicht nach diesem System.

Verhandlungen zwischen Arbeitgebern und Arbeitnehmern verlaufen normalerweise recht harmonisch. Das liegt an der Organisation der kalvinistischen und der katholischen Säule, wobei konfessionell organisierte Gewerkschaften mit in gleicher Weise organisierten Arbeitgeberorganisationen verhandelten, so dass man ideologisch dazu verpflichtet war einander zuzuhören und miteinander zu beratschlagen. Diese Mentalität übertrug sich im Lauf der Zeit auf den sozialistischen Teil der Gewerkschaften und auf die liberalen Arbeitgeber.

Bei diesen Verhandlungen haben die Arbeitsbedingungen meistens den gleichen Stellenwert wie die Höhe der Löhne. Die Verhandlungen werden jeweils für eine Branche geführt und die ausgehandelten Tarifverträge gelten dann für die gesamte Branche. Abgesehen von Löhnen und Gehältern regeln sie auch Weiterbildung, Einstellung und Kündigung usw. Gewerkschaftsvertreter neigen zu Mäßigung bei ihren Lohnforderungen, wenn dafür zum Beispiel der Erhalt von Arbeitsplätzen garantiert wird.

Fast jede Branche hat heutzutage eine Rentenkasse, in die Arbeitgeber und Arbeitnehmer hohe Beiträge einzahlen. Diese Kassen sind inzwischen auch auf dem Kapitalmarkt die wichtigsten Akteure geworden. Es sind Privatunternehmen, bei denen die Beitragszahler Ansprüche entsprechend der Anzahl der Jahre erwerben, für die sie Beiträge entrichten. Eine solche Pension wird zusätzlich zur staatlichen Rente gezahlt und versüßt diese eher kärgliche Versorgung.

Eventuelle Lücken schließt staatliche Hilfe. Wer nicht (länger) Unterstützung aufgrund des Arbeitslosengesetzes (ebenfalls im Rahmen des Umlagesystems) erhält, bekommt Sozialhilfe, die aus Steuergeldern finanziert wird.

Sieht nach Risikovermeidung aus

Dies alles deutet auf Streben nach Sicherheit und Kontinuität, es sieht nach Risikovermeidung aus. Der niederländische Ökonom Hans van den Doel, einflussreich vor allem in den siebziger Jahren, ist der Meinung, dass niederländische Arbeitnehmer den Erhalt des Arbeitsplatzes für wichtiger halten als Lohnerhöhungen, dass sie ein sicheres Einkommen und Schutz gegen Schicksalsschläge – einschließlich Arbeitslosigkeit – höher bewerten als ein hohes Gehalt, das ihnen sofort zugute kommt.

Dieser Gedanke drängt sich auch beim nach dem Zweiten Weltkrieg geschaffenen Kündigungsrecht auf. Die Arbeitgeber können Personal nicht einfach auf die Straße setzen. Sie brauchen dafür eine offizielle Genehmigung, die unter Angabe der Kündigungsgründe beantragt werden muss. Kann ein Arbeitgeber nachweisen, dass er für den betreffenden Arbeitnehmer keine Arbeit mehr hat, erhält er diese Genehmigung normalerweise auch. Er muss aber beweisen können, dass es wirklich keinen geeigneten Arbeitsplatz mehr gibt, auch nicht an einer anderen Stelle im Unternehmen. Viele Unternehmenszweige haben in die Tarifverträge Vereinbarungen über die Reihenfolge aufgenommen, in der Arbeitnehmern gekündigt werden kann, wobei normalerweise das Prinzip *last in, first out* angewandt wird. Je länger ein Arbeitnehmer einem Betrieb die Treue hält, desto sicherer wird sein Arbeitsplatz. Dies gilt vor allem für Beamte und Arbeitnehmer bei Non-Profit-Organisationen, die, abgesehen von grob fahrlässiger Pflichtverletzung, eigentlich nur entlassen werden können, wenn ihre Stelle gestrichen wird. Kündigungsverfahren enden oft vor dem Richter und viele Unternehmen können sich nur durch Zahlung einer Abfindung von Arbeitnehmern trennen. Geht es um Massenentlassungen, sorgen die Gewerkschaften gemeinhin für einen Sozialplan.

Obwohl bei jüngeren Arbeitnehmern die Neigung zum *job hopping* zunimmt, bleibt ein niederländischer Arbeitnehmer normalerweise seinem Arbeitgeber treu. Oft notgedrungen, denn die wenig flexiblen Kündigungsregelungen sorgen auch dafür, dass es nicht allzu viele freie Stellen gibt. Bis vor einigen Jahren erhielt übrigens jemand, der vierzig Jahre beim gleichen Arbeitgeber geblieben war, automatisch einen königlichen Orden. Dieser Automatismus ist inzwischen jedoch abgeschafft worden.

Die Kosten für dieses komplizierte System tragen Arbeitgeber und Arbeitnehmer gleichermaßen. Der durchschnittliche Niederländer zahlt etwa die Hälfte seines Bruttogehalts für Steuern und Sozialversicherungsbeiträge. Da das Beitragssystem progressiv gestaltet ist, kann dies bei gut Verdienenden enorm viel ausmachen. Dadurch wird es teuer Personal einzustellen, während das Nettogehalt, das einem Arbeitnehmer bleibt, auch im internationalen Vergleich keineswegs überdurchschnittlich ist. Dabei ist allerdings zu berücksichtigen, dass es nicht zwingend erforderlich ist für die Folgen von Krankheit oder sonstiger persönlicher Schicksalsschläge Vorsorge zu treffen.

Dies gewährt dem Einzelnen ein großes Maß an persönlicher Freiheit. Man muss sich in den Niederlanden sehr anstrengen um zugrunde zu gehen. Eigentlich gelingt das nur durch Drogen- oder Alkoholabhängigkeit oder eine psychische Störung. Wer aus welchem Grund auch immer nicht mehr selbst seinen Unterhalt verdienen kann, kommt immer in den Genuss irgendeiner Regelung, die ihm Unterstützung verschafft. Vom Wohlwollen anderer ist niemand abhängig, so dass der Einzelne sich in der Praxis kaum von seiner Umgebung gängeln lassen muss.

Abgesehen von den beschriebenen Regelungen existiert ein umfangreiches Netz sozialer und gesellschaftlicher Hilfsorganisationen, die letztendlich aus Steuergeldern finanziert werden und deren Dienste man fast umsonst in Anspruch nehmen kann.

So schufen die Säulen selbst das gesellschaftliche Umfeld, das es dem einzelnen Bürger ermöglichte, sich ihrem Einfluss zu entziehen. Dieser Prozess verlief im Gleichschritt mit der Entwicklung des Sozialsystems.

Aber es waren nicht nur die eigensinnigen Bürger, die ab den sechziger Jahren den Verfall der Säulen in Gang setzten.

Der allgemein bezweifelte christliche Glaube

Die eigenen Vordenker hielten nicht länger an den hermetischen ideologisch-religiösen Denkweisen fest, die bis dahin die Einheit garantiert hatten.

Dies galt vor allem für die römisch-katholische Kirche, die sich durch das Zweite Vatikanische Konzil rasch weiterzuentwickeln begann. Papst Johannes XXIII. hatte das Konzil einberufen um die erstarrte und verkalkte Struktur der internationalen römisch-katholischen Kirche zu modernisieren. Diese Botschaft fand bei der niederländischen Geistlichkeit, bis dahin vor allem für ihre Treue zum Papst und das Festhalten an kirchlichen Traditionen und Wahrheiten bekannt, offene Ohren. Die Geistlichen selbst stellten Prinzipien des traditionellen Kirchenlebens wie den Zölibat zur Diskussion. Die Bischöfe beriefen ein „Hirtenkonzil" ein um mehr Demokratisierung einzuführen.

In den kalvinistischen Kirchen gab es eine Generation von Pastoren, die die protestantische Tradition auf die gleiche radikale Art und Weise einer kritischen Überprüfung unterzog. Eines hatten sie mit ihren katholischen Kollegen gemeinsam: Sie glaubten nicht länger an einen Gott, dessen Macht auf strengen Gesetzen und Vorschriften basierte, auf der Drohung von der ewigen Verdammnis. Sie verkündeten die Botschaft von einem Gott der Liebe und diese Liebe musste auch in der Weise des Umgangs der Menschen miteinander ihren Niederschlag finden. In theologischen Diskussionen, wie sie z.B. in den Zeitungen *Volkskrant* oder *Trouw* und den Rundfunksendern KRO (katholisch) oder NCRV (protestantisch) geführt wurden, stand der Begriff Gerechtigkeit im Mittelpunkt. Dieser Begriff wurde mehr und mehr politisiert. Er wurde in Zusammenhang mit dem dramatischen Wohlstandsgefälle zwischen den reichen Industrieländern und der armen Dritten Welt gebracht und auch auf die eigene niederländische Gesellschaft angewandt, in der man viel Ungleichheit feststellte. Die göttliche Botschaft stieg vom Himmel zur Erde herab und verlor dabei viel von ihrem zwingenden Charakter.

1993 publizierte ein kalvinistischer Prediger, Prof. Dr. H. M. Kuitert, einen Bestseller unter dem Titel *Der allgemein bezweifelte christliche Glaube*. Die Erneuerer säten Zweifel unter den „normalen" Gläubigen. Sowohl bei Katholiken als auch bei Kalvinisten sank die Zahl der Kirchgänger und derjenigen, die treu ihre religiösen Pflichten erfüllten. Dabei muss gesagt werden, dass all dies nicht für die kleinen, strengen Religionsgemeinschaften gilt, die gegen alle Widerstände der traditionellen Lehre anhingen und sogar einen Aufschwung erlebten, obwohl ihr Anhang mit etwa 600 000 Personen bei einer Bevölkerung von fünfzehn Millionen relativ marginal ist. Doch sie blieben allen Symbolen des althergebrachten Säulensystems treu, verfügen noch immer über zwei Tageszeitungen und gründeten sogar einen neuen Rundfunk- und Fernsehsender, den Evangelischen Rundfunk. Gerade weil ihre Anführer dem Erneuerungsdruck Widerstand boten, als es erforderlich war, konnten sie ihren Fortbestand sichern.

1. Egalitär

Auch die Sozialdemokratie durchlebte eine Erneuerungsperiode. Eine neue Politikergeneration verjagte oft mitleidlos die amtierenden Würdenträger, die ganz in der Tradition des alten Säulensystems die durch den Krieg schwer mitgenommenen Niederlande wieder aufgebaut hatten. All dies unter dem Motto der Freiheit, wie bei den Katholiken und Protestanten. Aber die neuen Sozialisten griffen auf die alte Symbolik der revolutionären Anfangszeit zurück, um sich von der Generation der Nachkriegspolitiker abzuheben, die ihrerseits etwas Abstand von der roten Flagge, vom Singen der Internationale und den Schriften von Karl Marx gewonnen hatten, um ihre anders denkenden Koalitionspartner nicht vor den Kopf zu stoßen. Die neue Generation wollte all dies wieder zurück. Sie zogen ein „Konfliktmodell" dem bisher praktizierten „Harmoniemodell" vor, das lediglich den Regenten Vorteile brachte.

Die Regenten? Dieser Begriff erlebte plötzlich eine Renaissance in der politischen Debatte. Die amtierenden Politiker wurden von der neuen Opposition mit ihren Vorgängern im 17. und 18. Jahrhundert verglichen, die sich durch Kooptation, Vetternwirtschaft und Besprechungen hinter verschlossenen Türen im Sattel gehalten hatten. Auch jetzt war Politik das Ergebnis intransparenter, offenbar in Hinterzimmern ausgehandelter Kompromisse. 1966 gründeten journalistisch angehauchte politische Außenseiter die neue Partei Demokraten '66 (D66). Die Partei formulierte ein Programm, das dem althergebrachten Stil, in dem in den Niederlanden Politik gemacht wurde, eine totale Absage erteilte. Sie predigte Offenheit und schlug vor wichtige Fragen mit einem Referendum zu entscheiden. Bei den Wahlen 1967 eroberte die Partei sieben der 150 Sitze, für niederländische Verhältnisse ein ausgezeichnetes Ergebnis.

Tatsächlich setzten die amtierenden Politiker eine drei Jahrhunderte alte Tradition fort. Noch immer waren Flexibilität, bescheidenes Auftreten, Kompromissbereitschaft und nicht zu offensichtlicher Ehrgeiz Voraussetzungen um in der Politik etwas zu erreichen. Bürgermeistern, Ministern, Staatssekretären und Abgeordneten haftete noch immer das Image der Behutsamkeit an. Aber sie waren auch großmächtig, wie ihre Vorgänger. Seit dem Achtzigjährigen Krieg hatten die Amtsinhaber, die Großmächtigen, sich selbst sehr ernst genommen. Sie wollten mit Achtung und Ehrfurcht behandelt werden. Seit der Gruppendemokratisierung der Säulen betrachteten sie sich selbst als Leiter wichtiger Teile der Bevölkerung, jedoch nicht als Interessenvertreter der Wählerschaft. Sie setzten sich zwar nach bestem Können für ihre Anhänger ein, jedoch auf ihre ureigene Art und Weise.

Die „mündigen Bürger" widersetzten sich den Regenten

Dies stand im Widerspruch zum Selbstbewusstsein einer immer größeren Zahl von Bürgern. Gegen die Regenten regte sich Widerstand der mündigen

Bürger, die für sich selbst sprechen konnten und keine Wortführer brauchten. Deshalb verlangte man ein Mitspracherecht. Man wollte beteiligt werden, wenn es um Angelegenheiten ging, die einen selbst betrafen. Schnell wurde daraus ein Mitbestimmungsrecht, das heißt, man wollte nicht nur gehört werden, sondern auch mit beschließen. Die Forderung der Partei D66 nach Einführung des Volksentscheids entsprang diesem Wunsch. So wie es im Ausland geschah, setzten sich die Führer dieser Partei für ein Ende aller Ideologien ein, womit gemeint war, dass der Einzelne sich seinen persönlichen politisch-ideologischen Komplex zusammenstellen konnte und deshalb nicht länger der vorgefertigten Denkmuster bedurfte, die ihm im Rahmen der Versäulung angedient wurden.

Nicht nur der Untergang der versäulten Presse, sondern auch die Wahlergebnisse spiegelten diese Veränderung wider. Vor allem die Katholische Volkspartei erlitt starke Verluste. Auch die beiden großen kalvinistischen Formationen und die sozialdemokratische Partei der Arbeit erlitten Verluste, jedoch in geringerem Ausmaß.

Die Tendenz war deutlich, die Säulen wankten und mit ihnen das alte Modell der Gruppensolidarität.

Vor allem Intellektuelle erinnern sich an die sechziger Jahre als eine inspirierende Zeit des Aufruhrs und der Revolution. An den Universitäten fanden aufsehenerregende Besetzungsaktionen statt. Studenten und Dozenten forderten ein Mitspracherecht von ihren Professoren. Die Menschen entdeckten, dass sie durch gemeinsames Auftreten Aufmerksamkeit erregen konnten, vor allem beim Fernsehen. Dies erreichte man durch Massendemonstrationen mit Spruchbändern, übrigens eine Aktionsform, die auch diejenigen, die die Säulen geschaffen hatten, genutzt hatten, die seither jedoch in Vergessenheit geraten waren. Diese Spruchbänder mussten vor allem kurze, verständliche Aufschriften tragen, die auf dem Bildschirm gut zu lesen waren.

Solche Massendemonstrationen richteten sich gegen die Regenten, meist jedoch über einen Umweg. Die „Regenten" waren treue Genossen der Vereinigten Staaten, NATO-Mitglied wie die Niederlande. Man demonstrierte also en masse gegen das amerikanische Eingreifen in Vietnam.

In Amsterdam entdeckte eine Gruppe Jugendlicher von neuem den Anarchismus, eine Ideologie des 19. Jahrhunderts, die auf der Auffassung basiert, dass Gerechtigkeit nur erreicht werden kann, wo Menschen ohne jeglichen Zwang freiwillig miteinander zusammenarbeiten. Sie nannten sich *Provos* nach dem Begriff, mit dem der Kriminologe Buikhuizen in seiner Doktorarbeit den Teil der Jugendlichen bezeichnete, die sich nicht den gesellschaftlichen Normen unterwarfen; mit der Absicht, so Buikhuizen, zu provozieren. Die Amsterdamer *Provos* entdeckten, dass sich die Regenten und ihre ausführenden Organe, vor allem die Polizei, problemlos provozieren ließen, besonders wenn man sie lächerlich machte. Berühmt wurde der Fall eines Mädchens namens Koosje Koster, das von einem Richter verurteilt wurde, weil es auf der Straße Rosinen an die Passanten verteilt hatte. Die *Provos* hatten Ideen, die zwar utopisch anmuteten, jedoch einfach umgesetzt werden konnten. Eine davon war der Plan Weißes Fahrrad, mit dem der Autoverkehr in der Innenstadt zurückgedrängt werden sollte. Weiß gestrichene Fahrräder sollten jedem zur Verfügung stehen, der gerade eines brauchte. Zentraler Punkt ihrer Aktivitäten waren die allwöchentlichen *Happenings* im Zentrum Amsterdams. Die *Provos* versammelten sich gegen Mitternacht, um dann jedes Mal von der Polizei unter Anteilnahme eines zahlreichen, stark mit den *Provos* sympathisierenden Publikums auseinandergetrieben zu werden. Die Happenings fanden beim Standbild „Het Lievertje" im Zentrum statt, das einen Amsterdamer Straßenjungen darstellte. Es war von einem großen Zigarettenfabrikanten gestiftet worden und die *Provos*, obgleich in ihrer Mehrzahl starke Raucher, hielten das für scheinheilig; es gehöre sich nicht, dass die Stadt Geschenke von Fabrikanten annehme, die durch den Verkauf krebserregender Erzeugnisse Geld verdienten.

Die Stadtverwaltung wurde provoziert und lächerlich gemacht, und die Position von Bürgermeister van Hall, Sozialdemokrat und Spross einer alten, angesehenen Regentenfamilie, wurde langsam aber sicher unhaltbar. Vor allem, nachdem die Hochzeit der Thronfolgerin Prinzessin Beatrix mit dem deutschen Diplomaten Claus von Amsberg zu massiven Unruhen geführt hatte. Das harte Auftreten der Polizei stieß in Presse und Fernsehen auf viel Kritik und die Autoritäten waren blamiert. Die *Provos* lösten sich übrigens innerhalb eines Jahres offiziell auf, weil der Spaß ihrer Meinung nach lange genug gedauert hatte. Aber die pfiffige Art und Weise, in der sie das Establishment provozierten, hatte sie international berühmt gemacht.

Der Erfolg der Provos und ähnlicher Gruppen hing teilweise damit zusammen, dass ihre Aktionen bei einem Teil der Medien auf eine gewisse Sympathie stießen. Auch bei den Medien waren jüngere Generationen dabei Grenzen zu überwinden. So erregte der Schriftsteller Jan Cremer Aufmerksamkeit mit einer sexuellen Autobiographie, die bei den niederländischen Verlegern einen neuen Begriff hervorbrachte: *unerbittlicher Bestseller*. Der hochangesehene Schriftsteller Gerard Reve schrieb ein Buch nach dem anderen, wobei er eine Verbindung zwischen dem – übrigens sehr orthodoxen – Katholizismus und Homosexualität herstellte. Die bis dahin berühmteste Passage in einem seiner Bücher führte zu einem Gerichtsverfahren. In diesem Buch hatte er – und zwar ausgerechnet auf dem Speicher – Geschlechtsverkehr mit Gott in Gestalt eines Esels. Er gewann den Prozess, denn die Autoritäten, denen nicht entgangen war, dass sich die Zeiten änderten, und nicht willens einen erneuten Gesichtsverlust zu erleiden, wussten selbst nicht mehr, wo die Grenzen lagen. Die Kontrolle pornographischer Druckerzeugnisse, bis dahin relativ streng durchgeführt, entfiel innerhalb eines Jahres, so dass der Zeitschriftensektor eine Blüte erlebte. Anfänglich gab es viele Zusammenstöße mit Kontrollinstanzen, aber diese führten praktisch ausnahmslos dazu, dass die jeweiligen Würdenträger der Lächerlichkeit preisgegeben wurden. Denn sie waren Anhänger der Regentennormen und der Tyrannei der Säulen, man zählte sie ab sofort zur *„Brechreiz verursachenden Mittelklasse"*, wie die *Provos* sie mit ihrem Talent für neue Sprachschöpfungen nannten, oder zum *„klootjesvolk"*, der grauen Masse, was ursprünglich ein Schimpfwort für arme Leute gewesen war, dem die *Provos* eine neue Bedeutung gaben, die auch schnell in die Wörterbücher aufgenommen wurde. Die Definition lautete: „Menschen, deren Interesse sich unter Ausschluss des Sozial-Kulturellen auf das Materielle beschränkt". Das Schicksal van Halls, dessen Karriere zu Ende ging, während sie eigentlich ihren Höhepunkt erreichen sollte, stand jedermann deutlich vor Augen.

Außerdem: Die amtierenden Würdenträger verfügten über etwas, was man auch in heutiger Zeit findet: Souveränität in eigenen Kreisen. Warum sollte man dem neuen Typus Bürger nicht auch seine Eigentümlichkeiten gönnen, solange er damit niemandem weh tat? Die Stadtverwalter neigten dazu der Jugend einen gewissen Spielraum zu gewähren und taten dies auch im wortwörtlichen Sinne. Jugendliche forderten Subventionen für kulturelle Aktivitäten, so wie früher der römisch-katholische Kirchenchor „Cäcilia", das protestantische Jugendorchester „Harfe Davids" oder der sozialistische Gesangverein „Kunst durch Kampf" Zuschüsse erhalten hatten, und bekamen sie auch. So entstanden alle möglichen Zentren, in denen z.B. Liebhaber der Hippie-Subkultur ihren Hobbys frönen konnten. Die aufrührerische Jugend, die kritischen Bürger wurden ins System eingebunden, indem man sie einerseits gewähren ließ, sie aber andererseits vom System (finanziell) abhängig machte. Das befriedete die Aufmüpfigen und höhlte das Konfliktmodell aus.

Krawallmacher zerstören Autos

Ohnehin war es keineswegs so, dass radikale Jugendliche sich großer Sympathie der Niederländer erfreuten. Im Gegenteil, Ende der sechziger Jahre vervierfachte sich die Auflage der konservativsten Tageszeitung *De Telegraaf* auf 750 000, weil die Zeitung sich in ihrer Berichterstattung unzweideutig von jeglichem politischen Radikalismus und jedem Anschlag auf bürgerliche Tugenden distanzierte. Mit der legendären Überschrift „Krawallmacher zerstören Autos" wurde über eine große politische Demonstration berichtet, an deren Ende es zu kleinen Zusammenstößen mit der Polizei gekommen war, wobei einige geparkte Autos nicht ganz ungeschoren davonkamen. Der *Telegraaf* setzte sich für die „graue Masse" ein.

1. Egalitär

Der Telegraaf: *Außenseiter im System der Versäulung*

Diese Tageszeitung gehörte traditionell zu der Minderheit, der es gelang sich der Versäulung zu entziehen, zu den Resten des liberalen Establishments. Der *Telegraaf* ist für niederländische Begriffe sensationsheischend und populistisch aufgemacht. Während der fünfziger und sechziger Jahre verkündete die Redaktion die Segnungen von Recht und Ordnung, widersetzte sich dem immer umfangreicher werdenden Sozialsystem, das man mit Bevormundung, Geldverschwendung und der Belohnung von Faulheit assoziierte. Außerdem räumte die Zeitung der Beschreibung der Annehmlichkeiten des Wohlstands viel Platz ein. Sie befürwortete den Konsum, den besorgte Kalvinisten – auch Anhänger des Erneuerers Kuitert – unmoralisch fanden. Der *Telegraaf* berichtete über Shows, Glamour, Sternchen, über den Traum von Reichtum und Glück. Was Schama *The Embarrassment of Riches* nannte, störte diese Zeitung nicht. Das führte zu einem Umbruch.

Den gleichen Umbruch erlebten Rundfunk und Fernsehen.

Die gesamte Sendezeit war auf rund fünf – in der Regel zu einer Säule gehörenden – Radiosender verteilt. Diese hatten jeweils Hunderttausende zahlender Mitglieder, die wöchentlich eine Radio- und Fernsehzeitschrift mit Programmdaten erhielten, auf die die Sender ein Monopol besaßen. Rundfunk- oder Fernsehwerbung gab es nicht; die Programme wurden durch die Gebühren finanziert, die der Staat von den Radio- und Fernsehbesitzern erhob.

Unternehmer hatten schon länger gegen dieses Monopol der Sender protestiert. Sie kämpften für eine Zulassung zumindest eines privaten Sendenetzes neben den öffentlich-rechtlichen, auf dem durch Werbung Gewinne gemacht werden sollten. Die politischen Vertreter der Säulen konnten dies eine Zeitlang im Parlament verhindern, bis der Geschäftsmann Bul Verwey einen privaten Radiosender auf einem Schiff außerhalb der Hoheitsgewässer installierte, dem die niederländischen Behörden nichts anhaben konnten. Dieser Radiosender „Veronica" strahlte vor allem Musikprogramme aus, präsentiert von einem so genannten Discjockey, einem für die Niederlande neuen Phänomen. Andere Unternehmer begannen kommerzielle Fernsehprogramme von einer Bohrplattform in der Nordsee auszusenden. Dagegen konnten die Behörden wohl vorgehen, das Entern einer künstlichen Insel ist nämlich gesetzlich erlaubt. Solche Aktionen waren bei der Bevölkerung jedoch sehr unpopulär. Schließlich änderte die Regierung das Rundfunkgesetz. Man einigte sich auf eine höchst demokratische Formel: Die Sendezeit wurde je nach Mitgliederzahl der einzelnen Rundfunkvereinigungen festgelegt und auch die Gründung neuer Organisationen wurde erlaubt. Außerdem durfte in beschränktem Umfang Werbung gesendet werden.

Wie klein der Einfluss der Säulen geworden war, stellte sich heraus, als die Fernsehproduzenten, die von der Bohrplattform aus gesendet hatten, die Televisions- und Rundfunkstiftung (TROS) gründeten. Ihre Vereinigung – eine Art elektronischer *Telegraaf* – wurde innerhalb einiger Jahre größter Sender. Später musste sie diese Führungsposition Veronica überlassen, als auch dieser Sender zu einer offiziellen Rundfunkvereinigung umfunktioniert wurde, nachdem eine Gesetzesänderung dafür gesorgt hatte, dass Radiosendungen von hoher See verboten wurden. Zur Zeit hat Veronica etwa eine Million Mitglieder, doppelt soviel wie die traditionellen Rundfunkvereinigungen, die ihren Fortbestand dadurch sicherten, dass sie ihren ideologischen Charakter aufgaben. Veronica gehört inzwischen nicht mehr zum öffentlich-rechtlichen System; es ist jetzt ein Privatsender. Diese wiederum wurden durch eine weitere Gesetzesänderung zugelassen.

Die Kraft von TROS und Veronica liegt in anspruchslosen Unterhaltungsprogrammen und vielfach aus den Vereinigten Staaten importierten *Soaps* und Spielfilmen. „Du bist jung und hast Ansprüche", so lautete lange Zeit das Motto von Veronica. Das sagt alles. Die anderen Sender hatten vor einer solchen Programmausrichtung lange gewarnt. Sie betrachteten Radio und Fernsehen als ein Medium zur Bildung des Volkes, als Instrument um dieses auf dem rechten Pfad zu halten und anhand bewährter Prinzipien zu informieren. Diese Meinung vertraten sie auch dann noch, als sich schon längst herausgestellt hatte, dass die mündigen Bürger daran nicht interessiert waren. Schließlich blieb ihnen nichts andres übrig, als den gleichen Kurs wie Veronica und TROS einzuschlagen um nicht ihre Mitglieder und damit ihre Sendelizenz zu verlieren.

Um diese Mitglieder wütet übrigens ein harter Konkurrenzkampf. Seit den sechziger Jahren geht es dabei nicht mehr um inhaltliche Argumente, sondern um Preis und Umfang der wöchentlichen Programmzeitschrift. Ausnahmen davon sind der kalvinistische Evangelische Sender und die VPRO.

Diese VPRO, die Freisinnig-Protestantische Rundfunkvereinigung, entledigte sich Ende der sechziger Jahre ihres religiösen Charakters voll und ganz um sich auf experimentelle Programme mit intellektuellem Charakter zu konzentrieren: der *Volkskrant* des Äthers, so könnte man es ausdrücken. Zu Anfang der Erneuerungsbewegung machte die VPRO Furore mit Skandalen und Provokationen, sie trieb ihren Spott mit allem, was anderen heilig war. So war die VPRO z.B. der erste Sender, auf dem eine nackte Frau zu sehen war, ein Ereignis, an das sich Leute von vierzig oder fünfzig noch gut erinnern. Die Mitgliedschaft bei dieser Rundfunkvereinigung ist eine bewusste Entscheidung. Meinungsforscher haben herausgefunden, dass die Mitglieder anderer Rundfunkvereinigungen sich eher als Abonnenten einer Programmzeitschrift betrachten.

Wie Radio und Fernsehen konnten sich auch konfessionell ausgerichtete Schulen problemlos behaupten. Eltern, die sich von den Säulen losgelöst hatten, suchten, so fand man heraus, vor allem gute Schulen, die nicht allzu weit von der Wohnung entfernt lagen. Die Schulen hatten zwischenzeitlich natürlich ebenfalls den kirchlichen Erneuerungsprozess mitgemacht. Die religiöse Ausrichtung des Unterrichts hatte nachgelassen. Schulträger waren oft Anhänger der Ökumene, d.h. Zusammenarbeit unterschiedlicher Kirchengemeinschaften, die plötzlich populär geworden war. Im Allgemeinen verringerte sich der traditionelle Anspruch, die allein selig machende Lehre zu vertreten, was sich sogar in der Benennung der Schulen zeigte. So änderte die angesehene Sekundarschule Sankt-Franziskus-College in Rotterdam ihren Namen in City College Sankt Franziskus. Die Lehrerschaft machte genau wie die Eltern einen Prozess der Loslösung von den Kirchen durch.

Nicht anders erging es Einrichtungen der Sozialfürsorge, z.B. Altersheimen oder Krankenhäusern. Das versäulte Netzwerk blieb zwar erhalten, die eindeutig religiöse Ausrichtung aber verschwand.

Gesellschaftliches Mittelfeld

Die Gründe dafür sind klar: Alle versäulten Einrichtungen, die für ihre Finanzierung auf staatliche Subventionen und Steuergelder angewiesen waren, brauchten ihre Strukturen nicht zu ändern, Geld bekamen sie ohnehin. Und auch die Kunden kamen, solange die Dienstleistungen nicht allzu ideologisch geprägt waren. Die Kunden zahlten ohnehin nicht selbst für die Sozialleistungen, sondern über ihre Steuern bzw. im Rahmen von Versicherungen. Ab 1980 entstand ein neuer Begriff für diesen Komplex: gesellschaftliches Mittelfeld. In diesem Mittelfeld, so beklagten Kritiker, übten Vorstände unkontrolliert viel Macht aus und hielten mächtige Organisationen am Leben, indem sie sich auf überholte Ausgangspunkte beriefen.

Doch es änderte sich nicht viel. Die Führungsschichten der unterschiedlichsten Organisationen bildeten enge Netzwerke, in denen sie als routinierte Regenten zusammenarbeiteten; außerdem hatten sie noch immer ihre Verbündeten in der Politik, in der die beiden kalvinistischen Parteien und die Katholische Volkspartei aufgrund des strukturell bedingten Wählerverlustes ebenfalls immer enger zusammengerückt waren, bis sie sich 1980 definitiv zur Partei Christlich-Demokratischer Appell (CDA) zusammenschlossen. Diese Partei konnte in den neunziger Jahren auf ein Drittel der Wählerstimmen rechnen, zwar viel weniger als die 50 bis 75 %, die die einzelnen Parteien zusammengenommen zur Blütezeit der Versäulung erhalten hatten, jedoch genug um Koalitionsregierungen zu dominieren. Der damalige Parteichef Ruud Lubbers, der bis 1994 Chef jeder Regierung war, tat das übrigens unter dem ideologiefreien Motto *no nonsense*. Damit erwarb er sich den Ruf ein sorgfältiger und vorsichtiger Kassenwart zu sein, der keinerlei Verschwendung von Steuergeldern duldete. Auf die Art und Weise hätten seine Vorgänger zur Blütezeit der Versäulung niemals die Oberhand in der Politik erlangen können. Was war geschehen?

Die gesellschaftlichen Entwicklungen der sechziger Jahre hatten das Zusammengehörigkeitsgefühl der Bürger schwer erschüttert. Achtung vor Pfarrern und Pastoren sowie für die Obrigkeit im Allgemeinen hatten einen schweren Schlag erlitten. Das Gleiche galt für traditionelle Normen und Werte. Bis in die sechziger Jahre zum Beispiel galt es als Schande, wenn Unverheiratete zusammenwohnten. Das war höchstens etwas für vereinzelte *Bohemiens*, die in die große Stadt, Amsterdam zum Beispiel, geflüchtet waren um sozialer Kontrolle zu entgehen. Auch vorehelicher Sex wurde nicht gebilligt oder auf jeden Fall vor der Außenwelt geheimgehalten. Als dann die Pille ihren Einzug hielt und von Ärzten ohne weiteres verschrieben wurde, entfiel ein großes Risiko. Die Erneuerungsbewegung innerhalb der Kirchen hatte dafür gesorgt, dass über viele Themen, die vorher tabu waren, gesprochen werden konnte. Innerhalb weniger Jahre war es ganz normal, dass Paare zusammenwohnten, ohne dass sie den Gang zur Kirche und zum Standesamt angetreten hatten. Auf die Dauer heirateten viele trotzdem, aber das hatte dann meist handfeste Gründe, zum Beispiel den Wunsch nach Kindern. 1994 feierte man im Fernsehquiz *Love Letters* (erster Preis: eine im Fernsehen übertragene Super-Hochzeitsfeier) ein Brautpaar ganz besonders, weil es nicht eine lange Zeit des Zusammenwohnens mit einer Hochzeit krönte, sondern mit diesem Zusammenleben bis nach der Hochzeit warten wollte.

Anfang der siebziger Jahre erwarb die feministische Bewegung großen Einfluss. Sie nahm die Machtstrukturen innerhalb von Beziehungen aufs Korn und forderte von Männern gleichen Anteil bei der Erledigung der Hausarbeit und der Kinderbetreuung, etwas, dem die Männer sich bis dahin mit der Begründung entziehen konnten, dass sie ja schließlich den ganzen Tag in der Fabrik standen. Die Feministinnen stellten außerdem fest, dass Frauen in viel geringerem Ausmaß als Männer anspruchsvolle Ausbildungen absolvierten und am Arbeitsplatz diskriminiert wurden. Sie betonten die Bedeutung der wirtschaftlichen Unabhängigkeit von (auch verheirateten) Frauen. Diese sollten nach Möglichkeit selbst ihr Brot verdienen und Karriere machen. Feministinnen stellten die Frage, warum denn nicht die Männer zur Abwechslung ihre Arbeit aufgeben könnten um für die Familie zu sorgen. Sie forderten eine Vielzahl von Maßnahmen um beiden Partnern eine Berufstätigkeit zu ermöglichen, zum Beispiel die Schaffung von mehr Krippenplätzen und die Bevorzugung von Frauen auf dem Arbeitsmarkt. Dieser Einsatz zahlte sich aus, vor allem bei Behörden und Non-Profit-Einrichtungen. Diskriminierung von Frauen bei der Einstellung ist verboten, weshalb heute in Stellenanzeigen grundsätzlich die Abkürzungen m/v (männlich/

weiblich) zu finden sind. Außerdem heißt es häufig, dass „Frauen bei gleicher Qualifikation Vorzug genießen", oder: „Frauen werden ausdrücklich aufgefordert, sich zu bewerben". Dennoch bleibt Kommissionen, die über Stellenbesetzungen entscheiden, noch genügend Spielraum zur Bevorzugung von Männern. Der radikalere Teil der Feministinnen betrachtet diese Maßnahmen daher auch als emanzipatorisches Mäntelchen, mit dem der oft traditionelle Inhalt überdeckt werden soll. Dennoch hatten die Maßnahmen großen Erfolg. An der Hochschule, früher eine Männerdomäne, ist derzeit die Hälfte der Studenten weiblichen Geschlechts, und auch am Arbeitsplatz rücken die Frauen auf. Allerdings hat sich auch gezeigt, dass es noch immer vor allem Frauen sind, die zu Hause bleiben, wenn erst einmal Kinder da sind. Frauen bevorzugen außerdem Berufe des Pflegesektors. In technischen Studiengängen sind sie eher selten vertreten, obwohl der Staat sich aussagekräftige Werbesprüche ausgedacht hat, z.B. „Ein kluges Mädchen bereitet sich auf die Zukunft vor". Es gibt auch Kampagnen, mit denen die zukünftigen Studenten dazu bewegt werden sollen, sich für das Studium der exakten Wissenschaften zu entscheiden.

Geschiedene Frauen haben es schwer auf dem Arbeitsmarkt, so dass sie oft auf Sozialhilfe angewiesen sind. Manche Feministinnen sprechen daher von der „Feminisierung der Armut".

Die Frauenbewegung nutzte die Strategien, die in den sechziger Jahren bei den „mündigen Bürgern" üblich gewesen waren. Sie demonstrierte, gründete Aktionskomitees.

Aktionskomitees waren in den sechziger Jahren die übliche Form der Selbstorganisation; wobei sich individuelle Bürger gemeinsam für oder auch gegen etwas einsetzten. Dabei ging es um alles Mögliche: um den Erhalt eines alten Stadtteils, ein Jugendzentrum, wo Popmusik gemacht werden konnte, Fußgängerzonen in der Innenstadt oder – genau umgekehrt – freie Fahrt für Autos. Einem Aktionskomitee geht es – wie der Name schon sagt – gemeinhin um Aktionen, die die Aufmerksamkeit der Massenmedien erregen: Besetzungen, Unterschriftensammlungen, Verweigerung von Mietzahlung. Da die Medien stets auf der Suche nach etwas Spektakulärem sind, wurde es immer schwieriger, mit einer gewöhnlichen Demonstration Publizität zu erringen, so dass man fortwährend nach ungewöhnlichen Aktionsformen suchte. Das einfache Spruchband wurde durch viel raffiniertere Erzeugnisse handarbeitlicher Fertigkeiten ersetzt. Die Demonstranten verkleideten sich und überreichten Politikern Geschenke, wie zum Beispiel eine Rote Karte. Als das Erziehungsministerium 1968 die Fakultät Gesellschaftsgeschichte der Rotterdamer Universität schließen lassen wollte, zogen Studenten in Trauerkleidung mit einem Sarg durch die Stadt. Erboste Amsterdamer Feuerwehrleute sprühten einmal die Umgebung des Parlamentsgebäudes in Den Haag mit Trockenschaum voll. 1993 erhielt das Bonner Bundeskanzleramt einige Millionen Postkarten mit der Aufschrift „Ich bin wütend", mit denen Niederländer gegen angeblichen Rassismus beim östlichen Nachbarn protestierten.

Bürgermeister van Hall hatte seinerzeit im Kampf gegen die *Provos* soviel von seiner Autorität eingebüßt, dass ihm nichts anderes übrig blieb als zurückzutreten. Gleiches geschah jetzt überall im Land vor allem sozialdemokratischen Amtsinhabern, die mit Aktionskomitees mündiger Bürger konfrontiert wurden. Denn sie sahen sich einer Opposition aus den eigenen Reihen gegenüber. Oft waren es die Anführer der Aktionskomitees, die versuchten ihre Lieblingsthemen auf diese Art und Weise auf der politischen Tagesordnung zu platzieren. Die Sozialdemokratie mit ihrer reformistischen Tradition bot dafür die besten Möglichkeiten.

Doch die Amtsinhaber lernten schnell dazu. Konfrontation mit mündigen Bürgern, Polizeieinsätze gegen Demonstrationen, das Negieren von Protest führten normalerweise zu Skandalen. Also passte man sich an und begann die neue Opposition so zu behandeln wie die Kollegen aus den benachbarten Säulen. Dem Konfliktmodell der Aktionskomitees setzte man die Bereitschaft zum Dialog gegenüber. Mittlerweile wird eine Delegation von Demonstranten von Ministern, Stadträten, Bürgermeistern grundsätzlich freundlich empfangen, symbolische Geschenke werden mit höflichen Floskeln akzeptiert, man zeigt sich jederzeit gesprächsbereit. Seit den sechziger Jahren ist in den Niederlanden auf allen Ebenen die Zahl sogenannter Referenten für Presse- und Öffentlichkeitsarbeit enorm gestiegen. Politiker erklärten praktisch von einem auf den anderen Tag, dass die Bürger natürlich das Recht haben an Beschlussfassungen beteiligt zu werden. Neue Pläne, zum Beispiel auf dem Gebiet der Raumordnung, müssen jetzt eine Mitspracherunde durchlaufen, was bedeutet, dass Zusammenkünfte stattfinden, bei denen Betroffene ihre Ansichten äußern können, die sich die Behördenvertreter mit mehr oder weniger gut gespieltem Interesse anhören. Inzwischen ist dies sogar gesetzlich vorgeschrieben. Die Anführer von Aktionskomitees wurden schon bald zu allen möglichen Diskussionsrunden eingeladen und damit in das Zustandekommen von Kompromissen einbezogen, so wie es die Politiker traditionell gewöhnt waren.

So reagierte die Regierung auf Studentenproteste an Universitäten mit einem Gesetz zur universitären Verwaltungsreform, einem komplizierten System von Regelungen, das Studenten und Dozenten Mitspracherechte verschaffte, während die akademische Entscheidungsbefugnis bis dahin ausschließlich den Professoren zugestanden hatte. Dieses Gesetz wurde übrigens von einem katholischen Minister eingebracht.

Auf diese Art und Weise verbreitete sich die Dialogkultur von den Spitzen der Säulen nach unten und die Anführer der neuen Opposition durften an den Verhandlungstischen Platz nehmen.

Dort wurden sie schnell mit den geltenden Umgangsformen vertraut, man weihte sie ein in die Kultur des Kompromisses und die neuen Gesprächspartner eigneten sich rasch Ton und Stil der Würdenträger an. Die erfahrenen Verwalter ihrerseits machten sich flugs den Jargon der Aktionskomitees zu eigen.

Zur traditionellen Regentenkultur gehörten auch Formalitäten im Umgang miteinander und in der Sprache. Im Niederländischen kennt man wie im Deutschen zwei Anredepronomen. Das vertrauliche „jij" verwendet man unter guten Freunden, Geschwistern usw., die Anrede „U" ist formeller und macht Unterschiede in der Hierarchie deutlich. Früher sprachen Kinder ihre Eltern mit „U" an, während für sie selbst „jij" verwendet wurde.

Mit der Anredeform wurden auch Standesunterschiede betont. Ein Arbeiter trug einen blauen Anzug oder einen Kittel und wurde vom Vorgesetzten geduzt, während es ihm nicht eingefallen wäre seinerseits das Gleiche zu tun. Büropersonal, das im Anzug oder Kostüm erschien, wurde gesiezt. In früheren Arbeiterfamilien erzählt man sich noch Anekdoten von einem Urgroßvater oder Großvater, der es gewagt hatte mit Hut zur Arbeit zu erscheinen anstatt mit Mütze, der traditionellen Kopfbedeckung des Arbeiters. Dann setzte es einen Rüffel vom Vorgesetzten und einen Vortrag über den Unterschied zwischen „Hüten" und „Mützen". Ein Überbleibsel aus dieser Zeit ist die Tatsache, dass bei Arbeitskonflikten Büropersonal noch immer viel weniger militant ist als Produktionsmitarbeiter. Im Umgang von Studenten und Professoren an der Universität war Duzen früher vollkommen unbekannt.

In den sechziger Jahren wurden die Umfangsformen weniger steif. Das „U" geriet immer mehr in den Hintergrund und war dem Umgang mit Fremden vorbehalten. Politiker machten deutlich, dass sie mit der Zeit gingen, indem sie sich duzen und mit ihrem Vornamen ansprechen ließen. Auch an den Hochschulen setzte sich diese Anredeform schnell durch. Die einst so strengen Kleidungsvorschriften fielen ebenfalls dieser Revolution zum Opfer. Jeans hielten Einzug in Kreise von Management und Wissenschaft, vor allem im Non-Profit-Bereich und bei den freien Berufen. Das machte es schwieriger auf Anhieb den Chef zu erkennen, denn der sah genauso aus und verhielt sich so wie die Untergebenen. Alles wurde unglaublich demokratisch, die „Regenten" schienen nach Jahrhunderten aus der Öffentlichkeit verschwunden zu sein.

Hielten sie ihre Großmächtigkeit lediglich verborgen?

Waren sie wirklich verschwunden oder hatten sie sich darauf beschränkt ihre Großmächtigkeit zu verbergen? Ob auch der Umgang miteinander im Land sich so sehr änderte, ist sehr die Frage. Eine Sekretärin behält ihre Untergebenenposition, auch wenn sie ihren Chef mit „Jan" oder „Piet" anspricht und sich ab und zu auch einmal ordentlich beschweren darf ohne Repressalien befürchten zu müssen. Führungskräfte lernten schnell ihre Beschlüsse ausführlich zu begründen. Gute Beobachter stellen jedoch fest, dass nach allen Mitsprache- und Diskussionsrunden meist der Vorschlag der Führungsschicht angenommen wird. Trotz des lockeren Duzens ist es nicht ratsam die Politik von Vorgesetzten allzu offen zu kritisieren, denn das kann der Karriere ernstlich schaden. Außerdem ist es auch ermüdend Kritik zu äußern, wenn von oben soviel Verständnis und Gesprächsbereitschaft signalisiert wird. Noch in den sechziger Jahren waren die Theorien des deutschamerikanischen Marxisten Herbert Marcuse über die „repressive Toleranz" unter linken Intellektuellen eine Zeitlang sehr populär.

Die Tageszeitung *Telegraaf* beurteilte diese Entwicklungen abfällig. Ein Teil der mündigen Bürger wollte nichts wissen von dieser Diskussionskultur, die ihrer Meinung nach zur trägen Bürokratie entartete. Sie orientierten sich lieber am Modell des selbstständigen Unternehmers, der es bevorzugt im freien Markt reaktionsschnell zu operieren. Den Staat sahen sie als gefährliches Objekt, stets bereit sich einzumischen, der mit seinen Subventionen und seinem Sozialsystem die persönliche Verantwortung der Menschen untergrub und dadurch auf die Dauer eine Bedrohung für die Freiheit darstellte. Diese Menschen fanden ihre ideologische Heimat bei der Volkspartei für Freiheit und Demokratie (VVD), einst eine ziemlich unbedeutende Gruppierung, die aus der alten liberalen Partei entstanden war, der die Katholiken und Kalvinisten seit den sechziger Jahren die Rolle einer tolerierten Minderheit in der Politik zugestanden hatten.

Die VVD wurde von freien Unternehmern mit einer starken Abneigung gegen jegliche staatliche Einmischung dominiert. An der Parteispitze fanden sich einige Intellektuelle wie zum Beispiel der Fraktionschef in den fünfziger Jahren, Pieter Jacobus Oud, Professor an der Universität von Rotterdam, dessen Ansehen größtenteils auf einem Standardwerk über die niederländische Geschichte beruhte. Die VVD war eine zivilisierte und vornehme Partei.

In den siebziger Jahren übernahm ein verkrachter Student den Parteivorsitz, Hans Wiegel, Spross einer sozialdemokratischen Familie, der sich vom versäulten Denken abgewandt hatte, weil er das Gruppendenken als erdrückend empfand. Er befleißigte sich eines populistischen Tons ähnlich demjenigen im *Telegraaf*, er klagte über die hohen Steuern, kritisierte die umfangreichen Subventionen, betrachtete Sozialhilfempfänger als Faulenzer. Die intellektuell-liberalen Auffassungen, gerade Ouds Stärke, gerieten in Vergessenheit.

Wiegels Lieblingsfeind war Joop den Uyl, Chef der sozialdemokratischen PvdA. Den Uyl entstammte der sozialdemokratischen Säule, hatte aber die neuen Aktivisten rechtzeitig in seinen Kreis aufgenommen. Jetzt predigte er eine Ideologie, bei der die „Umverteilung von Einkommen, Wissen und Macht" im Mittelpunkt stand. „Nivellierung", urteilte Wiegel, „alles soll auf das Mittelmaß beschränkt werden". Das Freiheitsmodell von Wiegel stand dem von den Uyl, der regelmäßig seinem Glauben an die „Machbarkeit der Gesellschaft" Ausdruck gab, diametral gegenüber. Den Uyl glaubte an eine Gesellschaft, die all ihren Mitgliedern die Chance gibt sich „zu entfalten". Er meinte das übrigens eher geistig und kulturell als materiell. Beide hatten Erfolg bei den Wählern. Den Uyl konnte seine Partei aus dem Einsturz der sozialdemokratischen Säule retten und war in den siebziger Jahren sogar vier Jahre lang Ministerpräsident. Wiegel war der wortgewandte Sprecher der zurückhaltenderen Opposition. Beide entzogen den kalvinistischen und katholischen Parteien Wählerstimmen. Im Jahre 1977 errang die Partei der Arbeit mehr als ein Drittel der Stimmen. Wiegel konnte jedoch mit den dezimierten Katholiken und Kalvinisten eine parlamentarische Mehrheit erzielen und verwies die Sozialdemokraten in die Opposition, wo sie – abgesehen von einem kurzen Zwischenspiel – bis nach 1989 blieben.

Die Verschiebungen bei der Wählerschaft waren ebenfalls ein deutliches Zeichen für den Untergang der Säulen. Traditionell waren die politischen Verhältnisse in den Niederlanden außerordentlich stabil. Als der kalvinistische Premierminister Hendrikus Colijn 1937 zwei Sitze gewann, sah man dies als politischen Erdrutsch und bedeutenden Wahlerfolg. Seit den sechziger Jahren errangen politische Parteien viel deutlichere Siege und erlitten auch größere Verluste, vor allem die neue Partei Demokraten 66. Meinungsumfragen zeigten, dass der Anteil Wechselwähler, d.h. Wähler, die ihre Stimme einmal der einen, dann der anderen Partei geben, auf einige Dutzend Prozent der Wählerschaft gestiegen ist.

Die Wahlen des Jahres 1994 waren ein gutes Beispiel hierfür. Die Christdemokraten verloren 20 der 51 Sitze, die Sozialdemokraten 12, D66 gewann 12, die VVD 6; dies alles in einem Parlament mit 150 Sitzen und dem System der Verhältniswahl. Wie hartnäckig die niederländische Kontinuität ist, sieht man auch daran, dass es damit erstmals zu einer Regierung ohne Beteiligung konfessioneller Parteien kam, dem so genannten „violetten" Kabinett aus Sozialdemokraten, Liberalen und Linksliberalen.

Der Prozess, der der Regierungsbildung voranging, zeigte jedoch große Übereinstimmungen mit der Regententradition. Vertreter von PvdA, VVD und D66 führten unter absoluter Geheimhaltung Koalitionsverhandlungen. Nach etwa einem Monat teilten die Parteichefs mit, dass alle drei Parteien möglicherweise ihre programmatischen Ausgangspunkte – mit denen sie die Wahlen gewonnen hatten – würden preisgeben müssen. Führungstraditionen haben in den Niederlanden ein zähes Leben. Die Herren schlossen auf harmonische Weise einen Kompromiss und erwarteten von den Bürgern, dass sie diesen akzeptierten.

Das tun die Bürger wahrscheinlich auch, denn seit den achtziger Jahren setzte sich im Land immer mehr die Meinung durch, dass man das, was die Regierung sich ausdenkt und vorschreibt, nicht so ernst zu nehmen braucht. Den Uyl, bis Mitte der achtziger Jahre sozialdemokratischer Oppositionsführer, hatte das bereits vorhergesagt. Er sah einen gesellschaftlichen Dschungel voraus, in dem jeder sich seinen eigenen Weg bahnen würde. Außerdem stellte er eine Tendenz fest, die er als „Zweiteilung der Gesellschaft" umschrieb. Es entstand – so formulierte er es – eine neue Klasse armer Leute ohne Aussichten, wie es sie im 19. Jahrhundert bereits gegeben hatte.

Es gibt Tendenzen in der niederländischen Gesellschaft, die dies bestätigen. Das aufsehenerregende Wirtschaftswachstum der fünfziger und sechziger Jahre ist schwächer geworden und es gab sogar Perioden der Krise, in denen die Arbeitslosigkeit so hoch anstieg, wie es in den dreißiger Jahren der Fall gewesen war. Dies setzte den Staat, der das Arbeitslosengeld und die Sozialhilfe, auf das die Betroffenen nun einmal ein Recht hatten, finanzieren musste, unter Druck. Das komplizierte niederländische System von Subventionen und Umverteilung wurde zu teuer. Hans Wiegel (der VVD-Politiker) rettete sich in der Zeit, in der er Minister in einem Koalitionskabinett mit dem katholischen Politiker van Agt war, indem er das Haushaltsdefizit ansteigen ließ. Aber seit Anfang der achtziger Jahre gab es für diese Lösung keine politische Mehrheit mehr. Die Christdemokraten fanden einen neuen Anführer in dem katholischen Industriellen Ruud Lubbers, der getreu seinem Motto – *no nonsense* – die persönliche Verantwortung des Bürgers für das eigene Wohlergehen in den Vordergrund stellte. Seiner Meinung nach ist es nicht Sache des Staates, den Bürger gegen Risiken des persönlichen Lebens zu schützen. Der Einzelne selbst hat zum Beispiel über Versicherungen für den Fall persönlicher Schicksalsschläge vorzusorgen, nicht der Staat, der sich auf seine verwaltungsmäßigen Grundaufgaben zurückziehen sollte. Alle anderen Dienstleistungen sollten soweit wie möglich dem privaten Sektor überlassen bleiben. „Privatisierung" wurde das neue Zauberwort. Aufeinanderfolgende Regierungen unter Führung von Lubbers stellten außerdem fest, dass die Niederlande in ihrem Streben nach Gerechtigkeit eine Menge möglicherweise überflüssiger Regeln und Vorschriften besaßen. All das ähnelte stark der Botschaft, die Wiegel in den siebziger Jahren so erfolgreich verkündet hatte.

Kosteneinsparung war das Motto

Das Motto, unter dem die verschiedenen Regierungen unter Lubbers tatsächlich agierten, war Kosteneinsparung.

Die Lubbers-Kabinette strebten nach Senkung der staatlichen Ausgaben, denn der Staat drohte unbezahlbar zu werden. Der Premierminister tat das mit der VVD als Juniorpartner, und als er mit dieser Partei 1989 aneinander geriet, setzte er mit der sozialdemokratischen PvdA diesen politischen Kurs fort, was die Sozialdemokraten einen großen Teil ihrer traditionellen Wählerschaft kostete.

Doch die Gesellschaft widersetzte sich. Die Einsparungen richteten sich gegen das, was die noch immer gemäß dem Säulenmuster organisierten Netzwerke der Interessenvertreter und Einrichtungen für gesellschaftliche Dienstleistungen als verbriefte Rechte betrachteten. Sie organisierten wirkungsvollen Gegendruck und sorgten in den unzähligen Mitspracheremien für eine Abschwächung der teilweise radikalen Pläne. Außerdem nutzten sie ihre politischen Kontakte und verwendeten die von den Aktionskomitees eingesetzten Strategien um die erzürnten Bürger auf die Straße zu bringen. Noch niemals zuvor hatten so viele Bürger so oft vor dem Parlament ihren Unmut deutlich gemacht.

Lubbers erwies sich als geschickt im Jonglieren mit Formulierungen und Kompromissen und konnte seine Politik mehr oder weniger fortsetzen. Das gesamte Netzwerk von Subventionen und Regelungen blieb weitgehend intakt, der Geldstrom jedoch floss spärlicher. Ein gutes Beispiel dafür war das Vorgehen seines Bildungsministers Wim Deetman. Dieser kündigte an, dass die Hochschulen in Zukunft weniger Subventionen erhalten würden. Als Folge davon mussten die Universitäten doppelte Studiengänge abbauen. „Aufgabenverteilung und Konzentration" nannte er das. Der Minister überließ es dann den Universitäten diese Aufgabenverteilung und Konzentration selbst durchzuführen. Anstatt gemeinsam dem Minister die Stirn zu bieten, verlegten sich die Universitäten auf den Dialog untereinander.

Das war die einzig mögliche Vorgehensweise, aber sie sorgte dafür, dass wirkliche Reformen ausblieben, wie sich später bei den Problemen mit der Arbeitsunfähigkeitsversicherung (WAO) zeigte. Dieses Gesetz sicherte Arbeitnehmern, die aufgrund von Krankheit oder Unfall nicht länger ihren Beruf ausüben konnten, eine stattliche Rente. Zuständig für die Umsetzung des Gesetzes waren Organisationen, in den Gewerkschaften und Arbeitgeberverbände vertreten waren. Die Zahl der Rentenberechtigten stieg mit großer Geschwindigkeit in Richtung eine Million, denn das Gesetz eignete sich ausgezeichnet zur Entsorgung überflüssiger oder schwieriger Mitarbeiter. „Krankheit" wurde großzügig definiert und konnte auch psychischer Natur sein. Solche Krankheiten häuften sich vor allem in Branchen, die aufgrund wirtschaftlicher Probleme Personal abbauen mussten. Es war ein offenes Geheimnis, dass diese Berufsunfähigkeit als Deckname für verborgene Arbeitslosigkeit fungierte, doch erst in den neunziger Jahren gelang es Lubbers das Gesetz zu ändern. Trotzdem konnte er den fundamentalen Fehler in der Organisation – die Tatsache, dass für die Ausführung des Gesetzes diejenigen zuständig sind, die ein Interesse daran hatten auf billige und sozial akzeptierte Weise überflüssiges Personal loszuwerden – nicht beseitigen. Die

Anerkennungsbedingungen wurden verschärft, alle Empfänger von Arbeitsunfähigkeitsrente mussten sich aufgrund strenger Regeln neu untersuchen lassen, aber weder das Gesetz noch die Art und Weise seiner Anwendung wurden wirklich geändert. Während der Regierungszeit Lubbers' sank die Kaufkraft der Renten- und Sozialhilfeempfänger. Die Arbeitnehmer verzeichneten im Allgemeinen einen Zuwachs ihres Wohlstandes.

Doch auch dieser vollzog sich nicht zu radikal. Lubbers predigte Lohnmäßigung, weil dies die einzige Möglichkeit sei, Arbeitslosigkeit und Arbeitsplatzvernichtung durch Mechanisierung zu verhindern. Damit formulierte er einen allgemein akzeptierten Standpunkt.

Dazu gehörte die vage, in den Niederlanden oft ausgesprochene Vermutung, dass Reichtum nicht von Dauer sei. Er sei die Frucht harter Arbeit, könne aber dahinschmelzen wie Schnee in der Sonne. Eine bestimmte Besorgnis gehört zum guten Ton. Das zeigt sich z.B. in den Thronreden, die jede Regierung zu Beginn des parlamentarischen Jahres im September vom Staatsoberhaupt während der feierlichen Parlamentseröffnung vor beiden Kammern vorlesen lässt. Darin kommt grundsätzlich eine gewisse Besorgnis zum Ausdruck, manchmal sogar Angst. „Die Regierung stellt mit Sorge fest, ...". Es scheint immer, als sei man auf das Schlimmste vorbereitet. Dadurch wird aber auch der Eindruck aufrechterhalten, dass die Autoritäten rechtzeitig handeln werden, bevor wirklich etwas passiert. Ein beruhigender Gedanke. Ministerpräsident Ruud Lubbers war ein Meister in dieser Kunst, indem er während des allwöchentlich stattfindenden Fernsehinterviews seine Beunruhigung zur Schau stellte. Aber die Bürger brauchten sich keine Sorgen zu machen, er passte auf. In den dreißiger Jahren beendete der legendäre Ministerpräsident Colijn eine Radioansprache, in der er eine Geldabwertung ankündigte, mit einem ermutigenden *„Gehen Sie ruhig schlafen"*. In den siebziger Jahren erklärte Ministerpräsident Den Uyl während der ersten Ölkrise: *„Die Welt wird nie mehr so sein wie früher."* Dem Bürger drängt sich dann der Gedanke auf, dass wir einander in dieser Welt an den Händen halten müssen. Nur dann bewahrheitet sich der Wunsch, mit dem die bekannte Fernsehmoderatorin Sonja Barend jeweils ihre Talkshow am Samstagabend abschloss: *„Gute Nacht und morgen früh wieder gesund aufstehen"*.

Der Evangelische Rundfunk hält sich mit den traditionellen Kalvinisten noch immer an die Regel ein Vorhaben in der Zukunft niemals als feststehend anzukündigen. Der Sender meldet sich nicht morgen wieder, sondern hofft sich morgen wieder zu melden. Der Mensch denkt und Gott lenkt.

Die Vorstellung von Gott jedoch ist in der Sichtweise der meisten Niederländer ziemlich vage geworden. Darum suchen so viele, so der Forscher Ernest Zahn, nach einer anderen strafenden Hand, die mehr Realitätscharakter besitzt. Die findet sich in der Umwelt, um die man sich mit fast religiösem Eifer sorgt.

Trotzdem fahren in diesem Land mehr als sechs Millionen Autos (1999), die zu Stoßzeiten enorme Staus verursachen. Immer mehr Fahrer haben aber wenigstens ein schlechtes Gewissen. Es ist nicht mehr so recht populär sich mit Stolz hinters Steuer des metallic-lackierten, schnellen Autos zu setzen. Man rechtfertigt den Kauf damit, dass man das Auto für den Weg zur Arbeit benötigt und dass man ohne leider seinen Pflichten nicht nachkommen kann. Doch noch immer steigt die Zahl der Autos, denn die Sorge um die Umwelt muss genauso wie die Angst vor dem Zorn Gottes kein Grund zu tatsächlicher Verhaltensänderung sein. Der *Überfluss* ist zu angenehm um das *Unbehagen* los zu werden. Wenn es außerdem stimmt, dass viele Niederländer Gott gegen die Umwelt getauscht haben, dann ist dies genauso vage wie das Bild vom Allmächtigen, kurz bevor dieser sich in ihrer Vorstellung vollkommen verflüchtigt hatte.

Seit Anfang der neunziger Jahre gibt es in der öffentlichen Diskussion übrigens einen neuen Typus Niederländer, der das Gegenteil des besorgten Mitbürgers ist: den berechnenden Bürger. Ein unmoralischer Egoist, der nur die eigenen Interessen im Sinn hat. Der berechnende Bürger nutzt und missbraucht alle Regelungen und Möglichkeiten in den wohlhabenden Niederlanden zur persönlichen Bereicherung. Er hinterzieht Steuern, indem er ein niedrigeres als sein tatsächliches Einkommen angibt, bezieht Arbeitslosengeld, während er in Wirklichkeit Arbeit verrichtet, die sich der Kontrolle der Behörden entzieht. Er kümmert sich nicht um die Regeln des menschlichen Miteinander und um Verkehrsregeln, solange es ihm einen Vorteil bringt. Der berechnende Bürger fühlt sich nur im Übergangsbereich zwischen legal und illegal wohl. Man könnte sagen, dass er die Souveränität im eigenen Kreis in Reinkultur verwirklicht, wobei er selbst der eigene Kreis ist.

Der berechnende Bürger ist der neue Satan geworden, Beelzebub, der das Verderben mit sich bringt, das Gespenst, von dem jeder glaubt, dass es ihm im Nacken sitzt, der Typ, in dem wir unseren Nachbarn zu erkennen glauben, Opfer von viel verbaler Gewalt. Gerade dieses Feindbild deutet jedoch darauf hin, dass es trotz aller Individualisierung in der Gesellschaft noch viele konstante Faktoren gibt. Die Vorstellung vom korrekten Bürger – maßvoll, kompromissbereit, nicht aufdringlich, protzig oder Reichtum und Macht zur Schau stellend, ehrlich und sparsam – überlebt die Stürme gesellschaftlicher Entwicklungen mit Leichtigkeit.

Der Niederländer weiß, dass sich in ihm vielleicht ein berechnender Bürger versteckt, der ab und zu zum Vorschein kommt.

Aber dann ist da doch das schlechte Gewissen. Irgendwo hören wir das Echo von Calvins durchdringender Stimme: „Du bist schlecht und Gott wird dich zu finden wissen. Lasst die, die im Überfluss leben, daran denken, dass sie von Dornen umringt sind."

2. PRAKTISCH

„Und in allen Gebieten hört und fürchtet man die Stimme des Wassers mit seinen ewigen Katastrophen"

Der Kampf gegen das Wasser – Polder, Mühlen und Schöpfwerke –
Die Unvermeidlichkeit präziser und enger Zusammenarbeit –
Ingenieurmentalität – Das Wasser lässt sich beherrschen, aber nicht
bezwingen – Social engineering – Soziales Deichvorland – Gesellschaftlich
steuern, jedoch nicht nach einem Masterplan organisieren – Duldung

AUF DEM DEICH WAR ES NASSKALT. Soweit ich weiß, beginnt kein Roman mit diesen Worten, aber ein noch niederländischer klingender Anfangssatz ist kaum vorstellbar. Mit „nasskalt" beschreibt man die beißende Kälte, die von dem unangenehmen Wind herrührt, der so oft weht. Deiche, gegen feindseliges Wasser aufgeworfene Dämme, durchkreuzen das Land. Obwohl ihre Krone heutzutage meist asphaltiert ist, sind sie zu zweitrangigen Verbindungen degradiert. Denn die wirklichen Verkehrsadern sind die vierspurigen Autobahnen, die inzwischen charakteristisch für die Landschaft geworden sind – hundertzwanzig Stundenkilometer, Regenspritzer auf der Windschutzscheibe, graue Wolken, die aus dem Südwesten herantreiben, Mittelklassewagen vor einem, auf der rechten Fahrbahn langsamere LKWs, am Horizont wie Zinnen die Hochhäuser der nächsten Stadt. Dieses Bild sehe ich vor mir, wenn ich an Holland denke.

An Holland, nicht an die Niederlande. Das Gebiet, das gekennzeichnet wird durch endlose Flachheit, Wassergräben und Deiche, umfasst etwas mehr als dreißig Prozent des gesamten Territoriums. Es erstreckt sich entlang der Nordsee und besteht in etwa aus den Provinzen Zeeland, Nord-Holland, Süd-Holland, Friesland und Groningen mit einer Reihe von Ausläufern. Der größte Teil der Niederländer wohnt hier, alle großen Städte befinden sich in Holland, hier schlägt das Herz der Wirtschaft und der Kultur. Die alte Provinz Holland war bereits die treibende Kraft in der Republik des Goldenen Zeitalters. Sie bildet noch immer den Kern des Landes, obwohl diese Feststellung bei Bewohnern anderer Provinzen zumindest ein indigniertes Heben der Augenbrauen hervorruft. „Früher kamen die Weisen aus dem Osten, heutzutage offenbar aus dem Westen", sagen die Bewohner von Twente, einem Gebiet an der Grenze zu Deutschland. Und die Limburger, gefühlsmäßig stark mit ihrem wunderschönen, hügligen Land im äußersten Süden verwurzelt, betrachten die „Holländer" noch immer ein wenig als Kolonialherren. Außerhalb der „Randstad" – dem Gebiet im Westen der

Niederlande, zu dem die vier großen Städte Amsterdam, Den Haag, Rotterdam und Utrecht gehören – bringt man Ausländern schnell bei nicht von „Holland" zu sprechen, sondern von *the Netherlands*. Die Autobahn, die durch grüne Weiden führt – dieses Bild ist nicht repräsentativ, in Limburg schlängelt sie sich durch Flusstäler, in der *Veluwe*, einem Naturreservat in der Nähe Arnheims, durchquert sie ausgedehnte Wälder.

Die gesamten Niederlande sind ein Delta

Aber auch diese Gebiete gehören zum Königreich der Niederlande, was „niedrige Lande" bedeutet. Die Niederlande sind Teil eines Deltas, das vor allem von den Flüssen Rhein und Maas und teilweise auch von Schelde und Ems gespeist wird. Die Nordsee ist immer in der Nähe und fast allein verantwortlich für das windige, regnerische Klima.

Flüsse sind eigensinnig. Der Rhein – inzwischen bezwungen – hat die Neigung seinen Lauf zu verlegen. Die Wassermengen, die die Maas anführt, variieren beträchtlich. Das merkten die Leute in Limburg im Jahre 1993, als unvorstellbare Wassermassen in ihre Täler strömten. Das gesamte Land liegt im Prinzip niedrig und eine klare Trennlinie zwischen Land und Wasser fehlt. Oder besser gesagt, sie würde fehlen, wenn die Niederländer sie nicht selbst deutlicher gezogen hätten. Die Überschwemmung in Limburg und die Evakuierung von 200 000 Menschen im Flussgebiet im Jahre 1995 führten zu der Erkenntnis, dass Wasser sich nicht so einfach bezwingen lässt wie der Beobachter, beeindruckt von den gewaltigen wasserwirtschaftlichen Projekten, glaubt. Es gibt die Redensart *Gott hat die Welt geschaffen, aber die Niederländer schufen die Niederlande*. Ein Klischee, das wahrscheinlich rund drei Jahrhunderte alt ist, das wir aber noch immer gerne hören. Aber es muss relativiert werden.

Es steht höchstens unentschieden

Der berühmte niederländische Kampf gegen das Wasser ging erst im 20. Jahrhundert von der Verteidigung in eine gewisse Offensive über. Aber es steht höchstens unentschieden. Denn das Wasser verstärkt seine Angriffskraft seit mehr als einem Jahrtausend.

Vor dem Zweiten Weltkrieg sah Hendrik Marsman (1899–1945), einer der berühmtesten niederländischen Dichter des letzten Jahrhunderts, noch keine Autobahnen und Hochhäuser, als er das folgende Gedicht schrieb:

Denkend aan Holland
zie ik brede rivieren
traag door oneindig laagland gaan,
rijen ondenkbaar
ijle populieren

Denk ich an Holland
Seh ich breite Ströme
Träg durch endloses Tiefland ziehn
Reihen unglaublich
schlanker Pappeln

als hoge pluimen	*gleich hoher Federn*
aan de einder staan,	*am Horizont stehn.*
en in de geweldige	*Und im überwältigenden*
ruimte verzonken	*Raum versunken*
verspreid door het land,	*Bauernhöfe, verstreut übers Land,*
boomgroepen, dorpen,	*Baumgruppen, Dörfer,*
geknotte torens,	*gestutzte Türme*
kerken en olmen	*Kirchen und Ulmen*
in een groots verband.	*Ein Ganzes im Land*
De lucht hangt er laag	*Die Wolken hängen tief und die Sonne*
en de zon wordt er langzaam	*wird langsam*
in grijze veelkleurige	*vom Dunst in grau-vielfarbigem*
dampen gesmoord,	*Nebel erstickt*
en in alle gewesten	*Und in allen Gebieten*
wordt de stem van het water	*wird die Stimme des Wassers*
met zijn eeuwige rampen	*mit seinen immer wiederkehrenden Katastrophen*
gevreesd en gehoord.	*gehört und man fürchtet sie.*

Weil das Eis am Nordpol schmilzt, steigt der Meeresspiegel. Das Land jedoch trocknet aus und sinkt ab. Das schwächt die Verteidigung der Niederländer. Die Diskussionen über den Treibhauseffekt, der das Schmelzen des Nordpoleises beschleunigt, verfolgt man deshalb mit viel Aufmerksamkeit und großer Sorge. Es ist zwar nicht so, dass die heutigen Niederländer Angst vor nassen Füßen haben. Nein, sie sind sich kaum der Tatsache bewusst, dass sie einige Meter unterhalb des Meeresspiegels leben. Es ist eher eine unbestimmte Sorge um das Schicksal der Enkelkinder. Und auch heute noch neigt man dazu das Wasser als Gefahr anzusehen. Man kann darin nämlich ertrinken. Das ist der Grund dafür, dass fast alle Schulkinder Schwimmunterricht bekommen, und nicht die Tatsache, dass Schwimmen gesund ist.

Es beruht auf der Erfahrung, die alle Niederländer seit mehr als tausend Jahren machen; eine Generation nach der anderen musste lernen sich gegen das steigende Wasser zu schützen.

Ursprünglich waren die heutigen Niederlande – jedenfalls deren westlicher Teil – ein Sumpfgebiet, das, was das Wasser betrifft, große Übereinstimmung mit dem heutigen Bangladesch aufwies. Die Flüsse mündeten in einer Reihe von Armen in die Nordsee und bahnten sich von Zeit zu Zeit einen anderen Lauf, wie es der Ganges, der Brahmaputra oder der Mississippi noch immer tun. Der Rhein ergießt den Großteil seiner Wassermassen heutzutage nahe Rotterdam, bei Hoek van Holland, in die Nordsee. Früher tat er das sechzig Kilometer weiter nördlich, bei Katwijk, nicht weit von Leiden. Ein schmaler Fluss, der *Alte Rhein*, legt heute noch Zeugnis davon ab.

Die unberechenbare Nordsee kann die Dünen wegschwemmen

Die Nordsee ist ebenso unberechenbar. Stürme peitschen die Wellen hoch. Die Strömung trägt Sandmassen mit sich, in etwa von Süden nach Norden, so dass die Küste nicht stabil verläuft. Im Laufe der Zeit entstehen Untiefen und schließlich Sandbänke. So entstand – ab schätzungsweise 5000 vor Christus – eine ununterbrochene Reihe von Sandhügeln, die durch Pflanzenwachstum stabilisiert wurden. Diese Dünen erstrecken sich entlang der gesamten niederländischen Küste, ab und zu unterbrochen durch Flussmündungen.

Aber die unberechenbare Nordsee kann die Dünen auch wegschwemmen und den Sand an anderer Stelle wieder aufhäufen. Durch die unaufhaltsame Steigung des Meeresspiegels wird dieser Prozess immer stärker. Die Dünen wären schnell verschwunden, wenn die Niederländer nicht ständig Abwehrmaßnahmen treffen würden. Die bestehenden Dünen werden stabilisiert, indem man zum Beispiel Strandhafer anpflanzt um Treibsand festzuhalten. Die Strömung, die den Strand abträgt, hält man auf Abstand, indem man in bestimmten Abständen Leitdeiche errichtet, mit hartem Basaltstein bedeckt, die Dutzende Meter weit ins Meer hineinreichen um die Strömung zu brechen. Man findet sie zum Beispiel zwischen Hoek van Holland und Den Haag. Trotzdem werden vom Sturm manchmal ganze Stücke von Dünen weggeschlagen, weil der Wind das Wasser über die Dämme hin aufstaut. Im Norden des Landes versucht die See Löcher in die Dünen zu schlagen. Bei Petten musste man schon im Mittelalter einen Deich als Schutzwall anlegen, der seither immer wieder vergrößert und verstärkt wurde. Noch weiter im Norden ist die Dünenreihe an der Stelle unterbrochen, an der die Watteninseln liegen. Der nördlichste Punkt von Texel, der größten Watteninsel, erodiert immer weiter, trotz aller Versuche diesen Prozess mit modernster Technologie zu stoppen. Südwestlich von Texel entsteht dagegen ein Stück weit vom Land entfernt im Meer eine neue Insel, der *Razende Bol*, um die sich die angrenzenden Gemeinden streiten.

Seit etwa 1000 Jahren drängt die Nordsee tiefer in das Gebiet hinter Texel. So entstand eine Bucht, die immer größer wurde und schließlich den Namen „Zuiderzee" erhielt. Die Zuiderzee teilte den Norden von Friesland in zwei Teile. Im westlich gelegenen Teil ist vom friesischen Charakter nur noch der Name West-Friesland übrig; dieser Teil gehört zur Provinz Nord-Holland. An der Südküste des neuen Meeres, am Rand der hochgelegenen und deshalb vom Wasser nie bedrohten Waldung Veluwe, liegt Elburg, die älteste nach Plan erbaute Stadt der Niederlande, die im Schachbrettmuster errichtet ist. Dic Stadt wurde errichtet von Arent toe Boecop, der die ursprüngliche Stadt Elburg am Ende des 14. Jahrhunderts evakuieren ließ, weil sie im Meer zu versinken drohte. Er legte im höhergelegenen Hinterland die neue Stadt Elburg an. Auch das ebenfalls offenkundig nach Plan erbaute Festungsstädtchen Naarden lag ursprünglich an anderer Stelle. Es ist ein deutliches Beispiel dafür, dass man versuchte der aggressiven Zuiderzee, in der sich das Nordseewasser hoch aufstaute, auszuweichen.

Hinter den Dünen lag ursprünglich ein sumpfiges, von zahllosen Bächen durchschnittenes Gebiet, in dem der Einfluss von Ebbe und Flut deutlich zu spüren war und wo Salzwasser in die Flussarme vordrang. Heute noch ist Salzwasser im Inland bis nach Schoonhoven, einer kleinen Stadt im Osten von Süd-Holland, grenzend an die Provinz Utrecht, im Wasser nachzuweisen. Ebbe und Flut machen sich noch viel weiter landeinwärts bemerkbar, bis nach Culemborg, etwa auf halbem Weg zwischen der Küste und der Grenze zu Deutschland.

Die Landschaft ähnelte einst Mangrovenwäldern, obwohl die Vegetation natürlich aus Arten bestand, die im kalten Klima gedeihen, wie zum Beispiel Weiden. Aus den organischen Überresten entstand Moor, in dem so viel von der Pflanzenstruktur erhalten blieb, dass es getrocknet ein hervorragender Brennstoff ist. Niedrigmoor wurde in Scheiben abgestochen und war jahrhundertelang Brennstoff für Öfen.

Obwohl dieses Gebiet einen wenig einladenden Eindruck machte, war es durchaus bewohnt. Der römische Schriftsteller Tacitus zum Beispiel schildert ausführlich einen Aufstand des germanischen Stammes der Bataver gegen die Herrschaft von Kaiser Vespasian, der im ersten Jahrhundert regierte. Das inspirierte spätere Geschichtsschreiber dazu die Bataver zu ihren direkten Vorfahren zu erklären. Nach der Besatzung durch die Franzosen im Jahre 1795 trug das Land sogar gute zehn Jahre den Namen Batavische Republik.

Archäologische Forschungen haben ergeben, dass die Bataver Bauern waren, für die die Viehzucht die wichtigste Einkommensquelle darstellte. Sie errichteten künstliche Hügel, die genug Platz für Mensch und Vieh boten um sich bei extremem Hochwasser in Sicherheit zu bringen. In der nördlichen Provinz Friesland sind noch viele davon zu finden. Man nennt sie Warft. Meist bilden sie den Kern eines Dorfes und oft findet man auf einem solchen Hügel eine alte Kirche.

Es dauerte nicht mehr sehr lange, bis größere Gebiete mit einem Wall – einem Deich also – umgeben wurden, denn so konnte man mit derselben Menge Erde mehr Land trocken halten. Man hat Deichreste aus dem 8. und 9. Jahrhundert gefunden. Die Frage ist: Warum hat man sich damals die Mühe gemacht, Land mit Deichen zu schützen?

Land war Privatbesitz

Die klassischen Kulturen der Griechen und Römer, auf denen die heutigen europäischen Kulturen noch immer größtenteils basieren, kannten bereits privaten Grundbesitz. Land war Privatbesitz, in großen Teilen Europas irgendwann sogar zusammen mit den Menschen, die darauf wohnten. Diese waren – wie es in den damaligen Gesetzen geschrieben steht – an ihre Äcker gebunden.

In einem anderen enormen Flussdelta, in dem heute die Republik Bangladesch liegt, gab es solchen privaten Grundbesitz nicht. Es gab zwar örtliche Machthaber, denen die Bauern der Umgebung Respekt – und Steuern – schuldig waren, aber deren Stellung beruhte auf ihrer Macht und ihren Befugnissen, nicht auf der Tatsache, dass sie Besitzer des Grund und Bodens waren. Boden war in Gemeinschaftsgut, genauso wie die Luft zum Atmen. Im feuchten Bangladesch wurden daher niemals die technischen Voraussetzungen geschaffen um das Land gegen die Gewalt des Meeres und der Flüsse zu schützen. Wenn der Ganges seinen Lauf veränderte oder die See ein Stück Land abtrug, suchten sich die Bauern einfach ein anderes Stück Land um es zu bebauen, denn damals war das Land noch nicht so übervölkert wie heute.

Erst als die englischen Kolonialherrscher den Grundbesitz einführten und das Land den jeweiligen Machthabern übergaben, ließen diese vereinzelt Deiche bauen.

Dass man im Rhein-/Maasdelta den Bengalen ein gutes Jahrtausend voraus war, hängt daher wahrscheinlich damit zusammen, dass Grund hier Privatbesitz war, der freien Bauern, Edelleuten, katholischen Klöstern gehörte. Nahmen das Meer oder ein Fluss die Weiden in Besitz, konnte man nicht einfach ein Stück weiter weg von neuem beginnen, denn dort gehörte das Land jemand anderem.

Klöster und Edelleute begannen darum ihren Besitz durch das Errichten von Deichen aus Erde zu schützen. An manchen Stellen sind noch Reste davon zu sehen, die sich durch die Landschaft schlängeln. Wie der Bau dieser Deiche organisiert wurde, lässt sich nicht immer nachvollziehen, da zur damaligen Zeit Verwaltungsprozesse noch kaum schriftlich dokumentiert wurden.

Anfänglich reichten diese kleinen Deiche aus, weil der Meeresspiegel noch viel niedriger war als heute. Außerdem dienten sie zum Schutz relativ kleiner Gebiete. Aus dieser Zeit stammen wahrscheinlich auch Erfindungen wie das heute noch gebrauchte „duikertje": eine Dole mit einer Öffnung an einer Seite. Je nach Wasserstand wird diese durch die Strömung geschlossen bzw. geöffnet um das Wasser abfließen zu lassen.

Ein Sumpf aber bleibt ein Sumpf, auch wenn er von einem Deich umgeben ist. Außerdem steigt auch Grundwasser nach oben. Das von einem Deich eingeschlossene Land muss entwässert werden. Dafür gräbt man schnurgerade Kanäle, in denen das Wasser sich sammelt. Das Niederländische kennt eine außerordentlich große Zahl von Begriffen für künstlich angelegte Wasserläufe – Graben, Gracht, Kanal, Flusslauf, Fahrt usw. – je nach

Breite, Tiefe oder Funktion des Wasserlaufs. In jedem Fall aber dient ein Wasserlauf der Drainage. Auch die Teiche und Bäche in Parks und Vorstädten, die so hübsch anzusehen sind, dienen vor allem dazu Keller grundwasserfrei zu halten.

Außenwasser dringt unter dem Deich hindurch und steht in Verbindung mit dem Grundwasser. Als der Meeresspiegel immer höher stieg, war das Anlegen von „duikertjes" nicht mehr ausreichend. Die primitivste Art und Weise überflüssiges Wasser zu beseitigen besteht darin es mit Gefäßen auszuschöpfen. Im 14. Jahrhundert setzte man dafür erstmals eine neue Form von Energie ein: Wind. Die ersten Windmühlen waren noch relativ primitiv, sie verfügten an einer Seite über vier Flügel und an der anderen über ein Schöpfrad. Aber von Generation zu Generation entwickelte sich die Technologie des Mühlenbaus weiter. Die Mühlen wurden immer größer und die Flügel standen schließlich auf einem Aufbau, den man in den Wind drehen konnte. Im Rumpf der Mühlen wurde ein hölzerner Mechanismus eingebaut, der für damalige Maßstäbe sehr effizient im Energieverbrauch war. Die Mühlen wurden vollendet durch die Einführung der Spindel, die das Wasser maximal vier Meter in die Höhe transportieren konnte.

Die Leistung einer traditionellen Windmühle ist nicht präzise festzustellen, sie liegt zwischen stattlichen 80 und 100 PS. Zum Vergleich: Die Volvo-Modelle S40 und V40, von denen bei NedCar in Born jährlich 150 000 Stück vom Band rollen, bringen es auf 109 PS.

Ein eingedeichtes und drainiertes Stück Land nennt man Polder. Natürlich erfordert nicht nur das Anlegen, sondern auch der Unterhalt eines Polders einiges an Organisation und vor allem auch an Koordination. Denn das Wasser, das aus dem einen Polder herausgepumpt wird, strömt in den nächsten. Das ist heute das große Problem in Bangladesch, wo ein neuer Polder Probleme in einem weiter entfernten Dorf verursachen kann. Dadurch entstehen Konflikte, die manchmal sogar zur Zerstörung von Deichen führen. Ähnliche Konflikte sind aus der niederländischen Geschichte bekannt. Man sollte annehmen, dass das Eindeichen von Land eine für eine zentralisierte Verwaltung typische Aufgabe ist, umso mehr als die berühmten Delta-Zivilisationen der Geschichte, wie die ägyptische oder mesopotamische, im Allgemeinen sehr autoritäre Staaten mit einem gottähnlichen König waren, deren Beamte bei der Organisation von Bewässerung und Drainage eine große Rolle spielten. Die Grafschaften und Herzogtümer des Mittelalters verfügten nicht über genügend Macht um ein solches System einzuführen. Sie versuchten es aber immerhin. Die Grafen von Holland übertrugen ihren Vögten, einer Art lokaler Gouverneure, die Verwaltung der Polder und Deiche. Diese wiederum ernannten Stellvertreter aus der örtlichen Bauernschaft, die aber aufgrund der beschränkten Macht der Grafen nur widerwillig Befehle ausführten und sich – nach dem Vorbild der städtischen Verwaltung mit ihrer gekauften Autonomie – eine Reihe von Vorrechten und Befugnissen erwarben.

Die Flussufer wurden eingedeicht, die Polder reihten sich aneinander. Die vielen Flüsse, die das Land durchzogen, wurden eingedämmt. Boote musste man an Tauen über diese Dämme befördern. Es entstand Bedarf an Arbeitskräften, so dass sich in der Nähe eines Damms Menschen niederließen. Unzählige Ortsnamen enden noch heute auf –*dam*, allen voran die Hauptstadt Amsterdam. Der erste Teil des Ortsnamens deutet normalerweise auf den Flusslauf hin, der eingedämmt wurde, meist jedoch noch zu sehen ist: die Amstel in Amsterdam, die Rotte in Rotterdam, die Ee in Edam. Oft trägt auch eine Straße oder ein Platz im Zentrum einer Stadt die Bezeichnung 'Dam'. Dann geht es um den ältesten bewohnten Platz. Der Dam in Amsterdam, an dem sich der königliche Palast und das Nationaldenkmal befinden, ist der berühmteste der Niederlande.

Die meisten Dämme wurden später wieder geöffnet. Die Öffnung wurde mit gewaltigen Toren – Schleusen – ausgerüstet, die bei Bedarf geöffnet wurden um Wasser abzuführen und Schiffe passieren zu lassen.

Der Deichunterhalt war anfänglich einfach organisiert: Die Bauern waren verantwortlich für das Stück Deich, das an ihr eigenes Land grenzte. Das bedeutete, dass die Wartungsarbeiten in unterschiedlicher Qualität ausgeführt wurden; auch gerecht war das System nicht, denn Bauern, deren Grundstücke weit vom Deich entfernt mitten im Polder lagen, hatten keine Verpflichtungen. Deshalb wurden Deiche ab Ende des 15. Jahrhunderts mehr und mehr in Gemeinschaftseigentum überführt. Die hinter dem Deich wohnende Bevölkerung war gemeinsam für den Unterhalt verantwortlich. Man erledigte die erforderlichen Arbeiten zusammen oder bezahlte eine Art Steuer an die Beauftragten des Vogts, „Deichgeschworene" genannt, die ihrerseits einen Mann aus ihrer Mitte zum Koordinator mit der Bezeichnung „Deichgraf" ernannten.

Auch hinter dem Deich war man nie absolut sicher

Diese Amtsträger verfügten über viel Macht: Sie konnten Bezahlung in Geld oder Naturalien erzwingen. Bis zum heutigen Tage haben sie im Notfall das Recht, die gesamte Bevölkerung zum Kampf gegen das anstürmende Wasser aufzurufen. Denn auch ein Deich bot nie absoluten Schutz. Die Meeresströmung konnte das Deichfundament unterspülen und ihn zum Einstürzen bringen. Schwere Stürme peitschen, vor allem in Verbindung mit einer Springflut, enorme Wassermengen gegen die Deiche, die dieser Gewalt nicht immer standhielten. Fast jede Generation erlebte ein oder zwei Überschwemmungskatastrophen, die viele Opfer forderten.

Die Nordsee kann sehr stürmisch sein, obwohl die meisten Stürme nicht mit den Taifunen zu vergleichen sind, die jedes Jahr an die Küste von Bangladesch peitschen oder Hongkong oder Manila bedrohen. Windgeschwindigkeiten über Stärke 11 kommen selten vor, einen Taifun gibt es in der Nordsee ein oder zweimal pro Jahrzehnt.

Zwischen Gorinchem und Geertruidenberg an der Grenze zwischen den Provinzen Süd-Holland und Nord-Brabant liegt ein natürliches Sumpfgebiet, der Biesbosch, der an die Niederlande erinnert, wie sie vor dem Entstehen der Dünen und dem Bau von Deichen aussahen. Aber dieses Gebiet ist kein Überbleibsel eines ursprünglichen „Mangrovenwaldes". Der Biesbosch war früher eingepoldertes landwirtschaftliches Gebiet, das von der St. Elisabethflut – Überschwemmungen erhalten den Namen des Heiligen, an dessen Namenstag sie sich ereignen – im Jahre 1421 weggeschwemmt wurde. Der größte Teil des vom Meer überfluteten Gebiets konnte über die Jahrhunderte hin wieder zurückgewonnen werden; der Biesbosch ist noch so, wie ihn die Wassermassen damals zurückgelassen hatten.

Das „ertrunkene Land" in Saaftinge und in Süd-Beveland ist ebenfalls verlorengegangenes landwirtschaftliches Gebiet. In Süd-Beveland findet man ab und zu noch alte Backsteine, letzte Zeugen der einst blühenden Stadt Reimerswaal, deren letzte Einwohner Anfang des 17. Jahrhunderts den Kampf gegen das Wasser aufgaben.

Wenn das Wasser kommt, kommt es wie eine Mauer

Je höher der Meeresspiegel stieg und das Land absank, desto größere Verwüstungen richteten die Überschwemmungen an. Wenn das Wasser kommt, kommt es wie eine Mauer. Der Deich versackt und das Wasser strudelt durch die Lücke, bohrt wie eine Schraube ein tiefes Loch in das Land direkt hinter dem Deich. Dann sucht es sich mit donnerndem Gebrüll seinen Weg und treibt dabei Vieh, Bäume und Menschen vor sich her. Es donnert gegen die Häusermauern. Dieser Gewalt kann nur entkommen, wer sofort auf den Dachboden flüchtet oder – wenn möglich – auf ein Stück Deich, das dem Sturm standhält. Dann bleibt nichts andres übrig als zu warten, bis Hilfe kommt oder der Wind sich legt. Bei der letzten katastrophalen Überschwemmung, im Februar 1953, standen große Teile der Provinzen Zeeland, Holland und Nord-Brabant unter Wasser. 1835 Menschen ertranken, mehr als 100 000 mussten in den Tagen nach der Katastrophe evakuiert werden. Um ein Haar wären auch die großen Deiche gebrochen, die die Großstädte im Westen der Niederlande beschützen. Es war die größte Überschwemmungskatastrophe seit mehr als einem Jahrhundert.

In der Landschaft findet man noch Dutzende Überbleibsel früherer Katastrophen. Die Strudel bohren bei einem Durchbruch Löcher von fünfzehn bis zwanzig Meter Tiefe, die sich mit Grundwasser füllen. Sie bleiben hinter dem Deich als mehr oder weniger runde Teiche – im Niederländischen

„Rad" genannt – bleibende Erinnerung an Tage und Nächte voller Angst und Schrecken zurück.

Nach einer Überschwemmung werden die Löcher im Deich normalerweise abgedichtet. Dann beginnt wieder das schwierige Abpumpen des Wassers, ein Prozess, der sogar mit der heutigen modernen Technik Monate dauert; und noch viel länger, wenn man auf Windmühlen angewiesen ist. Nach der Überschwemmung im Februar 1953 dauerte es bis zum November, bis das letzte Loch abgedichtet war, dann erst konnte man mit dem Abpumpen beginnen.

In früheren Zeiten war man sich daher des ewig drohenden Seewassers sehr bewusst. Es wird behauptet, dass gerade deshalb so viele Niederländer Calvins düstere Botschaft schätzten. Sie wussten bereits: „Wache und bete, denn du kennst weder den Tag noch die Stunde". Die Mauer aus Wasser kann alles, was du aufgebaut hast, ja sogar dein Leben, innerhalb von Sekunden vernichten. In der Region Alblasserwaard zum Beispiel, einem der niedrigstgelegenen Gebiete der Niederlande, in dem hinter dem Deich viele „Räder" (Teiche) Zeugnis von Überschwemmungen ablegen, ist solch geradliniger Kalvinismus noch durchaus lebendig.

Da der Feind so gefährlich war, zwang er andererseits zur Zusammenarbeit, genauso wie Alba und die Spanier. Die verschiedenen Polderverwalter und Deichgenossenschaften – die für Wasserwirtschaft verantwortlichen Körperschaften tragen unterschiedliche Namen – arbeiten in diversen Organisationen zusammen. Das *Schielandhaus*, ein Prunkgebäude aus dem 17. Jahrhundert im Zentrum Rotterdams, in dem heute das Historische Museum untergebracht ist, zeigt, wie viel Macht und Einfluss sie sich erwerben und zur Schau stellen konnten.

Nicht nur die Nordsee und der steigende Wasserstand der Flüsse bedrohten die Polder. Auch die Menschen trugen das ihre dazu bei, vor allem die Torfstecher. Sie stachen überall im Westen das Niedrigmoor ab, um den Torf als Brennstoff zu verkaufen. Große Seen blieben zurück, die die angrenzenden Weiden bedrohten. Hinter den Dünen und den starken Deichen machten die Menschen sich damit das Wasser erneut zum Feind. Auch damals gab es natürlich schon Leute, die dies durchaus erkannten. Aber man war nun einmal auf große Mengen Torf angewiesen, der für große Teile der Bevölkerung damals praktisch der einzig erschwingliche Brennstoff war. Denn trotz des relativ milden Klimas in den Niederlanden ist ein Winter ohne einen Ofen um das Haus zu erwärmen nur schwer zu überleben. Und vor einigen Jahrhunderten war es im Vergleich zu heute sehr viel kälter, wie man den unzähligen Gemälden aus dem Goldenen Zeitalter entnehmen kann, auf denen Eis und Schlittschuhlaufen die Hauptrolle spielen. Der Prozess, der den Meeresspiegel ansteigen lässt, sorgt auch dafür, dass die Durchschnittstemperatur unaufhörlich steigt.

Im Lauf der Zeit wurde die Technik so weiterentwickelt, dass man diese Wasserflächen angehen konnte. Der Mühlenbauer Jan Adriaensz Leeghwater (1575–1650) war der größte unter den Landgewinnern. Sein System funktionierte wie folgt: Er umgab einen See mit einem Deich und einem Ringkanal. Dann baute er ausreichend Schraubmühlen, um den See trockenzulegen, wonach ein Drainagesystem angelegt wurde. Die Mühlen blieben stehen, um bei Bedarf das Wasser wegzupumpen. Leeghwater arbeitete im Auftrag von Amsterdamer Geldgebern, die einen neuen Polder als gute Investition betrachteten. Diese Investoren klotzten denn auch anstatt zu kleckern. Leeghwater begann mit dem 7189 Hektar großen See *Beemster* in der Nähe von Alkmaar, der sich das angrenzende Land Stück für Stück einverleibte. Nachdem der See in zweijähriger Arbeit mit Mühlen trockengelegt worden war, machte eine Überschwemmung in einem Tag alles wieder zunichte. Die Investoren brachten neues Kapital ein, so dass der Polder zwei Jahre später, 1612, wieder trocken war. Die Investition amortisierte sich doppelt und dreifach. Heute ist der Beemster mit prächtigen alten Bauernhöfen und hübschen kleinen Dörfern einer der schönsten Polder der Niederlande. Leeghwater wiederholte diese technische Leistung bei vielen anderen kleineren Seen, aber sein größter Wunsch, das Trockenlegen des riesigen Haarlemmermeers zwischen Amsterdam und Leiden, wo heute der Flughafen Schiphol liegt, ging nicht in Erfüllung. Um diesen See trockenzulegen, wären Hunderte von Mühlen nötig gewesen. Leeghwater schrieb über dieses Projekt ein vielgelesenes und immer wieder neu aufgelegtes „Haarlemmermeerbuch", das seine Zeitgenossen jedoch eher als Science Fiction ansahen.

Man verfügte über Dampfkraft

Es sollte bis zum 19. Jahrhundert dauern, bevor man sich traute das Haarlemmermeer tatsächlich in Angriff zu nehmen. Im 19. Jahrhundert nämlich war man nicht mehr auf Windmühlen angewiesen; es gab inzwischen Dampfkraft.

Im 17. und 18. Jahrhundert war der westliche Teil der Niederlande von Windmühlen geprägt. Deren Kapazität jedoch war beschränkt, so dass sie mit Hilfe komplizierter Verfahren parallelgeschaltet wurden. Vereinfacht dargestellt pumpte die erste Reihe von Mühlen das Wasser in ein Reservoir, ein Sammelbecken (*boezem* genannt), die zweite Reihe übernahm das Hochpumpen in ein etwas höher gelegenes Reservoir, bis das Wasser schließlich einen zum Meer strömenden Flussarm erreichte. Nur wenige dieser Mühlen haben die Einführung von Dampfkraft, Elektrizität und Dieselmotoren überlebt. Die imposantesten stehen bei *Kinderdijk* im Alblasserwaard.

Die unablässig arbeitenden Mühlen reichten jedoch trotz ihrer großen Zahl schon unmittelbar nach dem Bau kaum aus um den Alblasserwaard wirklich trocken zu halten. Manche Teile waren oft regelrecht sumpfig und der durchschnittliche Wasserspiegel in den Gräben lag um einiges höher als heute, weil die Mühlen nun einmal nur eine begrenzte Kapazität hatten. Daher hing die anfänglich nur sehr zögerliche Einführung der ersten Dampfmaschinen in den Niederlanden mit dem Kampf gegen das Wasser zusammen. Die Dampfmaschinen bewiesen ihre Kraft und Zuverlässigkeit schließlich überzeugend beim Trockenlegen des Haarlemmermeers (1849–1851). Drei Dampfpumpwerke, eines hieß „Leeghwater", erledigten die Arbeit, für die dieser Mühlenbauer im 17. Jahrhundert noch Hunderte von Mühlen zu benötigen glaubte.

Damit war der Streit entschieden. Dank der modernen Pumpwerke – der Dampf hat schon längst der Elektrizität und dem Dieseltreibstoff Platz gemacht – kann der Wasserspiegel hinter dem Deich präzise bestimmt werden. Außerdem besitzen die Pumpwerke zusammen genügend Kapazität um die Versumpfung, die zum Beispiel im Alblasserwaard so viele Probleme verursachte, zu verhindern. Noch nie waren die Niederlande so trocken.

Bis heute ist die Wasserwirtschaft in den Niederlanden Angelegenheit spezieller Körperschaften, der öffentlich-rechtlichen Wasser- und Bodenverbände, genauso wie es im Mittelalter war. Diese Behörden besitzen zwar einen gewählten Vorstand, sind aber trotzdem nicht demokratisch organisiert, denn das Stimmrecht ist an Grundbesitz gebunden. Dennoch legen diese Körperschaften der gesamten Bevölkerung Steuern auf, die zusammen mit den Gas- und Stromrechnungen bezahlt werden müssen. Diese Steuern dienen der Aufrechterhaltung der Wasserqualität, denn den Wasserverbänden obliegt die Bekämpfung chemischer Verschmutzung des Wassers, was aber kaum jemandem bewusst ist. Die Steuern sind mit weniger als hundert Gulden pro Jahr nicht hoch genug um allgemeine Empörung bei der Bevölkerung hervorzurufen, so dass kaum jemals die Forderung nach Demokratisierung erhoben wird. Ab und an kommt es allerdings zu Konflikten zwischen den Wasserverbänden und den Natur- und Umweltschützern, die sich gegen die „Modernisierung" der Landschaft wehren, die die Grundbesitzer – meist Bauern – in den von ihnen beherrschten Verbänden durchsetzen wollen.

Die Dampf- und später die Elektrizitätspumpwerke beim Harlemmermeer hatten deutlich gemacht, welche Perspektiven die moderne Technologie eröffnete. Ingenieure gelangten zu der Überzeugung, dass Leistungen wie die von Leeghwater sich in viel größerem Maßstab wiederholen ließen. Man brauchte sich nicht länger mit den kleineren Landgewinnungsprojekten zufrieden zu geben, die bis dahin unter anderem in Zeeland durchgeführt worden waren, wo sich vor dem Deich ab und zu Lehmschichten absetzten, oder im Norden des Landes, wo sich zwischen den Inseln und dem Festland das immer untiefer werdende Wattenmeer ausdehnte.

Ingenieur Cornelis Lely (1854–1929) war der Prototyp des modernen Ingenieurs, der anspruchsvolle Projekte verwirklichen wollte. Er erarbeitete den Plan, mit dessen Hilfe die Zuiderzee auf Dauer unschädlich gemacht werden sollte. Kernstück dieses Plans war ein Deich, der Nord-Holland und Friesland verband und die Zuiderzee von der Nordsee abtrennte; dieser Deich wurde 1932 fertiggestellt. So wurde die Zuiderzee zum Ijsselmeer. Danach wollte Lely in diesem Becken durch Landgewinnung mehrere Polder anlegen, so dass mehr als die Hälfte der Wasserfläche landwirtschaftliche Nutzfläche werden konnte. Der Rest war als Süßwasserreservoir gedacht. Verschiedene liberale Regierungen stimmten den Plänen zu, trotzdem gelang es Lely erst im Jahre 1918 die erforderliche Unterstützung für sein Zuiderzee-Gesetz zu erhalten. Inzwischen ist sein Plan größtenteils verwirklicht. Vier der von ihm projektierten Polder wurden tatsächlich angelegt.

Lely war der Vorläufer einer Garde bedeutender Ingenieure, die großen Einfluss auf die Gestaltung der Niederlande hatten und noch immer haben. Heute ist die Behörde für Wasserwirtschaft und öffentliche Arbeiten für Realisierung und Unterhalt wasserwirtschaftlicher Projekte verantwortlich; diese Behörde konzentriert sich größtenteils auf große Infrastrukturprojekte. Sie hält die Tradition von Leeghwater lebendig und es ist hauptsächlich die Sparsamkeit der Politiker, die ihr ab und zu Grenzen setzt. Aber eine Überschwemmungskatastrophe öffnet normalerweise die Schatzkisten. Zwei Jahre, nachdem die Zuiderzee große Verwüstungen in Nord-Holland angerichtet hatte, stimmte das Parlament Lelys Zuiderzee-Gesetz zu.

Erfolgreiche Angriffe des feindlichen Wassers rufen eher Aggression hervor

Durch die Entwicklung der modernen Technologie haben die Niederländer zwar nicht ihren Respekt, jedenfalls aber ihre Furcht vor dem Wasser größtenteils verloren. Erfolgreiche Angriffe des feindlichen Wassers führen eher zu Aggression als zum Nachdenken über die Verletzlichkeit der eigenen Existenz. Nach der Überschwemmung im Jahre 1916 forderte man lautstark radikale Gegenmaßnahmen, die Zuiderzee musste sofort unschädlich gemacht werden, koste es was es wolle. Die Katastrophe im Jahre 1953 hatte den gleichen Effekt. Die Deichdurchbrüche ereigneten sich sämtlich in den Flussmündungen des Rheins und der Maas, wo sich in Folge des Sturms enorme Wassermengen aufgestaut hatten. Schon in den ersten Wochen nach der Katastrophe ernannte die Regierung eine Kommission von Ingenieuren, die den Auftrag erhielt zu untersuchen, ob das Delta und eventuell gleich auch das Wattenmeer abgeschlossen werden konnte. Die Kommission erarbeitete den so genannten *Deltaplan* zum Abschließen aller Ausgänge zum Meer, mit Ausnahme jeweils einer Mündung von Schelde und Rhein als Zugang für die Seehäfen von Antwerpen und Rotterdam. Ein neuer Begriff entstand: Deltahöhe. Deiche und Dämme mussten so hoch und stark gebaut werden, dass sie einer Kombination aus Springflut und Sturm widerstehen konnten, wie sie statistisch gesehen lediglich einmal in 10 000 Jahren vorkommt.

Die Realisierung dieses Plans dauerte ungefähr fünfundzwanzig Jahre. Heute sind die gigantischen Deiche und enormen Schleusen eine touristische Sehenswürdigkeit, die die Niederländer ausländischen Gästen mit Stolz präsentieren. In der Presse wird ab und zu über die Haushaltsüberschreitungen geschimpft, denn für die Behörde für Wasserwirtschaft ist traditionell nur das Beste und Höchste gut genug, doch das gesamte gigantische Projekt scheint sich auf den Nationalstolz positiv ausgewirkt zu haben und gibt den Bürgern das Gefühl des Geschütztseins vor Gefahr. Im Allgemeinen ist man der Meinung, dass Überschwemmungen wie die im Jahre 1953 heute nicht mehr passieren können; aber auch früher schon hatte man sich in Sicherheit gewiegt. Studien haben gezeigt, dass die meisten Behörden in den traditionell von Überschwemmung betroffenen Gebieten sich kaum Sorgen machen, bis die Wassermassen sie unmittelbar bedrohen. Es kam vor, dass die Verantwortlichen aus dem Bett geholt werden mussten und die meisten Radiosender trotz drohenden Hochwassers und der Tatsache, dass die Bevölkerung auf klare Direktiven angewiesen war, ihre Programme beendet hatten.

Aus Erfahrung ist man schließlich klug geworden. Davon zeugen die Deiche auf Deltahöhe. Trotzdem wird manchem Niederländer ein wenig mulmig zumute, wenn in den Radionachrichtensendungen bei schwerem Sturm gemeldet wird, dass „extra Deichbewachung" angeordnet wurde.

Deiche auf Deltahöhe sind nicht einmal die halbe Arbeit

Deiche auf Deltahöhe sehen imposant aus, machen aber nur einen kleinen Teil des Projekts aus. Die Niederlande bleiben trocken, weil sie über ein ausgeklügeltes Netzwerk von großen und kleinen Pumpstationen, Entwässerungsdurchlässen und Schleusen, Gräben und Kanälen verfügen, das sich über das ganze Land erstreckt. All das muss von Menschenhand bedient werden und das setzt eine ganze Menge an Sachkenntnis voraus.

Wasser ist multifunktionell, man kann es auch für die Schifffahrt benutzen. Bis zu der gewaltigen Zunahme des Autoverkehrs und dem dafür erforderlichen Bau von Autobahnen im großen Stil fand der Transport in den Niederlanden normalerweise per Schiff statt. Sogar der Gütertransport mit der Eisenbahn konnte die Vorrangstellung der Schifffahrt nicht bedrohen, denn Schiffe haben den Vorteil, dass man mit ihnen praktisch überall hinkommt. Deshalb erstrecken sich durch die Niederlande nicht nur Wasserläufe, die der Entwässerung dienen, sondern auch eine Vielzahl von Kanälen für den Gütertransport. Noch heute ziehen sich die Wasserwege für das Treideln von Schiffen schnurgerade durch das Land. Die meisten stammen aus dem Goldenen Zeitalter und sind Teil eines in Vergessenheit geratenen öffentlichen Verkehrswegenetzes. Auf diesen Kanälen fuhren die per Pferd oder von Menschen auf einem Pfad am Ufer gezogenen Schleppkähne. Mit einer Höchstgeschwindigkeit von drei bis vier Kilometern pro Stunde waren sie ein langsames, aber zuverlässiges und pünktliches Transportmittel. Außerdem boten die geheizten Kajüten Platz für eine große Zahl von Passagieren. Nur wenn die Flussläufe im Winter zufroren, lagen die Schiffe still. Im Goldenen Zeitalter, zur Zeit von Prinz Maurits, wurden sogar Armeen mit Schleppkähnen an die Front gebracht. Die Soldaten waren erstaunt über dieses merkwürdige gesegnete Land, wo man sogar in den Krieg noch gefahren wurde. Schleppkähne waren zwei Jahrhunderte lang das sicherste, zuverlässigste und auch billigste öffentliche Verkehrsmittel der Welt. Die Niederlande waren damals das einzige Land, in dem man eine Reise regelrecht planen konnte, weil man mit ziemlicher Sicherheit wusste, an welchem Tag zu welcher Stunde man am Zielort ankommen würde. Schleppkähne waren ein wichtiger Faktor in der Transport-Infrastruktur, der das Goldene Zeitalter neben anderen seine wirtschaftliche Blüte verdankte. Heute ist der Schleppkahn Symbol eines trägen Konservatismus. Doch dazu wurde er erst, als die Niederlande mit der Dampflokomotive Bekanntschaft machten und ein Straßennetz aufbauten, über das Postkutschen ihre Passagiere – zunächst ausschließlich reiche Geschäftsleute mit dicken Zigarren und entsprechendem Geldbeutel um sich diesen Luxus leisten zu können – rasend schnell ans Ziel brachten. Die Schleppkähne waren sogar der Ort, an dem etliche politische Schmähschriften entstanden: Während der langen Reisen hatten ihre Verfasser ausreichend Gelegenheit in Diskussionen Argumente zu sammeln.

Ordnung und Zusammenarbeit

Das gesamte System des „Wassermanagements" lässt sich nur mit Organisation und guter Zusammenarbeit in Stand halten, durch sorgfältige Wartung nach klaren Vorgaben, dadurch dass Schleusen genau zum richtigen Zeitpunkt geöffnet und wieder geschlossen werden; dadurch dass Mühlen – und später Pumpwerke – in einem bestimmten Turnus in Gang gesetzt werden und dadurch dass im Falle plötzlich auftretender Probleme – Sturm oder besonders hoher Wasserstand – eine zuverlässig funktionierende Strategie zur Verfügung steht. Dies gelingt nur mit einer präzisen Definition der Aufgaben und Zuständigkeiten, so dass alle Beteiligten jederzeit genau wissen, was zu tun oder zu lassen ist. Ohne Zusammenarbeit ist das unmöglich, vor allem wenn Gefahr droht. Dann darf nichts anderes mehr eine Rolle spielen, gibt es keinen Spielraum für Diskussionen, vergisst man Konflikte und Auseinandersetzungen und tut sein Äußerstes, um die Gefahr abzuwenden.

Vielleicht ist deshalb unser Gefühl für Ordnung und Struktur trotz des so deutlich zur Schau gestellten Individualismus, trotz der Tradition der Souveränität in eigenen Kreisen so stark ausgeprägt.

Dies verleiht Gottes Gebot an Adam eine radikale Dimension

In jedem Fall gibt es eine deutliche Tradition, was den Glauben an die „Machbarkeit" der Landschaft betrifft. Im Westen und Norden der Niederlande existieren eigentlich keine echten Naturgebiete. Alles ist durch menschliches Eingreifen entstanden; sogar die Seen sind eine Hinterlassenschaft der Torfstecher. Diese Landschaft wurde von Menschenhand geschaffen. Dies verleiht Gottes Gebot an Adam – Krone der Schöpfung zu sein – eine radikale Dimension. Früher hatten die Niederländer zwei Bezeichnungen für jungfräuliche Gebiete, wie sie sich vor allem im höhergelegenen Osten und im Süden des Landes ausstreckten: „Unland" und „Ödland" (wörtlich: wüste Gebiete). Die Begriffe sind sehr negativ besetzt, das Adjektiv „wüst" bezeichnet das Gegenteil von „beherrscht" und „zivilisiert" oder wird im Sinne von „irrationale Wut" gebraucht, die Vorsilbe „Un-" ist ebenfalls negativ konnotiert, wie etwa in „Unglück", „Unkraut", „Ungeziefer".

Unland und Ödland sind feindliches Gebiet, genauso wie das unberechenbare Meer. Und bis zum vorigen Jahrhundert waren sie auch praktisch unantastbar. Die Bauernhöfe im Osten und Süden der Niederlande waren traditionell gemischte Betriebe: Die Bauern bebauten Äcker und züchteten Vieh. Die zum Anbau von Feldfrüchten geeignete Ackerfläche hing von der Menge an Mist ab, den die Tiere produzierten. In der armen Provinz Drenthe bildeten die Äcker – mit dem Dorf in der Mitte – eine Art Inseln in der Heide, Ebenen voll zäher Pflanzen, geschmückt mit violetten Blüten, die sich gut als Schaffutter eigneten. Wer die Heide für den Ackerbau kultivierte, konnte keine Schafe mehr halten und verlor damit den unentbehrlichen Mist, ein Dilemma, aus dem es keinen Ausweg gab. Das Unland und die damit verwandte Heide waren Gebiete, deren natürliche Fruchtbarkeit zu gering war um sie lohnend auszubeuten. So gerieten die Bewohner in einen Kreislauf der Aussichtslosigkeit, der Jahrhunderte andauerte. Erst im 19. Jahrhundert erfolgte ein technologischer Durchbruch. Mit erschwinglichem Kunstdünger und dem Einsatz von Maschinen zur Kultivierung konnte man den Boden in großem Maßstab „verbessern", so wie man in Zeeland und im Norden bei Ebbe Gebiete einpolderte.

Dadurch wurden die Bauern sehr aktivistisch

Im Zuge dieser Technisierung der Landwirtschaft wurden die niederländischen Bauern sehr aktivistisch. Ihre Organisationen schufen eine Reihe von landwirtschaftlichen Ausbildungsstätten, deren Prunkstück heute die Agraruniversität in Wageningen ist. Pfarrer und Pastoren gründeten im Rahmen der Versäulung konfessionell ausgerichtete Bauerngenossenschaften, wozu auch ein Netzwerk von Raiffeisen- und Genossenschaftsbanken gehörte.

Diese arbeiten heute ohne Rücksicht darauf, ob sie von Ursprung her katholisch oder protestantisch sind, in der Rabo-Organisation zusammen, einem der zwanzig weltgrößten Bankkonzerne. Der durchschnittliche niederländische Bauernhof zielt gegenwärtig auf größtmögliche Produktion ab und ist oft sehr spezialisiert, weitestgehend mechanisiert und immer stärker automatisiert.

Gemeinsam haben die Bauern die Niederlande zu einem der bedeutendsten Nahrungsmittelexporteure der Welt gemacht. Deshalb ist der durchschnittliche Bauernhof sehr kapitalintensiv. Das zwingt den Bauern Wachstumsprozesse möglichst präzise und umfassend zu kontrollieren. Er hat schließlich hohe Schulden bei der örtlichen Rabo-Bank, die die gesamte Technologie vorfinanziert hat.

Basis für diese Geschäftsform ist das Umsatzwachstum. Kleine Bauernhöfe werden seit dem Zweiten Weltkrieg immer mehr aus dem Markt gedrängt. Dies geschieht trotz der Tatsache, dass die mächtige Agrarlobby innerhalb der Europäischen Union für hoch subventionierte Garantiepreise gesorgt hat.

Der sozialdemokratische Minister Sicco Mansholt entwickelte in den fünfziger Jahren ein System, mit dessen Hilfe Bauernhöfe, die mit der Entwicklung nicht mithalten konnten, mit Staatsmitteln aufgekauft wurden. Ihr Land wurde an kapitalkräftige Bauern verkauft oder verpachtet. Diese Vergrößerung der landwirtschaftlichen Betriebsfläche findet noch heute statt. Die Produktion ist seitdem extrem gestiegen, aber während im Jahre 1900 noch mehr als die Hälfte der Bevölkerung ihr Brot in der Landwirtschaft verdiente, sind es heute weniger als drei Prozent aller Niederländer. (Arbeitnehmer in der Nahrungsmittelindustrie sind dabei allerdings nicht berücksichtigt.)

Die Subventionen haben zu einer enormen Überproduktion geführt. Seit den achtziger Jahren versuchen die europäischen und die niederländischen Behörden diese einzuschränken. So hat man jedem Milchbauern eine bestimmte Milchquote auferlegt. Überschreitet der Bauer seine maximale Produktionsmenge, bekommt er eine saftige Buße.

Sie glauben, dass sie die Umwelt regulieren können

Die Bauern haben sich unter den Umwelt- und Naturschützern viele Feinde geschaffen, denn für immer mehr Niederländer ist der Gedanke, dass das Beherrschen und Regulieren der Natur zu weit geht, zum Gemeingut geworden. Was früher Unland hieß, ist heute die freie Natur, in den Augen von immer mehr Niederländern ein elementarer Bestandteil von Lebensqualität. Außerdem machen wir immer öfter die bittere Erfahrung, dass die Erde sich in weitaus geringem Maße beherrschen lässt als man dachte. Minister Sicco Mansholt, Wegbereiter der Modernisierung und Betriebsvergrößerung in der Landwirtschaft, bedauerte Jahre später in der Öffentlichkeit seine Politik. Sogar die Professoren der Agraruniversität in Wageningen preisen ihre berühmte Institution heutzutage als Umweltuniversität an. Sie glauben die Umwelt regulieren zu können. In den letzten Jahren wurden sogar Felder und Weiden zu Naturgebieten „umgewidmet". Jetzt, wo die Niederländer „Ödland" schätzen, legen sie es – *contradictio in terminis* – selbst an.

Jeder Bürger wird täglich mit dem Umweltproblem konfrontiert, der Rache von Luft, Erde und Wasser auf unsere Versuche sie zu regulieren. Die jahrhundertelang andauernden Eingriffe in die Natur bedrohen das, was die Niederländer als *leefbaarheid* – in etwa Lebensqualität – bezeichnen. Davon ist jedermann überzeugt. „Wir ersticken in unserem eigenen Abfall", so halten Umweltaktivisten uns vor. Die meisten Niederländer glauben, dass das in gewisser Weise zutrifft. Die niederländische Grüne Partei will die Gesellschaft radikal gemäß ökologischen Prinzipien umformen und kämpft im Prinzip für ganz andere Ausgangspunkte, für eine wirkliche postindustrielle Gesellschaft. Diese Grünen (nicht zu verwechseln mit der im Parlament vertretenen Partei Grün-Links) – mit dem inzwischen ergrauten Ex-Provo Roel van Duijn als Anführer – erreichen bei Wahlen nicht viel mehr als ab und zu einen Sitz in einem Gemeinderat. Die Mehrheit der Niederländer ist nämlich davon überzeugt, dass man die Umwelt mit einer Reihe praktischer Maßnahmen retten kann. So äußerte sich Bas van der Wal, Chef der Abteilung Oberflächenwasser des Wasserwirtschaftsamts Delfland (zu dem das Gebiet um Den Haag und Rotterdam gehört), in einem Interview mit der Fachzeitschrift *Milieu Aktief* über die Bäche in seinem Arbeitsgebiet: „Der Fischbestand ist sehr unausgewogen. Durch die Eutrophierung gibt es hier viel Karpfen und Brachsen. Auch Frösche sieht man, die sind nämlich nicht sehr empfindlich, was Schädlingsbekämpfungsmittel betrifft. Aber für die spielen wieder andere Faktoren eine Rolle, wie z.B. die Struktur der Ufer. Für Laien sieht es oft so aus, als gehe es der Natur gar nicht so schlecht; in Wirklichkeit steht das ökologische Kartenhaus vor dem Einsturz. Denn alle diese verschiedenen Organismen sind von gleicher Bedeutung im Ökosystem Wasser. Aber die meisten davon sind winzig und hausen unter Wasser, der Laie sieht sie also nicht."

Er machte sich Sorgen über den Rückgang des Wasserflohs, der als Paradebeispiel für die Verarmung der biologischen Vielfalt gilt.

Van der Wal hatte aber auch die Lösung für das Problem parat. Es geht dabei um das künstliche Schaffen von etwas, das der freien Natur ähnelt. Tatsächlich gab es – so van der Wal – nur eine Lösung: die Gemüsezüchter – in Delfland wird viel Gemüse in Treibhäusern gezüchtet – soweit zu bringen, dass sie den Einsatz von Herbiziden um 99 % reduzieren. Er glaubte aber selbst nicht so recht, dass das gelingen würde. „Die Motivation der Gemüsezüchter ist in einer solchen Situation natürlich ein Problem. Deshalb untersuchen wir die Möglichkeiten um schon jetzt die Wasserqualität zu verbessern. Man kann etwas für die Lebensformen tun, indem man zum Beispiel Wasserauffangbecken einrichtet, die eine natürliche Form erhalten. Man kann eine sanfte Böschung anlegen und ein Ufer schaffen, an dem Wasserpflanzen und Treibpflanzen leben. Und es muss tiefere Stellen geben, wo Fische überwintern können. Die Rückkehr von Fröschen, Amphibien und zum Beispiel des Iltis ist eindeutig eine Verbesserung für das Ökosystem Wasser und wirkt sich positiv auf dessen Wertschätzung aus." So profilierte er sich als Mini-Lely des Wasserflohs.

Was Professor Opschoor den „Umweltnutzungsraum" nannte

Van der Wal ist ein typischer Vertreter einer Kategorie von Beamten und Politikern, die man in den Niederlanden in den letzten zwanzig bis dreißig Jahren immer häufiger findet: jemand, der sich für die Umwelt interessiert und glaubt diese mehr oder weniger gestalten zu können. Diese Überzeugung ist weit verbreitet. Beinahe täglich werden im Fernsehen kurze Werbefilme der Regierung gezeigt, in denen die Bürger zu schonendem Umgang mit dem aufgerufen werden, was der Wirtschaftswissenschaftler Prof. Dr. J. B. Opschoor von der Freien Universität Amsterdam „den Umweltnutzungsraum" nennt. „Alles hat seinen Preis", so sagen die Niederländer und Opschoor versucht diesen mit wissenschaftlichen Methoden zu ermitteln. Dann kann ein Umweltschaden zu den Investitionen gezählt und vom Gewinn abgezogen werden, so dass – seiner Meinung nach – eine deutlichere Vorstellung von den tatsächlichen Kosten und dem Nutzen entsteht.

Die Freie Universität Amsterdam wurde von Abraham Kuyper, dem Begründer der kalvinistischen Säule, gegründet und Opschoors Denkweise erinnert an den biblischen Auftrag Gottes, mit dem der Mensch zum Verwalter der Erde bestellt wurde; er hat deshalb die Pflicht verantwortungsbewusst mit der Erde umzugehen. Aber trotzdem nimmt der Mensch als Verwalter der Erde eine Art Führungsposition ein. Im ersten Buch der Bibel, dem Buch *Genesis*, macht Gott, nachdem er Himmel und Erde geschaffen hat, Adam, den ersten Menschen, zum Herrn der Schöpfung ohne irgendwelche Einschränkungen. Das unterscheidet dessen Nachkommen grundsätzlich von allen anderen Lebewesen auf der Erde. Sie können mit der Schöpfung umgehen wie sie wollen, alles tun, was ihnen einfällt. Die Indianer Guatemalas zum Beispiel sehen sich eher als Bestandteil ihres *Milpa*, ihres Maisackers, weniger als Eigentümer oder Pächter. Sie tragen eine besondere Verantwortung, die sie mit Pflanze oder Tier teilen. Dies bedingt Vorsicht, das Erkennen von Grenzen, etwas was es in der biblischen Vorstellung von der Vorherrschaft der Menschen nicht gibt. Höchstens die Einsicht, lediglich Verwalter zu sein, kann den Raubbau verhindern. Das ist auch die Basis von Professor Opschoors Ansichten.

Auch bei der niederländischen Umweltbewegung gibt es die Tendenz, eine gewisse Verwandtschaft mit den Auffassungen der guatemaltekischen Indianer zu zeigen. Doch dies bleibt einer kleinen Vorhut vorbehalten. Die große Mehrheit befürwortet das Regulieren und Beschützen.

Dieser Wunsch die Umwelt zu schützen hat Tradition. Die Romantik des 19. Jahrhundert besaß großen Einfluss auf die Eliten in den Niederlanden. Man entwickelte eine Wertschätzung für die Schönheit des „Ödlands" und schuf in Gärten und den ersten Stadtparks etwas, was diesem ähnelte. Der erste Ziergarten basierte noch auf dem Beispiel des französischen Königsschlosses Versailles, Triumph der absoluten Herrschaft des Menschen über die Schöpfung: ein geometrischer Grundriss, kurz geschnittene Rasenflächen, Sträucher, die oft mit großer Kunstfertigkeit zu Figuren geschnitten wurden, die Erfindungen wie zum Beispiel Mühlen darstellen. Bewunderte Landschaft war kultivierte Landschaft, wie Leeghwaters Polder. Denn Landschaft diente einem Zweck.

Die Romantik bezeichnete einen Bruch mit diesen Auffassungen. Gärten nach Art von Versailles wurden in großer Zahl umgestaltet und durch möglichst wilde Wälder ersetzt. Niederländische Gartenbauarchitekten entwickelten ein großes Talent darin, durch geschicktes Pflanzen von Bäumen den Rand eines sich endlos hinziehenden Waldes vorzutäuschen und das Gartentor zu kaschieren. Teiche erhielten das Aussehen „natürlicher" Bäche, man „baute" Ruinen und Felspartien. Jede Stadt, die es sich halbwegs leisten konnte, legte gemäß diesen Prinzipien Grünflächen und Stadtparks an. Beispiele dafür sind der Park an der Maas in Rotterdam und der Amsterdamer Vondelpark. Moderne Parkanlagen tragen noch heute stark romantische Züge. Gärten im Stil des Parks von Versailles gibt es kaum noch.

Gartenarbeit ist ein Volkshobby geworden. In den kleinen Niederlanden wohnen Millionen von Menschen in Hochhäusern und Mietwohnungen, aber jede Umfrage ergibt immer wieder ganz klar, dass es der große Wunsch fast aller Niederländer ist ein Haus mit einem Vorgarten und einem Garten hinter dem Haus zu besitzen.

Rund um die großen Städte befinden sich Schrebergärten, die meist zu Anfang dieses Jahrhunderts entstanden sind. Ursprünglich wollte man damit ärmeren Leuten die Möglichkeit zum Gemüseanbau geben, denn die medizinische Wissenschaft hatte bewiesen, dass Gemüse gesund ist. Heutzutage sind es meist Ziergärten, in die die Besitzer ihren ganzen Stolz investieren; sie haben nämlich für ihren Schrebergarten jahrelang auf der Warteliste gestanden.

Niederländer pflegen ihre Gärten sorgfältig. Wer das Gras nicht oft genug mäht, sein „Unkraut" nicht jätet, so dass die Samen beim Nachbarn landen, wird mit dem Missfallen der gesamten Umgebung konfrontiert und bekommt auf die Dauer Probleme mit den Nachbarn. Denn „Unkraut" sieht nicht schön aus, es sei denn, es wüchse unter strenger Aufsicht als Teil eines romantischen „Wildgartens", aber der Unterschied zwischen einem solchen und einem verwahrlosten Rasen fiele jedermann auf.

Trotzdem betrachten die heutigen Niederländer ihren Garten als ein Stückchen „Natur" vor der Haustür. Man findet allgemein, dass Kinder in einer „grünen" Umgebung aufwachsen sollten. Aber dieses Grün – man kann es nicht nachdrücklich genug betonen – muss sorgfältig im Zaum gehalten werden.

Gleichzeitig besitzt man eine noch aus der Romantik stammende allgemeine Wertschätzung für das, was man heutzutage die „freie Natur" nennt, ein äußerst positiv besetzter Begriff im Gegensatz zu den alten Ausdrücken „Unland" oder „Ödland". Diese Wertschätzung nahm im letzten Viertel des 19. Jahrhunderts gleichzeitig mit einer neuen Ehrfurcht vor der existierenden städtische Bebauung konkrete Formen an. In verwahrlosten alten Ruinen sah man die Hinterlassenschaft eines großen Geschlechts, die sorgfältige Maßnahmen zu deren Erhalt rechtfertigte. Viele kamen sogar zu der Überzeugung, dass die Vorfahren einen besseren Geschmack als die heutigen Generationen hatten. Vieles, was man vorher als Hindernis für den Fortschritt und Erinnerung an frühere Beschränktheit angesehen und wo möglich abgerissen hatte, wurde jetzt unter Denkmalschutz gestellt. Der Amsterdamer Kunstkritiker und führende Katholik J. A. Alberdinck Thijm zum Beispiel wandte sich energisch gegen das Zuschütten der mittelalterlichen Amsterdamer Gracht Nieuwezijds Voorburgwal, wo die Stadtverwaltung eine Durchgangsstraße geplant hatte. Er verlor den Streit, aber seit der Zeit gelang es Fortschrittsaposteln kaum noch Amsterdamer Grachten, Erbe des bewunderten Goldenen Zeitalters, zuzuschütten. Der Nieuwezijds Voorburgwal erwarb sich einen Ruf als niederländische Version der Fleet Street. Die neue Straße erleichterte den Vertrieb von Zeitungen und die Börse, Informationsquelle aus der Wirtschaft, lag gerade um die Ecke. Aber gleichzeitig behielt die Straße den Ruf eines für alle Zeiten ruinierten Stücks Stadtzierde, ein Dolchstoß ins Herz der Stadt, Anschauungsbeispiel dafür, wie man nicht erneuern darf.

Die Behörden begannen historische Bauwerke unter Denkmalschutz zu stellen. Die Eigentümer durften solche Häuser nicht einfach abreißen oder umbauen. Fachleute, die über den Erhalt des historischen Charakters der Häuser wachten, stellten Regeln für den Umgang mit Denkmälern auf. Im Gegenzug gab es Subventionen für die „Restaurierung". Eine staatliche Denkmalschutzbehörde, in Status und Umfang der staatlichen Wasserbehörde ähnlich, lieferte das Fachwissen. Die Denkmalschutzbehörde hat das Land mit einem Netzwerk von Büros überzogen. Sie beschäftigt eine Vielzahl von spezialisierten Architekten, die das Restaurieren kontrollieren und verhindern, dass Eigentümer den Charakter eines Denkmals verändern, indem sie zum Beispiel Kunststofffenster einbauen.

Heute stehen sogar ganze Dörfer oder Städte unter Denkmalschutz. Neubauten sind zwar erlaubt, dürfen jedoch das Aussehen der Stadt nicht (wesentlich) verändern. Im Laufe der Jahre wurde die Liste der Denkmäler stets länger. In den letzten Jahren kamen immer mehr Bauwerke aus dem 19. und 20. Jahrhundert und auch Fabrikgebäude aus den ersten Jahren der niederländischen industriellen Revolution hinzu. Spezialisierte Aktionsgruppen und historische Vereinigungen und Gruppierungen, die es in fast jeder Gemeinde gibt, lassen sich von Plänen für den Abriss charakteristischer alter Gebäude zum Widerstand inspirieren.

Das „Ödland" wird heutzutage mit der gleichen Mentalität behandelt. Die wichtigste Organisation auf diesem Gebiet heißt nicht umsonst „Verein zum Erhalt von Natur*denkmälern* in den Niederlanden". Sie wurde 1905 gegründet, als die Gemeinde Amsterdam die Idee hatte den nicht eingepolderten Moorsee Naardermeer als Schuttplatz für städtischen Abfall zu nutzen. Der Verein „Naturdenkmäler", gegründet vom liberalen Spitzenpolitiker P. G. van Tienhoven und dem populären Biologen Jac. P. Thijsse, dem die Schrebergärtner bis zum heutigen Tag viel Inspiration verdanken, kaufte den See und erklärte ihn zum Naturschutzgebiet – dem ersten in einer langen Reihe. „Naturdenkmäler" verwaltet diese Gebiete sehr sorgfältig und überlässt nichts dem Zufall. Die Mitglieder der Vereinigung können die Gebiete betreten, dürfen aber natürlich die Wege und Pfade nicht verlassen.

Typisches Beispiel für einen solchen Umgang mit der Natur ist der Biesbosch, der Rest der St. Elisabethflut im Jahre 1421. Das Ministerium für Landwirtschaft, Naturschutz und Fischerei setzt dort Biber aus Osteuropa aus, weil diese – wie man aus historischen Quellen weiß – auch früher dort lebten. Ein anderes Beispiel ist der Unterschied, den niederländische Biologen zwischen „einheimischen" und später eingeführten Pflanzen machen. Diese letzteren schädigen – so glaubte man lange Zeit – die Natur in der gleichen Weise, in der Anbauten aus späterer Zeit ein historisches Bauwerk ruinieren. Diese radikale Haltung ist allerdings heute nicht mehr so stark verbreitet.

Moderner Umweltaktivismus hat seinen Ursprung in der großen Stadt

Der moderne Umweltaktivismus hat seinen Ursprung in der Großstadt, etwas abseits vom traditionellen Naturschutz. Er hat damit eigentlich nichts zu tun, weil seine Inspirationsquelle vor allem die Verschmutzung der Lebensumgebung durch menschliches Handeln ist. Das ist natürlich schon länger ein Thema. Schon vor Jahrhunderten erließen Politiker Regeln zum Schutz der Bürger. Stinkende Ledergerbereien z.B. und lärmende Klopfmühlen, in denen Kupfer plattgeschlagen wurde, mussten sich außerhalb der

Städte oder Dörfer niederlassen. Doch die zunehmende Selbstverständlichkeit des Wohlstands vor allem seit den sechziger Jahren machte die Bürger kritischer. „Wenig Verkehr", stellte der niederländische Außenminister Joseph Luns Anfang der sechziger Jahre noch fest, als ihm bei einem Besuch in Westberlin ein Blick über die Mauer gestattet wurde.

Und tatsächlich, Bilder von Straßen ohne Verkehr, aber voller Fußgänger galten als Beweis für das Fiasko des Kommunismus. Der ehemalige PvdA-Chef den Uyl äußerte in den sechziger Jahren seine Überzeugung, dass jede niederländische Familie ein Auto haben müsse. Mit feinem Gespür für die Trends der Zeit hielt er allerdings schon wenige Jahre später Reden über die „Lebensqualität", die durch das ungebremste Wachstum der Industrie bedroht sei.

Ein wichtiger Katalysator war der verheerende Brand, der sich 1963 in der Firma Superphosphat ereignete, einer Kunstdüngerfabrik etwas außerhalb der Ortschaft Vlaardingen in Süd-Holland. Der Ostwind trieb Wolken giftigen Gases zwischen den umliegenden Dörfern hindurch auf das Meer hinaus. Hätte der viel häufiger vorkommende Westwind geweht, wäre die Gaswolke über die Großstadt Rotterdam getrieben, zu deren Ausläufern Vlaardingen gehört. Das hätte Zehntausende Menschenleben kosten können. Das Kabinett war bereits zu einer Krisensitzung zusammengetreten um Vorbereitungen für eine Massenevakuierung zu treffen, die dann im letzten Moment abgeblasen werden konnte. Doch nur knapp war man einer Katastrophe entronnen. Superphosphat gehörte zu einem enormen Komplex von chemischen Betrieben und Raffinerien, die zwischen Rotterdam und dem Meer lagen. Für den Bau des Komplexes hatte man seinerzeit ein beliebtes Naturschutzgebiet geopfert. Den Niederlanden war deutlich vor Augen geführt worden, welche Folgen ein Unglück haben kann.

Die kritische Generation der sechziger Jahre bezog die Umwelt in ihre Aktivitäten ein. Man konnte dem verachteten Mittelstand eine neue Sünde ankreiden. Die Auffassung Zahns, nach der die Sorgen der Niederländer um die Umwelt einen in den Hintergrund geratenen Gott ersetzen, lohnt sicherlich das Nachdenken, aber genauso wichtig sind negative Erfahrungen mit übelriechenden und ab und zu abbrennenden chemischen Industriebetrieben.

Außerdem wurde der Schaden an der Umwelt im Lauf der Zeit immer deutlicher sichtbar. Es stellte sich heraus, dass traditionelle Unternehmen, z.B. Gaswerke, den Boden, auf dem sie standen, so sehr verschmutzt hatten, dass das Wohnen dort gesundheitsgefährdend war. Andere Unternehmen hatten giftige Stoffe in Gebieten deponiert, auf denen später Wohnviertel errichtet wurden. So wurden extrem teure Sanierungsmaßnahmen erforderlich und manchmal mussten Wohnhäuser sogar abgerissen werden. Man fand heraus, dass es Hunderte von „Giftmülldeponien" gab, manchmal Hunderte von Jahren alt, auf denen schon unsere Vorfahren im Goldenen Zeitalter Bleiweißfabriken errichtet hatten. Die meisten waren aber jüngeren Datums. Berechnungen ergaben, dass es Milliarden kosten würden diesen Dreck zu beseitigen. Steuergelder natürlich, denn der Verursacher lag meist – wie man in den Niederlanden sagt – auf dem Friedhof, was bedeutet, dass man ihm nicht mehr in die Tasche greifen kann.

Die Umweltbewegung organisierte sich in den inzwischen gebräuchlichen Aktionskomitees; sie richteten sich meist gegen einen oder mehrere Verschmutzer und forderten konkrete Maßnahmen. In erster Linie galt das Augenmerk der verschmutzten Luft, die die Anwohner in die Nase bekamen und nicht länger hinnehmen wollten. Dann richtete sich die Aufmerksamkeit auch auf verschmutztes Oberflächenwasser und die Giftmüllkippen. Schließlich folgte die kapitalintensive Landwirtschaft, die gigantische Mengen an Kunstdünger und Schädlingsbekämpfungsmitteln einsetzte um die Erträge immer weiter zu steigern. Der enorme Viehbestand – in den Niederlanden gibt es ebenso viele Schweine wie Einwohner, etwa fünfzehn Millionen – produzierte soviel Gülle, dass diese nicht mehr zu beseitigen war und ebenfalls die Umwelt schädigte.

Politiker gingen mit den neuen Aktionskomitees genauso um wie mit allen anderen: Sie akzeptierten sie als Gesprächspartner, übernahmen deren Terminologie und Zielsetzungen. Regionale und nationale Dachorganisationen, die aus diesem Aktivismus hervorgingen, erhielten Subventionen und fingen an die Rolle einer sogar von der Regierung unterstützten und geförderten Umweltlobby zu übernehmen. Die meisten dieser Organisationen entstanden zu Anfang der siebziger Jahre.

Die Regierung stellte Umweltbeauftragte ein. Der Großraum Rotterdam erhielt eine Reihe von 'Schnüffelpfählen', d.h. Apparate, die die Luftqualität messen und die Daten weiterleiten. Sie werden vom Umweltamt Rijnmond verwaltet, das Tag und Nacht eine Telefonverbindung für Beschwerden von Bürgern unterhält. Der Bereich Umwelt wurde dem Ministerium für Wohnungsbau und Raumordnung zugeteilt, in dessen Namen man jetzt das M (das niederländische Wort für Umwelt lautet „Milieu") findet.

Radikale Kritiker behaupteten sogar, dass für eine sehr intensive und nur mit Hilfe von Subventionen überlebende Landwirtschaft in den Niederlanden auf die Dauer kein Platz sei. Bauern sollten sich zu „Naturverwaltern" umschulen lassen. Subventionen dafür wären besser angelegt als für die verzweifelten Versuche mit immer mehr Eingriffen und immer intensiverer Bebauung der Landschaft, mit Biotechnologie und teuren Maschinen ein ausreichendes Einkommen zu erzielen.

Diese Kritiker blieben Rufer in der Wüste. Aber es gibt in den Niederlanden Tendenzen, die auf eine solche Entwicklung hindeuten. Der letzte große, noch von Ingenieur Lely entworfene Polder wird wahrscheinlich nicht angelegt werden. Landwirtschaftliche Nutzflächen sind kaum noch gewinnbringend zu bebauen und die Niederlande haben in Zukunft vielleicht mehr Bedarf am Süßwasser des Ijsselmeers als an neuem Land. Gemeinden in der Region Oldambt in der nördlichen Provinz Groningen erarbeiteten Pläne um alte Polder wieder unter Wasser zu setzen, so dass ein See entsteht, der – hoffentlich – Touristen anzieht, so dass Arbeitsplätze geschaffen werden. Im Herzen der Provinz Süd-Holland, etwa zwischen Rotterdam und Gouda, wird ein altes Viehzuchtgebiet in einen romantischen „Wald" verwandelt um für eine Million Einwohner des Ballungsgebiets Rotterdam ein Stück „Natur" zu schaffen. Niemandem würde es heute noch einfallen, das bei Ebbe größtenteils trockene Wattenmeer weiter einzupoldern. Das Wattenmeer gilt als wertvolles Naturgebiet und eine aggressive und einflussreiche Wattenmeervereinigung mit Mitgliedern im ganzen Land kritisiert heftig jeden Plan zur wirtschaftlichen Nutzung des Wattenmeers. Sie leistet zum Beispiel den Plänen im Wattenmeer Probebohrungen nach Öl und Erdgas durchzuführen heftigen Widerstand.

Die Umweltbewegung verfolgt kritisch alles, was die Regierung tut, teilweise mit viel Misstrauen, doch der Gedanke, dass sich letztlich auch die Natur regulieren lässt, bleibt auch ihr eigen.

Ingenieure sind auf ihre eigene Art und Weise eher bescheiden

Lelys bleibender Ruhm, der in der Stadt Lelystad, Hauptstadt der von den Zuiderzee-Poldern gebildeten neuen Provinz und dem Intercity-Bahnhof Amsterdam-Lelylaan zum Ausdruck kommt, beruht auf seinen wasserwirtschaftlichen Auffassungen. Doch seine Bedeutung reicht weiter. Lely ist auch der Vater der Unfallversicherung, die Arbeitern, die einen Arbeitsunfall erlitten haben, Schadenersatz bezahlt. Die Ingenieurmentalität – die Ansicht, dass man auf der Basis vernünftiger Ausgangspunkte, Sachkenntnis und praktischer Experimente viel regulieren und organisieren kann – lässt sich auch auf die Gesellschaft anwenden. Studenten aus der Zeit Lelys waren tief beeindruckt von Professor Hendrik Baltus Pekelharing (1841–1922), der an der Technischen Universität Delft Nationalökonomie lehrte. Die Vorlesungen und Gesprächsgruppen von Pekelharing besaßen großen Einfluss. In ihnen ging es um Planung, aber nicht von Grund und Boden, sondern der Gesellschaft. Pekelharings Studenten gingen in die Politik, oft als Vertreter der sozialdemokratischen Partei der Arbeit. Der Nobelpreisträger und Begründer der Ökonometrie, Prof. Dr. Jan Tinbergen, erklärte noch 1936, dass sein Fach eigentlich zu den „Ingenieurwissenschaften" gehöre. Genau wie die Flüsse, die durch das flache holländische Delta strömen, war auch die Entwicklung der Gesellschaft beherrschbar.

Dieser Gedanke hat totalitäre Züge. Totalitäre Ideologien wie zum Beispiel der Kommunismus oder der Nationalsozialismus haben jedoch in den

Niederlanden niemals wirklich Fuß gefasst, auch nicht an den Technischen Universitäten, obwohl der niederländische Ersatz-„Führer" Anton Mussert Ingenieur war. Dies erklärt sich daraus, dass ihre Prinzipien im Gegensatz zur Ingenieursmentalität stehen. Sie gehen von einer Reihe unumstößlich feststehender Ausgangspunkte aus, von Prinzipien, anhand derer die Gesellschaft organisiert werden muss. Sei es rassische Überlegenheit oder die Diktatur des Proletariats und kollektives Eigentum an den Produktionsmitteln; das ist gleichgültig. Es geht darum, dass alles in ein von vornherein festgelegtes Schema gepresst wird.

Im Hydrodynamischen Laboratorium in Delft geht man anders vor. Dort versucht man nicht den Rhein zu knechten, sondern stattdessen seinen Lauf zu regulieren. Ingenieure sind auf ihre eigene Weise bescheiden: Sie besitzen genug Respekt vor den Naturgesetzen und Naturkräften um nie zu radikal einzugreifen. Denn das, so wissen sie, führt zu Katastrophen. Sie wissen auch, dass die Naturgesetze mehr sind als Produkte menschlicher Logik. Die Logik wird nur angewandt, um Ordnung in das Chaos der zahllosen Ergebnisse empirischer Forschung zu schaffen. Auf diese Weise werden Naturgesetze klar. Gesellschaftlich engagierte Ingenieure haben nur selten in der Gesellschaft so viel natürliche Ordnung festgestellt, dass sie es wagten Gesetze zu formulieren. Ausnahmen waren vereinzelte Kommunisten oder Anton Mussert, die jedoch Randerscheinungen blieben. Ingenieure glaubten nämlich an Regulierung und Ordnung und machten daher Vorschläge, die u.a. auf den verschiedenen Weltanschauungen basierten, die sie dem Gedankengut der Versäulung entnahmen. Gleichzeitig glaubten sie durchaus an die Resultate wissenschaftlicher Forschung. Als Medizinforscher feststellten, dass die gefürchtete Volkskrankheit Tuberkulose vor allem bei Menschen auftrat, die in dunklen, feuchten Häusern wohnten, sahen sie es als gesellschaftliche Verpflichtung an gesetzliche Qualitätsanforderungen für neue Wohnhäuser zu entwickeln, was die zu verwendenden Baumaterialien, die Mindestgröße von Fenstern und Türen und die Belüftung betraf. Solche Vorschriften konnten recht weitreichend sein. Die TU Delft besaß eine Abteilung von Bauingenieuren, die sich damit beschäftigte optimale Arbeiterwohnungen zu entwerfen. Bis ins zwanzigste Jahrhundert schliefen die meisten Niederländer in einem Alkoven, einer Art in die Mauer eingebauten Schrank, oder in einer fensterlosen Kammer zwischen dem Salon an der Vorderseite des Hauses, in dem man Gäste empfing und dem Zimmer an der Rückseite, wo man zusammen die Mahlzeiten einnahm und wo die Familie – außer an Festtagen – lebte. Moderne Architekten machten rigoros Schluss mit diesem Kämmerchen. Außerdem platzierten sie die Lampen so an der Decke, dass sie genau über dem Esstisch hingen. So konnten die Arbeiter nach dem Essen den Abend mit Lesen verbringen, denn die Lampe warf ein helles Licht auf die Zeitungsseiten.

Gesellschaftlich engagierte Ingenieure glaubten fest daran, dass Wissen Macht sei

Gesellschaftlich engagierte Ingenieure glaubten fest daran, dass Wissen Macht sei, denn darauf basierte schließlich ihre eigene Sachkenntnis. Innerhalb der Versäulung florierten große Verlage, die gemäß den Normen der eigenen Weltanschauung „gute Literatur" massenhaft billig verlegten. Auch das Netzwerk öffentlicher Bibliotheken, das heute das Land überzieht und mit Bücherbussen auch abgelegenste Gemeinden versorgt, entstand aus dieser Überzeugung heraus.

Es ist deutlich, dass der Gedanke, dass man alles regulieren kann, verwandt ist mit dem traditionellen niederländischen Paternalismus, der Überzeugung des Regenten, dass er besser als die Bürger selbst weiß, was gut ist für diese.

Ausländische Beobachter konstatieren oft, dass niederländische Städte genauso gradlinig und organisiert geplant sind wie die Landschaft. Auch das hat mit diesem Paternalismus zu tun. Architekten wie Berlage und Oud strebten nach einer Art Volkswohnungsbau um auf die Bürger sozusagen sanften Zwang auszuüben sich geistig weiterzuentwickeln. Doch nicht nur das, die Menschen sollten auch Kontakte zur Gemeinschaft unterhalten. Sie entwarfen „Gartenstädte", in denen kleine Häuser – ordentlich mit Vorgarten und Garten hinter dem Haus – um eine Art Platz herum angeordnet waren. Die Architekten der so genannten Amsterdamer Schule favorisierten eher burgartige Komplexe, die mit Stein, Toren und Ziertürmen Geborgenheit suggerierten, so dass die Bewohner sich in einer gemeinschaftlichen Burg beschützt wussten. Heute werden solche Stadtteile immer öfter unter Denkmalschutz gestellt.

In einer nicht regulierten Gesellschaft, in der alle Bereiche dem Gesetz von Angebot und Nachfrage unterliegen, hat ein solcher Wohnungsbau wenig Chancen. Sozialdemokraten setzten sich deshalb praktisch seit der Gründung ihrer Partei für kommunalen Wohnungsbau ein. Es dauerte eine ganze Weile, bis diese Forderung erfüllt wurde. Die Politiker waren wohl im Allgemeinen bereit Genossenschaften zu unterstützen, deren Mitglieder gute erschwingliche Mietwohnungen bauen wollten, indem sie zum Beispiel Sicherheiten für Darlehen auf dem Kapitalmarkt zur Verfügung stellten. Solche Genossenschaften entstanden in großer Zahl und waren meist schnell ins traditionelle Säulenmodell integriert. So entstanden römisch-katholische, kalvinistische und sozialdemokratische Siedlungen nebeneinander. Diese Genossenschaften waren es vor allem, die nach dem Gartenstadt-Modell bauten.

Erst nach dem Zweiten Weltkrieg übernahm die Regierung selbst den Wohnungsbau in großem Maßstab. Dies war praktisch eine Notmaßnahme, denn während der Besatzung und der Kriegshandlungen auf niederländischem Territorium waren so viele Häuser zerstört worden, dass man die Beseitigung der Wohnungsnot nicht dem freien Markt überlassen konnte. Es kam zu Wohnraumbewirtschaftung, wobei der Mangel an Wohnraum möglichst ehrlich verteilt wurde. Die Mieten der von der Regierung gebauten Häuser wurden mittels Subventionen künstlich niedrig gehalten. Solche Wohnungen erhielten natürlich nur Leute, deren Einkommen bestimmte Grenzen nicht überstieg. Die Wohlhabenden hatten schließlich genug Geld um sich Wohnraum auf dem freien Markt zu verschaffen.

Die damaligen Architekten waren sehr vom Rationalismus und vom massenhaften Hochhausbau angetan, den der berühmte Schweizer Architekt Le Corbusier propagierte. Er hatte den Vorteil, dass man aufgrund der Standardisierung zu relativ niedrigen Kosten viel bauen konnte. Auf diese Art und Weise entstanden rund um die Städte ausgedehnte Stadtteile mit Appartementgebäuden, meist umgeben von großzügigen Spielplätzen und Grünanlagen. Wiederum sollte mit der Architektur ein ganz bestimmter Lebensstil propagiert werden. Diese neuen Wohnungen verfügten allesamt über eine Dusche, etwas Neues für die Niederländer, die sich bis dahin einmal in der Woche in einer Wanne stehend vor dem Ofen gewaschen hatten. Um dafür zu sorgen, dass die Mieter diese Dusche nicht zweckentfremdeten, hatten die Mieter von der Gemeinde zu einem sehr niedrigen Preis einen Boiler zu mieten, der die Wohnungen mit fließend warmem Wasser versorgte. In den siebziger Jahren kehrten die Architekten wieder zu den althergebrachten niedrigeren Gebäuden in gartenstadtartiger Umgebung zurück, die von manchen allerdings als Ausdruck „neuer Biederkeit" angesehen wurden.

Auch hier stand das Gemeinschaftsgefühl im Mittelpunkt, das jedoch mit dem aufkommenden Individualismus und dem Niedergang der Säulen nicht allzu gut harmonierte. Viele Niederländer schätzten vor allem ihr Privatleben und wollten nichts mit den Nachbarn zu tun haben. Zahlreiche Bürgerinitiativen widmeten sich dem Thema Belästigungen oder Ruhestörung durch die Nachbarn.

Andere Bürgerinitiativen wehrten sich sehr erfolgreich gegen das Abreißen ihres als verwahrlost angesehenen Stadtteils. Seit den siebziger Jahren praktizierten viele Gemeinden sogenanntes „erneuerndes Bauen". Während der Charakter der alten Häuser, vor allem der Fassaden, soweit möglich erhalten blieb, finden sich im Innern alle Annehmlichkeiten eines modernen Appartements.

Der Gedanke, man könne die gesellschaftliche Entwicklung regulieren, erstreckte sich auf viele Gebiete, nicht nur auf die Raumordnung. Das führte dazu, dass ein umfangreiches Genehmigungssystem entstand, das immer mehr Bereiche der Gesellschaft betraf. Dank dieses Systems konnten paternalistische Gemeindeväter zum Beispiel die Zahl der Gastwirtschaften beschränken, die Alkohol, der bekanntlich nicht zur Volksentwicklung beiträgt, ausschenken durften. Die Behörden legten bestimmte Ladenöffnungszeiten fest, nicht nur zum Schutz des Personals, sondern auch um kleinen Einzelhändlern die Chance zu geben sich gegenüber den großen Supermärkten zu behaupten, die mit Schichtarbeit problemlos vierundzwanzig Stunden pro Tag geöffnet sein können. (Inzwischen hat man ein wesentlich liberaleres Ladenschlussgesetz verabschiedet.) Leute, die einen bestimmten Beruf oder ein Gewerbe ausüben wollten, mussten bestimmte Zeugnisse vorweisen. Ein strikter Lebensmittelkontrolldienst überwachte die Einhaltung der Mindestanforderungen an die Produkte, die man dem Verbraucher anbot. Niederlassungsgenehmigungen mussten dafür sorgen, dass in einem bestimmten Stadtteil nicht zu viele kleine Geschäfte mit dem gleichen Angebot einander Konkurrenz machten. Diese „Steuerungsmentalität" entwickelte schließlich ihre eigene Dynamik, so dass mancher Niederländer sich ab und zu von einem tyrannischen Staat unterdrückt fühlt. So zum Beispiel, wenn er für einen Gartenzaun eine Genehmigung benötigt oder wenn der Plan für einen kleinen Umbau einer Kommission des Gemeinderats vorgelegt werden muss, die darüber wacht, dass das Straßenbild einheitlich bleibt und nicht durch Kitsch verunstaltet wird, obwohl man nach Meinung vieler Niederländer über Geschmack nicht streiten kann.

Die Niederlande kennen eine Berufsgruppe sogenannter „Sozial-Ingenieure", ausgebildet an einer Fachhochschule, der Sozialakademie oder – seit etwa 1960 – an den einflussreichen Fakultäten für Sozialwissenschaft der Universitäten. Sie werden zum Beispiel als „Aufbaufachkraft" beschäftigt.

Das große Angebot an Betreuung und Fürsorge kann einem manchmal auf die Nerven gehen

Es gibt Amtsträger, die in Stadtteilen alle möglichen Aktivitäten beaufsichtigen, meist mit der Absicht ein sogenanntes Gemeinschaftsgefühl zu entwickeln. Andere kümmern sich um Leute, die aus welchen Gründen auch immer eine Betreuung benötigen, zum Beispiel wegen familiärer Probleme oder um sich in der Gesellschaft zu behaupten. Auch hier geht es immer um Steuerung und Regulierung. Dieser gesamte Komplex gesellschaftlicher Dienstleistungen wird unter dem Begriff 'Sozialarbeit' zusammengefasst.

Der kritische Philosoph Hans Achterhuis machte in den achtziger Jahren Furore mit einem polemischen Buch unter dem Titel *De Markt van Welzijn en Geluk* (Der Markt von Gemeinwohl und Glück), in dem er sich kritisch über diese Philosophie der Regulierung und Betreuung ausließ. Achterhuis, dessen Denken teilweise auf dem Anarchismus des 19. Jahrhunderts beruht, identifiziert ein giftiges Gebräu von regentenartigem Paternalismus und purer Einmischung in das Leben anderer, das in der Praxis mehr schadet als nützt, während ein ganzer Sektor sogenannter Fachleute dadurch ein gutes

Einkommen erzielt. Achterhuis nannte sie die „neuen Freigestellten", im Gegensatz zu Freigestellten im ursprünglichen Sinne; Aktivisten, die von der Gewerkschaft ein Gehalt dafür erhielten, dass sie sich ganztags der Organisation widmeten.

Seither hat der Staat diesen „neuen Freigestellten" und ihrem Apparat beträchtliche Kürzungen auferlegt.

Aber auch in der Gesellschaft von heute deutet vieles auf die beschriebene Ingenieurmentalität hin. Viele Organisationen und Menschen sehen ihre Aufgabe darin zu stimulieren, etwas zu erleichtern oder Prozesse zu beschleunigen und Aktivitäten zu betreuen. Dabei kommt meist auch der Begriff Koordination zur Sprache, der eigentlich in eine Gesellschaft gehört, in der ein Einzelner normalerweise nicht genug Macht erringen kann um sich als unbestrittener Anführer zu profilieren.

Der Außenstehende erhält durch diesen Sprachgebrauch bisweilen den Eindruck, dass sich dahinter bloßes Nichtstun verbirgt. Aber das ist normalerweise nicht der Fall. Stimulieren und Betreuen sind sehr effektive Methoden des Handelns in einer Dialoggesellschaft, in der man Beschlüsse mehr oder weniger gemeinsam fasst und in der der von allen akzeptierte Kompromiss im Mittelpunkt steht.

Stimulieren und Betreuen bedeutet auch, dass man versucht in laufenden Prozessen eine Rolle zu spielen. Dazu darf man nicht von knallharten Prämissen und feststehenden theoretischen Modellen ausgehen. Die Aktion basiert auf Beobachtung und Interpretation der tatsächlichen Situation. Wie das funktioniert, wird zum Beispiel an der Rolle deutlich, die das Zentrale Planungsbüro spielt. Dieses Büro wurde 1945 im Auftrag der Regierung von Jan Tinbergen gegründet, dem Mann, der die Ansicht vertrat, dass die Wirtschaftswissenschaften eigentlich eine Ingenieurwissenschaft seien. Sein ganzes wissenschaftliches Leben lang hat dieser Nobelpreisträger sich dafür eingesetzt wirtschaftliche Prozesse messbar und quantifizierbar zu machen. Denn seiner Meinung nach bildeten nur harte Zahlen ein Fundament, auf dem politische Strategien entwickelt werden können. Tinbergen entwarf Modelle, mit denen sich die wirschaftliche Wirklichkeit in mathematischen Formeln ausdrücken lässt. Die Entwicklung des Computers versetzte seine Nachfolger in die Lage diese Formeln immer weiter zu verfeinern.

Das Zentrale Planungsbüro plant keineswegs. Es misst die Wirtschaft auf Basis einer Vielzahl von Indikatoren und erstellt aufgrund dieser Messungen Zukunftsprognosen. Aber seine wichtigste Aufgabe ist die „rechnerische Kontrolle" politischer Vorhaben im Hinblick auf deren Auswirkungen auf den Wohlstand des Landes. Bei Koalitionsverhandlungen zum Beispiel legen die Verhandlungspartner ihre Kompromissvorschläge immer öfter dem Zentralen Planungsbüro vor, das „errechnet", ob damit die angestrebten Ziele erreicht werden. Seit den achtziger Jahren streben alle Regierungen nach dem Erhalt und – falls möglich – der Schaffung von Arbeitsplätzen. Während der Koalitionsverhandlungen im Jahre 1994 verbannten die beteiligten Politiker manch einen in mühsamen Verhandlungen zu Stande gebrachten Kompromiss in den Papierkorb, weil gemäß der Computermodelle des Zentralen Planungsbüros der „Arbeitsplatzeffekt“ zu niedrig oder sogar negativ war. Auf die Dauer ging das Büro sogar so weit eigene Vorschläge für politische Strategien zu unterbreiten, etwas, was es seit Jahren bei der turnusmäßigen Veröffentlichung seiner Vorhersagen tut. Wie man auch darüber denken mag – manche Kommentatoren wie der Finanzexperte und Publizist Prof. Dr. Eduard Bomhof, finden, dass diese Ehrfurcht vor Computermodellen zu weit geht –, praktisch alle Politiker, ob links oder rechts, ziehen einen praktischen und utilitaristischen Ansatz ideologisch bestimmten Ausgangspunkten vor.

Solche Standhaftigkeit ist außerhalb des Wahlkampfs nur selten vorhanden. Letztendlich glaubt man daran, dass man durch rechtzeitige Kursänderungen zum richtigen Zeitpunkt ans gewünschte Ziel kommt, wie es auch der Schleppkahn im 17. Jahrhundert garantierte, und so wie man jetzt, indem man sich präzise auf die Strömungen von Meer und Fluss einstellt, nicht nur den Kopf über Wasser, sondern auch die Füße trocken halten kann.

Diese Überzeugung ist zwar noch allgemein vorhanden, hat aber nicht mehr die Kraft wie vor ein oder zwei Generationen. PvdA-Chef Joop den Uyl führte ab 1960 das Konzept der „gestaltungsfähigen Gesellschaft“ ein. Heute sind sogar die Sozialdemokraten davon überzeugt, dass dies ein altmodisches, von den Tatsachen überholtes Konzept ist. Ganz einfach deshalb, weil zu viele politische Maßnahmen nicht zum gewünschten Ziel führen, sondern eher zu etwas ganz anderem oder sogar zum Gegenteil dessen, was man beabsichtigte. Es hängt ein wenig vom politischen Standpunkt ab, was als Beispiel angeführt wird: das Kündigungsrecht, das es Unternehmen erschwert Arbeitnehmer zu entlassen und es dadurch auch Arbeitssuchenden erschwert eine Stelle zu finden. Oder der vierspurige Ausbau von Autobahnen, der die Leute dazu bringt Autos zu kaufen, so dass die Staus letztendlich noch zunehmen und sich in stets größerem Maße ins Stadtinnere verlagern.

Aber nur wenige wünschen sich das zurück, was man den „Nachtwächterstaat“ nennt, das Konzept eines Staates, der lediglich Leben und Besitz der Bürger beschützt und alles andere den Kräften des freien Marktes überlässt. Kritisiert wird höchstens die Feinsteuerung, was auch wieder zu der Ehrfurcht passt, die die niederländische Wasserwirtschaft trotz all ihrer Sachkenntnis für die Kraft des Wassers hegt. Man kann den Lauf eines Flusses zwar in eine bestimmte Richtung leiten, man kann ihm jedoch nicht verbieten zu fließen.

Wer auf einem niederländischen Flussdeich steht, stellt fest, dass sich zwischen diesem technischen Kunstwerk und dem eigentlichen Fluss noch ein recht großes Gebiet erstreckt, das Deichvorland, meist Weiden, auf denen Vieh grast. Manchmal wird auch dieses Deichvorland durch kleinere Deiche geschützt. Im Prinzip aber überlässt man es der Willkür des Flusses. Bei sehr hohem Wasserstand, was zeitig vorhergesagt wird, so dass die Bauern das Vieh wegholen können, wird das gesamte Gebiet überschwemmt. Würde man das Deichvorland eindeichen, bekäme das Wasser so viel Gewalt, dass kein noch so moderner Deich mehr standhalten würde. Man muss dem Fluss und *mutatis mutandis* auch dem Meer Platz lassen, sonst lassen sie sich nicht zähmen, sondern verwandeln sich – eingeschlossen – in wilde Tiere, die alles verschlingen, was sie auf ihrem Weg finden. Wer zu weit geht, schafft unberechenbaren Kräften Raum. Es gibt viel zu regeln und zu ordnen. Sinn für Praxis und logisches Denken ergibt brauchbare Lösungen, aber man muss jederzeit die Situation berücksichtigen, so wie sie nun einmal ist. Und oft genug ist man dann gezwungen trotz aller Wünsche Zielen und Prinzipien Spielraum zu gewähren, wie man auch das Deichvorland niemals eindeichen kann.

Soziales Deichvorland

So ist auch die niederländische Gesellschaft reich an sozialem Deichvorland, in dem man nach Meinung der Verantwortlichen keine klare Ordnung herstellen kann.

Diese Wahrheit ist auch im Denken von Leuten, die gesellschaftliche Prozesse zu steuern versuchen, tief verwurzelt. Auch diese Prozesse lassen sich nicht immer kontrollieren und dann muss man sich damit zufrieden geben Schlimmeres zu verhüten. Wenn man außerdem in einer Tradition erzwungener Duldung steht, dem einzigen Rettungsmittel der Regenten der Alten Republik, gewinnt die Vorstellung der eingeschränkten Beherrschbarkeit viel an Attraktivität. Abgesehen von der Ehrfurcht für die eigene und die Souveränität des Nachbarn im eigenen Kreis hängt diese Mentalität vor allem mit dem zusammen, was so viele ausländische Beobachter als übertriebene Liberalität und Gesetzlosigkeit der Niederlande ansehen.

Rotterdam ist noch immer der größte Hafen der Welt, Schiphol einer der wichtigsten europäischen Flughäfen. Güterumschlag ist ein wichtiger Pfeiler unseres nationalen Wohlstands. Im vereinten Europa, das langsam aber sicher Gestalt annimmt, gibt es kaum noch Grenzkontrollen. So wird die niederländische Gesellschaft zu einer sehr offenen Gesellschaft, auch für unerwünschte Produkte wie Drogen. Im gigantischen Güterstrom kann man leicht eine Sendung Hasch oder Schlimmeres verstecken.

Der Konsum von Drogen – ob weich oder hart – ist in den Niederlanden gesetzlich verboten, was traditionell kein Problem war. Nur in der kleinen chinesischen Minderheit, die meist über die frühere Kolonie Niederländisch Indien (heute Indonesien) nach Amsterdam und Rotterdam gekommen war, war Opiumrauchen Sitte. Die Polizei sah keine Möglichkeit, in diese hermetisch abgeschlossene Gruppe einzudringen. Auf der anderen Seite war der Staat davon überzeugt, dass Opiumrauchen nicht schadete, solange es innerhalb bestimmter Grenzen blieb und älteren chinesischen Herren zum Zeitvertreib diente, die sich in ihrem Vaterland offenbar daran gewöhnt hatten. Darum duldete die Polizei chinesische Opiumhöhlen, solange die Kunden ausschließlich aus der chinesischen Kolonie kamen.

Auf diese Art und Weise entstand ein „Niemandsland" zwischen dem Gesetz und seiner Handhabung

Im Jahre 1911 hatte eine von den christlichen Säulen dominierte Regierung die Prostitution eingeschränkt. Es war Frauen nicht verboten sexuelle Dienstleistungen anzubieten, aber alle Aktivitäten drum herum wie Zuhälterei, stundenweises Vermieten von Hotelzimmern oder das Betreiben von Bordellen waren illegal. Von Anfang an war klar, dass die Einhaltung dieses Gesetzes nicht zu kontrollieren sein würde, weshalb es nur sehr lax gehandhabt wurde. In Stadtvierteln, in denen Prostitution sich traditionell abspielte, wie z.B. den weltberühmten „Wallen" in Amsterdam oder in Katendrecht in Rotterdam, wurden dieser Branche kaum Steine in den Weg gelegt, obwohl die Polizei ab diesem Zeitpunkt sehr intensiv nach minderjährigen Prostituierten suchte, die soweit möglich zu ihren Eltern zurückgebracht oder in Erziehungsheimen untergebracht wurden.

Aus anderen Stadtteilen vertrieb man die Prostituierten. Nach Auffassung der Behörden wurde so das Schlechte in einem umgrenzten Gebiet – der Rotterdamer Stadtteil Katendrecht war sogar eine Halbinsel mit nur einer Verbindung zur Außenwelt – konzentriert. Auf diese Art und Weise entstand ein „Niemandsland" zwischen dem Gesetz und seiner Handhabung. Die verantwortlichen Behörden verteidigten sich mit dem Argument, dass sie im Zweifelsfall die Sache im Griff hatten und die schlimmsten Auswüchse verhindern konnten. Das galt für die Prostitution wie für das Opium.

Ab etwa 1960 wurden Haschisch und Marihuana plötzlich bei Jugendlichen sehr beliebt, denn diese verbotenen Drogen passten ausgezeichnet in die wachsende Protestkultur. Das qualitativ hochwertige Angebot kam über verschiedene Kanäle in die Niederlande. Anfänglich reagierten die Behörden sehr aggressiv, wie zum Beispiel der bekannte experimentelle Dichter Simon Vinkenoog, Prophet der Jugendrevolution, feststellen musste. Er kam wegen des Besitzes einer kleinen Menge Haschisch – dessen Gebrauch er erfolgreich als bewusstseinserweiternd und inspirierend propagierte – für einige Monate hinter Gitter. Dieses Beispiel hatte keine abschreckende Wirkung.

Der Gebrauch von weichen Drogen stieg stark an. Eine Reihe von Fachleuten erklärte in den Medien ohne auf allzu viel Widerspruch zu stoßen, dass Marihuana und dessen Derivate nicht abhängig machten, jedenfalls in geringerem Maße als Alkohol und Nikotin. Das führte dazu, dass diese Praxis toleriert wurde. Manche Jugendzentren stellten sogar Hausdealer an, um dafür zu sorgen, dass die Jugendlichen hochwertige Drogen erhielten und nicht mit verschnittenen Produkten betrogen wurden, in denen manchmal schädliche Chemikalien enthalten sind. Letztlich führte dies zum offiziellen *Dulden* der so genannten Coffeeshops, in denen die Besucher Erstaunen hervorrufen, wenn sie tatsächlich Kaffee bestellen. Die Niederländer trinken zwar viel Kaffee, auch in Gaststätten, doch diese bezeichnen sich seit rund zwanzig Jahren nicht mehr als Coffeeshop. Andererseits greifen die Behörden unerbittlich ein, wenn sie feststellen, dass in einem Coffeeshop auch harte Drogen verkauft werden oder Marihuana öffentlich angepriesen wird. Die Abbildung eines Hanfblatts toleriert man gerade noch.

Andererseits bekämpft der Staat weiterhin den Großhandel. Ab und zu liest man in Zeitungsberichten, dass Fischerboote voller Haschisch oder Vorräte von mehreren hundert Kilo beschlagnahmt wurden. Das wirkt paradox und ist es auch. Die Duldung hat übrigens auch eine große Zahl von Gegnern.

Eines der Argumente für die Tolerierung des Konsums weicher Drogen ist, dass dadurch die Haschischraucher und die Konsumenten von Heroin oder Kokain getrennt bleiben. Der Handel mit harten Drogen wird vom niederländischen Staat – trotz aller gegenteiligen Behauptungen im Ausland – nicht toleriert und die Polizei setzt viel Zeit und Personal für eine übrigens wenig wirkungsvolle und manchmal chaotische Bekämpfung ein. Gleichzeitig entstand ab 1970 in den großen und einer Reihe kleinerer Städte eine Szene für harte Drogen.

Heroin und Kokain machen nicht nur abhängig, sondern sind auch teuer. Wer einmal von diesen Genussmitteln abhängig ist, braucht jeden Monat Tausende von Gulden, um Stoff zu bekommen, ein Vielfaches eines niederländischen Durchschnittsgehalts. Nur wenige können einen solchen Betrag ehrlich verdienen, deshalb ist die harte Drogenszene für einen Großteil der Einbrüche, Raubüberfälle und der Auto- und Fahrraddiebstähle in den Niederlanden verantwortlich.

Drogenabhängigkeit hat zu einem starken Anwachsen der Straßenprostitution geführt. Meist, jedoch nicht ausschließlich, geht es dabei um sehr junge Frauen. Die Zuhälterei hat in der Injektionsspritze ein neues Machtmittel gefunden und blüht ebenfalls wieder auf.

Der Großteil der Insassen in den Gefängnissen ist drogenabhängig. Die Drogenkriminalität machte in den letzten Jahren sogar den Bau vieler neuer Zellen erforderlich. Aber auch hier kann man in gewisser Weise von Duldung sprechen, jedoch mit anderen Argumenten. Die zuständigen Behörden konzentrieren sich auf den Kampf gegen die Großhändler, die steinreichen Spinnen im Drogennetz, die Bosse der Heroin- und Kokainkartelle, mit dem Ziel, so wird behauptet, das Übel an der Wurzel zu bekämpfen. Die Abhängigen auf der Straße, die kleinen Wiederverkäufer, haben normalerweise nicht viel zu fürchten, es sei denn, die Anwohner klagten über Belästigung.

Gleichzeitig respektiert die Polizei den Spielraum, den alle möglichen Hilfsorganisationen brauchen. Seit durch verunreinigte Spritzen Aids unter Drogenabhängigen grassiert, gibt es Stellen, an denen man gratis saubere Spritzen austeilt, denn ein Drogensüchtiger ohne Aids ist besser als einer mit der tödlichen Krankheit. Andere Organisationen, die versuchen Abhängige zu heilen, verteilen Methadon, eine chemische Substanz, die Entzugserscheinungen dämpft, jedoch – sehr kalvinistisch – nicht das Rauschgefühl erzeugt, das Heroin zu einer so gefährlichen Verführung macht. Manche dieser Organisationen verfügen sogar über Räumlichkeiten, in denen Abhängige, oft obdachlos und total heruntergekommen, sich erholen und sogar Drogen konsumieren können. In Amsterdam hat man dafür einen passenden Duldungsbegriff: „caféähnliche Räume“.

In den meisten Großstädten, vor allem Amsterdam und Rotterdam, gibt es sogenannte Duldungszonen, Straßen, in denen die Polizei die meist drogenabhängigen Prostituierten gewähren lässt. In solchen Straßen wohnen nur wenige Menschen, so dass von Anwohnern kaum Widerstand zu erwarten ist.

Immer mehr hochrangige Polizeibeamte und Vertreter der Staatsanwaltschaft plädieren für die Legalisierung harter Drogen mit dem Argument, dass man Kokain und Heroin nicht verbieten sollte, solange Nikotin- und Alkoholabhängigkeit (gut eine halbe Million Niederländer sind Alkoholiker) sozial akzeptiert sind. Die Legalisierung von Heroin und Kokain würde die Szene vom einen auf den anderen Tag aus der Kriminalität holen. Die Behörden könnten diese Mittel dann zu einem akzeptablen Preis – vergleichbar dem von Alkohol – auf den Markt bringen, so dass die Abhängigkeit weniger teuer wird und die Betroffenen nicht mehr zu stehlen brauchen. Das würde die Hilfe für Drogensüchtige erleichtern und einen Großteil des sozialen Problems beseitigen. Die Gegner der Legalisierung sind übrigens weitaus in der Mehrheit. Ihr wichtigstes Argument: Die Niederländer würden mit dieser Politik alleine stehen und zum Paria unter den zivilisierten Ländern werden.

Die heutige Praxis jedoch mit ihrem Gemisch aus Toleranz und strenger Bekämpfung hat bereits zu scharfer Kritik aus den Nachbarländern geführt. Die Niederlande verteidigen sich mit dem Argument, dass der Gebrauch von harten Drogen in ihrer Gesellschaft sicherlich nicht weiter verbreitet ist als im Ausland und sogar sehr viel weniger als z.B. in Los Angeles oder New

York. Das stimmt sicherlich. Unter den gut fünfzehn Millionen Einwohnern der Niederlande sind rund 23 000 Konsumenten harter Drogen, eine sehr niedrige Rate.

Trotzdem nimmt der Staat die Kritik ernst. Im Jahre 1994 startete die Polizei eine Aktion gegen ausländische Abhängige, die im Auto in die Niederlande kommen um harte Drogen zu kaufen. Sie werden oft schon an der Grenze von Drogenkurieren erwartet, die diese potentiellen Kunden zu einem Haus bringen, in dem Drogen zu kaufen sind. Von Zeit zu Zeit finden an den Grenzen spektakuläre Aktionen statt, wobei sowohl die Drogenkuriere als auch die Konsumenten verhaftet werden. Dabei arbeitet die niederländische Polizei eng mit den Kollegen aus dem Ausland zusammen. Der Austausch von Datenbeständen leistet bei der Ermittlung von Verdächtigen gute Dienste.

Trotzdem sind harte Drogen und die damit zusammenhängende Kriminalität seit den neunziger Jahren in den Niederlanden ein ernstes Problem, das in den großen Städten auf der Straße sichtbar wird. Erfahrungen aus dem Ausland zeigen, dass ein harter, auf strengen Gesetzen und Bekämpfung basierender Ansatz wenig Erfolg hat. Andererseits ist kaum zu beweisen, dass der niederländische Mittelweg des Betreuens und Tolerierens tatsächlich zu einer annehmbaren Eindämmung des Problems führt, so dass sich die Bürger in ihrem eigenen sozialen Polder sicher fühlen können.

Wo Leben und Tod aufeinander treffen

Dulden, das Beste aus einer Sache machen, den Strom regulieren; das ist auch die niederländische Vorgehensweise auf einem viel gefährlicheren Gebiet, da wo Leben und Tod aufeinander treffen. In den vergangenen zwanzig Jahren fanden im ganzen Land heiße Diskussionen darüber statt, erst über Abtreibung, dann über Euthanasie.

„Mein Bauch gehört mir", war der witzige Slogan der feministischen Bewegung, die im Fahrwasser der Aufsässigkeit der sechziger Jahre entstand – ein direkter Hinweis auf die Möglichkeit der Abtreibung. „Frau, entscheide selbst", konnte man ebenfalls auf den Spruchbändern lesen.

Das Gesetz war unmissverständlich, es setzte Abtreibung dem Mord gleich. Dennoch konnte man auch damals schon genug Ärzte finden, die bereit waren einen Schwangerschaftsabbruch vorzunehmen, weil sie wussten, dass Frauen sonst bei „Engelmacherinnen", Frauen, die illegale Abtreibungen durchführten und nur allzu oft das Leben der Frauen in Gefahr brachten, Hilfe suchen würden. Solange die Ärzte über ihre Aktivitäten mehr oder weniger schwiegen, gab es auch kaum Probleme. In den sechziger Jahren jedoch machte die *Niederländische Vereinigung für Sexuelle Reform* (NVSH) von sich reden. Diese Organisation propagierte die sexuelle Befreiung und setzte das Recht auf Abtreibung auf die Tagesordnung. Sie bekam harten

Widerstand zu spüren, vor allem aus der religiösen Ecke, in der man sich für das ungeborene Leben und den Fötus als „schwächstes Glied der Gesellschaft" einsetzte. Nicht-christliche Parteien, darunter die erneuerungsgesinnte D66, forderten die Legalisierung der Abtreibung, unter anderem mit dem Argument, dass vor allem in den ersten Wochen einer Schwangerschaft von menschlichem Leben keine Rede sein könne.

Gleichzeitig entstanden bereits Kliniken – oft unter Obhut der mit der NVSH liierten Stiftungen –, in denen eine Abtreibung problemlos stattfinden konnte. Schließlich kam ein Kompromissgesetz zu Stande, das den Schwangerschaftsabbruch bis zum dritten Monat unter einer Reihe einschränkender Bedingungen zuließ. Diese jedoch waren so vage formuliert, dass in der Praxis jede Frau, die dies will, ohne Schwierigkeiten eine Abtreibung vornehmen lassen kann. Viele Frauen aus den umliegenden Ländern, die manchmal gruppenweise in Bussen in die Niederlande kommen, machen von dieser Möglichkeit Gebrauch.

Doch noch immer existiert eine hartnäckige Opposition gegen diese Form der Duldung. Sie hat jedoch keine Wirkung, denn das Argument, dass die Anwendung des Gesetzes zu noch größeren Problemen und dem Wiederaufkommen der Engelmacherinnen führen würde, findet in der Gesellschaft mehr Verständnis als die Ansicht, dass das ungeborene Leben als „schwächstes Glied der Gesellschaft" geschützt werden müsse.

In den Niederlanden besteht eine *Vereinigung für Freiwillige Euthanasie*, die für das Recht der Bürger eintritt ihrem Leben selbst ein Ende zu setzen, wenn sie – wie man es nennt – unerträglich leiden. Ärzte sollen die Möglichkeit erhalten ihren Patienten, wenn deren Zustand hoffnungslos ist, auf deren Ersuchen Hilfestellung beim Freitod zu leisten. Dies widerspricht dem Geist des hippokratischen Eides, dem sich auch der niederländische Ärztestand verpflichtet weiß. Ein Arzt hat die Pflicht Leben zu verlängern, nicht es zu verkürzen. Andererseits bietet der Fortschritt der Medizin die Möglichkeit das Leben von Patienten zu verlängern, ohne dass irgendeine Chance auf Bekämpfung der eigentlichen Krankheit besteht. Die tragischsten Beispiele dafür sind Komapatienten, die oft Jahrzehnte lang dahinvegetieren, abhängig von Maschinen, die ihren Stoffwechsel regeln.

Schwer Kranke geraten sehr oft in eine Situation, in der nur ein Apparat, zum Beispiel eine Herz-Lungen-Maschine, zwischen Leben und Tod steht. Dies bringt Ärzte und Angehörige in ein furchtbares Dilemma: Hat es Sinn die Maschine ihre Arbeit tun zu lassen oder muss man sie im Namen der Menschlichkeit abschalten?

Oder darf man sich den Bitten eines Krebspatienten verschließen, der an der Schwelle von schrecklichem Leiden und Verfall darum bittet würdig sterben zu dürfen?

In der Praxis wird die Maschine abgeschaltet. Viele Ärzte werden die Bitte um ein würdiges Sterben erfüllen. Viele Niederländer – auch ich selbst – kennen Beispiele dafür aus ihrer unmittelbaren Umgebung. In meinem Fall ging es um eine verheiratete Frau, die – noch nicht einmal vierzig Jahre alt – an Leberkrebs zugrunde ging. Sie führte ein tiefgehendes Gespräch mit ihrem katholischen Hausarzt, der ihr genug Tabletten verschrieb um, wann immer sie den Zeitpunkt für gekommen hielt, ihr Vorhaben ausführen zu können. Das hat sie, nachdem sie sich einige Wochen Zeit genommen hatte, um Abschied von Ehemann und Kind zu nehmen, an einem Nachmittag getan. Die Tabletten versetzten sie erst in einen Dämmerzustand und nach etwas mehr als einer Stunde starb sie schmerzlos.

Von diesem Geschehen bin ich noch immer tief beeindruckt. Für ihre gesamte Umgebung – auch für mich – war es ein Trost, dass ein humaner Arzt ihr diese Wahl gelassen hatte. Wir waren dankbar für seine Toleranz.

Der Arzt, der die Tabletten verschrieben hatte, bescheinigte auch selbst einen natürlichen Tod, so dass keine Obduktion stattfand. Sonst hätte ein Pathologe sicher eine Vergiftung festgestellt und die Staatsanwaltschaft hätte Ermittlungen eingeleitet. Doch niemand sah sich veranlasst eine Autopsie vornehmen zu lassen, auch die Spezialisten des katholischen Krankenhauses nicht, in dem die Frau einige Wochen vor ihrem Tod gelegen hatte und die Grund dafür hatten anzunehmen, dass sie ihr Leben mit Bestrahlungen und Chemotherapie noch ein Jahr hätten verlängern können. So kann Duldung funktionieren.

Die Aktivitäten der Vereinigung für Freiwillige Euthanasie wurden denn auch in Kreisen von Medizinern vielfach nicht positiv gewertet. Sie lenkten die Aufmerksamkeit auf eine Praxis, in der von Fall zu Fall sorgfältig abgewogene Entschlüsse getroffen wurden, was jedoch im Licht der Öffentlichkeit viel schwieriger wurde. Denn es ging, wie man es auch dreht und wendet, um Beendigung von Leben, wie man es mit einem Euphemismus ausdrückt. Letztendlich bleibt das Mord, Totschlag oder fahrlässige Tötung.

Außerdem ist das Wort Euthanasie negativ besetzt. Hitler und die Nationalsozialisten gebrauchten es als Euphemismus für die Vernichtung „lebensunwerten Lebens", die während ihrer Herrschaft Tausende Geisteskranker und Behinderter das Leben gekostet hatte. Die Gegner der Euthanasie setzten das Abschalten einer Herz-Lungen-Maschine mit dieser Form der Ausrottung gleich. Sie reden von einer Gratwanderung, auf die die Regierung sich durch das Dulden solcher Lebensbeendigung einließe, die sie kurzerhand „Mord" nennen.

Wer definiert darüber hinaus, was „unerträgliches Leiden" ist? Manchmal ist ein Patient in der Lage selbst ein Urteil darüber zu fällen. Was aber geschieht, wenn der Entschluss von anderen, zum Beispiel den Familienangehörigen, getroffen werden muss? Solche Kritik kommt vor allem aus konfessionellen Kreisen. In den achtziger Jahren ersuchte der Ehemann einer Frau, die seit Jahren im Koma lag, das Krankenhaus, in dem sie betreut wurde, die lebenserhaltende Maschine abzuschalten. Die zuständigen Ärzte in diesem christlichen Krankenhaus weigerten sich dies zu tun und untersagten es auch dem Mann selbst. Der Mann wandte sich schließlich mit seinem Wunsch das unerträgliche Leiden seiner Frau zu beenden an die Öffentlichkeit. Nach vielen Diskussionen wurde schließlich der Tod der Frau herbeigeführt.

Ein weiterer Diskussionspunkt ist das Problem schwerbehindert geborener Babys, die keine echte Überlebenschance haben bzw. keine Möglichkeit jemals eine menschenwürdige Existenz zu erlangen. Aber wer definiert die Würde der Existenz? Was bedeutet „keine echte Überlebenschance"? Höchstens einige Monate zu leben? Oder einige Jahre? Als Jugendlicher zu sterben? Viele Niederländer finden, dass man diese Fragen nicht einmal stellen dürfe. Denn damit begebe man sich gemäß einer niederländischen Redensart auf die schiefe Ebene. Man gleitet ab, man fängt an, wie Hitler zu denken.

Schließlich wurde ein Gesetz verabschiedet, das Ärzte dazu verpflichtet Lebensbeendigung im Nachhinein der Staatsanwaltschaft zu melden, die dann beurteilt, ob strafrechtliche Ermittlungen eingeleitet werden. Im Jahre 1994 sprach der Oberste Gerichtshof der Niederlande einen Psychiater frei, der einem schwer depressiven Patienten beim Freitod geholfen hatte. Alle niedrigeren Instanzen hatten entschieden, dass in diesem Fall doch eine Grenze überschritten worden war.

Die Vorfälle, in denen es um die Euthanasie geht, zeigen die Nachteile der Duldungspolitik. Problematisch ist weniger die mögliche Willkür, sondern die Tendenz Grenzen immer weiter auszudehnen, die organische Ausweitung – um einen zynischen, in diesem Fall jedoch angemessenen Vergleich zu gebrauchen – der Duldungszone, den Tintenfleck des Bösen, der sich langsam aber sicher über das gesellschaftliche Löschpapier ausbreitet.

Trotz allem bleibt die Duldungspolitik auf vielen Gebieten fest verwurzelt. Nicht nur, weil auf diese Art und Weise ein Strom, der sich nicht zurückhalten lässt, wenigstens reguliert wird – das zumindest hofft man –, sondern auch, weil man damit Konflikte vermeidet.

Hauptsache, die Deiche halten stand und unsere Füße bleiben trocken. Doch auch auf diesem Gebiet gesellschaftlicher Ethik gilt weiterhin Hendrik Marsmans Warnung:

> „*Und in allen Gebieten*
> *wird die Stimme des Wassers*
> *mit seinen immer wiederkehrenden Katastrophen*
> *gehört und man fürchtet sie.*"

3. ORGANISIERT

„Ich liebe diese Herren in Schwarz"

*Das Bestreben pünktlich zu sein – Der Terminkalender dominiert alles –
Nur nach Vereinbarung – Verhandlungen und Konsenssuche –
Besprechungskultur – Ein akzeptabler Kompromiss als höchstes Gut –
Vertrauen in den Staat – Primat der Politik*

AN JEDER STRASSENBAHN- ODER BUSHALTESTELLE in den Niederlanden
hängt ein Fahrplan, dem man auf die Minute genau entnehmen kann, wann
der Bus oder die Straßenbahn abfahren. Da steht z.B. 19.37 Uhr oder 8.57
Uhr. Die Fahrpläne, die die verschiedenen Verkehrsbetriebe aushängen, re-
lativieren diese Pünktlichkeit, indem sie den Fahrgästen empfehlen einen
Spielraum von fünf Minuten einzuplanen und außerdem unzweideutig jegliche Haftung ablehnen. Doch der Anspruch ist deutlich, der Bus *sollte*
pünktlich sein.

Für die Bahn gilt das Gleiche. Bei Verspätungen gibt es Lautsprecher-
durchsagen und den Hinweisschildern können die Reisenden entnehmen,
wie lange die Verspätung dauern wird. Dann wartet eine verbitterte Menge
auf dem Bahnsteig, denn Niederländer erwarten, dass man sich auf die Verkehrsbetriebe verlassen kann. Dass dies nicht immer möglich ist, weil Busse
und Straßenbahnen im Stau stehen und das Streckennetz der Bahn übervoll
ist, weil es noch zwei- statt vierspurige Trassen gibt, führt zu Fragen im
Parlament und bissigen Zeitungskommentaren. Zu spät kommen wird mit
Versagen und Unzuverlässigkeit assoziiert.

Die Leute sind kurz angebunden und setzen einen nach zehn Minuten vor die Tür

Das merkt man auch, wenn man versucht Verabredungen zu treffen. Wer
unangekündigt bei einer Behörde oder einem Unternehmen erscheint, ruft
Verwirrung und manchmal sogar Irritation hervor. Der Tagesablauf sämtli-
cher Mitarbeiter ist auf die Viertelstunde genau geplant. Unerwartetes Erscheinen bringt das Schema durcheinander, deshalb wird man schnell abge-
fertigt und nach zehn Minuten vor die Tür gesetzt. Es kann auch passieren,
dass eine Sekretärin nach „einer Lücke" im Terminkalender sucht, einem
Zeitpunkt, zu dem der gewünschte Gesprächspartner wieder zur Verfügung
steht. Oft ist das erst eine Woche später wieder der Fall und wieder wird eine
Verabredung auf eine Viertelstunde genau getroffen. Dann hat man pünktlich zu sein, sonst wiederholt sich die Prozedur. Denn der Gesprächspartner

hat pünktlich den nächsten Termin und das Schema lässt keinen Spielraum. Sonst würde man ihn oder sie ja als unzuverlässig betrachten.

Es gibt natürlich Ausnahmen von der Regel. Vor allem Behörden haben bestimmte Zeiten, zu denen man unangemeldet Informationen erhalten kann. Dann zieht man eine Nummer und wartet, bis man aufgerufen wird. Aber auch für einen Behördenbesuch muss man im Prinzip einen Termin vereinbaren, vor allem, wenn es um Dinge geht, die nicht in ein oder zwei Minuten zu erledigen sind. Zum Haareschneiden braucht man ebenfalls einen Termin. Bedient einen der Friseur auch ohne Terminvereinbarung, ist das eine solche Ausnahme, dass mit großen Schildern darauf aufmerksam gemacht wird.

Dieses System hat auch das Alltagsleben erfasst. Praktisch jeder Niederländer hat einen Terminkalender, der sofort zum Vorschein kommt, wenn man erwähnt, dass man vielleicht etwas besprechen oder unternehmen möchte, auch wenn es nur um ein gemeinsames Mittag- oder Abendessen geht. Der Niederländer runzelt dann bedenklich die Stirn und findet schließlich einen Abend, an dem die Familie noch Zeit hat.

Vor allem Leute, deren Beruf viel Organisation erfordert oder die an vielen Besprechungen teilnehmen müssen – und das ist keine Seltenheit in einer verhandelnden, konsensbewussten Gesellschaft – haben oft einen übervollen Terminkalender. Ich war jahrelang Schriftführer eines Redaktionsgremiums und es kostete mich oft große Mühe das gesamte Gremium zusammenzurufen, auch wenn die nächste Sitzung erst in drei Monaten stattfinden sollte.

Viele Niederländer haben sich an dieses Ritual gewöhnt; sie wissen, dass es zehn Minuten oder eine Viertelstunde dauern kann, bis ein Termin für die nächste Besprechung gefunden ist. Manche Schriftführer wollen Zeit sparen und versuchen Termine schriftlich zu vereinbaren. Die Teilnehmer erhalten einige Tage nach einem Treffen eine Liste möglicher Daten und Zeiten und werden gebeten „umgehend" mitzuteilen, welcher Termin ihnen am besten passt. Es bleibt dann zu hoffen, dass tatsächlich alle reagieren und alle am gleichen Tag zum gleichen Zeitpunkt einen Termin frei haben. Im Allgemeinen ist dieses Verfahren nicht zu empfehlen, denn auch andere buhlen um die Zeit der Teilnehmer und die Terminkalender werden immer voller. Erfahrene Schriftführer nehmen lieber eine viertel oder sogar halbe Stunde Verzögerung in Kauf um einen Termin zu vereinbaren statt den mühsamen Weg der schriftlichen Kommunikation zu wählen.

Den ersten Terminkalender bekommt jeder Niederländer in der Grundschule

Ausländer machen manchmal Bemerkungen über den Terminkalenderterror, ein Begriff, dem niederländische Gesprächspartner sofort beipflichten, bevor sie sich verabschieden um pünktlich zu ihrer nächsten Verabredung zu erscheinen.

Den ersten Terminkalender bekommt der Niederländer in der Grundschule, sobald nach den ersten verspielten Jahren der Ernst des Lebens beginnt und echte Hausaufgaben gemacht werden müssen. Der Lehrer diktiert diese Hausaufgaben und sorgt dafür, dass auch wirklich alles aufgeschrieben wird. Der Schulterminkalender ist daher ein wichtiges Attribut eines jeden sich selbst respektierenden Schülers. Verlage liefern sich auf diesem Markt eine heftige Konkurrenzschlacht, die meist während der letzten Wochen der Sommerferien stattfindet. In den letzten zehn Jahren ist aus dem Schulterminkalender mehr und mehr ein identitätsstiftendes Buch geworden, das deutlich macht, zu welcher Subkultur sein Besitzer gehört. Es gibt einfachere Exemplare, die vor allem genug Platz fürs Notieren der Hausaufgaben und sonstiger Verpflichtungen der Lernbegierigen bieten. Andere jedoch bieten mehr, z.B. Fotos von Popidolen. Manche Kalender sind romantisch oder politisch gestaltet, enthalten Interviews mit Sportgrößen oder fromme Abhandlungen über die Dritte Welt. Hat man die Abschlussprüfung hinter sich, kann man ohne Terminkalender überhaupt nicht mehr existieren. Praktisch jeder Niederländer hat mehrere Exemplare, nicht wegen der zahlreichen Termine, sondern weil ein Terminkalender das beliebteste Werbegeschenk ist. Geschäfte, Banken, Unternehmen und Behörden verteilen ab November große Mengen der Terminkalender, meist mit ihrem Namen in diskreten Silberbuchstaben auf dem Umschlag.

Daher der Ärger, der sich breit macht, wenn Bus oder Straßenbahn sich verspäten oder der Stau vor einer großen Stadt sich als endlos herausstellt. Das System funktioniert nur, wenn sich auch tatsächlich jeder an Vereinbarungen hält. Überraschungen oder außerordentliche Ereignisse erfordern Improvisationsvermögen und die Anpassung an den vom Terminkalender vorgegebenen Rhythmus hat das Talent beseitigt sich schnell auf eine neue Situation einzustellen. Jemand, der zu spät kommt, sieht sich behandelt wie Spanier und Lateinamerikaner, denen man eine *Mañana*-Mentalität vorwirft. Sie halten sich nicht an Termine und verschieben das, was sie heute besorgen könnten, auf morgen. In den Niederlanden ist normalerweise die überbelastete Infrastruktur der Grund für Unpünktlichkeit, die Niederländer aber kreiden sie sich persönlich an.

Die Terminkalenderkultur ist wie überall in der Welt Folge der industriellen Revolution, die in den Niederlanden etwa zu Ende des 18. Jahrhunderts begann.

Traditionelle Bauern leben im Rhythmus der Jahreszeiten. Sie haben kaum Pflichten, die zu einem ganz bestimmten Zeitpunkt des Tages erfüllt werden müssen. Gleiches gilt, wenn auch in geringerem Maße, für die von Handel und Handwerk dominierte Stadt. Zwar hatten schon seit dem Mittelalter die meisten Kirchtürme Uhren, aber dabei eher aus Prestigegründen. Diese Uhren wurden erst zuverlässig, als der Haager Physiker Christiaan Huygens im Goldenen Zeitalter die Gesetze des Pendels ergründet und auf dieser Grundlage ein präzises Uhrwerk geschaffen hatte. Es blieb die Basis aller Uhren, bis die Elektronik eine digitale Alternative bereitstellte.

Die Bürger richteten früher ihren Blick selten auf ein Zifferblatt. Sie verließen sich auf die verschiedenen Signale der Kirchenglocken, die in erster Linie dazu da waren die Gläubigen zur Messe zu rufen.

Die Glocken klangen je nach Art der Zeremonie unterschiedlich. Zur Messe läuteten sie lange und kräftig; schnell für eine Hochzeit, eher getragen für ein Begräbnis. Für Andachten, am Morgen das Angelus, am Abend die Vesper, wurde etwas bescheidener geläutet.

Örtliche Behörden führten profaneren Zwecken dienende Signale ein: zum Beispiel um darauf hinzuweisen, dass in einer Viertelstunde die Stadttore für die Nacht geschlossen wurden. In vielen Städten läutete man die „Breiglocke" zum Zeichen dafür, dass die Meister ihre Knechte zum Abendessen nach Hause gehen lassen mussten. So gab es in jeder Gemeinschaft Signale um anzukündigen, dass die Zeit für eine bestimmte, täglich wiederkehrende Handlung gekommen war. Außerdem konnte man Unterschiede klar machen, indem man Glocken unterschiedlichen Formats läutete. Wenn die Auswahl größer wird, entsteht ein Musikinstrument; das Glockenspiel, das es in jeder Stadt gibt. Seit Jahrhunderten ist es ein wichtiges Statussymbol.

Beim Glockenspiel werden die Glocken nicht geläutet; der Glockenspieler schlägt mit den Fäusten auf eine Art Klavier und setzt damit Hämmer in Bewegung.

So kommt es, dass man in manchen niederländischen Städten zu ungewöhnlichen Zeiten Glocken läuten hört; sie rufen längst verstorbene Knechte zum Abendessen oder läuten das Schließen der verschwundenen Stadttore ein. Man hält diese Tradition in Ehren, obwohl die Anlieger, abgesehen von wenigen Eingeweihten, gar nicht mehr wissen, warum die Glocken läuten.

Das tun sie manchmal nur, weil vor zwei oder drei Jahrhunderten das Signal in ein mechanisches Uhrwerk nach dem Modell von Christiaan Huygens eingebaut wurde.

Auch das Glockenspiel, das über den Marktplatz klingt, ist meist mechanisch. Dabei setzt eine riesige – meist sehr alte – Spieldose die Hämmer in Bewegung. Die meisten Kirchen mit Glockenspiel haben, meist zusammen mit anderen Kirchen einer Region, gemeinsam einen Glockenspieler in Diensten, der zu bestimmten Zeiten, zum Beispiel an Markttagen oder wenn wegen eines Festes besonders viele Menschen unterwegs sind, Konzerte veranstaltet. Dann zeigt so ein Glockenspieler, was er mit seinen Fäusten alles spielen kann: alt-niederländische Melodien und Bach wechseln sich ab mit

Ragtime, den neuesten Hits oder Fußballhymnen. Hintergrundmusik für die Straße. Die meisten Konzerte werden in den Lokalzeitungen angekündigt, manchmal sogar mit genauem Programm.

Der Rhythmus von Maschinen und Massenproduktion

Das alles sind traute Erinnerungen an weniger hektische Zeiten. Die meisten Städte kennen noch andere Überbleibsel aus der Zeit, in der das Fundament für die Eile der modernen Zeit gelegt wurde: die auf Pfeilern stehenden städtischen Uhren. Früher gab es viele davon. So konnten auch Leute pünktlich sein, die sich keine Uhr leisten konnten. Das war eine Dienstleistung der Behörden, genauso wie die nächtliche Straßenbeleuchtung. Denn der Rhythmus, in dem die Niederländer mit ihrem Terminkalender leben, ist eigentlich der Rhythmus von Maschinen und Massenproduktion.

Ein Handwerker arbeitet in seinem eigenen Tempo mit seinen eigenen Werkzeugen. Er nimmt sozusagen die Rohstoffe in die Hand und liefert das fertige Produkt ab. Wenn man die Produktion anders organisiert, funktioniert das nicht länger. Teilt man die Arbeit des Handwerkers in viele kleine Stücke auf und lässt jeden Arbeiter zum Endprodukt beitragen, müssen alle etwa im gleichen Tempo arbeiten, im gleichen Augenblick beginnen und auch zur gleichen Zeit wieder aufhören. Auf diese Art und Weise produziert man viel schneller und wirtschaftlicher, wie es der Prophet des Kapitalismus, Adam Smith, in seinem Buch *Wealth of Nations* bewies, in dem er die Stecknadelproduktion als Beispiel beschrieb. Wenn aber ein Glied aus der Kette wegfällt, produziert kein Arbeiter mehr etwas. Deshalb erfordert Serienproduktion viel Kontrolle und Disziplin.

Dies wird noch wichtiger, wenn nicht mehr die Menschen das Tempo bestimmen, sondern Maschinen ins Spiel kommen. Wenn eine Dampfmaschine dröhnend das Räderwerk antreibt, muss jeder bereit sein. Und dann gibt es keine Gnade mehr. Man muss sich dem Tempo unterwerfen, das die Maschine vorgibt. Deshalb enthält das alte sozialistische Motto *Alle Räder stehen still, wenn dein starker Arm es will* eine gehörige Portion Wunschdenken. Es bedeutet, dass man nicht *gegen* 7 Uhr ankommen kann, um das Werkzeug zur Hand zu nehmen. Man muss *genau* um 7 Uhr an seinem Arbeitsplatz stehen, denn dann wird die Maschine in Gang gesetzt.

Der Niederländer ist von Uhren umgeben

Dieselbe moderne Industrie brachte die Instrumente auf den Markt, die es den Menschen ermöglichte diese Bedingung zu erfüllen. Die Massenproduktion machte sie auch immer billiger. Ab etwa 1875 gab es Wecker zu kaufen, die für normale Arbeiter allerdings noch unerschwinglich waren. Dies sollte noch bis ins 20. Jahrhundert so bleiben. Sie mieteten für wenig Geld einen „Klopfer", einen Mann, der morgens mit einer langen Stange so lange bei seinen Kunden ans Fenster klopfte, bis sie aufgestanden waren. Wecker, Taschen- und schließlich Armbanduhren wurden allerdings immer billiger, so dass dieser Beruf schließlich ausstarb. Heutzutage sind Uhren normale Gebrauchsartikel geworden, die keinen Status mehr verleihen, sondern jemanden, der zum Beispiel eine Rolex trägt, als Angeber ausweisen.

Der Niederländer ist von Uhren umgeben, neben seinem Bett steht der Wecker, im Wohnzimmer eine Uhr, die meist der Zierde dient, in der Küche ebenfalls eine und meistens auch eine am Arbeitsplatz. Uhren sind so allgegenwärtig geworden, dass man im Radio nur noch kurz vor der vollen Stunde das Geräusch der Atomuhr hören kann, mit dem die Nachrichtensendungen angekündigt werden.

Diese Entwicklung vollzog sich nicht ohne Probleme. Manche Historiker beschreiben die jüngste Geschichte der Niederlande als Disziplinierungsprozess, wobei der Masse mit strenger Hand Ordnung auferlegt wurde. Tatsächlich kam es in den letzten fünfundzwanzig Jahren des 19. Jahrhunderts zu allen möglichen industriellen Rückschlägen, die mit der Tatsache zusammenhingen, dass man nun einmal nicht der gesamten Bevölkerung von einem Tag auf den anderen einen neuen Lebensrhythmus aufzwingen kann. Sie ähneln den misslungenen „Entwicklungshilfe"-Projekten von heute.

Dennoch war hier der Boden für einen solchen Umschwung vielleicht fruchtbarer als anderswo in der Welt. Der ewige Kampf gegen das Wasser, die unaufhörliche Offensive des Meeres hatte die Niederländer zur Organisation und Zusammenarbeit gezwungen, zur präzisen Erfüllung von Teilaufgaben. Außerdem gab es eine Elite, die die Anforderungen der neuen Zeit in dieser Hinsicht „verstand", diese Elite war gewohnt ihr eigenes Leben zu organisieren.

Außenstehenden fällt immer schnell auf, dass der heilige Terminkalender voller Notizen steht, die Besprechungen, Konferenzen oder *overleg* betreffen, eine Art Konsultation, die ein typisch niederländisches Phänomen darstellt. Wenn man die eine Person, die man sprechen möchte, nicht ans Telefon bekommt und stattdessen ein Kollege oder die Abteilungssekretärin mitteilt, dass derjenige, den man sprechen möchte, in *overleg* ist, sollte man alle Hoffnung fahren lassen.

Nur wenn ein Konsens erzielt wird, ist eine Besprechung erfolgreich

Eine Besprechung unterbricht man nicht, es sei denn, es ginge um einen Sterbefall in der Familie. *Overleg* ist heilig. Wenn es nach längerem Drängen gelingt jemanden aus einer Besprechung holen zu lassen, bekommt man eine gehetzte, nervöse und verärgerte Person ans Telefon, die kaum bereit ist zuzuhören und wahrscheinlich abweisend auf jeden Vorschlag reagiert.

Das hängt mit der Kompromisskultur zusammen. Eine Besprechung ist erst erfolgreich, wenn Übereinstimmung erzielt wurde. Deshalb muss jeder in der Lage sein an der gesamten Diskussion teilzunehmen, und sei es auch nur mit einem zustimmenden Lächeln. Verlässt jemand die Besprechung zwischenzeitlich, wird dieser Prozess unterbrochen, und deshalb wartet man normalerweise auch, bis der Betreffende wieder zurückgekehrt ist. Aus dem gleichen Grund ist man nicht begeistert, wenn jemand zu spät kommt oder vorzeitig wieder weggeht. Wenn das doch sein muss, erklärt man den Grund dafür. Viele Leute teilen sogar anlässlich öffentlicher Versammlungen, bei denen ihre Anwesenheit nicht unbedingt erforderlich ist, mit, dass sie verhindert sind; ein solches Entschuldigungsschreiben liest der Vorsitzende zu Beginn der Versammlung vor. Zu spät zu kommen oder gar ganz wegzubleiben würde den Eindruck erwecken, dass man die Sache oder gar die Anwesenden nicht wichtig genug nimmt. Diese rächen sich dann dadurch, dass sie einen selbst auch weniger wichtig nehmen. Außerdem: Wer nicht dabei ist, kann auch nicht mitreden und in einer Kompromisskultur ist es äußerst wichtig am gesamten gemeinsamen Meinungsfindungsprozess teilzunehmen.

Das wussten schon die Regenten zu Zeiten der Republik, die nur durch äußerst vorsichtiges Streben nach Übereinstimmung etwas erreichen konnten. Wer Einfluss nehmen wollte, musste überall dabei sein. Weil es dabei im Prinzip um freiwillige Zusammenarbeit ging, war niemand an Beschlüssen interessiert, die von einigen wenigen gefasst wurden. Städte, Regionen oder Provinzen wurden nicht bestraft, wenn sie Mehrheitsbeschlüsse negierten, was durchaus vorkam. Deshalb sorgte ein guter Vorsitzender oder Schriftführer dafür, dass möglichst viele Leute bei der Beschlussfassung anwesend waren.

Sogar dann ist es noch schwierig, einen Konsens zu erzielen. Politiker verbrachten denn auch viel Zeit damit, außerhalb offizieller Versammlungen in informellen Gesprächen Leute auf den von ihnen angestrebten Kompromiss einzustimmen. Dies ist bis zum heutigen Tag ein Charakteristikum niederländischer Politik auf allen Ebenen. Ministerpräsident Lubbers, der am längsten regierende Ministerpräsident in der niederländischen Geschichte, der 1994 zurücktrat, galt als großer Meister dieser Seelenmassage und des anschließenden Formulierens eines für jedermann akzeptablen Kompromisses. In den Lobeshymnen auf seine Person stand diese Eigenschaft im Mittelpunkt. Man bespricht Dinge informell, oft unter vier Augen, in den „Wandelgängen", wie man die Gänge im Haager *Binnenhof* nennt, in dem das Parlament seit Jahrhunderten zusammentritt. In jeder größeren Organisation spricht man von Zeit zu Zeit über Dinge, die man in den „Wandelgängen" gehört oder besprochen hat.

Ohne Mandat oder Rücksprache

Trotzdem blieb das Herbeiführen eines Kompromisses eine schwierige Sache, vor allem zu Zeiten der Republik, denn nur allzu oft behauptete der

Vertreter einer Stadt, einer Region oder einer Provinz, er habe kein Mandat um einen bestimmten Vorschlag zu akzeptieren und müsse deshalb erst die Zustimmung der Basis zu Hause einholen. Zu Zeiten der Schleppkähne konnte das einige Wochen dauern. Im Falle einer Bedrohung von außen konnte meist rasche Übereinstimmung erzielt werden, aber in anderen Fällen uferte die Beschlussfassung in endloses Gerede aus. Den zentralen Autoritäten der Republik gelang es lediglich zweimal eine Kriegserklärung zu verfassen, bevor der Feind notgedrungen seine eigene im Binnenhof abgab. Deshalb ist heute im Gesetz präzise festgelegt, dass Volksvertreter, sowohl im Gemeinderat als auch im Parlament, ohne Mandat oder vorherige Rücksprache beschließen.

Diese Arbeitsweise erfordert präzises Protokollieren und möglichst genaues und unzweideutiges Formulieren der letztendlich gefassten Beschlüsse. Vereinbarungen muss man schriftlich festhalten, sonst entstehen hinterher Differenzen über die Interpretation. Dann kann keine höhere Macht dem erneuten Geschwätz ein Ende bereiten. Bis heute halten Niederländer möglichst viel schriftlich fest und was schwarz auf weiß geschrieben steht ist heilig. Es besteht ein gewisses Misstrauen gegenüber mündlichen Vereinbarungen. Werden diese doch getroffen und geht es um etwas auch nur im entferntesten Offizielles, dann bestätigt man möglichst alles schriftlich, am liebsten mit der Formulierung, dass man vorbehaltlich anderslautender Mitteilung davon ausgeht, dass alles seine Richtigkeit hat. Es gilt das geschriebene Wort.

Die Regenten der Republik mit ihren endlosen Entscheidungsprozessen waren Teil einer selbsternannten Aristokratie, die im Laufe der Zeit immer korrupter wurde. Trotzdem hatte das System mehr als 200 Jahre standgehalten, als im Jahre 1795 die französische Armee das Land besetzte. Sie erhielt Unterstützung von der Opposition im Lande selbst, die sich für eine effektive Verwaltung – in allen möglichen Varianten – einsetzte.

Die französische Vorherrschaft dauerte achtzehn Jahre, bis zum Jahre 1813. Ab 1810 waren die Niederlande sogar unmittelbar Teil des napoleonischen Kaiserreiches. In jenen Jahren wurde die Verwaltungsstruktur des Landes völlig umgekrempelt. Der Föderalstaat wurde durch einen Einheitsstaat ersetzt, in dem die Beziehungen zwischen nationaler Regierung, Provinzen und Gemeinden klar geregelt wurden. Es gab, wie bereits gesagt, eine einheitliche Gesetzgebung und alle waren vor dem Gesetz gleich. Nach der Vertreibung Napoleons blieben diese Strukturen erhalten und wurden sogar noch erweitert. Das letzte Jahrhundert der Republik erhielt (und behielt) den Ruf eine dunkle Periode in der niederländischen Geschichte gewesen zu sein; Korruption gilt seither als Todsünde. Wichtigste Eigenschaft für führende Persönlichkeiten in Regierung und Unternehmen ist Integrität. Wer integer ist, kann finanziellen Versuchungen erfolgreich Widerstand leisten. Er hält sich gewissenhaft an Regeln und Vereinbarungen und versucht nicht sie zu seinem eigenen Vorteil auszulegen. Die Grundlagen seiner Tätigkeit stehen für jedermann nachvollziehbar fest. Er fasst Beschlüsse ohne Ansehen der Person. All dies unterscheidet sie oder ihn von den Regenten ihrer unseligen Vorfahren.

Gewissenhaft, sorgfältig und pünktlich

So erhielt das Protokollieren der Entscheidungsfindung und der letztendlich gefassten Beschlüsse noch größere Bedeutung.

Wer Stellenanzeigen oder Tätigkeitsbeschreibungen liest, wird oft auf die Begriffe „gewissenhaft", „sorgfältig" und „pünktlich" stoßen. Schlampigkeit, unordentlicher Umgang mit Akten oder ähnliches sprechen nicht für eine Person. Handelt es sich um ein „Genie", einen Künstler oder Schriftsteller, findet man solche Eigenschaften annehmbar, vielleicht sogar rührend, aber solche Leute zählen auch nicht wirklich mit. Sie bekommen viel Applaus und irgendwann einen Orden von der Königin, aber wirklichen Einfluss haben sie nur selten.

Man hat pünktlich und korrekt zu sein. Das erstaunt auch nicht, denn die niederländischen Eliten hatten traditionell enge Verbindungen zum Handel. Das erfordert ein Gefühl für Zahlen. Wenn die Buchhaltung nicht korrekt geführt wird, kann ein Unternehmen nicht florieren. Im zu Beginn des 20. Jahrhunderts eingeführten Schulunterricht, dessen Qualität von den Behörden überwacht wurde, widmete man dem Rechnen und Schönschreiben viel Aufmerksamkeit. Eine leserliche Handschrift gemäß standardisierter Normen war bis zur Erfindung der Schreibmaschine und vor allem des Computers wichtige Voraussetzung dafür eine Stelle zu finden. Noch heute legen viele Niederländer einem Bewerbungsschreiben auf jeden Fall einen handgeschriebenen Brief bei. Bis vor etwa zwanzig Jahren war dies sowieso Voraussetzung dafür zu einem Vorstellungsgespräch gebeten zu werden.

Die napoleonische Bürokratie basiert auf genau formulierten Tätigkeiten, Befugnissen und hierarchischen Verhältnissen. Die Tätigkeiten werden nach genau festgelegtem Schema verrichtet. Es gibt ein System der Berichterstattung von oben nach unten. Man archiviert die Korrespondenz gemäß einem System, das es ermöglicht das Material auch noch nach Jahren schnell zu finden. Man sammelt Daten und archiviert sie, Forschungen werden angestellt. Der französische Kaiser zwang die Niederländer erstmals dazu einen Familiennamen anzunehmen und diesen den männlichen Nachkommen zu vererben. Auf dieser Basis entstand das Einwohnerregister, das vor allem dazu diente Wehrpflichtige für die große Armee, die Napoleon auf den Schlachtfeldern Europas in den Tod jagte, einzuberufen. Das Einwohnerregister ist seitdem ein wichtiges Verwaltungsinstrument. So wissen die Behörden ganz genau, wer wo wohnt. Sie kennen die Zusammensetzung der Familie und das Alter der Familienangehörigen. Außerdem ist noch eine weitere wichtige Information festgehalten: die Religionszugehörigkeit.

Manche Niederländer leiden unter einem seltsamen Familiennamen. Sie heißen z.B. *„Niemandsverdriet"* (Niemandes Leid), *„Naaktgeboren"* (Nacktgeboren) oder *„Klootjes"* (Eier). Eine Namensänderung ist möglich, aber teuer und zeitraubend. Diese Familiennamen verdanken sie misstrauischen Vorfahren, die damit Napoleons Soldatenjäger in die Irre führen oder sich über die französischen Herrscher lustig machen wollten.

Nach Napoleons Sturz errangen die Niederländer wieder ihre Unabhängigkeit. Es gab keinen Grund mehr die Regierung als fremdes Element zu betrachten. Seither sehen die meisten Niederländer die Regierung als Teil ihrer selbst. Im Prinzip vertrauen sie ihr. Sie sind loyal und überzeugt von den guten Absichten der Regierung, obwohl die in der Praxis nicht immer zum Ausdruck kommen. Das trifft auch dann zu, wenn die jeweilige Regierung nicht ihrer eigenen politischen *Couleur* entspricht, sie ist wohl guten Willens, nur leider auf dem Holzweg.

Diese Haltung gilt auch im privaten Sektor. Die Niederlande kennen starke Gewerkschaften, aber eine politische Strömung, die die Wirtschaft und ihre Führungspersönlichkeiten prinzipiell als Erzfeinde betrachtet, konnte sich nie durchsetzen. Auch dem Management unterstellt man von vornherein gute Absichten.

Nachdem das Wahlrecht eingeführt worden war, erhielt diese ganze Struktur des Vertrauens legitimen Status. Die Demokratisierung setzte sich nicht nur in der Politik durch. Firmenchefs neigten dazu in regelmäßigen Abständen mit dem „Unternehmenskern" zu beraten, der von den Gewerkschaften gebildet wurde. Resultat war das Personalvertretungsgesetz, das jedem Betrieb mit mehr als fünfzig Arbeitnehmern einen vom Personal gewählten Betriebsrat beschert hat. Dieser Betriebsrat hat eigentlich nur beratende Funktion. Eine Reihe wichtiger Beschlüsse aber, die sich meist auf die Arbeitsplätze beziehen, kann die Unternehmensleitung nur fassen, wenn sie sie vorher mit dem Betriebsrat besprochen hat. Die Erfahrung hat gezeigt, dass der Betriebsrat, sofern er Mitglieder hat, die schlüssig und überzeugend argumentieren können, die Unternehmensführung durchaus beeinflussen kann, was sich meist positiv auf den geschäftlichen Erfolg auswirkt.

Selbstbeherrschung ist wichtig

Man muss sich natürlich beherrschen können und das gilt *mutatis mutandis* für jede Form der Beschlussfassung in den Niederlanden. Heftige Emotionen sind fehl am Platz. Schon zu Zeiten der Republik zeichneten sich Zusammenkünfte der Regenten durch distanzierte Vornehmheit aus. Wer möglichst viel von seinen eigenen Vorstellungen in einen Kompromiss einbringen möchte, darf sich nicht durch Eloquenz und dramatisches Auftreten mitreißen lassen. Im Gegenteil, so etwas erregt Misstrauen. Außerdem lässt man Zustimmung oder Abneigung nicht durchschimmern. *Primadonna*-Verhalten wird mitleidlos bestraft. Und zwar nicht, indem man ihm die eigene Meinung entgegensetzt, sondern indem man den Betroffenen kühl übersieht. Rhetorik ist in den Niederlanden denn auch unterentwickelt. Parlamentarier lesen ihre Reden meist gelangweilt vom Blatt ab. Nur die Routiniertesten lassen sich durch Unterbrechungen, die ohnehin strengen Regeln unterliegen, nicht verwirren. Alles strahlt Distanz aus. Die Qualität der Argumente zählt, nicht die Wortwahl. Wer allzu wortgewandt auftritt, kann sogar das Gegenteil dessen erreichen, was er beabsichtigt.

Besprechungen in den Niederlanden verlaufen nach einem feststehenden Muster. Man sollte es tunlichst unterlassen Vorsitzenden zu widersprechen. Diese bemühen sich ohnehin möglichst jeden zu Wort kommen zu lassen und sind allergisch gegen jede Störung der Ordnung. Ein jeder versucht deutlich zu machen, dass es um die Sache geht, nicht um Personen, denn damit hat man, wie bereits gesagt, in der Vergangenheit schlechte Erfahrungen gemacht. Und es kann lange dauern, bevor über einen Vorschlag abgestimmt wird. Normalerweise versuchen Vorsitzende ohnehin einen Konsens zu Stande zu bringen, so dass es am Ende der Besprechungen genügt zu fragen: „Gibt es Gegenstimmen?"

Es erscheint unlogisch, aber Gegenstimmen gibt es fast immer. Wer wirklich wesentliche Vorbehalte gegen einen Vorschlag hat, bittet meist darum dies im Protokoll festzuhalten. Auf die Ausführung des Beschlusses hat dies keine Auswirkungen und in den meisten Fällen werden auch diejenigen, die gegen einen Beschluss gestimmt haben, loyal an seiner Umsetzung mitwirken. Denn sie haben eine demokratische Niederlage erlitten und gleichzeitig ihren Standpunkt deutlich gemacht.

Die Regenten in der Republik vertraten eine Stadt oder eine Region. In den Zeiten der Versäulung war man Teil einer Strömung, man war kalvinistisch, katholisch, liberal oder sozialdemokratisch. Das erschwerte eine totale Kompromissbereitschaft, denn prinzipielle Überzeugungen passt man nicht der jeweiligen Sachlage an. Jegliche Beschlussfassung aber wäre unmöglich, wenn diese Überzeugungen dazu führen würden, dass man auch auf anderen Gebieten nicht mit Andersdenkenden zusammenzuarbeiten wünscht. So prinzipiell sind Niederländer nur selten, denn damit gäben sie ihren Einfluss preis. Die kalvinistische Säule war bis in die fünfziger Jahre grundsätzlich gegen die Kirmes, die man als Ort leerer Vergnügungen ansah, einen Blattgold-Palast der Verführung, in dem Satan Hof hielt. Ihre politischen Vertreter stimmten daher immer gegen die Genehmigung einer Kirmes und setzten sich für deren offizielles Verbot ein. Außerdem waren sie prinzipiell gegen Lotterien. Sie stimmten daher auch gegen diese, obwohl sie wussten, dass sie ihre Vorschläge niemals würden durchsetzen können. Ihre jeweiligen Partner aus den anderen Säulen nahmen ihnen diese Einstellung nicht übel. Auch sie hatten Themen, bei denen sie nicht mit sich reden ließen. Es ging dabei übrigens immer um immaterielle Angelegenheiten, Geld spielte kaum eine Rolle. Nach einer verlorenen Abstimmung konnte man sagen, dass man sein Äußerstes gegeben hatte.

Man kann natürlich so prinzipiell sein, dass die unverfälschte Überzeugung grundsätzlich wichtiger ist als die Beteiligung an einem Kompromiss. So denken Niederländer normalerweise nicht, aber es gibt Ausnahmen. Wie viele? Geht man der Einfachheit halber davon aus, dass das Wahlergebnis ein Gradmesser für die Überzeugung in einer Gesellschaft ist, kommt man auf einen Prozentsatz von unter zehn Prozent. Von den 150 Abgeordneten nehmen meist zehn bis fünfzehn eine prinzipielle Haltung ein. Sie gehören zu sehr kleinen, einander auch bekämpfenden Fraktionen. Im heutigen Parlament sitzen acht streng kalvinistische Abgeordnete, verteilt auf drei Parteien, deren Unterschiede nur für echte Insider zu erkennen sind. Sechzehn äußerst linke Abgeordnete gehören zwei Fraktionen an, deren größte mit elf Abgeordneten eine mühsam zu Stande gekommene Allianz aus pazifistischen Sozialisten, Kommunisten und radikalen Christen ist, die traditionell sehr unterschiedliche Auffassungen hegten und in ihrer neuen Partei, Grün-Links, nur mit Mühe zusammenarbeiten. Die großen politischen Formationen neigen dazu diese Überzeugungstäter wohlwollend als Teil der nationalen Folklore zu dulden, aber sie bleiben Randfiguren. Solche Opposition findet man überall, wo Niederländer zusammenarbeiten. Es sind Außenseiter. Manche schätzt man aufgrund ihres intellektuellen Einsatzes und ihres Wissens, doch betrachtet man sie als kaum ernst zu nehmende Typen.

Trotzdem haben sie ihre Funktion: Man kann den strengen Kalvinisten jedenfalls nicht vorwerfen, sie hätten nicht regelmäßig vor Gottes strafender Hand gewarnt. Aktivisten der äußerst linken Parteien konstatieren, dass sie die ersten waren, die Ideen in der öffentlichen Debatte zur Sprache brachten, die später zum Allgemeingut wurden. Was die Aufmerksamkeit für die Umwelt anbelangt, trifft dies sicher zu.

Besonders deutlich wird dies, wenn man den Werdegang der Sozialistischen Partei betrachtet. Der größte Teil ihrer Mitglieder stammt aus der maoistischen Studentenbewegung der sechziger und siebziger Jahre, und zwar dem Teil, der in die Fabriken ging um zu agitieren. Der Maoismus ist verwässert, aber die Partei zeichnet sich noch immer durch äußerste Disziplin aus. Ihre Abgeordneten verhalten sich in der Opposition sehr geschickt, indem sie sich auf das Aufzeigen praktischer Probleme, vor allem in den Bereichen Gesundheitspolitik und Umwelt, spezialisieren, was der Partei bei den letzten Wahlen 1998 fünf Sitze einbrachte. Den Abgeordneten der sozialdemokratischen PvdA ist es untersagt sich außerhalb des Parlaments auf Diskussionen mit der Sozialistischen Partei einzulassen.

Radikale Außenseiter, mit denen kaum zu reden ist, entpuppen sich manchmal als Vorreiter.

Doch das sind Ausnahmen. Im Jahre 1934 hatte der Dichter Jan Greshoff, Chefredakteur der Tageszeitung *Nieuwe Arnhemse Courant*, auf der ersten Seite seiner Zeitung noch Platz übrig. Er dachte an den nahegelegenen Platz Velperplein, Flanierplatz der Elite von Arnheim, der vornehmen Hauptstadt der Provinz Gelderland, und schrieb folgendes Gedicht:

Liefdesverklaring

Ik houd zo van die donkre burgerheren
Die langzaam wandlen over 't Velperplein
In deze koele winterzonneschijn:
De dominee, de dokter, de notaris
En 't klerkje dat vandaag wat vroeger klaar is.
Maar 't kan verkeren.

Zo onmiskenbaar ziet men aan hun kleren
Dat zij rechtvaardig zijn, terwijl de plicht
Die eedle lijnen groefde in hun gezicht:
De dominee, de dokter, de notaris,
Drievuldig beeld van al wat wijs en waar is.
Maar 't kan verkeren.

Op aarde valt voor hen niets meer te leren,
Zij zijn volkomen gaaf en afgerond,
Oud-liberaal, wantrouwend en gezond:
De dominee, de dokter de notaris,
Voor wie de liefde zelfs zonder gevaar is.
Maar 't kan verkeren.

Zij gaan zich nu voorzichtig laten scheren,
Om daarna, met ervaring en verstand,
Een glas te drinken op het heil van 't land.
De dominee, de dokter, de notaris.
'k Weet geen probleem dat hun na zes te zwaar is.
Maar 't kan verkeren.

Ik hou zo van die zindelijke heren,
Levende monumenten op het plein
In deze veel te heldre winterschijn:
De dominee, de dokter, de notaris,
Die denken dat uw dichter niet goed gaar is.
Maar 't kan verkeren.

Liebeserklärung

Oh wie lieb ich diese Herren in Schwarz
Die langsam spazieren übers Velperplein
Im kühlen Wintersonnenschein:
Der Pfarrer, der Doktor, der Notar
Und der Schreiber, der heut ein wenig früher Schluss macht.
Aber die Zeiten ändern sich.

An ihrer Kleidung kann man deutlich sehen,
dass sie rechtschaffen sind, während die Pflicht
solch edle Linien grub in ihr Gesicht.
Der Pfarrer, der Doktor, der Notar
Dreifaltigkeit, die weise ist und wahr.
Aber die Zeiten ändern sich.

Auf Erden gibt's für sie nichts mehr zu lernen,
sie sind perfekt und gut geschaffen
Alt-Liberale[2], misstrauisch und gesund:
der Pfarrer, der Doktor, der Notar
Für die sogar die Liebe nicht gefährlich ist.
Aber die Zeiten ändern sich.

Sie lassen sich jetzt vorsichtig rasieren,
Um danach, mit Erfahrung und Verstand,
Ein Glas zu heben auf das Heil in diesem Land:
Der Pfarrer, der Doktor, der Notar.
Ich kenn kein Problem, das sie nach sechs nicht lösen könnten.
Aber die Zeiten ändern sich.

Ich liebe diese reinen Herren,
Lebende Denkmäler auf dem Platz
In diesem viel zu hellen Wintersonnenschein:
Der Pfarrer, der Doktor, der Notar,
Die denken, dass Ihr Dichter nicht ganz klar ist.
Aber die Zeiten ändern sich.

Die Herren waren auch tatsächlich der Meinung, der Dichter sei nicht ganz klar. Greshoff wurde fristlos entlassen. Zu viele der Abonnenten erkannten sich selbst in dem Gedicht. Sie fassten den milden Spott als Angriff auf ihre Persönlichkeit auf und entfernten den Verantwortlichen aus ihrer Mitte, einem Platz, den sie dem Chefredakteur übrigens durchaus wohlwollend ge-

---

[2] Eine damals häufig gebrauchte Bezeichnung für vornehme, konservative Liberale.

gönnt hatten. Aber Greshoff hatte eine Grenze überschritten. Dass die Herren so empfindlich auf Kritik reagierten, erregte übrigens Heiterkeit im Rest des Landes. Doch dadurch bekam Greshoff seine Stelle nicht zurück. Er ließ sich im Ausland nieder; und *Liebeserklärung* ist inzwischen eines der bekanntesten Gedichte der niederländischen Literatur.

Die gekränkte Unschuld

Solche Empfindlichkeit erstaunt zunächst in einem Land, das auf seine Toleranz so stolz ist. Aber eigentlich ist sie nicht erstaunlich. Persönliche Gegensätze lassen sich weniger leicht verbergen als sachliche. Für jemanden, der an die Kultur des Kompromisses glaubt, ist ein direkter Angriff auf das Selbstbewusstsein schwer zu ertragen. Man betrachtet so etwas als Schlag unter die Gürtellinie. Die Verteidigungsstrategie richtet sich gegen den Angreifer, während die Opfer in der Öffentlichkeit mit viel Würde ihre Wunden lecken und, wie man sagt, die „gekränkte Unschuld" spielen. Hätte Greshoff die konservativ-liberale Ideologie anstatt für Eingeweihte erkennbare Persönlichkeiten zum Gegenstand seines Spotts gemacht, wäre ihm wahrscheinlich nichts passiert.

Heutzutage sind die Normen übrigens nicht mehr so streng. Aber man sieht es immer noch nicht gerne, wenn auf den Mann gespielt wird, ob es nun um Lob oder um Kritik geht. Als die Christdemokraten 1994 haushoch die Wahlen verloren, waren viele der Meinung, dies habe an einer falschen Strategie gelegen. Man hatte sich auf die Person des Parteichefs konzentriert, nicht auf christdemokratische Prinzipien. Außerdem hatte die Partei, so stellte eine Kommission fest, die die Wahlniederlage analysierte, nicht genug Wärme ausgestrahlt. Damit war die Geborgenheit in einer Gruppe gemeint, in der mehr oder weniger Gleichgesinnte beieinander sind.

Die Niederlande leiden an einer gewissen Vorhersehbarkeit

Alles in allem gelangt man dadurch wohl zu effektiver Zusammenarbeit, aber aufsehenerregende Erneuerung findet nicht statt; ein spektakulärer Umschwung, auf welchem Gebiet auch immer, ist kaum möglich. Doch alle Betroffenen sind in der Lage einen deutlichen Kurs zu fahren, wenn es auch niemals ein abenteuerlicher ist. Die Niederlande leiden an einer gewissen Vorhersehbarkeit. Eine Absprache führt zur nächsten und so wird Kontinuität hergestellt. Man könnte fast sagen, dass auch die Gesellschaft einen Terminkalender hat, in dem Dinge langfristig festgelegt werden.

Der tatsächliche Nutzen eines solchen Systems erweist sich erst in einer Krise. Eine solche erlebten die Niederlande in diesem Jahrhundert ein einziges Mal, von 1940 bis 1945, während der deutschen Besatzung. Am 10. Mai 1940 drang die deutsche Armee im *Blitzkrieg* an der Westfront in die Niederlande ein. Fünf Tage später kapitulierte die niederländische Armee. Königin und Regierung waren schon einige Tage früher nach London geflüchtet, wo sie eine Exilregierung bildeten.

Kernstück von Hitlers Nationalsozialismus war der Rassismus. Das deutsche Volk war allen anderen überlegen. Vor den Niederländern jedoch, die eine dem Deutschen eng verwandte Sprache sprechen, hatten die Nationalsozialisten einen gewissen Respekt. Manche von ihnen betrachteten ihre Nachbarn sogar als eine Art Deutsche, die durch die Wirrungen der Geschichte die verkehrte Richtung eingeschlagen hatten. Das konnte man jetzt korrigieren. In Berlin wurde entschieden, dass im Falle der Lebensmittelrationierung die Niederländer neunzig Prozent dessen bekamen, was Deutschen zustand.

Hitler ernannte den Österreicher Arthur Seyss-Inquart zum Reichsverweser. Dieser nahm den Platz der geflüchteten Regierung ein und hatte die Aufgabe die niederländische Wirtschaft soweit möglich in den Dienst der Kriegswirtschaft zu stellen. Aber er erhielt auch einen eher „ideellen" Auftrag: Er musste die Niederländer zur nationalsozialistischen Heilslehre bekehren.

Bis dahin hatten die Nationalsozialisten in den Niederlanden kaum Erfolg gehabt. Ihr Anführer, der Ingenieur Anton Mussert, „Führer" der niederländischen Nationalsozialistischen Bewegung (NSB), war Chef einer vierköpfigen Fraktion im Parlament und gehörte zu den bereits erwähnten Randfiguren. Seyss-Inquart glaubte, er könne diese falsche Beurteilung der Nationalsozialisten schnell korrigieren. Dazu brauchte man nur die richtigen Maßnahmen zu ergreifen.

Die deutschen gesellschaftlichen Traditionen unterschieden sich radikal von den niederländischen. Während in den Niederlanden Regenten beratschlagten, herrschten beim Nachbarn im Osten diktatorische Fürsten. In Deutschland neigte man dazu das Gemeinwohl dem Staatswohl gleichzusetzen. Gesellschaftliche Gruppierungen hatten dem Staat zu dienen, nicht umgekehrt. Alles war sehr hierarchisch organisiert.

Seyss-Inquart fand in den Niederlanden eine gut organisierte Gesellschaft vor. Abgesehen von den geflüchteten Ministern war ein jeder auf seinem Posten geblieben. Das war nötig – so stand es in einem vor der deutschen Invasion verteilten Landeskriegsreglement – um die Interessen der niederländischen Bevölkerung wahrnehmen zu können. Andererseits durfte man aber dem Feind nicht bei der Kriegsführung behilflich sein. Genaue Richtlinien enthielt das vage Dokument nicht.

Seyss-Inquart ließ die gesamte Verwaltungsstruktur intakt. Auf strategischen Posten stationierte er Beobachter aus seinem eigenen Beamtenapparat um alles zu überwachen und, falls erforderlich, einzugreifen.

Sie waren „schlecht"

Die Zeit der deutschen Besatzung ist bis zum heutigen Tag Gegenstand heftiger Kontroversen, bei denen es um eine Frage geht: Hat das niederländische Volk, als es darauf ankam, versagt oder nicht? Waren wir bis zum letzten Mann aktive Widerstandskämpfer oder eher feige Kollaborateure, die ihre Überzeugung je nach den militärischen Erfolgen oder Niederlagen Hitlers änderten? Die Niederlande fanden diese Zeit so bedeutend, dass die Regierung bereits einige Monate nach der deutschen Kapitulation das Reichsinstitut für Kriegsdokumentation gründete, um die Kriegs- und Besatzungszeit aufzuarbeiten. Der Direktor, der Historiker Dr. L. de Jong, konnte seine Nachforschungen absolut unabhängig anstellen. Ab etwa 1960 erschien sein monumentales Geschichtswerk in einzelnen Bänden, die Stück für Stück Bestseller wurden. Jeder Band hatte heftige Debatten, ruinierte Ansehen und viel Polemik zur Folge. Denn was de Jong ans Tageslicht brachte, war keineswegs immer angenehm zu lesen. Der Mythos vom Mut im Angesicht des Terrors zerbröckelte. Viele bekannte Persönlichkeiten hatten sich offenbar während der Besatzung, vor allem in der ersten Zeit, als Hitlers Erfolgsaussichten noch gut zu sein schienen, äußerst fragwürdig verhalten. Waren diese Menschen „gut" oder „schlecht"? Es gehe nicht darum, so hatte Justizminister Jaap Burger schon 1945 kurz vor der Befreiung gesagt, Menschen für Fehler zu bestrafen, die sie gemacht hatten, sondern weil sie „schlecht" gewesen waren. Das trübte die Erinnerung an die gesamte Periode. Es ging nicht mehr darum die Geschehnisse zu analysieren, sondern darum festzustellen, wie „gut" oder „schlecht" die Betroffenen gewesen waren. Dass die Kollaborateure und ihr Führer Mussert, der übrigens wegen Landesverrats hingerichtet worden war, und die Tausende – ziemlich viele eigentlich – niederländischer Freiwilliger in der SS-Formation *Westland* nichts taugten, stand von vornherein fest. Aber abgesehen von diesen eindeutigen Fällen gab es eine umfangreiche Grauzone.

Fachhistoriker sind sich heute darüber einig, dass die meisten Niederländer damals versuchten sich anzupassen. Sie führten soweit es ging ihr vertrautes Leben weiter; es war jeweils nur eine Minderheit, die sich für den Widerstand oder für totale Kollaboration entschied. Die meisten hatten einfach nur abgewartet.

Interessanter ist jedoch eine andere Frage: Konnte Seyss-Inquart den Auftrag seines Führers erfüllen? Die Antwort lautet: ja und nein. Jedesmal, wenn er Niederländer und niederländische Organisationen soweit gebracht hatte, dass sie Farbe bekennen mussten, erlebte er ein Fiasko. Als das Universitätsstudium von einer Loyalitätserklärung abhängig gemacht wurde, blieben neunzig Prozent der Studenten der Universität lieber fern. Als er Nationalsozialisten mit der Führung der alten versäulten Organisationen

betraute, traten die anderen Mitglieder en masse aus. Auch alle Gewerkschaften verloren ihre Mitglieder. Neue Organisationen gemäß nationalso-
zialistischem Muster blieben, abgesehen von einigen Ausnahmen, leere Hül-
sen. Die Leute, die für die karitative „Winterhilfe" sammelten, wurden unter
dem von Radio London verbreiteten Motto „Nicht mal mein Hosenknopf
für die Winterhilfe" ignoriert. Der nationalsozialistische Rundfunk und die
Presse wurden von Monat zu Monat unglaubwürdiger.

Aber das ist nur eine Seite der Geschichte.

Solange die Besatzer Maßnahmen trafen, bei denen man keine Farbe zu
bekennen brauchte, verlief die Zusammenarbeit ausgezeichnet, vor allem am
Anfang. Zur Verdeutlichung ein Zitat aus der illegalen Tageszeitung *Het Parool* vom 21. August 1942: „Die Gestapo und die niederländische Distributi-
on: Jedes Distributionsbüro in unserem Land muss, wenn Lebensmittelmar-
ken fehlen, gefälschte Marken entdeckt oder in einem Büchlein falsche Marken gefunden werden, diese Fälle dem Zentralen Distributionsbüro in Den
Haag melden. Am 30. Juni dieses Jahres erhielten die Leiter aller Distributionsbüros in den Niederlanden ein vertrauliches Schreiben vom Zentralen
Distributionsbüro mit der Anweisung, ab 1. Juli des Jahres eine Kopie dieser
Meldung an die deutsche Sicherheitspolizei im Binnenhof in Den Haag zu
schicken. Auf diese Art und Weise müssen unsere Distributionsbüros dabei
mithelfen oft absolut unschuldige Niederländer wegen Verstößen gegen die
Distributionsvorschriften ins KZ in Ommen zu schicken. Beamte, weigert
euch. Kontrolliert weniger präzise oder vergesst die Meldungen abzuschik-
ken."

Die illegale Presse war voll von solchen Appellen und deprimierenden
Feststellungen, dass diese aufgrund falsch verstandenen Pflichtbewusstseins
meist nicht befolgt wurden. Die Niederländer haben traditionell Vertrauen
in die Obrigkeit. Der Gedanke an Sabotage lag korrekten, unbestechlichen
Beamten fern. Auch die Angst vor Repressalien, in denen die Deutschen sehr
weit gingen, spielte eine Rolle, aber auch die Frage, ob nun eine Grenze erreicht sei. Da die Niederländer gewohnt waren praktische Kompromisse zu
schließen, neigten sie zu der Überzeugung, dass alles eigentlich noch nicht so
schlimm sei. Außerdem besetzte Seyss-Inquart freiwerdende Stellen mit Nationalsozialisten. Die Partei musste sogar einen Fernkurs für beginnende
Bürgermeister entwickeln. Alles sei besser, so verteidigte mancher Beamte,
der auf seinem Posten blieb, als den Nationalsozialisten die Möglichkeit zu
geben einen der Ihren an seine Stelle zu setzen.

Die niederländischen Verwaltungsbehörden entwickelten während der
Besatzungszeit fieberhafte Aktivitäten. Der Kontrolle durch das Parlament
entronnen, sorgten sie für eine Sturzflut an Regeln und Vorschriften im ganzen Land, die jetzt nicht mehr den Filter der öffentlichen Debatte passieren
mussten. So trat 1941 eine neue Straßenverkehrsordnung in Kraft und wenig

später eine neue, einfachere Regelung für die Erhebung der Lohnsteuer. Schätzungsweise neunzig Prozent aller damals erlassenen Vorschriften hat man nach der Befreiung beibehalten.

In dieser Vorschriftenflut fielen die Anordnungen, mit denen Seyss-Inquart die Niederländer Hitlers totalitärem Regime gegenüber gefügig machen wollte, nicht immer auf. Auf diese Art und Weise gelang die wirtschaftliche Ausplünderung des Landes. Die Verwaltung wirkte normalerweise beim Aufrufen und Auswählen junger Männer mit, die zum Arbeitsdienst nach Deutschland mussten. Zunächst wurden nur Männer ausgewählt, die keine Arbeit hatten, in der Endphase half auch das nicht mehr. Letztendlich wurde eine Meldepflicht für alle Männer unter 40 Jahren eingeführt, der größtenteils Folge geleistet wurde.

Geschichte eines Mordes

Dank dieser Einstellung gelang es den Nationalsozialisten den grauenhaftesten Teil ihrer Politik in den besetzten Niederlanden größtenteils zu verwirklichen: die Ausrottung der Juden. „Dieses Buch beschreibt die Geschichte eines Mordes", so beginnt Professor Jacques Presser sein erschütterndes Buch *Untergang*, die Beschreibung der *Endlösung* in den Niederlanden, die er im Auftrag des Reichsinstituts für Kriegsdokumentation erstellte. Presser bewies unzweideutig, dass die Absonderung, der Abtransport und letztendlich die Ermordung der jüdischen Niederländer in den Gaskammern relativ reibungslos verlief, weil die jeweiligen Behörden korrekt arbeiteten und die deutschen Maßnahmen viel zu spät und unzureichend sabotiert wurden, obwohl die ersten antisemitischen Ausschreitungen von einem gewaltigen Protest in ganz Amsterdam begleitet wurden.

Eine Atmosphäre angriffslustiger Trauer

In der Amsterdamer Innenstadt, vor der Ashkenazi- und Sephardi-Synagoge aus dem 17. Jahrhundert, befindet sich ein Standbild. Es stellt einen muskulösen Hafenarbeiter dar, der, die Fäuste geballt, herausfordernd auf den Platz vor sich schaut.

Jedes Jahr am 25. Februar versammeln sich Menschen bei diesem Standbild. Nicht nur Vertreter der Stadtverwaltung, auch viele andere, oft alte Leute, legen einen Kranz nieder.

Alle Generationen sind vertreten. Aber es fällt auf, dass viele ältere Menschen mit ihren Enkelkindern dabei sind mit dem Anliegen diesen die Bedeutung der Zeremonie deutlich zu machen. Es ist das Gedenken an den Februarstreik der Hafenarbeiter. Die Statue des Hafenarbeiters ist das Symbol für alle Amsterdamer Arbeiter, die am 25. Februar 1941 aus Protest gegen die Verfolgung ihrer jüdischen Kollegen die Arbeit niederlegten. Die ganze Stadt machte damals mit, sogar an der Börse wurde nicht mehr gehandelt.

Alles spielte sich auf der Straße ab. Die Miliz niederländischer National-sozialisten provozierte antisemitische Unruhen, bei denen die Öffentlichkeit sich ausdrücklich für die jüdischen Mitmenschen einsetzte. Die Deutschen reagierten mit erneutem Terror gegen die Juden. Die Untergrundorganisati-on der kleinen kommunistischen Partei rief zum Streik auf, dem die deut-schen Besatzer nach zwei Tagen ein Ende machten.

Die Statue des Hafenarbeiters erinnert an diesen Solidaritätsstreik. Die jährliche Feier ist nicht allein den Helden von damals gewidmet, sondern auch ein Zeichen des Einsatzes gegen Terror und Rassismus. Für die Psyche der Amsterdamer ist sie sehr wichtig. Nach der Befreiung erlaubte die Köni-gin der Hauptstadt, im Stadtwappen das Motto „Heldenhaft, entschlossen, barmherzig" zu führen.

Der Platz selbst ist kahl und leer, man sieht nicht viele Fußgänger. Die monumentale Synagoge zeigt, dass hier das Zentrum eines belebten jüdi-schen Stadtteils gewesen sein muss. Davon ist nichts mehr zu sehen, er ist abgebrochen worden, verschwunden.

Rika Jansen hat darüber ein Lied nach einem Text von Kees Manders gemacht:

Als vader weer bladert in zijn fotoboek
dan sta je versteld als hij weer vertelt
van de Weesperstraat en de Jodenhoek.
Als hij dan verhaalt hoe het leven begon
bij het ontwaken, handel en zaken
Humor en gein, dat was de levensbron
en had je een dag eens geen mazzel gehad
Dan 's avonds naar de Tip Top
waar je je sores vergat.
Soms riep d'r nog één in 't late uur:
„Ik heb mooie olijven en uitjes in 't zuur."
Amsterdam huilt, waar het eens heeft gelachen.
Amsterdam huilt, nog voelt het de pijn."

Wenn Vater wieder blättert im Fotoalbum
Sind wir erstaunt über das, was er erzählt
Von der Weesperstraat und der Judenecke.
Wenn er dann erzählt, wie das Leben begann
Beim Aufstehen, Handeln und Lachen
Humor und Witz waren die Lebensquelle
Und wer einen Tag lang keinen Mazzel hatte
Ging abends zum Tip Top
Wo er den Sores vergaß.
Manchmal rief einer noch zu später Stunde:

> *„Ich hab schöne Oliven und eingelegte Zwiebeln".*
> *Amsterdam weint, wo es einst lachte*
> *Amsterdam weint, es spürt noch den Schmerz.*

In „Untergang" beschreibt Presser, wie dies geschehen konnte. Die Nationalsozialisten machten kein zweites Mal den Fehler öffentlich auf der Straße Terror gegen die Juden auszuüben. Sie verlegten sich auf das Verwaltungsgebiet und trieben ihre Opfer mit einer Reihe kleiner Maßnahmen in die Enge.

Nun erwies sich das Einwohnerregister mit Angaben nicht nur zu Name, Adresse und Alter, sondern auch zur Religionszugehörigkeit als nützlich. Man konnte die jüdische Bevölkerung aussondern. Erst als es schon zu spät war, kamen einige Beamte auf die Idee, Karteikarten verschwinden zu lassen. Dies geschah aber nur in wenigen Ausnahmefällen. Außerdem hatte jeder Niederländer bereits in den ersten Monaten der Besatzung ein Formular mit Fragen zu eventuellen jüdischen Eltern und Großeltern erhalten. Praktisch jeder hatte dieses Formular, so wie man das mit amtlichen Formularen zu tun gewöhnt war, wahrheitsgemäß ausgefüllt, obwohl es den merkwürdigen Titel *Erklärung über die arische Abstammung* trug.

Der eifrige Haager Beamte Lentz sah die Chance einen Plan durchzusetzen, den die niederländische Regierung aus Sparsamkeitsgründen nie verwirklicht hatte: Jeder Niederländer sollte einen Personalausweis bekommen. Lentz hatte bereits einen Entwurf für einen Ausweis, der praktisch fälschungssicher war. Er erhielt alle erdenkliche Unterstützung von Seyss-Inquart. Während der gesamten Besatzungszeit arbeitete dieser Beamte eifrig an der Perfektionierung seiner Idee. Er hat nie so recht begriffen, warum er nach der Befreiung Schwierigkeiten bekam.

Beim Ausbruch des Zweiten Weltkrieges lebten in den Niederlanden ungefähr 140 000 Juden. Die meisten waren Nachkommen von Flüchtlingen, die im Goldenen Zeitalter in die tolerante Republik gekommen waren um sich der Verfolgung zu entziehen. Gesetzlich waren sie bereits seit ungefähr 1795 den Niederländern gleichgestellt. Die jüdische Gemeinschaft wusste, dass sie in den Niederlanden dazugehörte. Die Versäulung gab ihr außerdem die Möglichkeit ihre Eigenständigkeit zu bewahren ohne Repressalien befürchten zu müssen.

Hebräische und jüdische Worte waren in die niederländische Sprache eingegangen, vor allem in den Dialekt der Hauptstadt Amsterdam. Der inoffizielle Name, den alle Amsterdamer stolz für ihre Stadt gebrauchen, lautet bis zum heutigen Tag „Mokum", abgeleitet von dem hebräischen Wort für Stadt. Das weiß jeder. Die inoffizielle Amsterdamer „Nationalhymne" beginnt mit dem Satz „In Mokum bin ich reich und glücklich zugleich, ich bin am liebsten in Amsterdam".

Juden hatten nie Grund gehabt niederländischen Behörden und ihren Vertretern zu misstrauen, auch nicht, als diese Behörden sie eine Erklärung über die arische Abstammung ausfüllen ließen und danach alle jüdischen Beamten entließen – in der ersten Zeit übrigens unter Fortzahlung ihres Gehalts. Und danach die Lehrer, denen aber gleichzeitig erlaubt wurde an speziellen jüdischen Schulen weiterzuarbeiten.

Die meisten Niederländer reagierten mit Unverständnis auf diese Maßnahmen, fanden sie andererseits aber „nachvollziehbar".

Nach dem Februarstreik setzten die Deutschen den Judenrat für Amsterdam ein, unter Leitung von zwei Führungspersönlichkeiten aus der jüdischen Bevölkerung. Dieser Rat erhielt eine Reihe von Verwaltungsbefugnissen. Auch das war eigentlich keine alarmierende Maßnahme. Vielleicht war ein Gremium, das stellvertretend mit der Besatzungsmacht verhandeln konnte, ja sogar eine gute Sache. Der Judenrat bemerkte jedoch schnell, dass es nicht seine Aufgabe war mit den Deutschen zu verhandeln; er sollte ausschließlich Befehle ausführen, die größtenteils mit der Auswahl der Personen zusammenhing, die nach Deutschland oder noch weiter nach Osten geschickt werden sollten. Natürlich gab es alle möglichen Berufungsverfahren um wieder von der Liste gestrichen zu werden bzw. aufgenommen zu werden. Alles war vorbildlich organisiert, bis hin zu ärztlichen Untersuchungen.

So gelang es den Nationalsozialisten, die Juden immer mehr von ihren Mitbürgern zu isolieren. Sie eigneten sich ohne allzu große Probleme deren Eigentum an, indem sie die Leute dazu zwangen ihre Guthaben bei einer eigens errichteten jüdischen Bank unterzubringen. Sie konzentrierten alle niederländischen Juden in dem Stadtviertel, in dem heute das Standbild des Hafenarbeiters steht. Alles geschah unter korrekter Mitwirkung der Gemeindeverwaltungen überall im Land und unterlag der Kontrolle der niederländischen Polizei.

Die Mordkapazität der Vernichtungslager in Polen bestimmte den Rhythmus dieser Maßnahmen. Der Abtransport geschah in zwei Etappen. Die Ausgesonderten wurden spätabends mit speziellen Straßenbahnen der Gemeinde zum Amsterdamer Hauptbahnhof gefahren, von wo es eine Eisenbahnverbindung zum Durchgangslager Westerbork in der Nähe der Grenze zu Deutschland gab. Aus Westerbork fuhr jede Woche ein Güterzug mit Deportierten direkt zu den Gaskammern von Auschwitz-Birkenau.

Die Straßenbahnen wurden vom Personal des Städtischen Nahverkehrsbetriebes gesteuert. Nach der Befreiung musste Presser mit Bitterkeit feststellen, dass die niederländische Eisenbahn ihr Schienennetz nicht nur unversehrt durch den Krieg gebracht, sondern es sogar noch ausgebaut hatte: Die Linie nach Hooghalen-Westerbork war gebaut worden. 110 000 Menschen, – 79 % der 140 000 niederländischen Juden, Männer, Frauen und Kinder – wurden ermordet. Zum Vergleich: In Frankreich und Belgien, ebenfalls von den Nationalsozialisten besetzt, wurden 40 bzw. 38 % der jüdischen Mitbürger ermordet. Die Niederländer waren nicht etwa antisemitischer als ihre Nachbarn, aber diese wussten zum richtigen Zeitpunkt die Vernichtungsmaschinerie der Deutschen zu sabotieren. Es gab genug Proteste gegen die Judenverfolgung, vor allem aus den Reihen der niederländischen Kirchen, aber zu wenig praktischen Ungehorsam. Als Widerstandskämpfer, zum Teil Angehörige der jüdischen Gemeinschaft, Flucht-Netzwerke errichteten, war es eigentlich schon zu spät.

Die vielfältige Widerstandsszene wuchs mit der Dauer der Besatzung und konnte auf wachsende Sympathie aus der Bevölkerung rechnen. Aber aktive Mithilfe ist etwas ganz anderes. Die gesamte niederländische Politik und Verwaltung hat sich, abgesehen von wenigen Ausnahmen, während der gesamten Besatzungszeit den Wünschen Seyss-Inquarts und seiner Mitarbeiter gefügt. Es war ihnen nicht klar, dass es hier nicht um einen Verhandlungspartner ging, sondern um einen skrupellosen Feind, mit dem es nichts zu verhandeln gab, auch wenn es von Zeit zu Zeit so aussah, als mache er Zugeständnisse. Dabei ging es immer um strategische Maßnahmen, die es ermöglichen sollten danach umso härter zuzuschlagen.

Dies ändert nichts am heldenhaften Einsatz Tausender Niederländer, die unter Einsatz ihres eigenen Lebens Widerstand leisteten und Verfolgten halfen und auch teilweise zum Sieg der Alliierten beigetragen haben.

In einem Punkt unterscheidet sich der niederländische Widerstand von dem in den anderen besetzten Ländern: im Publizieren illegaler Broschüren, Bücher und schließlich sogar Tageszeitungen, deren tägliche Auflage gegen Kriegsende um eine Million lag, allesamt geheim zusammengestellt, gedruckt und verteilt. Der Katalog der illegalen Publikationen, die das Reichsinstitut für Kriegsdokumentation herausgegeben hat, ist Hunderte von Seiten lang. Wenn auch die meisten Niederländer sich mit den Besatzern abfanden, so legten sie doch Wert darauf ihre eigene Meinung, die sie nicht änderten, in unzensierten Publikationen zu äußern. Dafür nahm man große Risiken in Kauf, denn der Besitz illegaler Schriften wurde mit Gefängnis und Konzentrationslager bestraft, das Schreiben, Drucken und Verteilen mit dem Tode.

Die Erinnerung an den Zweiten Weltkrieg spielt bis zum heutigen Tag eine große Rolle in der öffentlichen Diskussion. Das Interesse wächst eher, als dass es geringer wird. Noch immer sind die Geschehnisse während der Kriegszeit regelmäßig Thema in Presseberichten. Das Reichsinstitut für Kriegsdokumentation besteht fort, obwohl de Jongs Werk vollendet ist. Jedes Jahr erscheinen Bücher über Teilaspekte der Besatzungszeit, der Krieg ist immer wieder Thema in der Literatur. Die Besatzungszeit hat sogar mythische Aspekte und einen festen Platz im gemeinsamen Gedächtnis der Nation. Sie ist ein Dekorstück, in dem Gut und Böse sich auf Leben und Tod bekämpfen, in dem Helden der SS unerschrocken Widerstand leisten.

Gleichzeitig aber wird nicht verleugnet, dass es in vielerlei Hinsicht eine wenig rühmliche Zeit war und sich die Fehler von damals nicht wiederholen dürfen. In allen Nachbarländern ist die Ausweispflicht die normalste Sache der Welt, in den Niederlanden gelang es der Regierung erst 1994 nach jahrelanger mühsamer Debatte, in der der Begriff „Personalausweis" zum Reizwort wurde, die Ausweispflicht durchzusetzen. Aber einen echten „Personalausweis" gibt es nicht. Niederländer müssen sich jedoch bei bestimmten, fest umschriebenen Gelegenheiten gegenüber eigens autorisierten Amtsinhabern mit einem Reisepass, einem Führerschein oder einer kommunalen Legitimationskarte ausweisen können; so zum Beispiel an der Arbeitsstelle, bei kommunalen Behörden oder in öffentlichen Verkehrsmitteln, jedoch nur, wenn man bei einer Kontrolle ohne Fahrkarte angetroffen wird. Außerdem ist es verboten ohne Ausweis an Ausschreitungen bei Fußballspielen teilzunehmen.

Das alles klingt absurd; wenn man die geschichtlichen Hintergründe kennt, ist es jedoch durchaus zu erklären.

Aus dem gleichen Grund ist man in den Niederlanden sehr misstrauisch, wenn es um den Austausch von Datenbeständen geht, der durch Computernetzwerke so einfach geworden ist. Ein Gesetz macht einen solchen Austausch von strengen Bedingungen abhängig, denn die Erfahrung hat gezeigt, was passiert, wenn Daten in falsche Hände geraten. Es dauerte Jahre, bis die Abgeordneten einen Abgleich der Datenbestände der Finanzbehörden und der Sozialbehörden ermöglichten, die beste Methode um herauszufinden, ob jemand unberechtigter Weise Sozialhilfe bezieht.

Trotz all dieser Garantien ist die Meinung, dass diese Bestände insgeheim doch abgeglichen werden, weit verbreitet.

Pressers Idee, dass die Antwort auf Unterdrückung geräuschlose, aber effektive Sabotage ist, hat sich nicht durchgesetzt. Als die Regierung von Saudi-Arabien, ein wichtiger Handelspartner der Niederlande, bei Visaanträgen Erklärungen über nicht-jüdische Abstammung verlangte, entstand eine Diskussion darüber, ob man diese neue Version der Ariererklärung akzeptieren könne und ob Kirchen Beweismaterial in der Form von Kopien aus ihren Taufregistern liefern dürften. Die Kirchen antworteten mit Nein. Niemand schlug vor diese antisemitische Maßnahme der Saudis mit möglichst speziell für diese Erklärungen geschaffenem Beweismaterial zu neutralisieren, vor allem bei Menschen jüdischer Abstammung. Gleichzeitig stellte sich heraus, dass sich die meisten Niederländer, die Geschäftsreisen nach Saudi-Arabien machen mussten, ohne weiter nachzudenken größte Mühe gaben ihre „arische" Abstammung zu beweisen, wenn danach gefragt wurde. Angesichts der Konflikte der Saudis mit Israel hatten sie Verständnis für die Maßnahme. Und sie waren auch keineswegs der Meinung, dass sie im Gegensatz zur öffentlichen Meinung standen, die fast geschlossen auf der Seite der Israelis stand und steht.

Viele Niederländer reagieren empfindlich auf Unterdrückung im Ausland

Niederländer legen großen Wert auf ihre eigene Meinung, haben jedoch gleichzeitig großen Respekt für Vereinbarungen und Regeln. Sie sind schließlich daran gewöhnt, dass diese das Resultat gemeinsamer Absprache nach „demokratischen Spielregeln" sind. Und manch einer setzt dies auch bei Regierungen voraus, deren Position tatsächlich auf Machtausübung und Unterdrückung beruht.

Aber es gibt durchaus Ausnahmen. Viele Niederländer registrieren Unterdrückung in anderen Ländern. Die Medien widmen diesem Thema viel Aufmerksamkeit und es gibt unzählige Solidaritätskomitees, die sich in teilweise weit entfernten Ländern engagieren und oft den Charakter von Aktionskomitees haben. Amnesty International ist fast eine Massenorganisation. Und wer irgendwo in der Welt einen Staatsstreich verübt, vor allem wenn er Soldat ist, kann sich auf eine Protestaktion vor seiner Botschaft in Den Haag gefasst machen.

Es bleibt jedoch bei Worten, denen nur selten Taten folgen. Aufrufe zu einem Handelsboykott oder sonstigen Maßnahmen finden bei der Mehrheit in Parlament oder Regierung selten Gehör, es sei denn, die Niederlande könnten sich einer internationalen westlichen bzw. – seit dem Untergang des Sowjetimperiums – einem weltweiten Konsens anschließen. Amnesty International erklärt seinen Erfolg in den Niederlanden mit der Tatsache, dass seine Mitglieder das Gefühl haben zumindest „etwas zu tun". Sie beweisen damit, dass sie „gut" sind, nicht „schlecht", wie die Landesverräter im Krieg und mit ihnen vielleicht viele andere.

Doch gibt es nicht viel Grund zu der Annahme, dass sich die Niederländer einer erneuten Besatzung in der Praxis viel entschlossener widersetzen würden.

Eine Erklärung dafür ist die Tatsache, dass die Niederlande historisch gesehen wenig Erfahrung mit Fremdherrschaft haben. Sie hatten jahrhundertelang eine Obrigkeit aus den eigenen Reihen, die sie nicht als gefährlichen Außenseiter betrachteten. Die Flamen, die südlich der Niederlande im Norden Belgiens wohnen und die gleiche Sprache sprechen, wussten sich eigentlich erst in den letzten fünfzig Jahren wirklich der Fremdherrschaft zu entziehen. Die Kunst der stillen Sabotage ist bei ihnen hoch entwickelt. Flamen sind so nicht nur Meister im Steuerhinterziehen geworden, sondern konnten sich im Stillen auch diktatorischer Strukturen entledigen. Während des Zweiten Weltkriegs gelang es ihnen viel besser die Nationalsozialisten zu belügen und zu betrügen als ihren Brüdern diesseits der Grenze. Der Widerstandskämpfer Eduard Veterman, Künstler und Meister im Fälschen von

Dokumenten, stellt in seinen Kriegserinnerungen *Keizersgracht 763* fest: „Es ist bezeichnend, dass die Polizei eines Brüsseler Vororts Großabnehmer wurde – die belgischen Beamten arbeiteten in dieser Hinsicht viel mehr mit uns zusammen als die holländischen."

Nach der Befreiung wurde der gesamte niederländische Beamtenapparat kaum gesäubert, weder in personeller noch in organisatorischer Hinsicht. Lediglich anerkannte Deutschgesinnte, wie die Mitglieder der niederländischen Nazipartei, mussten den Dienst quittieren. Erst spätere Generationen verhielten sich kritischer. Noch 1958 konnte Professor Jan de Quay, nach der Besatzung Gründer einer kurzlebigen Volksbewegung, die sich ein Europa nach Hitlers Ideen durchaus vorstellen konnte, problemlos Ministerpräsident werden. Seine Anhänger machten ausnahmslos Karriere. Jetzt, vor allem nach den Veröffentlichungen von L. de Jong über die Kriegszeit, wäre das nicht mehr möglich.

Das Vertrauen in den guten Willen der Obrigkeit jedoch blieb größtenteils bis zum heutigen Tage erhalten.

Die Niederländer haben dafür natürlich auch eine Reihe guter Gründe. Sie wissen, dass auch große Organisationen ihre Interessen nicht aus dem Auge verlieren. Sie können davon ausgehen, dass Vereinbarungen und Versprechungen innerhalb des verabredeten Zeitraums eingehalten werden. Geschieht das nicht, gibt es Berufungsinstanzen. Niemand muss heutzutage noch einen Steuerbescheid, eine kommunale Anordnung oder eine sonstige Amtshandlung widerspruchslos akzeptieren. Man kann gegen alles Beschwerde einlegen; die wird ernst genommen und die Chance, dass man doch noch Recht bekommt, ist durchaus vorhanden. Bleibt der Bürger unwillig, besteht die Möglichkeit die Angelegenheit einem unabhängigen, spezialisierten Richter vorzutragen, was zu lang dauernden Prozessen führen kann, die oft aufschiebende Wirkung haben. Solche Prozesse sind daher ein beliebtes Drohmittel. Nicht weil die Niederländer einander so gerne vor dem Richter treffen, sondern als Möglichkeit für einen erneuten Gedankenaustausch, aus dem ein für alle Parteien akzeptabler Kompromiss hervorgeht. Dabei kommt es auf Geben und Nehmen an.

Sie haben immer Wechselgeld dabei

Wer sich seufzend seiner Steuererklärung widmet, weiß natürlich, dass der Fiskus nicht alle Abzugsposten akzeptieren wird, aber doch immerhin einige. Deshalb werden auch abwegige Posten aufgeführt, da man hofft, dass die Beamten sich damit zufrieden geben diese zu streichen. So machen auch Gewerkschaften, Arbeitgeberorganisationen und Interessenvertreter Vorschläge, von denen ein jeder weiß, dass sie in den Verhandlungen zum größten Teil zurückgezogen werden. Sie enthalten, wie es in der Verhandlungsfachsprache heißt, „Wechselgeld" .

Ohne dieses Wechselgeld erreicht man in den Niederlanden nicht viel. Das gilt für die große Politik wie für den Sportverein, den Schulvorstand oder eine universitäre Fachgruppe. Alle Betroffenen sind daran gewöhnt ihre Meinung sagen zu dürfen und wollen diese dann auch im schließlich gefassten Beschluss wieder finden.

Wer andere braucht um einen bestimmten Plan zu realisieren, wird erst in der unmittelbaren Umgebung erforschen, wie die Chancen stehen.

So bekommt man Hinweise darauf, was mehr oder weniger für jeden akzeptabel ist, und kann dann einen Plan erarbeiten, der das erforderliche Wechselgeld enthält. Es sind Teilaspekte, jedoch nicht die Essenz, die Widerstand aus unterschiedlichen Lagern hervorrufen werden. Danach folgen die Verhandlungen mit allen Beteiligten und es stellt sich heraus, dass diese in der Tat das ein oder andere zu sagen haben.

Sich auf Talent und eigene Qualitäten zu berufen ist meist kontraproduktiv

Unverblümte Zurückweisung kommt selten vor. Bemerkungen sind normalerweise als Verbesserungsvorschlag gedacht und betreffen meist Nebensächlichkeiten, nur selten den Kern einer Sache. Die Person, die den ursprünglichen Vorschlag gemacht hat, hat ein offenes Ohr für solche Anmerkungen und legt ihr Wechselgeld nur Münze für Münze auf den Tisch, denn je schneller das Wechselgeld sichtbar wird, desto größer wird die Summe, die die Gegenseite fordert. Ein langwieriger Prozess, manchmal irritierend für Außenstehende, vor allem weil es so schwierig ist einzugreifen, wenn der Prozess einmal in Gang gekommen ist. Jede Zurschaustellung eigener Talente und Qualitäten ist meist kontraproduktiv. Gleiches gilt für eine Verteidigung des eigenen Vorschlags unter Hinweis auf dessen inhärente Genialität. Wer Argumente wie „Dies ist die Lösung, die wir gesucht haben. Unsere Probleme sind gelöst. Der Vorschlag ist perfekt, bloß nichts mehr ändern" benutzt, wird weiter nichts erreichen, außer dass sich eine geschlossene Front dem Vorschlag widersetzt. Dann werden die Gesprächspartner tatsächlich fundamentale Kritik äußern und die ganze Sache vom Tisch fegen, weil derjenige, der den Vorschlag macht, sich nicht als Gesprächspartner zeigt, sondern als jemand, der anderen seinen Willen aufzwingt. Die Gesprächspartner können sich dann in dem Vorschlag nicht wieder finden und sind der Meinung, dass ihr Beitrag zum jeweiligen Vorschlag nicht ernsthaft erwogen wird. Es gibt ihrer Meinung nach nichts mehr zu diskutieren. Wenn dieser Fall eintritt, hilft nur noch ein Machtwort. Wer höher in der Hierarchie steht, kann seinen Willen durchsetzen, die Diskussion steuern, Grenzen ziehen. Aber auch dann noch ist es unklug so vorzugehen; es sollte möglichst Spielraum für die Vorschläge derjenigen bleiben, die sich in untergeordneter Position befinden. Denn sonst setzen diese ihre effektivste Waffe ein: Desinteresse, mangelnde Motivation. Sie verweigern sich sozusagen dem Plan.

Sie machen Dienst nach Vorschrift, erzählen ihren Freunden und Bekannten, dass ihnen die Sache gestohlen bleiben kann oder benutzen sogar noch weniger diplomatische Ausdrücke. Demotiviertes Personal ist ein Problem in fast allen niederländischen Organisationen und Unternehmen, vor allem, weil der gesetzliche Kündigungsschutz es schwierig macht solche Leute zu entlassen.

Führungskräfte müssen dies verinnerlichen. Bei Vorstellungsgesprächen versuchen sie Entschlossenheit zu demonstrieren, aber gesellschaftlich erwünscht ist vor allem die Bemerkung, dass man „gut zuhören" kann und will, und ein unerschütterliches Vertrauen in die Unabdingbarkeit von „vertrauensvollem *overleg*".

Eine Form der Gruppenkommunikation, die gegenseitiger Information dient

Der allgegenwärtige Begriff *overleg* ist mit „Besprechung" nur unvollkommen zu übersetzen. Es handelt sich dabei um eine Form der Gruppenkommunikation, bei er es weniger um Beschlussfassung, sondern vor allem um gegenseitige Information geht. Niederländer sind während der Arbeitszeit oft „in overleg". Dann besprechen sie mit Kollegen, was ansteht. Sie erzählen ausführlich, was sie gerade tun, und stehen im Prinzip für Kommentare von allen Zuhörern offen. Jemand, der höher in der Hierarchie steht, erläutert ausführlich seine Pläne und informiert über die Verhandlungen, die er seinerseits mit Kollegen aus anderen Abteilungen oder anderen Organisationen führt. Jeder, vor allem Führungskräfte, erläutert, warum er etwas tut oder lässt. Kritische Fragen sind erwünscht und werden ausführlich beantwortet. Während dieser Zusammenkünfte kommt es praktisch niemals zu Konflikten, es sei denn, es gäbe ein echtes Problem.

Am Ende einer solchen Runde wissen alle Teilnehmer, was die anderen tun, eine Voraussetzung für effektives Arbeiten. Dank der Fragen, Kommentare und Antworten ist in etwa deutlich, wo die Grenzen des allgemeinen Konsens liegen. Oft stellt der Vorsitzende dann zufrieden fest, dass „alle in die gleiche Richtung schauen" oder, eine sehr niederländische Redensart, *alle Uhren parallel laufen*. Eine solche Runde kann zu praktischen Beschlüssen führen, oft jedoch bleibt es bei gegenseitiger Information. Wenn die Verhandlungen beendet sind, sieht man die Teilnehmer paarweise beieinander, mit dem Terminkalender in der Hand. Sie treffen Verabredungen.

Wer ohne stichhaltigen Grund und vorherige Abmeldung ein solches Gespräch versäumt, macht sich nicht beliebt. Vor allem, wenn sich hinterher herausstellt, dass man „etwas Wichtigeres" zu tun hatte. Freilich ist die Teilnahme an *overleg* auch jederzeit eine gute Entschuldigung dafür, dass man nicht erreichbar ist.

Andererseits gehört es zum guten Ton über diese ewigen Besprechungen zu klagen. Schnell drängt sich einem der Verdacht auf, dass sie nicht besonders effizient sind. Diese Besprechungen zeichnen sich denn auch oft durch eine gewisse Lustlosigkeit aus. Langeweile liegt auf der Lauer und kann jederzeit eintreten, gerade weil Niederländer ihr durchaus vorhandenes rhetorisches Können selten einsetzen. Jeder muss zu Wort kommen, so dass eine straffe Gesprächsführung erforderlich ist. Die meisten Vorsitzenden beschränken sich darauf Unterbrechungen zu verhindern, denn ein jeder muss die Gelegenheit bekommen auszusprechen. Das dient nicht gerade einer lebhaften Diskussion. Deshalb führt das Klagen über die ewige Besprechungen nicht dazu, dass diese Art der Kommunikation eingeschränkt wird. Jeder klagt voller Überzeugung, aber wer *overleg* tatsächlich nicht ernst nimmt, wird es bereuen, vor allem wenn die übrigen Teilnehmer Untergebene sind.

Das bringt die Gefahr mit sich, sich in diesen Besprechungen zu verlieren. Ein Kompromiss nach dem anderen wird geschlossen. Zum Schluss kommt etwas heraus, das so verwässert ist, dass man es ebenso gut lassen kann, die Art Ergebnis, die man auch im Goldenen Zeitalter erzielte.

Die Regierung hat „beleid", aber der Vorstand des kleinsten Sportvereins auch

Es gibt ein Instrument, mit dem man das verhindern kann, nämlich *beleid*, etwas, das normalerweise mit *policy* und auch Politik übersetzt wird, dessen Bedeutung aber viel komplexer ist. *Beleid* ist so wenig zu übersetzen wie *overleg*. In seiner ursprünglichen Bedeutung bezeichnet es eine Art vorsichtiger Vorgehensweise. Wer ein kaputtes Mikroskop reparieren will, darf nicht ungeduldig werden, sondern muss mit *beleid* – wohlüberlegt – vorgehen. Bezeichnend ist es übrigens, dass ein Synonym für *beleid* in dieser Bedeutung wiederum *overleg* ist.

Die Regierung hat ihr *beleid*, aber auch der Vorstand des kleinsten Vereins, was er mit dem Vorstand von Philips und Shell und mit dem Besitzer der Druckerei um die Ecke mit vier Mann Personal gemeinsam hat. Natürlich ist *beleid* schriftlich festgelegt

Diese Planung definiert Ziele und weist die Richtung, in die sich die Aktivitäten entwickeln. Außerdem definiert sie Grenzen für diese Ziele und Aktivitäten. Manchmal ist alles sehr präzise formuliert, manchmal aber auch sehr vage. Mit dem *beleid* unter dem Arm können alle Mitwirkenden feststellen, ob ein bestimmter Vorschlag noch innerhalb der gesetzten Grenzen liegt. Kompromisse kann man mit dem Argument zurückweisen, dass sie nicht zum *beleid* gehören. Andererseits kommt es auch vor, dass Elemente hinzugefügt werden, die wiederum wohl zum *beleid* passen. Ist es zum Beispiel Absicht der Regierung mehr Frauen zu beschäftigen, was übrigens tatsächlich der Fall ist, dann müssen die Personalabteilungen der Ministerien ihre Politik entsprechend ausrichten. Darüber gibt es nichts zu diskutieren. Wer das doch versucht, wird sofort mit dem Hinweis auf *beleid* zurückgepfiffen.

Natürlich entsteht *beleid* in *overleg* mit allen Beteiligten. Und wenn es einmal so weit ist, bekommt es fast Gesetzescharakter. Jeder weiß, dass er sich dem *beleid* des Vorstands oder der Firmenleitung fügen muss.

Ehrgeizige bemühen sich denn auch, möglichst weitgehend bei der Formulierung der Zielsetzungen beteiligt zu werden. Wer bei Freunden oder Kollegen Eindruck machen will, beschreibt den Umfang seines Beitrags zum *beleid*. Bei Bewerbungsschreiben erwähnt man entsprechende Tätigkeit ebenfalls in epischer Breite um Respekt hervorzurufen. Nicht umsonst ist eine der höchsten Funktionen bei Behörden die des *beleidsadviseur*.

Unzufriedene kritisieren „beleid"

Dies führt vor allem bei Behörden zu der Schlussfolgerung, dass Probleme durch Mangel an *beleid* verursacht werden. Interessenvertreter, Fachvereinigungen und Aktionskomitees sind ebenfalls dieser Meinung und fordern bei passenden und unpassenden Gelegenheiten dem *beleid* noch weitere Elemente hinzuzufügen. Politiker versuchen ihre Klientel mit der Zusage zufrieden zu stellen, dass aufgrund von Klagen *beleid* entwickelt werden wird. Bleibt dieses allzu lange aus, werden sie von den Medien kritisiert. Andererseits können sie sich auch lästiger Fragen mit dem bloßen Hinweis darauf entledigen, dass diese glücklicherweise im *beleid* bereits berücksichtigt sind. Die Chance, dass jemand dann Genaueres wissen will, ist sehr klein.

Unzufriedene beklagen sich in der Kneipe darüber, dass es in den Niederlanden ein wichtiges Problem gibt: Das *beleid* taugt nichts. Es ist absolut verkehrt, total rückständig, berücksichtigt nicht die Tatsachen. Wenn es nicht schnell geändert wird, dann – und hierbei muss man entweder missmutig ins Bierglas starren oder strafend den Zeigefinger heben, einen Mittelweg gibt es eigentlich nicht – ist alles im Eimer.

Beleid ist also eine seriöse Sache. Es wird auch schnell mit Lösung verwechselt, was damit zu tun hat, dass die Niederländer davon überzeugt sind, man könne letztlich alles regeln, wenn man methodisch vorgeht. (Für Ausnahmefälle gibt es ja auch noch die Duldung.) Der gesellschaftliche Erfolg, die gelungene Modernisierung im letzten Viertel des 19. Jahrhunderts und das enorme Wohlstandswachstum nach dem Zweiten Weltkrieg scheinen diese Überzeugung zu rechtfertigen. Rechtzeitiges Eingreifen am rechten Ort mit den richtigen Zielsetzungen führt grundsätzlich zum gewünschten Ergebnis.

Bei *beleid* geht es denn auch oft um das Regulieren laufender Prozesse. Anfänglich sahen die Behörden sich dazu gezwungen. Die Niederlande konnten sich zwar aus dem Ersten Weltkrieg heraushalten, die Wirtschaft hatte jedoch sehr gelitten und fast ständig herrschte Nahrungsmangel. Dank einer Reihe gezielter Maßnahmen des Staates konnte der Zusammenbruch der Wirtschaft verhindert werden. Mit anderen Maßnahmen erreichte man eine nicht allzu ungerechte Verteilung der zur Verfügung stehenden Nahrungsmittel. Auch die schwere Wirtschaftskrise in Folge des Börsenkrachs an der Wall Street im Jahre 1929 wurde durch staatliche Maßnahmen bekämpft. Dank *beleid* waren diese Maßnahmen aufeinander abgestimmt.

So wurde diese Vorgehensweise selbstverständlich, obwohl es auch genug Kritiker gab, die vom „Heiligen Bürokratius" sprachen. Sie störten sich an den vielen Kommissionen, die die Regierung einsetzte um alle möglichen Probleme zu erforschen und Vorschläge für deren Lösung zu machen. Alles vergebens. Denn diese Kommissionen hatten auch den Zweck ideologische Elemente aus den Planungsvorschlägen zu entfernen.

Die ganze Übung ist nur sinnvoll, wenn sich alle Beteiligten im Resultat wieder finden; sie müssen sich in dem gefundenen Konsens erkennen oder jedenfalls nicht allzu viele Elemente in ihm antreffen, denen sie Widerstand entgegengesetzt haben. Deshalb ist es immer gut, wenn *beleid* auf Basis von Fakten oder wissenschaftlicher Forschung formuliert wird. Solche Kommissionen bestehen daher aus Wissenschaftlern oder Vertretern von Interessengruppen, ergänzt um sogenannte unabhängige Fachleute, von denen man hofft, das sie aufgrund ihres spezifischen Wissens das erlösende Wort sprechen können, wenn das den Mitwirkenden mir ihren jeweils eigenen Interessen nicht selbst gelingt.

Inzwischen ist bei Behörden, Interessenvertretern und in manchen Bereichen der Wirtschaft ein neuer Beruf entstanden, der des *Beleidsmitarbeiters*. Sie arbeiten oft in speziellen Abteilungen und haben eine angesehene Funktion. Beamte streben danach, möglichst den Begriff *beleid* in ihre Tätigkeitsbeschreibung aufnehmen zu lassen, denn das ist ein gutes Argument für die Eingruppierung in eine höhere Gehaltsstufe.

Beleid hat in den Augen der Niederländer keinen politischen Charakter. Die Fachleute bei Behörden rühmen sich der Tatsache, dass es nichts ausmacht, welcher Partei ihre jeweiligen Vorgesetzten angehören. Gute Beamte sind ihrem Minister, Stadtrat oder Abgeordneten gegenüber loyal. Die ideologischen Standpunkte eines Ministers sind in den Berichten, in denen er sein *beleid* formuliert, denn auch kaum oder nur schwierig zu erkennen. Denn eine effektive *Beleidsabteilung* sitzt wie eine Spinne im gesellschaftlichen Netzwerk. Sie lässt sich ausführlich und sehr präzise durch alle möglichen Kommissionen und Vertreter von Interessenorganisationen zuarbeiten, die zahlreiche, ausführliche und umfangreiche Vorschläge zur politischen Planung machen und manchmal sogar vollständige Konzepte liefern. Jedes Ministerium verfügt über eine Reihe ständiger Beratungsgremien, die sich zu einer Vielzahl von Themen äußern, wobei die Stellungnahmen sehr umfassend oder detailliert sein können. Der Wissenschaftliche Beirat für *Beleidsplanung* der Regierung (WRR) kann sich im Prinzip in alles einmischen. Der Rat für Wissenschaftliche Forschung zur Entwicklungszusammenarbeit beschäftigt sich mit einem winzigen Teil der Forschung in den Niederlanden, trotzdem verfügt er über einen professionellen Stab. Der WRR ist so groß, dass man als Mitarbeiter durchaus gute Aufstiegschancen hat. Ist ein solches Gremium erst einmal eingesetzt, kann es normalerweise auch ungefragt Ratschläge erteilen und macht von diesem Recht auch ausgiebig Gebrauch.

Je unabhängiger die Mitglieder eines solchen Beirats oder der Ad-hoc-Kommission, desto größer die Chance, dass sie Vorschläge machen, die keine Aussicht auf Erfolg haben, weil dafür – wie es im Verwaltungsjargon heißt – die „gesellschaftliche Akzeptanz" fehlt. Der Vorschlag wird, nachdem er auf einer Pressekonferenz vorgestellt wurde, in der Presse kommentiert und dabei bleibt es dann. Er verschwindet in der Schublade. *Beleidsabteilungen* sind Meister im Archivieren enormer Informationsmengen, die erst wieder zum Vorschein kommen, wenn ein Wissenschaftler Jahrzehnte später bei der Vorbereitung seiner Doktorarbeit darauf stößt.

Beleid kann sich auf ein relativ kleines Gebiet beschränken, aber auch ausufern. Ein sehr gutes Beispiel dafür ist der Bericht *Eine Welt der Unterschiede* (original: Een Wereld van Verschil), die der ehemalige sozialdemokratische Minister für Entwicklungszusammenarbeit Jan Pronk kurz nach Beginn seiner zweiten Amtsperiode veröffentlichte. Der Bericht umfasst 385 Seiten; das ist zwar viel für einen Bericht, aber nicht ungewöhnlich.

Der Untertitel macht deutlich, worum es geht: *Neue Kader für Entwicklungszusammenarbeit in den neunziger Jahren.* Das heißt, es werden sowohl die Zielsetzungen als auch die Grenzen von Planung besprochen.

Pronk, im jetzigen Kabinett – seit rund zwei Jahren – übrigens Umweltminister, gilt in den Niederlanden als *Mr. Entwicklungszusammenarbeit.* Er ist dafür bekannt, dass er mit seiner Meinung nicht hinter dem Berg hält und auch extreme Standpunkte nicht scheut. Pronk, Schüler des Nobelpreisträgers Tinbergen, ist der Meinung, dass die Welt falsch organisiert ist. Wer versucht Armut zu bekämpfen, bleibt immer wieder in den Maschen des Systems hängen, das die *Haves* schützt und die *Have nots* ihrem traurigen Schicksal überlässt. Deshalb ist internationales Eingreifen erforderlich. Während seiner zweiten Amtsperiode stellte der Minister sich denn auch als Befürworter militärischen Eingreifens in Konfliktgebieten heraus, sofern es im Rahmen von Friedensoperationen (das heißt Kompromisse schließen, er ist und bleibt Niederländer) der Vereinigten Nationen stattfindet. In *Eine Welt der Unterschiede* sind diese Ausgangspunkte nicht wieder zu finden, jedenfalls nicht als solche. Ein Drittel des Werkes skizziert jüngste historische Prozesse, wobei die Betonung auf der sozioökonomischen Entwicklung liegt. Dafür bietet der Bericht keinen klaren theoretischen Rahmen, vielmehr skizziert er einen vielschichtigen Prozess. Diesem geschichtlichen Überblick folgt eine detaillierte Analyse der Situation auf den verschiedenen Kontinenten. Das Kapitel „Die Qualität politischer Umsetzung" umfasst lediglich dreißig Seiten, weniger als zehn Prozent des gesamten Dokuments.

Die Vorschläge in diesem Kapitel ergeben sich aus dem Charakter der beschriebenen Prozesse und basieren auf dem Ausgangspunkt, dem kein vernünftiger Mensch widersprechen wird, nämlich dass Geld so effektiv wie möglich eingesetzt werden sollte. Die Betonung liegt auf der Bekämpfung der Armut. Denn: „trotz wichtiger Fortschritte, z.B. beim Bekämpfen der Säuglings- und Kindersterblichkeit und des Analphabetismus, und trotz höherer Lebenserwartung lebt noch eine Milliarde Menschen unterhalb der Armutsgrenze. Für sie gibt es kaum Aussicht auf Verbesserung ihrer Lebensumstände."

Allein schon diese Feststellung rechtfertigt den breiten Ansatz der Studie. Der Gedanke, dass Armut nun einmal unvermeidlich ist, hat kaum Anhänger in einem Land, in dem im Prinzip niemand seinem (materiellen) Schicksal überlassen wird. Bei der Behandlung des Berichts im Parlament gab es niemanden, der kritisierte, dass die Bekämpfung der Armut Priorität erhält.

Schließlich beschäftigt der Bericht sich ausführlich mit den verschiedenen Kategorien von Armut und Armen; was unabdingbar ist, denn für jede Kategorie beschreibt er spezielles *beleid* zur Bekämpfung der Armut, die schließlich als veränderbarer Prozess angesehen wird. Pronk liegt daran zur richtigen Zeit am richtigen Ort zu intervenieren, so dass eine weltweite Organisationsform entsteht, die allen Menschen eine Perspektive bietet. In dem Dokument werden keineswegs die strukturellen Ursachen von Armut identifiziert und neue Strukturen empfohlen. Es geht um eine Reihe umfangreicher Eingriffe in laufende Prozesse. Die Tatsache, dass die Mittel, die im Rahmen der niederländischen Entwicklungszusammenarbeit zur Verfügung stehen – ca. ein Gulden pro Kopf der Weltbevölkerung pro Jahr –, bei weltweiten Prozessen kaum ins Gewicht fallen, wird nicht erwähnt. Jedoch werden recht präzise die Bedingungen spezifiziert, die für die Finanzierung von Entwicklungsprojekten mit niederländischem Geld anzuwenden sind. Politische Planungsvorhaben für weitere Landgewinnung aus der Nordsee könnte man auf die gleiche Art und Weise ausarbeiten.

Minister Pronk ist ein notorischer *Workaholic*, der den Großteil seiner Berichte selbst verfasst, was nicht unbedingt allgemeine Zustimmung findet. Ein Minister sollte nicht so viel in den Konzepten herumstreichen, die seine Beamten auf der Grundlage vieler Beiträge und nach unendlich viel *overleg* erarbeitet haben. Er macht höchstens Randbemerkungen, die die *Beleidsabteilung* dann so lange im Text verarbeitet, bis keine Klagen mehr aus dem Ministerbüro kommen. Die durchschnittliche niederländische Regierungsnote trägt denn auch die Namen vieler Verfasser und es ist keine Seltenheit jemanden zu treffen, der stolz darauf hinweist, dass bestimmte Kapitel und Abschnitte seiner oder ihrer Feder entstammen oder man zumindest einen gewissen Einfluss ausüben konnte. Das bedeutet Teilnahme an Besprechungen, bei denen der Bericht im *status nascendi* besprochen wurde.

Beleid hat leider meist eine begrenzte Haltbarkeitsdauer

Das Problem ist, dass *beleid* eine begrenzte Haltbarkeitsdauer hat. Die Umstände ändern sich schnell, was bedeutet, dass die Grundlage für *beleid* wegfallen kann. Drei Jahre nach seinem *opus magnum* musste Minister Pronk eine Art Ergänzung herausbringen, die neuere Entwicklungen berücksichtigte, vor allem das praktisch von niemandem erwartete Aufflammen ethnischer Gewalt in Osteuropa. Dieses neue Werk umfasste lediglich 123 Seiten. Doch auch jetzt sprach der Untertitel Bände: *Eine Welt im Konflikt. Übersicht über die Grenzen der Entwicklungszusammenarbeit* (original: Een Wereld in Geschil. De grenzen van de ontwikkelingssamenwerking verkend). Auf Drängen des Parlaments produzierte Pronk außerdem eine Reihe von Teilberichten über einzelne Aspekte von *beleid*, die demnächst wahrscheinlich auch angepasst werden müssen.

So bleibt in den Niederlanden die Maschinerie für *beleid* – sei es im großen oder kleinen Maßstab – unaufhörlich in Gang.

Auch die Gesellschaft hat einen Terminkalender, in den man Vereinbarungen eintragen kann. Dann wird alles gut.

Beleid ist grundsätzlich auf die Zukunft gerichtet. Niederländer gehen ganz selbstverständlich davon aus, dass die Gesellschaft genauso wie sie selbst eine Art Terminkalender hat, in den man Vereinbarungen eintragen kann. Dann wird schon alles gut. Sie blättern dann in der Planung für die vergangenen sechs Monate und stellen fest, dass alles kontinuierlich verlaufen ist. Kontinuität wird denn auch als großes Gut betrachtet. Unternehmen vermelden stolz ihr Gründungsjahr; je länger es zurückliegt, desto besser. Dass die Firma all die Jahre durchgestanden hat, ist ihrer Meinung nach nicht Folge glücklicher Umstände, sondern der Tatsache, dass schon ihre Vorfahren ausgezeichnet vorausdenken konnten, wobei die heutige Unternehmensführung der Einfachheit halber davon ausgeht, dass dieses Talent erblich ist. Viele Niederländer besitzen einen unerschütterlichen Glauben in die Vorhersehbarkeit der Umstände. So lässt sich ein Vorschlag zum Beispiel mit dem Argument ablehnen, dass es dabei um kurzfristige Planung geht. Wenn *beleid* etwas taugen soll, ist es per definitionem lang- oder doch zumindest mittelfristig angelegt. Dies führt in der Praxis zu vielen Analysen und Denkprozessen, obwohl die Entwicklungen die Resultate schnell einholen. Deshalb neigt man dazu am bestehenden *beleid* festzuhalten und neue Entwicklungen als zufällige, nicht strukturelle Phänomene abzutun. Die Erfahrung hat gezeigt, dass Unternehmen und Organisationen, die sich ihrer Stärke bewusst sind, ihr *beleid* am ehesten anpassen.

Gefragt nach seiner Meinung über das Jahr 2000, erklärte der Zukunfts-
forscher Professor L.J. Schoonenboom am 9. Juli 1994 gegenüber der Tageszeitung *Haagsche Courant:* „Was *beleid* betrifft, hat das Jahr 2000 keinerlei
Bedeutung."

Beleid bleibt ein Wachstumssektor. Die Zahl derer, die sich damit von
Berufs wegen beschäftigen, steigt noch immer. Sie profitierten sogar von den
Sparmaßnahmen, die die Regierung seit Anfang der achtziger Jahre durchgeführt hat, denn zu deren Umsetzung ist *beleid* erforderlich. Es ist auffällig,
dass *Beleidsabteilungen* sich selbst oft ausklammern, während andere Bereiche Federn lassen müssen. Inzwischen regt sich Kritik darüber, aber den
Beleidsmachern ist es relativ gut gelungen ihre Position abzusichern, obwohl
in den Niederlanden wie überall in der industrialisierten Welt der Wert des
mittleren Managements immer kritischer gesehen wird. *Beleidsmacher* haben
einen eigenen Status und passen nicht ganz in diese Kategorie. Ohne *beleid*
würden soziale Prozesse des Unterhandelns auf allen Ebenen unkontrollier-
bar.

So mancher fragt sich allerdings nach dem Nutzen all dieser Anstrengungen. Ist *beleid* in der Tat sinnvoll? Die Frage ist nicht einfach zu beantworten, denn *Beleidsdokumente* sind meist nicht eindeutig, zielen selten in eine
einzige Richtung. Meistens bestehen sie aus mehreren Teildokumenten, die
parallele Ziele oder in verschiedene Komponenten unterteilte Ziele anstre-
ben. In Pronks Kampf gegen die Armut spielen abgesehen von anderen Ele-
menten auch Umweltschutz und die Emanzipation der Frau eine wichtige
Rolle. Dass *beleid* so viele Zielsetzungen hat, hängt mit dem Kompromiss-
charakter solcher Dokumente zusammen: Man versucht darin möglichst viel
unterzubringen um möglichst viele Interessengruppen zufrieden zu stellen.
Aber das ist noch nicht alles. Man strebt danach effektiv zu sein und die
Umsetzung von *beleid* zu ermöglichen und entwickelt daher *Teilbeleid* für
eine Reihe sekundärer Zielgruppen. Denn nach Meinung aller Beteiligten
gibt es keine alles umfassenden Modelle, die man, notfalls nach Begradigung
einiger Kurven, verwirklichen kann. Es gibt immer Ausnahmen und besondere Situationen, die ein spezielles Vorgehen erfordern. Das macht *beleid*
letztendlich so unübersichtlich und erschwert das objektive Feststellen der
Ergebnisse. Außerdem erfordert es eine sehr komplizierte Gesetzgebung.
Die Höhe der Sozialhilfe zum Beispiel hängt ab von den jeweiligen Lebens-
umständen. Zwei Einzelpersonen bekommen mehr als ein Ehepaar. Hat ein
Partner bezahlte Arbeit, entfällt das Recht auf Sozialhilfe ganz. Inzwischen
wurden mehr als zwanzig unterschiedliche Kategorien des Zusammenlebens
definiert, in die potentielle Sozialhilfeempfänger eingeordnet werden. Die
Beamten, die das Gesetz anwenden müssen, kämpfen mit entsprechenden
Problemen und klagen über ihre Kollegen in der *Beleidsabteilung*, auf deren
Produkten ihre tägliche Arbeit basiert. In den Medien finden sich denn auch

regelmäßig Beschreibungen absurder Situationen, die entstehen, wenn unterschiedliche Formen von *beleid* einander überschneiden.

Ab und zu versuchen Politiker dem ein Ende zu bereiten. Ihre Vorschläge stranden jedoch meist im Parlament, in dem Volksvertreter Beispiele für „Ungerechtigkeit" und „extreme Fälle" beschreiben. Minister oder – etwas weiter unten in der Hierarchie – Stadträte versprechen dann, spezielles *beleid* für Sonderfälle zu entwickeln. Auf diese Art und Weise misslang zum Beispiel die Vereinfachung des Steuersystems. Der ursprüngliche Vorschlag, den eine Kommission von Sachverständigen gemacht hatte, wurde so lange angeglichen, bis ein neues System von Regeln und Ausnahmen entstand, das nicht weniger kompliziert war als das ursprüngliche. Denn der Gesetzesvorschlag war zu ungerecht und zu viele Bürger hätten, wenn er angenommen worden wäre, „zwischen zwei Stühlen" gesessen, was – wie ein jeder weiß – eine besonders ungünstige Position ist.

Das Stadium haben wir hinter uns

Oft auch erreicht man mit *beleid* genau das Gegenteil von dem, was eigentlich beabsichtigt war. So versuchte die Regierung vor einiger Zeit Kündigungen von Arbeitnehmern, die aus gesundheitlichen Gründen nicht mehr ihre normale Tätigkeit ausüben konnten, zu erschweren, indem sie Betrieben, in denen Arbeitnehmer (teilweise) berufsunfähig geworden waren, eine Buße auferlegte. Die Unternehmen bezahlten diese Bußen natürlich, wurden jedoch viel kritischer, was die Gesundheit von Bewerbern betraf. Wenn auch nur der geringste Verdacht bestand, dass jemand in der Zukunft gesundheitliche Probleme bekommen könnte, wurde der Bewerber abgelehnt. Für Ältere und Behinderte wurde es noch schwieriger bezahlte Arbeit zu finden. Auf die Dauer wird dieses *beleid* wohl geändert werden, aber das geht nicht von einem Tag auf den anderen. Über jede Maßnahme hat man schließlich unendlich lange diskutiert. „Diese Diskussion haben wir bereits geführt", oder „das Stadium haben wir hinter uns" sind viel gehörte und sehr wirkungsvolle Antworten auf Anregungen existierendes *beleid* kritisch zu durchleuchten. Es gelingt nur dann die Diskussion wiederzubeleben, wenn bewiesen werden kann, dass sich die Umstände in dem Maße geändert haben, dass „die Planung im luftleeren Raum" hängt. Das macht die Beschlussfassung in den Niederlanden so zäh, oder, wie die Niederländer selbst sagen, *stroperig*, zähflüssig, wie das Zuckerderivat, mit dem sie ihre Pfannkuchen beträufeln. Darin schwingt Selbstkritik mit, aber zu mehr als guten Vorsätzen hat diese nicht geführt. Wo gehobelt wird, fallen Späne, so wird oft gesagt, die Schlussfolgerung lautet dann: lieber nicht hobeln.

Wer davon ausgehen muss, dass er von *beleid* betroffen sein wird, wird denn auch versuchen den Entscheidungsprozess zu verfolgen und, falls das möglich ist, beteiligt zu werden, normalerweise im Rahmen von *overleg*.

Beleidsmacher versuchen möglichst viele Betroffene in ihre Aktivitäten mit einzubeziehen um sie ihren Plänen zu verpflichten. Das ist notwendig für die letztendliche Legitimierung des Vorhabens. Die Aktionskomitees der sechziger Jahre waren ihnen behilflich, indem sie der Regierung viele Mitspracherechte abtrotzten. In der Praxis bedeutet das öffentliche Zusammenkünfte für spezielle Bereiche, für die Anwohner einer bestimmten Straße, die Arbeitnehmer einer bestimmten Branche. Die Behörde, die zu der Veranstaltung einlädt, präsentiert ihre Pläne, oft mit einer Reihe von Varianten. Dann bekommt jeder die Gelegenheit zu sagen, was er davon hält.

Das führt oft dazu, dass Anwesende sich für eine Arbeitsgruppe zur Verfügung stellen, die weitere Vorschläge ausarbeiten soll. So bekommt man die Chance die Richtung ein wenig mitzubestimmen. Es kann nicht oft genug gesagt werden, dass es nicht ratsam ist sich dem Strom entgegenzustemmen. Das passt nicht zur Konsenssuche und der allgemeinen Überzeugung, dass man die Dinge nicht schwarz oder weiß sehen sollte. Bald wird man jedoch feststellen, dass während dieser Besprechungen unausgesprochenes Misstrauen herrscht. Es besteht die Vermutung, dass etwas existiert, was nicht ausgesprochen wird, eine verborgene Tagesordnung. Wenn einem von der eigenen Umgebung eine derartige verborgene Tagesordnung unterstellt wird, gibt es nur eins: Offenheit. Es wird nicht oft vorkommen, dass jemand direkt über diese vermutete verborgene Tagesordnung spricht. Aber man spürt den Verdacht aufgrund der wachsenden Abweisung von Seiten der Gesprächspartner. Es ist nicht vernünftig die Sache selbst anzusprechen mit Bemerkungen wie: „Sie glauben doch nicht, dass es eine verborgene Tagesordnung gibt?" Transparenz, die Karten offen auf den Tisch legen, möglichst viel und möglichst ausführlich informieren, das ist die einzig effektive Antwort. Aber das ist einfacher gesagt als getan. Behörden und ähnliche Organisationen neigen dazu über Angelegenheiten zu schweigen, die intern noch nicht ausdiskutiert sind. Das sind die sogenannten sensiblen Themen. Man gibt nicht gerne einfach zu, dass man noch nicht genau weiß, wie es weitergeht, dass es um ein sensibles Thema geht, dass ein öffentlicher Diskurs negative Auswirkungen haben könnte. Auf diesem Boden der Schweigsamkeit gedeiht dann die Idee von der verborgenen Tagesordnung.

Die Regenten aus der Zeit der Republik schwiegen grundsätzlich über das, was sie hinter verschlossenen Türen besprachen. Dass Behörden und Körperschaften heutzutage öffentlich Diskussionen führen, ist eine Errungenschaft des 19. Jahrhunderts. Offenheit war eine der wichtigsten Forderungen der Aktionskomitees, die in den sechziger Jahren entstanden. Dies führte anfänglich zur Erweiterung der Zuschauertribüne. Manch eine Gemeinderatsfraktion sah sich gezwungen interne Vorbesprechungen öffentlich abzuhalten. Dieser Offenheit war kein langes Leben beschieden. Erfahrene Politiker verlegten die Beschlussfassung hinter die Bühne und in alle möglichen informellen Treffen. Seit den achtziger Jahren sind nicht-öffentliche Besprechungen wieder im Kommen. Die Kabinettsbildungen nach den Wahlen 1994 und 1998 sind gute Beispiele für Verhandlungen hinter verschlossenen Türen. Diese Entwicklung war vorherzusehen, eine kompromissbereite Atmosphäre entsteht nicht, wenn man Außenstehende jedes Wort hören lässt, das gesagt wird.

Diese Form der Vertraulichkeit schafft ausgezeichnete Bedingungen um das Entstehen von *beleid* durch das Mobilisieren externer Faktoren zu beeinflussen. Die Niederlande haben eine freie Presse mit wenig Respekt für Würdenträger. Leute mit intriganten Neigungen nutzen diese Tatsache ab und zu, indem sie dafür sorgen, dass Journalisten bestimmte Dinge erfahren. Gute Journalisten lassen gerne durchblicken, dass sie bisweilen Briefe mit vertraulichen Informationen erhalten. Die Medien beschäftigen sich ausführlich mit solchen Dingen. Journalisten sind Meister im Schützen ihrer Informanten, obwohl sie – im Gegensatz zu Ärzten – keine offizielle Schweigepflicht kennen. Versuche in Gerichtsverfahren festzustellen, wer eine bestimmte Information weitergegeben hatte, führten in der Vergangenheit zu Affären, in denen sich die Journalisten als Märtyrer der freien Meinungsäußerung profilieren konnten. Deshalb versuchen Leute in hohen Funktionen, die Opfer solcher Manipulationen wurden, die Informationsquelle durch interne Untersuchungen zu lokalisieren. Es kommt nur selten vor, dass die Schuldigen gehen müssen. Ihre Karriere gerät in eine Sackgasse, sie werden isoliert und ihre Kollegen und Vorgesetzten behandeln sie wie Luft. Die Weitergabe vertraulicher Informationen ist daher mit einem gewissen Risiko behaftet, deshalb muss man dafür sorgen, dass die Spuren nicht zum Täter führen, jedenfalls nicht zu einer Person allein.

Die Medien sind nicht strafbar, wenn sie „Geheimes" veröffentlichen. Niemand wird sie dafür öffentlich tadeln. Man wird höchstens versuchen ihnen inhaltliche Fehler nachzuweisen und eine Gegenoffensive zu starten, die ihrerseits wieder viel öffentliche Aufmerksamkeit erregt. Am geschicktesten und erfolgreichsten begegnet man den Folgen eines Lecks mit sofortiger Offenheit. Das wird auch fast immer getan.

Übrigens gibt es in den Niederlanden seit den siebziger Jahren ein Gesetz, das im Prinzip jedermann Einsicht in offizielle Dokumente – mit der Ausnahme persönlicher Dokumente (z.B. Personalakten) – zugesteht. Die Archive des niederländischen Nachrichtendienstes BVD – der niederländische BND, wenn man so will – sind davon ausgenommen. Nach dem Ende des Kalten Krieges wollte der BVD den Großteil seines Personenarchivs vernichten. Dagegen regte sich Widerstand in der Öffentlichkeit. Die Dokumente – so lautete die Forderung – müssten Wissenschaftlern für Forschungszwecke und auch den Betroffenen selbst zur Einsicht zur Verfügung stehen.

Der Mantel der Nächstenliebe

Der BVD und die Regierung würden die Akten lieber dem Reißwolf über-
geben, denn durch Akteneinsicht könnten alle möglichen unerquicklichen
Sachen ans Licht der Öffentlichkeit geraten. Ungünstig, wenn man auf un-
gehinderte Konsensbildung angewiesen ist. So kommt es nämlich zu Konflikten, und Konflikte, wie wir wissen, stehen im Gegensatz zur Tradition
von Jahrhunderten. Wenn es zu Konflikten kommt, wissen Niederländer
sich keinen Rat mehr. Sofort treten dann Versöhner ins Rampenlicht. Ein
Vorgesetzter, dessen Mitarbeiter nicht mehr miteinander auskommen, wird
zunächst mit den Beteiligten „ein gutes Gespräch" führen. Hilft das nicht,
werden Außenstehende zu Rate gezogen. Ein „Rat der Weisen" – heutzutage ab und zu auch Frauen – versucht den Konflikt zu bereinigen. Richter, die
mit zwei streitenden Parteien zu tun haben, werden normalerweise erst einen
Schlichtungsversuch unternehmen, so dass sie kein Urteil zu fällen brauchen,
und sind stolz darauf, wenn sie – wie es oft der Fall ist – damit erfolgreich
sind.

So schafft man die meisten Konflikte aus der Welt, aber nicht alle. Manche Feindschaften sitzen tief und währen lange, sogar jahrelang. Die Streit-
hähne müssen sich darüber im klaren sein, dass sie sich selbst isolieren, denn
es ist mühsam in der eigenen Umgebung Verbündete zu finden, weil jeder
mit jedem im Gespräch bleiben möchte. Kennzeichen solcher Feindschaften
ist, dass die Betroffenen versuchen ihre Umgebungen in Koalitionen einzu-
teilen, in Befürworter und Gegner. Die meisten Niederländer halten nichts
von solch eindeutiger Stellungnahme und versuchen daher meist erfolgreich
beiden Parteien aus dem Weg zu gehen. Man will sich an brenzligen Fragen
nicht die Finger verbrennen.

Streben Feinde eine Versöhnung an, müssen beide bereit sein die Vergangenheit zu vergessen. Diese Vergesslichkeit wird von der Umgebung aktiv gefördert. Man muss bereit sein gewisse Dinge mit dem „Mantel der
Nächstenliebe" zu bedecken. Dieser Mantel ist denn auch ein viel benutztes
Requisit zur Vermeidung potentieller Konflikte. Niemand findet es angenehm, wenn Gegner ihre Meinungsverschiedenheiten bis zur letzten Instanz
austragen, oder sich – wie eine Redensart lautet – *in der Öffentlichkeit prü-
geln*.

Die Umgebung versucht dafür zu sorgen, dass mindestens einer der Betroffenen als der Klügere nachgibt. Das heißt: Er beendet die Feindseligkei-
ten. Aber er muss sicher sein, dass dies nicht als bedingungslose Kapitulation
aufgefasst wird. Darum wird meist für eine sanfte Landung gesorgt. So werden hohe Beamte, die in Probleme geraten sind, manchmal mit eigenem Ein-
verständnis „Stabsberater" ihres Ministers.

Das ist eine saubere Lösung, vor allem, da es einige durchaus einflussreiche Stabsberater gibt. Manchmal hört man, dass ein bestimmter Kollege sich eine Zeitlang besonderen Projekten widmen wird. Ein beliebter Ausweg für Politiker, die den Rückhalt verloren haben, ist das Bürgermeisteramt. Es kommt nur sehr selten vor, dass jemand nach einem Konflikt oder einem Fehler *auf dem Deich ausgesetzt wird*, wie eine aus dem Mittelalter stammende Redensart lautet, die ursprünglich bedeutete, dass jemand aus der Stadt, dem Dorf oder einem Gebiet verbannt wurde. Natürlich stimuliert auch das Gesetz, das Kündigungen sehr erschwert, das Finden einer Lösung. Aber die Versöhnungsbereitschaft hängt auch damit zusammen, dass man versucht die Konsenssuche zu erleichtern. Als die Sozialdemokraten vor den Wahlen 1994 ihre Kandidatenliste verjüngten und viele Altgediente nicht mehr aufstellten, gründete der Parteivorsitzende eigens ein Büro um diesen Leuten beim Finden einer anderen öffentlichen Funktion zu helfen. Und das, obwohl jeder demokratische Politiker sich darüber im klaren sein sollte, dass seine Karriere vom eigenen Anhang und von den Wählern abhängt. Die Sozialdemokraten gingen jedoch auf diese Art und Weise potentiellen Konflikten aus dem Weg.

Diese Methode wird auch angewandt, wenn Leute tatsächlich Fehler machen. In der extremsten Erscheinungsform nennt man diese Art des Konfliktmanagements „etwas unter den Teppich kehren". Das beste Beispiel dafür stammt vom Anfang des vorigen Jahrhunderts und betrifft den Begründer der kalvinistischen Säule, Abraham Kuyper. Während seiner Zeit als Minister erhielten zwei Leute, deren vornehmstes Verdienst es zu sein schien, dass sie eine größere Summe in die Kasse von Kuypers Anti-Revolutionärer Partei gezahlt hatten, einen königlichen Orden. Das jedenfalls behauptete ein liberaler Abgeordneter. Ein Ehrenrat wurde ernannt, eine Kommission weiser Männer, die feststellte, dass die beiden ihre Orden auch ohne ihre großzügige Spende bekommen hätten. Niemand glaubte ihnen. Abraham Kuyper leugnete die Beschuldigungen weiterhin und sagte im Parlament, dass „das Büßerhemd diesem Mann nicht schlecht stehen" würde. In der darauffolgenden Debatte erklärten seine Gegner, dass sie nicht daran interessiert seien die Sache weiter zu verfolgen. Und damit war der Fall erledigt. Es war jedoch allen klar, dass Kuyper nie mehr Minister werden würde. Er blieb jedoch unangefochtener Chef seiner Partei und ein sehr angesehener Mann.

Heutzutage würde er nicht mehr so einfach davonkommen, aber der gesellschaftliche Ruin bliebe ihm auch heute erspart. Dies zeigt der größte Skandal der siebziger Jahre, die Lockheed-Affäre.

Prinz Bernhard, Ehemann der früheren Königin Juliana, seinerzeit Generalinspekteur der niederländischen Streitkräfte und „Sonderbotschafter" der niederländischen Wirtschaft, konnte dank seiner Position die Entscheidung über die Anschaffung neuer Kampfflugzeuge beeinflussen. In der Presse wurde bekannt, dass der Prinz lukrativen Verlockungen des amerikanischen Flugzeugherstellers Lockheed erlegen war und erhebliche Geldsummen angenommen hatte. Auch diesmal gab es eine Kommission weiser Männer unter Leitung eines der höchsten Richter des Landes. Das Ergebnis der Untersuchung bestätigte die Beschuldigungen. Für Prinz Bernhard bedeutete dies, dass er nicht mehr bei der Anschaffung neuer Waffensysteme beteiligt wurde und es ihm untersagt war seine Uniform in der Öffentlichkeit zu tragen. Eine harte Strafe für den Prinzen, denn die Streitkräfte bedeuteten ihm viel, seit er im Zweiten Weltkrieg eine führende Rolle in der niederländischen Exilarmee innegehabt hatte. Die persönliche Popularität Prinz Bernhards hat unter der Affäre nicht gelitten und nach einigen Jahren trug er seine Uniform ab und zu wieder in der Öffentlichkeit, ohne dass jemand sich darüber ausließ. Der Skandal war aus der Welt geschafft worden, weil man uneingeschränkte Offenheit gezeigt hatte. Der Konflikt war beseitigt; man hatte dem Prinzen eine Strafe auferlegt, die es ihm ermöglichte sich als Ehrenmann zurückzuziehen und langsam aber sicher wurde die Affäre mit dem Mantel der Nächstenliebe bedeckt.

Die Wirtschaft kann sich wenig erfolgreicher Führungskräfte oft mit einem „goldenen Händedruck", einer ordentlichen Abfindung, entledigen. Oder man befördert sie zu Beratern und Mitgliedern von Aufsichtsratsgremien. Es gibt nur eine Ausnahme: Wenn die Vergehen eine eindeutig ideologische Komponente haben, fällt die Strafe härter aus. Dieses Schicksal erlitt in den siebziger Jahren der damalige Chef der Anti-Revolutionären Partei, Willem Aantjes.

Aantjes war wie so viele andere Niederländer während der Besatzungszeit zum Arbeitsdienst in Deutschland gezwungen worden. Es gab damals eine Möglichkeit offiziell wieder in die Niederlande zurückzukehren: Mitglied der SS zu werden, dem Elitekorps der Nationalsozialisten. Diesen Ausweg hatte Aantjes in den letzten Kriegsmonaten gewählt, als die Front unangenehm dicht an den Ort heranrückte, in dem er seinen Arbeitsdienst ableistete. Er nutzte die Mitgliedschaft ausschließlich um in den chaotischen letzten Kriegsmonaten in die Niederlande zurückzukehren. Mehr als dreißig Jahre später wurde ihm dies nicht verziehen. Aantjes legte alle seine Ämter nieder. Für ihn kam ein Bürgermeisteramt nicht in Frage; er wurde nach etwa einem Jahr Vorsitzender des niederländischen Campingverbandes, nicht gerade ein sehr einflussreiches offizielles Beratergremium, um es vorsichtig auszudrücken.

Denn er war während des Krieges „schlecht" gewesen. Der Kunstgriff, mit dem er der Gefahrenzone entkommen konnte, beinhaltete auch eine Erklärung, in der er öffentlich seine Loyalität gegenüber dem nationalsozialistischen Gedankengut bezeugte. Für so etwas erntete man in der Gesellschaft, die die Jahre der Besatzung immer weiter hinter sich ließ und in deren kollektivem Gedächtnis der Kampf zwischen Gut und Böse mythologische Dimensionen annahm, immer weniger Verständnis. Wer so etwas mit dem Mantel der Nächstenliebe bedecken wollte, stellte fest, dass dieser löchrig war.

Es wäre denkbar, dass eine kommunistische Vergangenheit die gleichen Folgen hätte. Aber dafür gibt es bisher wenig Anzeichen. Natürlich grenzte die Gesellschaft sich, als der Kalte Krieg seinen Höhepunkt erreichte, von den wenigen Kommunisten ab, die in einer Partei mit stark stalinistischem Charakter organisiert waren. Die Kommunisten wussten, dass man ihnen nicht traute. Eine erfolgreiche gesellschaftliche Laufbahn blieb ihnen seinerzeit verschlossen. Inzwischen gibt es die Partei nicht mehr und die Aktivisten von damals haben keine Probleme aufgrund ihrer Vergangenheit. Nicht wenige Redakteure der einst berüchtigten parteieigenen Tageszeitung *Die Wahrheit* sitzen heute auf guten Posten in der Medienwelt. Im Parlamentsgebäude hat man einen Konferenzraum nach *Marcus Bakker* benannt, dem Fraktionsvorsitzenden während der Blütezeit des niederländischen Kommunismus.

Das liegt u.a. daran, dass die Kommunisten während der Besatzung eine prominente Rolle im Widerstand gespielt hatten. Dies ist bis heute nicht vergessen oder relativiert worden. Weiterhin ist die Theorie des Kommunismus – im Gegensatz zur Praxis – für die meisten Niederländer emotional erträglich; denn schließlich geht es darum eine gerechte und gleiche Gesellschaft zu schaffen, in der jeder entsprechend dem eigenen Bedarf produziert und konsumiert und eine zentrale Staatsgewalt überflüssig ist. Das erinnert sehr stark an das niederländische Ideal von der Konsensgesellschaft. Jedenfalls ist es eine gute Idee. Nationalsozialismus und Faschismus mit ihren Visionen von einer höherwertigen Rasse, die das Recht hat alle anderen Völker zu unterwerfen und im Extremfall als minderwertig geltende Rassen zu vernichten, stehen dem diametral gegenüber. Die niederländische Tradition beruht nun einmal auf Jahrhunderten von Konsens, Kompromiss und Souveränität in den eigenen Kreisen, was voraussetzt, dass man andere als gleichwertig ansieht. Daher haben rechtsextreme Weltanschauungen in den Niederlanden niemals Erfolg gehabt.

Vielleicht ist das nur ein glücklicher Zufall. Vielleicht hat aber auch das Leben nach einem vollen Terminkalender und Diskussionen über *beleid* mäßigende oder – so würde ich als Niederländer es am liebsten nennen – zivilisatorische Auswirkungen.

Wie hat Greshoff es ausgedrückt?

„Oh wie lieb ich diese Herren in Schwarz".

Dabei sollte man nicht vergessen: „Aber die Zeiten ändern sich".

4. HANDELSGEIST

Die Niederlande sind die Niederlande geblieben, weil unsere Vorfahren sich so gut ums Geschäft gekümmert haben

Fischer wurden Kaufleute und Transporteure – Die Niederlande als Handelsland – Kontinuität als kaufmännisches Prinzip – Konkurrenz ja, aber nicht um jeden Preis – Kostenkontrolle – Kenne deine Nachbarn, es sind potentielle Kunden – Internationale Ausrichtung

JEDES JAHR ENDE MAI, ANFANG JUNI entpuppen sich zahllose Niederländer als Liebhaber rohen Fischs. Sie haben es der Zeitung entnommen: Die neuen Heringe sind da. Die allererste Lieferung, eine winzige Menge, geht normalerweise zu einem exorbitanten Preis an ein Restaurant mit Michelin-Sternen. Aber schnell sinkt der Preis bis auf einige Gulden und dann steht man an den Heringswagen an, denn Hering muss man im Stehen auf der Straße essen. In Amsterdam spießt man kleine Stückchen von einem Pappteller, im Rest des Landes packt man den Fisch am Schwanz und lässt ihn in den Rachen gleiten, nachdem man ihn noch durch die gehackten rohen Zwiebeln gezogen hat, die auf einem Tellerchen liegen. „Bitte den Hering nur einmal in die Zwiebeln tunken", mahnt der Händler im Interesse der Hygiene auf einem Schild.

Dieser Fisch ist nicht eingelegt, sondern tiefgefroren

Die Einwohner von Vlaardingen – einer kleinen Hafenstadt in der Nähe Rotterdams – lassen sich ihren Hering zwar auch nicht entgehen, genießen ihn aber mit gemischten Gefühlen. Sie zeigen auf einen roten Streifen entlang des Rückgrats: Dieser Fisch wurde nicht in traditioneller Manier ausgenommen und eingelegt, er war tiefgefroren. Waschechte Vlaardinger behaupten, dieses bisschen Blut verdürbe den perfekten Geschmack. Sie werden wehmütig, wenn sie an den Untergang der niederländischen Heringsfischerei denken. „Holländische Neue" jubeln die Schilder in den Schaufenstern der Fischgeschäfte, aber die Vlaardinger wissen es besser: Import aus Dänemark.

Die letzten Heringsfischer haben ihre Schiffe vor rund zwanzig Jahren trockengelegt, weil die Fischerei sich nicht mehr lohnt. Damit ging eine jahrhundertealte Tradition zu Ende. Jedes Schulkind in den Niederlanden lernt noch, dass Willem Beukelszoon aus dem Städtchen Biervliet in Zeeland 1385 herausfand, wie man einen Hering am besten ausnimmt. Mit einem kleinen Messer werden mit einem Ruck die Eingeweide entfernt. In Fässern zwischen Salzschichten aufbewahrt ist der Hering praktisch unbegrenzt haltbar. Der einzige Nachteil ist, dass er nach einiger Zeit immer salziger wird; nach etwa einem Jahr ist der Inhalt eines Fässchens nicht mehr genießbar. Daher war die Ankunft der neuen Heringe ein so großes Ereignis, denn der Geschmack dieser Heringe hatte noch kaum unter dem Salz gelitten. Die Heringsschwärme tauchen etwa im Mai in der Nordsee auf. Zu dem Zeitpunkt schmückten die Fischer ihre Schiffe mit kleinen Flaggen und in den Fischerdörfern – Vlaardingen, Scheveningen, Ijmuiden, Maassluis und anderen – wurde ein Fest gefeiert. Alle Schiffe fuhren am gleichen Tag aus – damit begann das Heringrennen. Die ersten kleinen Tonnen wurden damals für horrende Beträge versteigert. Weil jedes Besatzungsmitglied einen Teil des Ertrags bekam, nahm jeder mit Begeisterung an diesem Rennen teil. Daher die Wehmut der Vlaardinger.

Der Fischereihafen in Vlaardingen ist praktisch verlassen, obwohl sich dahinter eine wohlhabende Stadt ausdehnt. Shell hat hier eine Niederlassung; Unilever betreibt in Vlaardingen eines seiner wichtigsten Forschungslabors. Auf der Straße können die Leute mit dem Finger auf die Erfinder der Margarine „Becel" oder der Creme „Mona" zeigen, Produkte, die in jedem europäischen und vielen außereuropäischen Supermärkten zu finden sind. Was das Volumen betrifft, sind die Waschmittel von u. a. Unilever wahrscheinlich das wichtigste Exportprodukt der Stadt. In der Altstadt finden sich viele Einkaufszentren, wo früher die einfachen Hütten der Fischer aneinandergedrängt standen. Der Untergang der Fischerei hat nicht zu Armut geführt, im Gegenteil. Menschen um die vierzig erinnern sich noch daran, dass ihre Väter Ende der fünfziger Jahre lange und vergeblich für ein festes Gehalt anstelle des mageren Anteils am Fischfang, den ihnen die Reeder gönnten, streikten. Sie begreifen, dass es die Armut in ihren Elternhäusern war, die den Fortbestand der Heringfischerei sicherte, das ewige Dienern und Gehorchen gegenüber den Reedern in ihren Villen am Hafeneingang. Die Nachkommen dieser Fischer haben eine ordentliche Ausbildung genossen und können sich dank der Stelle im Laboratorium von Unilever, bei Shell oder der chemischen Industrie, die sich auf der gegenüberliegenden Seite des Flusses dreißig Kilometer bis ans Meer hin erstreckt, ein eigenes Haus leisten. Doch haben sie das Gefühl, dass sie in einer ganz neuen Stadt wohnen, einer Stadt, die das alte Vlaardingen ins Fischereimuseum verbannt hat. Man hört die dampfgetriebenen Seilwinden nicht mehr oder das Stampfen der Schiffsmotoren, als höchstes der Gefühle kann man bei warmem Wetter, wenn alle Fenster geöffnet sind, die Geräusche der Ventilatoren der PCs hören.

Aber es gibt eine Verbindung zwischen den Computern und dem Hering: Die riesigen Schwärme, die früher aus der Nordsee in den Ärmelkanal hineinschwammen, haben aus Küstenbewohnern zunächst Seefahrer und später Händler gemacht. Die Industriekomplexe auf der anderen Flussseite gehören zum Hafengebiet der zweitgrößten niederländischen Stadt, Rotterdam, das sich als „Mainport" anpreist, in dem jährlich die weltweit meisten Bruttoregistertonnen umgeschlagen werden. Es fing im Mittelalter mit kleinen Fässern gesalzenen, haltbaren Herings an, der auch importiert wurde. Wer die Geschichte der Städte im Westen unseres Landes studiert, entdeckt, dass u.a. die Fischerei Grundlage des wirtschaftlichen Aufstiegs dieser Städte war. Noch im Goldenen Zeitalter, das die Niederländer selbst vor allem mit internationalem Handel assoziieren, besaß die Fischerei eine große Bedeutung für den damals höchsten Lebensstandard in Europa.

Plötzlicher Sturm treibt die Schiffe aufs Land

Deshalb hat der Hering von damals mehr mit dem heutigen Vlaardingen zu tun als die meisten Menschen denken. Der Rotterdamer Hafen, der internationale Luftverkehrsknotenpunkt Schiphol, die Amsterdamer Börse, die Lkws, die mit Fracht beladen bis in den hintersten Winkel des Iran fahren, die Filialen der ABN AMRO Bank von New York bis Hongkong, sie alle haben ihren Ursprung in der Fischerei, die vor Hunderten von Jahren die Holländer aufs Meer lockte, wo sie entdeckten, dass die See nicht nur Feind, sondern auch Freund sein kann: Sie bietet eine Verbindung mit fernen Ländern.

Aber um sich aus den Niederlanden auf hohe See zu begeben, braucht man Mut, sogar heute noch, obwohl das Licht der Leuchttürme – jeweils in ihrem eigenen, unverwechselbaren Rhythmus – Dutzende von Kilometern aufs Meer hinaus reicht, obwohl Computer auf der Brücke das Ruder übernommen haben und der Kapitän seine Position mit Hilfe von Satellitendaten bestimmt. Die Nordsee überlistet manchmal die genauesten Wettervorhersagen und plötzlicher Sturm treibt die Schiffe aufs Land. Auch heute noch fordert die Nordsee Opfer unter den Seeleuten. Und obwohl Schiffe und Hafenverwaltung über modernste Technik verfügen, müssen die Schiffe auch heute noch einen Lotsen an Bord nehmen, der mit den tückischen Gewässern vertraut ist.

Im Mittelalter verließen sich die Schiffer auf ihren Booten mit hölzernem Rumpf auf die eigene Erfahrung. Die meisten hatten keinen Kompass. Sie waren abhängig vom launischen Wind, der blitzschnell seine Richtung ändern kann. Einmal auf See, gab es keinerlei Möglichkeit der Kommunikation mit dem Festland. Fliegende Stürme und Piraten stellten eine permanente Bedrohung für Leib und Leben dar. Der Fang der heutigen Fischer, oft aus den Dörfern Katwijk oder Urk stammend, sind Kabeljau oder die feine Seezunge statt des Herings und ihre Kutter sind mit starken Motoren ausgerüstet. Sie fischen mit Hilfe eines Sonargeräts und haben eine permanente Funkverbindung zum Festland. Bei schwerer Krankheit oder einem Unfall kann der Patient mit einem Hubschrauber schnell ins Krankenhaus geflogen werden. Ihre Vorfahren waren auf sich selbst und auf das Glück angewiesen. Fischen war damals eine riskante Sache.

So wurden die Fischer zähe Kerle

Das machte die Fischer zu zähen Kerlen. Die Besatzung eines Schiffes wusste, dass man fürs Überleben aufeinander angewiesen war. „Und der Geist Gottes schwebte über dem Wasser", heißt es in der *Genesis*. Das war das Einzige, was Halt bot. Noch immer sind viele niederländische Fischer tief gläubig, wobei sie einen strengen Kalvinismus bevorzugen, der von einem mitleidlosen, rächenden Gott dominiert wird, der lediglich wenige auserwählt hat und fliegende Stürme sendet, um die Menschen für ihre Sünden zu strafen. Außerdem legen sie größten Wert auf Unabhängigkeit und reagieren äußerst ungehalten, wenn der Fischfang durch irgendetwas behindert wird. Als der Minister für Landwirtschaft, Naturschutz und Fischerei Anfang der neunziger Jahre aufgrund europäischer Absprachen Fischfangquoten einführte um der Überfischung ein Ende zu bereiten, entstand unter Umgehung der offiziellen Fischauktion ein illegaler Handel gigantischen Ausmaßes, wobei auch strenggläubige Fischer einige kriminelle Energie entwickelten. Es entstand ein Skandal, der zum Rücktritt des Ministers führte.

Durch die Fischerei lernten die Seefahrer den Gefahren der See zu trotzen und zu überleben. Sie wagten sich stets weiter vom Heimathafen weg. Auf diese Weise entstand die Handelschifffahrt, zunächst beschränkt auf die Meere im nördlichen Europa. Später segelte man bis in die Türkei und ab dem Ende des 16. Jahrhunderts wurden alle Weltmeere befahren. Die holländischen Städte wurden zu Lagerplätzen, auf denen Produkte aus der ganzen Welt gehandelt wurden. Dabei ging es nicht nur um Im- oder Export, sondern vor allem auch um Transitverkehr. Eine Hafenrundfahrt in Rotterdam zeigt, dass das noch immer so ist. Da werden riesige Container aus einem Schiffsbauch gehoben und sofort auf einen Lkw geladen. Niederländer sind in ganz Europa als Transporteure bekannt und im Wesen der Chauffeure kann man die gleiche Hartnäckigkeit, Unabhängigkeit und Eigensinnigkeit erkennen wie bei den Fischern.

„Seh ich Hollands Flagge an ferner Küste, jauchzt mein Herz 'Viktoria'", sangen die Kinder früher in der Schule. Heute wird dieses Lied als verwerfliches Beispiel für einen überholten Imperialismus angesehen, aber es hat einen wahren Kern. Der durchschnittliche Niederländer freut sich, wenn er auf der Avenida Paulista in São Paulo das imposante Gebäude der ING Bank mit dem niederländischen Löwen sieht, wenn er in Manila feststellt, dass das überall erhältliche Milchpulver der Marke „Alaska" von einem Betrieb in Nord-Brabant hergestellt wird oder er in einer Kneipe in Hongkong der Besatzung eines Schwimmbaggers aus Sliedrecht über den Weg läuft, die

die künstliche Insel für den internationalen Flughafen aufgeschüttet hat, den Hongkong als Aussteuer bei der Rückgabe an China mitbrachte. „Kleines Land, große Leistungen", denkt der Niederländer dann unwillkürlich. Denn wenn man aus einem Land mit nur gut fünfzehn Millionen Einwohnern kommt, verleiht es Status, in den entferntesten Ländern Vertreter des eigenen Landes zu treffen, die ihre Sache gut machen.

Trifft man sie auf See, wird man sicherlich ausgeraubt

„Am Meer zwischen Ostfriesland und der Schelde liegt ein Räuberstaat". Das Zitat stammt aus *Max Havelaar oder Die Kaffeeauktionen der Niederländischen Handelsgesellschaft*, einem Roman aus dem 19. Jahrhundert, mit dem der Autor Eduard Douwes Dekker (Pseudonym: *Multatuli*) ganz allein die gesamte niederländische Literatur erneuerte.

Ab und zu bekommen auch die Niederländer dieses Gefühl. Das Buch, welches die gleiche Kraft wie die Bücher Joseph Conrads ausstrahlt, enthält eine Anklage gegen verbrecherische Kolonial- und Handelssitten. Es rief in der damaligen Gesellschaft ein schlechtes Gewissen hervor, das man noch heute manchmal spüren kann, wenn man an fernen Orten die niederländische Flagge erblickt. In einem uralten chinesischen Schriftstück werden die holländischen Seefahrer wegen ihres seemännischen Könnens gelobt, aber dann heißt es: „Begegnet man ihnen auf den Weltmeeren, wird man sicherlich ausgeraubt." Viele Niederländer kennen dieses Zitat ohne genau zu wissen, ob sie darüber lachen oder weinen sollen. Und seit Jahrhunderten kennt man in der Geschäftswelt das Bild vom holländischen Händler, der unter dem einen Arm die Bibel und unter dem anderen das Kassenbuch hält. „Willst du vollkommen sein, so gehe hin, verkaufe was du hast und gib es den Armen, so wirst du einen Schatz im Himmel haben; und komm und folge mir nach", sagte Jesus zum reichen Jüngling, der betrübt von ihm ging. Dieses Gleichnis aus Matthäus 9 kennen sowohl kalvinistische als auch katholische Niederländer und die meisten müssen bekennen, dass auch sie sich – wie der reiche Jüngling – betrübt abwenden.

Der christliche Glaube hat eigentlich mit der Geschäftswelt nicht viel gemein. Kaufmannsgeist wird traditionell eher mit der Sünde assoziiert. Bis etwa zum Ende des Mittelalters waren Katholiken davon überzeugt, dass es gegen Gottes Willen verstößt Geld gegen Zinsen auszuleihen, eine Überzeugung, die auch im Islam vertreten wird. Die frühen Kalvinisten waren in dieser Hinsicht weniger strikt, aber auch ihnen fiel es schwer nach Reichtum zu streben. Das Geld an sich durfte nicht das Ziel sein. *Geld macht nicht glücklich*, dafür liefert die populäre Kultur mit Groschenromanen und seit einigen Jahren auch Seifenopern aus niederländischer Produktion das Beweismaterial. Die auch in den Niederlanden sehr beliebten internationalen Erfolgsserien wie *Dallas, Denver Clan* u.ä. strahlen diese Überzeugung auch aus. In diesen Serien haben die Leute meist, was das Herz begehrt. Aber das Geld macht sie nicht glücklich.

Das aber war für Niederländer niemals ein Grund ihren Kontostand aus dem Auge zu verlieren. „Ich würde sogar zur Hölle segeln, wenn ich damit einen Groschen verdienen könnte", hat offenbar ein Kapitän im 17. Jahrhundert einmal gesagt. Doch die Ambivalenz besteht nach wie vor. Was das für den Lebensstil reicher Leute bedeutet, muss hier nicht noch einmal wiederholt werden. Aber es wirkt sich auch auf die Art und Weise aus, in der Niederländer Geschäfte tätigen, auf die Ausgangspunkte, anhand derer ein niederländischer Geschäftsmann seine Chancen und Risiken kalkuliert. Denn ein anderes Sprichwort lautet: *„Wie gewonnen, so zerronnen".* „Get rich quick" ist eine Ermutigung, der man nicht gerne nachkommt. Reichtum ist das Ergebnis eines langen, kontinuierlichen Prozesses, was nicht ausschließt, dass ein Betrüger mit einem „Get rich quick-Plan" in den Niederlanden Erfolg hat. Er muss dann aber auf jeden Fall über ein außergewöhnliches Überzeugungsvermögen verfügen. Kommt die Wahrheit schließlich ans Licht, macht sich die Öffentlichkeit über die Opfer lustig; die Entrüstung über die kriminellen Praktiken, denen sie erlegen sind, ist geringer. Die schönste Freude ist Schadenfreude und die Betrogenen, die ihre Ersparnisse verloren haben, brauchen nicht auf Mitleid zu rechnen. Sie hätten es besser wissen können.

In der gesamten Geschichte der Niederlande gibt es ein einziges Beispiel für ein allgemeines Spekulationsfieber. Für kurze Zeit im 17. Jahrhundert entsprach der Preis einer einzigen Tulpenzwiebel ungefähr dem Preis eines Hauses. Die niederländische Sprache wurde damals um das Wort „Windhandel" bereichert. Seitdem ist man jeder Hausse gegenüber skeptisch. Börsenspekulanten sind im Gegensatz zum seriösen Anleger nicht gut angesehen. Optionshändler, die sich seit den achtziger Jahren zunehmend in der Finanzwelt tummeln, spielen nach Meinung vieler ein gefährliches Spiel. Daran ändert auch die Tatsache nichts, dass die Optionsbörse inzwischen ein unentbehrliches finanzielles Instrument geworden ist, auch für seriöse Anleger, die sich mit Optionen gegen Risiken eindecken.

Es mangelt den Händlern an der Optionsbörse nach Meinung vieler Niederländer an dem, was man bis in die vorige Generation „Solidität" nannte. Einen potentiellen Geschäftspartner beurteilt man zunächst danach, ob er „solide" ist, was bedeutet, nicht zu impulsiv, vorsichtig mit Geld und – falls irgend möglich – seit längerer Zeit in der gleichen Branche tätig. Über Ben Moret, einen der Begründer der bekannten Wirtschaftsprüferkanzlei Moret, Ernst & Young, wird im zweiten Absatz seines Nachrufs voller Wertschätzung gesagt: „Er entstammte einer Familie von Wirtschaftsprüfern". Weiter heißt es: „Er war Verwalter und Unternehmer mit Weitblick, Mut, Energie und Entscheidungsfreude, entschlossen, wenn es um wichtige

Dinge ging, flexibel und kompromissbereit in Angelegenheiten, die seiner Meinung nach weniger wichtig waren". Natürlich werden diese Behauptungen auch belegt. Während seiner aktiven Zeit in der Firma wuchs diese stetig, u.a. durch einige Fusionen. Moret bewies Weitsicht, die sich in einem Prozess stetigen Wachstums äußerte. Aufsehenerregende Aktionen oder geschäftliche Sensationen werden in dem Nachruf nicht erwähnt, obwohl es auch diese sicherlich gegeben hat. Murk Lels, dem König der Hochseeschlepper (Gründer der Firma Smit Internationale), widmete ein Mitarbeiter anlässlich seines vierzigjährigen Jubiläums folgendes Gedicht:

> *Mastermind in towing business*
> *Undisputed salvage king*
> *Ruler of the world's best tugboats*
> *Knowing prizeman in the ring.*
> *Let your houseflag in the future*
> *Eager wanted colours be*
> *Let there always be employ for*
> *Smit's towing company.*

Lels' gepriesene Eigenschaften werden deutlich: Er gibt niemals auf und sorgt für die Kontinuität seines Unternehmens, und dies – so hofft es jedenfalls der Gelegenheitsdichter – auch in der Zukunft. Mit diesem Gedicht endete auch der Nachruf auf Lels, trotz der Tatsache, dass er Direktor einer Firma war, die in einer äußerst abenteuerlichen Branche tätig ist. Smit Internationale birgt Schiffe in Not und Schiffswracks, normalerweise auf Basis des *no cure, no pay* oder im Wettlauf mit anderen Firmen, wobei der erste, dem es auf hoher See gelingt, eine Trosse festzumachen, den Bergungsauftrag bekommt oder sogar Eigentümer des Schiffes wird, wenn dieses verlassen ist. Der Dichter erinnert sich nicht an einige der spektakulären Ereignisse im Leben des unbestrittenen Bergungskönigs, es geht in seinem Gedicht darum, dass die Firmenflagge in guten und in schlechten Zeiten weht. Das ist das Verdienst von Murk Lels.

Ein guter Geschäftsmann hat immer mehrere Eisen im Feuer

Ein guter Geschäftsmann hat immer mehrere Eisen im Feuer, er ist bereit auch große Risiken einzugehen, aber Alles-oder-Nichts-Verhalten ist tabu. Diese Mentalität findet sich bereits im späten Mittelalter. Damals investierten Kaufleute lieber nicht allein in eigene Schiffe. Sie beteiligten sich vorzugsweise mit anderen zusammen an Schiffen. Wenn ein Segelschiff dann einem Sturm oder den allgegenwärtigen Piraten zum Opfer fiel, war nicht alles verloren. Risikostreuung gab es also schon damals. Das bedeutete auch, dass andere Kaufleute nicht nur Konkurrenten, sondern auch Kollegen waren, mit denen man zusammenarbeitete. Wer nach Kontinuität strebt, scheut die Konfrontation nicht, geht ihr aber aus dem Weg, wenn es dabei um Leben und Tod geht. Die niederländische Wirtschaft verfügt denn auch über zahlreiche Branchenvereinigungen, die alle möglichen Vereinbarungen treffen. So hat der Königliche Verband der Druckereien einen Modellvertrag aufgestellt, in dem zwar Preisabsprachen vermieden werden, jedoch andere Dinge, z.B. Kündigungsfristen für Grafiker, festgelegt sind. In schlechten Zeiten findet sich vielleicht eine Firma, die die Konditionen unterbietet, vor allem, wenn sie in Schwierigkeiten steckt, aber im Prinzip versucht niemand die Konkurrenz durch günstigere Konditionen zu übertrumpfen.

1993 gründete der Amsterdamer Apotheker P. Dijk ein Versandunternehmen für Medikamente, die er zu niedrigeren als den branchenüblichen Preisen lieferte. Die etablierten Großhändler und Apotheker drohten mit einem Boykott. Dijk ging vor Gericht und berief sich auf die Anti-Kartellgesetzgebung, verlor in erster Instanz und legte Berufung ein. Daraufhin setzten die Großhändler und Apotheker ihren Boykott durch, so dass Dijk nichts anderes übrig blieb als nachzugeben.

Das Wirtschaftsministerium, das seit einigen Jahren versucht solche Praktiken zu bekämpfen, hatte keine Handhabe. Es hätte nur aufgrund eines Gerichtsurteils das Kartell der Apotheker und Großhändler angehen können, aber da das Kartell eigensinnige Unternehmer mundtot macht, bevor es zu einem Gerichtsurteil kommt, ist das Ministerium machtlos.

Preisabsprachen sind in der niederländischen Wirtschaft nichts Ungewöhnliches. So koordinieren die Tageszeitungen seit Jahr und Tag die Preise für die Abonnenten; ein Preiskampf am Kiosk ist daher unvorstellbar.

In einem solchen Klima gedeihen Fusionen, so dass Monopolbetriebe entstehen, die in den Vereinigten Staaten schon seit einem Jahrhundert verboten sind. Zur gleichen Zeit etwa gab es in den Niederlanden eine Diskussion zu diesem Thema. Die Politiker – vor allem die Liberalen – wählten einen anderen Weg. Sie entschieden, dass Monopolbetriebe – wobei man vor allem an öffentliche Dienstleistungsunternehmen wie Gaswerke, Telefonunternehmen und Verkehrsbetriebe dachte – Eigentum des Staates sein sollten, so dass die Volksvertreter einen Missbrauch der Monopolposition verhindern konnten. So wurden Gemeinden, Provinzen und der Staat zu Unternehmern und blieben dies bis in die achtziger Jahre. Inzwischen werden solche Unternehmen mehr und mehr privatisiert. Über die Hintergründe werden wir später noch mehr hören.

Staatlich regulierte Wirtschaft entspricht niederländischer und europäischer Tradition. Im Mittelalter waren praktisch alle Branchen in Zünften organisiert, die dafür sorgten, dass alle Kollegen einen Platz an der Sonne bekamen. Ihre Regeln hatten Gesetzescharakter und dienten dazu gegenseitige Konkurrenz und Wachstum auf Kosten anderer zu unterbinden. Manchmal untersagten sie technische Innovationen, die einem Einzelnen zu einem Vor-

sprung hätten verhelfen können. Die Ausbildung neuer Kollegen unterlag
strikten Regeln, wobei die Zünfte dazu neigten die Anforderungen immer
weiter in die Höhe zu schrauben um Neulingen den Zugang zu einem bestimmten Gewerbe möglichst zu erschweren. Die Zunftregeln behielten ihre
Gültigkeit, bis im Jahre 1795 die französische Invasion eine Revolution mit
sich mit brachte, zu der auch die Unternehmensfreiheit gehörte.

1596 erreichten die ersten niederländischen Schiffe Indonesien, brachen
das Monopol, das portugiesische Seefahrer fast ein Jahrhundert lang gehalten
hatten, und gaben mit ihrer glücklichen Rückkehr den Anstoß zu einer Reihe erfolgreicher Expeditionen. Deshalb beschloss der Staat regulierend einzugreifen. Die Regierung sorgte dafür, dass sich alle Anleger zur *Vereinigten
Ostindischen Kompanie* zusammenschlossen, indem sie ihnen ein striktes
Monopol für den Handel mit Artikeln aus Asien gewährte. Die offiziell
sanktionierte Piraterie in der Karibik – gegen die Schiffe des damals feindlichen Spanien gerichtet – führte später auf gleiche Weise zur Gründung der
Westindischen Kompanie, die auch das Monopol für den Sklavenhandel aus
Afrika nach Nord- und Südamerika erhielt.

Beide Gesellschaften waren frühe Vorläufer von Aktiengesellschaften
und wurden an der Amsterdamer Börse gehandelt. Sie standen unter Leitung
außergewöhnlicher Vorstände, die „Herren Siebzehn" und die „Herren
Neunzehn", waren aber recht dezentralisiert aufgebaut.

Für eine solche Kompanie war natürlich auch ein Einkaufsmonopol er-
strebenswert; man schloss daher, sofern möglich, mit den Lieferanten Verträge für einen unbefristeten Zeitraum ab, die es den Lieferanten unmöglich
machten mit anderen Firmen z.B. aus England oder Frankreich Handel zu
treiben. Natürlich gab dabei eher militärische Macht als Redegewandtheit
den Ausschlag. Die Kompanien mussten sich Stützpunkte schaffen, in denen
sie auch die politische Macht in Händen hatten, und unterhielten schließlich
regelrechte Armeen. Die Westindische Kompanie konnte diesen Aufwand
schließlich nicht mehr finanzieren, aber die Ostindische Kompanie war finanziell besser ausgestattet. Sie entwickelte sich zum größten Unternehmen
der Welt und hatte diese Position rund 150 Jahre lang inne; damit war sie der
erste echte „Multi". Schließlich führten die hohen Kosten für die Aufrechterhaltung des Einkaufsmonopols sowie bürokratische Verkrustung zum
Untergang der Gesellschaft. Aber 200 Jahre sind ein stolzes Alter für ein
Unternehmen.

Die Schutzpatronin erhielt Produkte aus der ganzen Welt

Die Fassade des Amsterdamer Rathauses aus dem 17. Jahrhundert, heute der
„Palast auf dem Damm", ist mit einem Fries geschmückt, das die Basis des
Wohlstands der Stadt zeigt, jedenfalls aus Sicht der Stadtverwalter: Es zeigt
die Schutzpatronin der Stadt, die Gaben aus aller Welt erhält. Amsterdam

war ein Umschlagplatz mit weltweiter Bedeutung. Der Wohlstand der Stadt beruhte weniger auf dem Im- oder Export, sondern mehr auf dem Weitertransport der Artikel, die die niederländischen Schiffe herbeischafften. Manche Produkte, z.b. Tabak oder Zucker, wurden in Fabriken verarbeitet, bevor sie weiterbefördert wurden. Die Nachfahren der Nordseefischer hatten sich zu Transporteuren entwickelt, die die europäische Schifffahrt dominierten. Der gesamte nordeuropäische Getreideexport beispielsweise wurde praktisch ausschließlich über holländische Häfen abgewickelt. Holländische Schiffskonstrukteure bauten nach standardisierten Entwürfen die besten und billigsten Schiffe, fast in Serienproduktion. Es dauerte lange, bis andere Länder, vor allem England und – in geringerem Umfang – Frankreich, den Rückstand aufgeholt hatten. Letztendlich gelang es ihnen nur durch protektionistische Maßnahmen die Dominanz der niederländischen Kaufleute zu durchbrechen.

Führende Kaufleute entstammten den herrschenden Regentenfamilien und bestimmten auch die Grundlagen der Außenpolitik. Diese basierte auf einem unveränderlichen Prinzip: Die Niederlande befürworteten eine Internationalisierung mit möglichst geringen Handelsbeschränkungen. Die meisten Kriege im berühmten Goldenen Zeitalter galten der Verwirklichung dieser Zielsetzung. Aber Kriege sind teuer und Kaufleute tendieren zu kritischer Kostenkontrolle, vor allem wenn die Ausgaben nicht schnell genug zum gewünschten Effekt führen, was im Laufe der Zeit immer öfter der Fall war. Deshalb betrieben die Niederlande eine Neutralitätspolitik, die mehr und mehr prinzipielle Züge annahm. Man versuchte mit möglichst vielen ausländischen Mächten freundschaftliche Beziehungen zu unterhalten um die Wirtschaftsbeziehungen nicht zu gefährden. Denn freier Handel war und blieb vornehmstes Ziel. Bis zur deutschen Invasion 1940 hielten die Niederlande an der Neutralitätspolitik fest, die mit der traditionellen Schweizer Politik zu vergleichen war. Das führte ab und zu sogar dazu, dass sich das Land in das Unschuldsgewand von Pazifismus und Zivilisation hüllte um die wirklichen Gründe für seine Neutralitätspolitik zu verbergen.

Die deutsche Besatzung machte dieser Neutralitätspolitik definitiv ein Ende. Die Niederlande schlossen sich nach dem Krieg der westlichen Allianz an und wurden treues NATO-Mitglied. Gleichzeitig entwickelten sie sich zum Befürworter supranationaler Zusammenarbeit. Die Niederlande waren Gründungsmitglied der Europäischen Gemeinschaft und sind Befürworter eines zunehmenden Föderalismus. Denn Föderalismus bedeutet größere Wirtschaftsräume, in denen es keine Handelsbeschränkungen gibt. Das Ziel ist das gleiche geblieben: ein möglichst ungehinderter internationaler Warenverkehr; nur die Mittel, mit denen man es erreichen möchte, haben sich geändert.

Die Niederländer messen dem Völkerrecht große Bedeutung zu. Vor dem Rathaus von Rotterdam, der Stadt mit dem größten Hafen der Welt, steht eine Statue des Regenten und Gelehrten Hugo de Groot, der im 17. Jahrhundert die Basis für das Völkerrecht geschaffen hat. Sein Hauptwerk, *Mare Libero*, propagiert die Freiheit der Meere. Die See muss für alle Nationen frei zugänglich sein und die Hoheitsgewässer einer Nation sind auf drei Meilen zu beschränken. Die drei Meilen waren kein Zufall. Soweit reichten zu jener Zeit die größten Kanonen. De Groots Überzeugungen sind zum Allgemeingut geworden und bis heute geblieben. Heute, wo Bodenschätze im Meeresboden abgebaut werden, ist das Prinzip „Freiheit der Weltmeere" gefährdet. In den Niederlanden ist man der Überzeugung, dass diese Schätze nicht den jeweiligen Anliegerstaaten, sondern zum Erbgut der Menschheit gehören und von den Vereinten Nationen verwaltet werden sollten. Keine überraschende Einstellung für ein kleines Land mit wenig Küste.

Wer aus einem Land kommt, das nicht Mitglied der Europäischen Union ist, und in den Niederlanden ein Produkt absetzen möchte, wird eine Überraschung erleben. Die Pforten der Europäischen Union stehen für fast alle Rohstoffe weit offen – es sei denn, sie würden auf dem Kontinent selbst in ausreichendem Maße produziert. Ein Anbieter verarbeiteter Produkte wird feststellen, dass der Importzoll desto höher wird, je komplexer die Verarbeitung ist, die dem Produkt zuteil wurde. Für bestimmte Produkte, z.B. Textilien oder Tapioka, bestehen sogar Importquoten. Das widerspricht natürlich dem hehren Prinzip der freien Zugänglichkeit des Marktes. Deshalb fällt in diesem Zusammenhang nicht selten das Wort „Scheinheiligkeit" in Vorstandszimmern oder Wirtschaftsministerien in Entwicklungsländern. Die Niederlande verteidigen ihr Verhalten dann mit dem Argument, dass sie sich als kleines Land schließlich keinen eigenen Kurs erlauben können, sich jedoch bei Bundesgenossen und in internationalen Gremien unermüdlich für freien Handel einsetzen. Und Diplomaten sind durchaus in der Lage Beweismaterial für diese Behauptung zu präsentieren, wenn es erforderlich ist. Kritiker im eigenen Land aber behaupten oft, dass Niederländer in Verhandlungen allzu schnell bereit sind sich der offiziellen Linie anzupassen. Und in diesem Zusammenhang wird der Vorwurf erhoben, die Kassenbücher seien wichtiger als die Bibel. Wie dem auch sei, die Niederlande haben es bisher vor allem dabei belassen ihre guten Absichten zu beteuern. Wenn Außenseiter dann von Schönrednerei und Scheinheiligkeit sprechen, wehrt man sich, aber darf sich nicht wundern, wenn das kaum Eindruck macht.

Man darf sich nicht selbst bestehlen

In den Niederlanden gibt es die Redensart: *Man soll nicht aus dem eigenen Geldbeutel stehlen*. Die Überzeugung „Was wir nicht tun, tut ein anderer" ist fester Bestandteil niederländischer Denkweise. Niederländer scheuen sich auch nicht vor der Definition dieser Überzeugung: Zynismus. Aber Niederländer lassen sich lieber zynisch als naiv nennen. Außerdem, was heißt denn schon Freihandel? Die Niederlande kennen eine jahrhundertealte Tradition der staatlichen Intervention in den Freihandel.

Die Liberalen im 19. Jahrhundert führten echten Freihandel ein, aber ihre Dominanz dauerte nur einige Jahrzehnte. Dass der Staat schon früh auf die Idee kam Monopolunternehmen in seinen eigenen Besitz zu bringen, haben wir bereits gehört. Im Jahre 1902 wurden sogar staatliche Bergwerke gegründet, weil der Steinkohleabbau in privaten Bergwerken nach Meinung der Öffentlichkeit chaotisch verlief. In den Krisenjahren während des Ersten Weltkrieges erfolgten noch viel mehr direkte wirtschaftliche Eingriffe, an die man sich schnell gewöhnte. Eine neue Welle staatlicher Intervention folgte auf den Crash an der Wall Street 1929. Treibende Kraft hinter all dem war ein ehemaliger Shell-Manager, Hendrikus Colijn von der Anti-Revolutionären Partei. Der Staat neigte natürlich dazu Beschlüsse nur nach ausführlichem *overleg* zu fassen, denn schließlich war man daran gewöhnt, dass alle Entscheidungen auf Konsens basieren müssen. Die niederländische Wirtschaft fand sich nicht nur mit dieser Einmischung ab, sondern begann sie auch aktiv einzusetzen. Firmen erbitten staatliche Hilfe, wenn das eigene Unternehmen oder der gesamte Sektor in Schwierigkeiten ist.

So hat die niederländische Regierung einige Male interveniert um den niederländischen Flugzeughersteller Fokker zu retten. Sie versuchte auch den Konkurs des Lkw-Fabrikanten DAF zu vermeiden. Dabei werden durchaus einige hundert Millionen Gulden eingesetzt oder, wenn es um den gefährdeten Schiffs- oder Flugzeugbau geht, sogar Milliarden. Eine Neustrukturierung des betreffenden Unternehmens wird dann allerdings vorausgesetzt. Mit dieser Art der Unterstützung hat man nicht nur gute Erfahrungen gemacht. Der niederländische Schiffbau, einst von großer Bedeutung, konnte sich gegen neue billigere Konkurrenten aus Südostasien nicht durchsetzen und damals half der Staat nicht.

Dem Fokker-Management gelang es nicht das Unternehmen in schwarzen Zahlen zu halten und als die Verluste gigantische Dimensionen angenommen hatten, wurde Fokker für einige Zeit vom deutschen DASA-Konzern übernommen, der seinerseits im Januar 1996 den Geldhahn zudrehte. Schon in den siebziger Jahren ging die Personenwagenproduktion von DAF an den schwedischen Volvo-Konzern, der von der niederländischen Regierung umfangreiche Subventionen verlangte. Zur Zeit läuft die Produktion in Form eines *joint venture* zwischen Volvo, der japanischen Firma Mitsubishi und dem Staat.

So wehrt der Staat immer wieder die „unsichtbare Hand" ab

Diese Politik wird im Allgemeinen mit dem Hinweis auf die Arbeitsplätze verteidigt. Mindestens genauso wichtig ist jedoch die Überzeugung, dass die technischen Kenntnisse, die in großen Unternehmen vorhanden sind, der niederländischen Gesellschaft nicht verloren gehen dürfen. Mit diesem Argument erhielt zum Beispiel die noch immer existierende Rotterdamer Werft RDM Unterstützung, sie produziert nämlich sehr moderne Unterseeboote. Diese Kapazitäten möchte man um jeden Preis erhalten.

Ein wichtiges Druckmittel großer Firmen, die in Schwierigkeiten geraten sind, ist das Argument, dass der Konkurs eine Reihe von Zulieferern in den Ruin treiben würde. So hat der Staat in einer Reihe von Fällen die *unsichtbare Hand* abgewehrt, die Adam Smith als bestes regulierendes Instrument der Wirtschaft bezeichnet hatte. Doch die Hand ist kräftig und wird immer wieder ausgestreckt. Das Fiasko, das der Schiffbau trotz einer Subvention von einer Milliarde Gulden erlebte, führte zu einem Skandal und schließlich zu einem parlamentarischen Untersuchungsausschuss. Seit jener Zeit öffnen sich die Schleusen der staatlichen Unterstützung weniger schnell und die Zahl der Kritiker dieser Politik wächst. Sie sind der Meinung, staatliche Intervention sei defensiv und erhalte damit Wirtschaftssektoren am Leben, die ein hochentwickeltes Industrieland besser anderen überlassen könne. Wenn schon Intervention, dann zugunsten neuer, zukunftsträchtiger Aktivitäten, lautet das Argument.

Diese Überzeugung lässt sich jedoch in der niederländischen Gesellschaft nicht so einfach durchsetzen. In einer Konsensgesellschaft können althergebrachte Interessen großen Einfluss ausüben. Dann kann man einen traditionellen Wirtschaftssektor nicht einfach seinem Schicksal überlassen. Der gesamte niederländische Bauernstand würde zugrunde gehen, wenn die Regierung und die Europäische Union das umfangreiche Subventionssystem änderten. Die Bauernlobby ist viel zu mächtig und einflussreich um sich das gefallen zu lassen. In jedem Fall hat sie mehr Macht als fünfzehn Millionen Verbraucher, die ihre Grundnahrungsmittel zu viel höheren als den Weltmarktpreisen kaufen müssen. Diese einfache Erkenntnis kann sich jedoch gegen die Argumente und die Macht der Bauernlobby nicht durchsetzen. Ein Land sollte aus strategischen Erwägungen eine angemessene eigene Nahrungsmittelproduktion aufrechterhalten. Die unsichtbare Hand würde, wenn man sie gewähren ließe, kurz- oder mittelfristig für viele Schwierigkeiten sorgen. Die gigantische Lebensmittelindustrie, wichtig für den niederländischen Export, steht in enger Verbindung zur Landwirtschaft. Und deshalb bauen die Bauern in den Provinzen Nord-Brabant und Zeeland genau so wie früher Zuckerrüben für die Verarbeitung in dieser Industrie an, obwohl Rohrzucker aus den Tropen billiger und oft auch besser ist. Niemand wagt es einem ganzen Gebiet die wirtschaftliche Grundlage zu entziehen. So setzte sich der große niederländische Konzern Philips in den achtziger Jahren immer wieder für protektionistische Maßnahmen der Europäischen Union ein, weil die japanischen und koreanischen Konkurrenten mit Dumpingpreisen operierten. Die niederländische Regierung kennt eine reiche Tradition der Preisregulierung. Das hängt mit der Bekämpfung der Inflation zusammen, ist aber auch ein Beispiel für kalkuliertes Eingreifen in das Wirtschaftsleben. Bis in die achtziger Jahre mussten Unternehmen einer Reihe von Sektoren beim Wirtschaftsministerium eine offizielle Genehmigung für Preiserhöhungen beantragen. Sie mussten ein Formular ausfüllen und Gründe angeben. Die Genehmigung wurde zwar normalerweise erteilt, aber keineswegs automatisch, so dass Unternehmer sich eine Preiserhöhung gut überlegten, bevor sie sich diesem Verfahren unterzogen.

Ein Irrgarten von Gesetzen und Vorschriften

Die Gründung eines Unternehmens unterliegt noch immer Gesetzen und Regeln, die an die alten Zünfte erinnern.

Für viele Gewerbe sind fachspezifische Zeugnisse vorgeschrieben, während im Einzelhandel in der Regel die örtliche Verwaltung bestimmt, wie viele Firmen einer bestimmten Branche sich niederlassen dürfen. Oft sind es auch die Branchenvereinigungen selbst, die gegenseitige Konkurrenz unterbinden und Pfuschern das Leben schwer machen wollen. Ein Pfuscher ist jemand, der ohne entsprechendes *Wissen* sein Gewerbe ausübt, während die Branchenorganisation jeden als Pfuscher ansieht, der sein Gewerbe ohne die entsprechende *offizielle Qualifikation* ausübt. Da ihnen selbst normalerweise die Ausbildung obliegt, sind die Voraussetzungen hoch und die Qualifikation ist ohne umfassendes Wissen nicht zu erreichen. Wer an einer solchen Hürde scheitert, darf sich nicht offiziell niederlassen. Auf diese Art und Weise kann eine Branche Traditionen aufrechterhalten.

Zunächst denkt man dabei an die Verhältnisse in der früheren Sowjetunion und niederländische Geschäftsleute stimmen dem im Gespräch mit ausländischen Geschäftsfreunden nur allzu gerne zu; vor allem wenn sie einen Schluck getrunken haben. Sie stimmen Klagelieder über den Dschungel an Gesetzen und Vorschriften an, die es einem Unternehmer unmöglich machen ehrlich sein Brot zu verdienen. „Als ob Gewinn ein schmutziges Wort sei", heißt es dann oft. Je höher die Stimmung steigt, desto unglaublicher werden die entsprechenden Anekdoten. Ein aufmerksamer Beobachter stellt oft fest, dass es bei den Anekdoten grundsätzlich um Gebote der Behörden geht, nicht um Verbote, oder natürlich um die Löhne und die Rechte der Arbeitnehmer. Über wettbewerbsbeschränkende Maßnahmen wird selten geklagt. Außerdem geht es fast nie um etwas, was einer der Anwesenden selbst erlebt hat, sondern um das, was „Bekannten" passiert ist. Man braucht dann nur zuzustimmen und zu bestätigen, dass die hart arbeitenden niederländischen Unternehmer sich in der Tat im Würgegriff eines übermächtigen Staates befinden und dass ihre Zukunft nicht rosig aussieht. Dann wird normalerweise im Geiste die rot-weiß-blaue Flagge gehisst und versichert, dass eigentlich alles halb so schlimm ist.

Zu Beginn der achtziger Jahre begleitete ich eine Delegation von Tansaniern während eines Besuchs beim niederländischen Unternehmerverband (VNO), der bedeutendsten Arbeitgeberorganisation. Unsere Gastgeber beklagten sich über die hohen Löhne und den Wirrwarr an Vorschriften, unter denen die Wirtschaft sehr zu leiden hatte. Ein Tansanier fragte bescheiden, wieso man sich denn dann solch luxuriöse Büros leisten könne. Die Arbeitgebervertreter schwiegen beredt.

Zugegeben: Diese Anekdote hat demagogischen Charakter. Sie relativiert jedoch die Klagen über den Irrgarten an Vorschriften. Ein Rundgang durch das Zentrum einer beliebigen niederländischen Stadt oder ein Blick in den Anzeigenteil der Zeitungen machen deutlich, dass Unternehmer mit einer Vielzahl an Produkten und Dienstleistungen miteinander konkurrieren und dass die Niederlande vor allem eine freie Marktwirtschaft haben, in der der Erfolg eines Unternehmens vor allem vom richtigen Verhältnis zwischen Preis und Qualität abhängt.

Qualität steht – nicht zufällig – an erster Stelle

Qualität steht – nicht zufällig – an erster Stelle. Die Wirtschaft hat sich niemals auf eine Konkurrenz ausschließlich über den Preis eingelassen. Die Niederlande sind nun einmal kein billiges Land. Unternehmen überleben durch guten Service, Tüchtigkeit und hohe Qualität. Für einen Platz am unteren Ende des Marktspektrums haben die Niederlande nicht die richtige Ausgangsposition, und selbst wenn es jemals anders gewesen wäre, so hätten längst Niedriglohnländer diese Position erobert. Während der siebziger Jahre erlebte man den Niedergang der Textilindustrie – abgesehen von einer Reihe sehr spezialisierter Betriebe –, die einst ein bedeutender Wirtschaftszweig gewesen war. Das Gleiche geschah mit dem Schiffbau. Beim Multi Philips kämpft der Bereich Unterhaltungselektronik seit Jahr und Tag ums Überleben, obwohl Philips auf diesem Gebiet nie ein Preisbrecher gewesen ist. Ein Fernsehgerät von Philips war oft teurer als andere Marken, aber die Geräte waren gut und es existierten ausreichend Kundendienstunternehmen, die eventuelle Störungen schnell beheben konnten.

Damit allein kann sich ein Unternehmen jedoch nicht mehr gegen internationale, vor allem asiatische Konkurrenz behaupten. Der Philips-Konzernleitung bleibt der Trost, dass sie mit diesem Problem nicht allein dasteht. Ganz allgemein haben niederländische Hersteller einfacher technischer Artikel oder Halbfertigfabrikate Probleme sich auf dem Markt zu behaupten;

ausgenommen davon sind Bereiche, in denen die Niederlande seit jeher eine dominierende Position einnehmen, wie Käse, Blumen, frisches Gemüse. Doch auch bei diesen Produkten wird die Konkurrenz stärker.

Für Dienstleistungen gilt das Gleiche. Die niederländische Handelsflotte – in den fünfziger Jahren unter den zehn weltgrößten – ist praktisch bedeutungslos geworden. Reedereien haben sich in großer Zahl für die Flagge von Panama oder Liberia entschieden. In Bereichen hingegen, in denen die Niederlande über sehr spezielles Wissen und viel Erfahrung verfügen – beim Nassbaggern zum Beispiel und beim Tiefbau, wobei Wasser eine Rolle spielt, gibt es kaum Probleme.

Doch lässt sich eine Verschiebung von industrieller Produktion hin zum Dienstleistungssektor feststellen. Das ist in jeder hochentwickelten Marktwirtschaft so, in den Niederlanden jedoch besonders ausgeprägt. Dienstleistungen haben Tradition in den Niederlanden, von jeher ein Land großer Handelshäuser und der dazugehörigen Banken. Die Niederlande verfügen über wenig Rohstoffe, die für eine Industrienation nun einmal unentbehrlich sind. Das glaubte man jedenfalls, bis sich in den sechziger Jahren herausstellte, dass das Land auf einer Gasblase von OPEC-Dimensionen sitzt, die gigantische Summen in die Kasse bringt.

Der bei weitem wichtigste Handelspartner der Niederlande, Deutschland, verfügt dagegen über Bodenschätze. Seit ungefähr 1870 förderten Regierungen dort den Aufbau einer Großindustrie, die bis heute das Fundament für den phänomenalen Wohlstand in Deutschland bildet. Eine ähnliche Politik hat es in den Niederlanden niemals gegeben. Die Industrie hat sich zwar entwickelt, aber eher dank weitsichtiger Unternehmer mit guten Ideen als aufgrund nationaler Anstrengungen. Und natürlich wirkte sich die Nähe zu Deutschland positiv aus. Das Fehlen einer effektiven Industriepolitik wird in den Niederlanden in politischen Debatten bis heute von Zeit zu Zeit bemängelt.

Vielleicht ist dies der Grund dafür, dass Industrielle und Unternehmer nur selten nationalen Ruhm erlangen. Das Ansehen des Premierministers Ruud Lubbers, der die niederländische Politik zwischen 1983 und 1994 dominierte, beruhte auf allen möglichen Faktoren, aber nicht auf der Tatsache, dass er einer sehr erfolgreichen Unternehmerfamilie entstammt. Er selbst hat dies übrigens auch am liebsten unerwähnt gelassen. Gleiches galt für seinen Vorgänger in den dreißiger Jahren, Hendrikus Colijn. Dieser erfreute sich großen Vertrauens als prinzipientreuer Kalvinist, seine Karriere bei Shell war weniger wichtig für seinen Erfolg bei den Wählern. Im Pantheon des durchschnittlichen Niederländers gibt es daher – abgesehen von zwei Ausnahmen – keine Industriellen. Die Ausnahmen sind Albert Plesman und Anthonie Fokker; ersterer Gründer der KLM, letzterer Flugzeugbauer. Aber ihr Arbeitsgebiet ähnelt dem der großen Entdeckungsreisenden des 17. Jahrhunderts, mit denen ihre Zeitgenossen sie auch oft verglichen. Man bewundert ihren Pioniergeist, nicht ihren Geschäftssinn. Wenn man noch etwas weiter forscht, fällt einem vielleicht noch der Namen Anton Philips ein, Gründer des gleichnamigen Konzerns. Der Name Henry Deterding sagt höchstens Historikern etwas. Doch war er es, der Shell zu dem gemacht hat, was es heute ist, der einzige Unternehmer, der dem Rockefeller-Konzern Exxon (Esso) wirklich das Wasser reichen konnte.

Unternehmer genießen Ansehen in der Gesellschaft

Wie würden niederländische Eltern reagieren, wenn ihre Tochter mit einem Unternehmer oder – im Zeitalter der Emanzipation – ihr Sohn mit einer Unternehmerin nach Hause käme? Es ist unwahrscheinlich, dass sie geschockt wären; Unternehmer genießen gesellschaftliches Ansehen. Wer eine eigene Firma hat, ist stolz darauf. Davon zeugt auch die Treue niederländischer Arbeitnehmer zu ihrem Arbeitgeber. Im Allgemeinen setzen sie sich für die Firma und deren Erzeugnisse ein, verteidigen sie sofort, wenn ein Außenstehender Kritik übt. Dabei kommt übrigens zuerst das Produkt und dann der Chef.

Aber eine traditionelle Mutter wird doch hoffen, dass ihre Tochter mit einem Arzt nach Hause kommt (am liebsten einem Chirurgen) oder einem Professor, die nun einmal einen höheren Platz in der gesellschaftlichen Rangordnung einnehmen.

Manager haben normalerweise keine Mühe sich durchzusetzen, wenn sie es in der den Niederländern vertrauten Art und Weise des Besprechens und Motivierens tun. Der Schiffbauer Bartel Wilton, in den fünfziger und sechziger Jahren einer der angesehensten Unternehmer in Rotterdam, sagte einst: „Man muss aus den Umständen das herausholen, was man herausholen kann, Zusammenarbeit zwischen den Menschen fördern, dafür sorgen, dass Missverständnisse nicht zu Fehlern führen." Über den gesetzlich vorgeschriebenen Betriebsrat sagte er einmal: „Im kalten Klima zieht man warme Kleider an, um sich angenehm zu fühlen. Dadurch ändert sich das Klima zwar nicht, aber die Lebensqualität. So ist es auch mit dem Betriebsklima. Es gibt nun einmal Arbeitnehmer und Arbeitgeber, aber sie müssen an einem Strang ziehen." Wilton hatte in manchen Kreisen auch den Beinamen „Rotbart". Und so gibt es relativ viele niederländische Unternehmer, die bekanntermaßen liberal oder christdemokratisch sind und doch mit dem Adjektiv „rot" versehen wurden um deutlich zu machen, dass sie mit sich reden lassen, dass man mit ihnen ein ordentliches Geschäft machen kann, je nachdem, wie es die Umstände erfordern.

Unternehmertum basiert auf Marktkenntnis

Vielleicht hängt all dies mit der alten holländischen Kaufmannstradition zusammen. Der traditionelle Geschäftsgeist in den Niederlanden hat nicht soviel mit dem Aufbau industrieller Imperien zu tun, sondern vor allem damit, dass eine bestimmte Menge Güter zu einem bestimmten Zeitpunkt zum vereinbarten Preis an die richtige Stelle geliefert wird. Das ist Unternehmertum, das auf Marktkenntnis basiert. Es geht darum zum richtigen Zeitpunkt die richtige Offerte auf den Tisch zu legen, so dass der Kunde zustimmt.

Das geht natürlich nur, wenn man die Branche ausgezeichnet kennt, die Umstände des potentiellen Kunden einschätzen kann und in etwa weiß, wie viel er zahlen wird und zahlen kann. Erfolgreiches Unternehmertum in den Niederlanden setzt großes Allgemeinwissen voraus.

Man muss wissen, was man in der Welt kaufen kann, lautet eine Redensart. Diese Einstellung hat sich auf die gesamte Gesellschaft übertragen. Bis weit ins 20. Jahrhundert hinein erschienen in den hiesigen Zeitungen Berichte aus dem Ausland meist auf der ersten Seite, vor den Neuigkeiten aus den Niederlanden und der Erwähnung des Ortes, an dem die Zeitung gedruckt wurde, in dieser Reihenfolge: erst internationale Angelegenheiten, dann lokale. Im Goldenen Zeitalter war die Kaufmannsstadt Amsterdam praktisch das bedeutendste Informationszentrum der Welt. Unternehmen wie die Vereinigte Ostindische Kompanie unterhielten ein ausgedehntes Informationsnetzwerk, wobei man vor Unternehmensspionage bei der Konkurrenz keineswegs zurückschreckte. Wer die neusten Neuigkeiten über alles und jedermann erfahren wollte, war in Amsterdam an der richtigen Stelle. Geschickte Unternehmer machten aus Informationen ein weiteres Exportprodukt. 1620 z.B. gründete der Drucker Broer Jansz eine englischsprachige Version seiner Wochenzeitung, die er nach London verschiffte. Die erste englische Tageszeitung, die Daily News, die ab 1702 erschien, vermeldete unter ihrem Titel stolz die Tatsache, dass sie alle Berichte aus dem *Opregte Haarlemse Courant* abdruckte. Die *Gazette de Leyde*, eine französischsprachige Zeitung, die zweimal pro Woche erschien, war mehr als ein Jahrhundert lang das verlässlichste Printmedium ganz Europas.

Die Niederlande haben ihre führende Position als Sammler und Verteiler von Neuigkeiten schon lange an Zentren wie London, Paris und New York abgeben müssen, aber die Neugierde ist geblieben.

Ausländische Bücher bekommt man auch im kleinsten Dorf

Dass zu einer ordentlichen Erziehung das Erlernen einer oder besser noch mehrerer Fremdsprachen gehört, steht seit dem Goldenen Zeitalter fest. Jedes Kind, das mehr als eine Grundschulbildung erhält, und das sind seit etwa 1950 alle Kinder, lernt in jedem Fall Englisch und meist auch Französisch und Deutsch. Bis in die sechziger Jahre waren die drei Fremdsprachen im weiterführenden Unterricht, ausgenommen die technische Schulbildung der Grund- und Mittelstufe, auch Prüfungsfach bei der Abschlussprüfung. Seit damals können Schüler zwei der drei Fremdsprachen abwählen, erhalten aber immerhin mindestens zwei Jahre lang mindestens zwei Stunden wöchentlich Unterricht in diesen Sprachen. Die Niederlande sind unter den nicht-englischsprachigen Ländern der größte Importeur von Büchern aus angelsächsischen Ländern. Ausländische Bücher kann man im kleinsten Dorf bekommen. Das gleiche gilt für Zeitungen und Zeitschriften.

Bis zum Zweiten Weltkrieg führten Frankreich und Deutschland einen verbissenen Kampf um den ersten Platz in diesem Markt, während England immer den dritten Platz einnahm. Nach Kriegsende eroberte Englisch den ersten Platz. Ein Blick in eine durchschnittliche Buchhandlung oder eine Bahnhofsbuchhandlung zeigt, dass alle großen britischen und amerikanischen Taschenbuchverlage vertreten sind. Das tut man nicht nur wegen der Touristen. Auch Niederländer kaufen *Times Literary Supplement, Die Zeit, The New York Review of Books* oder *Nouvelles Littéraires,* genauso wie *Barron's, Financial Times,* die europäische Ausgabe des *Wall Street Journal* oder *Handelsblatt, Fortune* oder *24 Ore.*

Ausländer, die Niederländisch zu sprechen wünschen, beklagen sich darüber, dass ihre Gesprächspartner ihnen dazu keine Möglichkeit geben. Niederländer neigen dazu, sofort in Englisch oder die Sprache ihres jeweiligen Gesprächspartners, sofern sie diese einigermaßen beherrschen, überzugehen. Auch das hat mit der Kaufmannstradition zu tun. Es ist immer besser, wenn der Unternehmer die Sprache seines Kunden spricht als umgekehrt. Man hat denn auch nie mit großem Einsatz versucht Niederländisch in der ganzen Welt zu propagieren, auf jeden Fall nicht in dem Maße, in dem Engländer oder Franzosen sich auf diesem Gebiet betätigen, aber auch weniger als andere relativ kleine Länder wie z.B. Schweden. Es gibt nicht einmal ein koordiniertes System, um Neuankömmlingen Niederländisch beizubringen. Die Niederländer drücken denn auch ihre tiefe Bewunderung aus, wenn sich herausstellt, dass ein Ausländer ihre Sprache spricht. (Dann gehen sie meist doch zu Englisch über, so dass einem nicht anderes übrigbleibt als so zu tun, als spräche man kein Englisch.) Das gleiche gilt für Behörden und Organisationen. Es gibt in den Niederlanden eine Reihe englischsprachiger *Graduate*-Studiengänge um Ausländern die Mühen des Niederländischlernens zu ersparen. Niederländische Universitäten, die ausländische Studenten anwerben möchten, bieten Vorlesungen in Englisch an, anstatt ausländischen Studenten die Möglichkeit des raschen Erlernens der niederländischen Sprache zu bieten. Bereits während der Kolonialzeit sprachen die niederländischen Herrscher lieber Indonesisch oder Malaiisch oder das, was sie dafür hielten, als ihr eigenes Niederländisch und waren keineswegs erfreut, wenn sich herausstellte, dass ein „Inländer" Niederländisch sprach.

Die meisten Niederländer glauben andere Sprachen – vor allem Englisch – gut zu beherrschen. Das ärgerte vor allem Angelsachsen, die mit zahlreichen Fehlern konfrontiert werden. Ihre in vorsichtig formuliertem perfektem Niederländisch gestellten Fragen werden in einer äußerst eigenwilligen Interpretation von Shakespeares Idiom beantwortet. Niederländer behaupten auch gerne, dass sie besser Englisch sprechen als schreiben. Eine Amerikanerin, seit mehr als zwanzig Jahren in den Niederlanden: „Darin äußert sich ihre Selbstüberschätzung. Aber im Vergleich mit vielen anderen Ländern sprechen Niederländer tatsächlich oft überraschend gut Englisch." Doch glaubt auch sie, dass viele Niederländer ihr Wissen auf diesem Gebiet überschätzen.

Bei letzterem bin ich mir nicht so sicher. Im Allgemeinen betrachten Niederländer eine Fremdsprache als Hilfsmittel. Sie wollen damit kommunizieren und beginnen damit, sobald sie ein paar Worte kennen und ohne Scheu vor grammatikalischen Fehlern. Der Unterrichtskanal im Fernsehen organisiert Kurse in vielen Sprachen, wobei Indonesisch und Mandarin-Chinesisch erstaunlich beliebt sind. Diese Kurse zielen darauf ab Menschen in die Lage zu versetzen ein einfaches Gespräch zu führen. Außerdem vermitteln sie Informationen über die Sitten und Gebräuche des Landes, in dem die jeweilige Sprache gesprochen wird. Ein niederländisches Sprichwort lautet ungefähr: *Eines Landes Weisheit ist des Landes Ehre*, in etwa mit *In Rom tue was die Römer tun* zu übersetzen. Eine andere oft gebrauchte Redensart ist: *Der Kunde ist König*. Als einst der König von Thailand zukünftig als Kaiser angesprochen werden wollte, schrieb ihm der Vertreter der *Vereinigten Ostindische Kompanie* folgendes:

> „Es hat sich nun herausgestellt, dass Euer Majestät von Euren Untertanen in der siamesischen Sprache als nicht weniger oder mehr als 'Pro ponte soekka' angesprochen werden möchte, was nichts anderes als Oberster Herr bedeutet. Wir jedoch, um uns aus der Schusslinie zu halten, werden Euch als 'Euer Majestät' ansprechen, und es Eurer Weisheit überlassen, wie dies zu interpretieren ist."[3]

So lässt sich jedes Problem irgendwie lösen.

---

[3] Immer dit is seker dat sijn majit, in de Siamse taale van zijn eijgene onderdanen niet anders aangesproken en genaamd werd dan pro ponte soekka, hetgene niet ander beduijdt dan Opperste Heer. Maar wij, om ons eenerzijds buijten schoots te houden, noemen hem sijn majiesteijt, differerende de verdere uijtlegginge daarover aan haar eijgen discretie.

Etwa zur gleichen Zeit gab der Vertreter der Kompanie in der indischen Stadt Negapatnam, van Dielen, Empfänge für wichtige indische Geschäftspartner gemäß der lokalen Tradition, also unter Beteiligung von Tempeltänzerinnen. Das erregte das Missfallen des gestrengen Pastors der Stadt, der in einer Beschwerdeschrift an van Dielens Vorgesetzten schrieb:

> „… dass Direktor van Dielen, in Gegenwart anderer Vorstandsmitglieder und ihrer Frauen, ein Fest gab wie Belsazar, mit dem Spielen von Karten, dem Werfen von Würfeln und dem Zulassen solch schändlicher Huren und Teufelskünstler mit Trommeln, Schellen und anderer heidnischer Instrumente, die verfluchte Lieder und glückwünschende Gesänge sangen, die sie dem Teufel am Vortag als Opfer dargebracht hatten, zusammen mit den abscheulichsten Tänzen von Huren, Ballett, Maskeraden und teuflischem Spektakel."[4]

Die Sache wurde überprüft und der Seelsorger fristlos entlassen, denn, so urteilte van Dielens Vorgesetzter:

> „Nicht alle Ärgernisse sind von gleicher Natur, aber besondere Gelegenheiten, Sitten, Plätze, Zeiten und Völker können darin große Veränderung verursachen, wobei es dann, wenn man nicht äußerste Vorsicht walten lässt, vielfach passiert, dass Ärgernis statt gegeben genommen wird."[5]

In der Tat, in Rom tue man wie die Römer. Ein Kaufmann muss die Eigenschaften eines Chamäleons besitzen.

Niederländer, die ins Ausland gehen, halten auch nicht lange an ihrer Sprache und ihren Gewohnheiten fest. Die Kinder und Enkel von Emigranten – in der ersten Hälfte der fünfziger Jahre zog es Zehntausende Niederländer vor allem nach Kanada, Australien, Neuseeland und Brasilien – haben abgesehen von ihrem Namen nicht mehr viel, was an ihre ursprüngliche Herkunft erinnert.

Die niederländische Gesellschaft ihrerseits ist sehr offen für Einflüsse von außen. Die Intellektuellen schimpfen zwar manchmal über die Ameri-

---

[4] Dat't opperhoofd Van Dielen tot presentie van de andere raadtpersonen met hare vrouwen, daartoe aanstellende een expresse belsjazzars maeltyt tot kaartspelen, dobbelen suypen ende heeft ontboden ende toegelaten de heidense schandhoeren ende duyverskonstenaars met trommelen schellen ende andere pagodische instrumenten klinkende, singende vervloekte liederen ende gelukwenschende gesangen, die sij den duyvel daags tevoren opgeoffert hebben, vermengt met de vuylste hoeredanse, balletten, mascaraden enduyvelsche vertooningen.

[5] Alle ergernissen sijn niet van een en dezelfde natuyr maar besondere gelegentheden, zeden, plaatsen, tijden en volkeren koomen darin groote veranderinge te veroorsaken, welke wanneer men deselve niet met alle voorsigtigheid aenmerkt, soo gebeurt's dickmaels dat't word in plaats van een gegeven een genomen ergernisse.

kanisierung der Gesellschaft und die McDonalds-Kultur, aber im Allgemeinen wehrt man solche Einflüsse nicht ab. Die Jugendkultur orientiert sich seit Anfang der fünfziger Jahre an amerikanischen – etwas weniger an englischen – Beispielen. Dazu trägt vor allem das Fernsehen bei. Seit den achtziger Jahren ist das gesamte Land verkabelt, so dass der durchschnittliche Haushalt nicht nur niederländische, sondern auch französische, deutsche und englische Programme und Satellitensender empfangen kann, auch Musiksender wie MTV. Eigentlich nichts Besonderes, aber es fällt auf, dass Niederländer oft die ersten sind, die internationale Produkte und Trends übernehmen. Darum wird das Land von vielen Unternehmen als Testfeld für neue Produkte benutzt.

Andererseits wird nicht einfach alles widerspruchslos aufgenommen. Manches wird weiterentwickelt. Ein Beispiel dafür ist *Gabberhouse*, ein typisch niederländisches Phänomen, das in den neunziger Jahren den weltweit populären normalen *Techno* mit der Vorsilbe *Mellow* versah.

In Restaurants kann man eine ähnliche Entwicklung feststellen. Die einheimische Küche ist in der Minderheit, der Hungrige findet vor allem Pizzerien, griechische und chinesisch-indonesische Restaurants, aber auch indische, türkische, surinamische, südamerikanische und äthiopische. Innerhalb weniger Jahre wurde das israelische Fleischgericht *Shoarma* sehr beliebt. Dies gilt nicht nur für die Zentren großer Städte, sondern auch und gerade für die Provinz. Diese Restaurants orientieren sich abgesehen von einigen Ausnahmen keineswegs nur an Besuchern der eigenen ethnischen Gruppe.

Die Niederländer – inzwischen an fremde *cuisine* gewöhnt – kochen selbst auch immer internationaler; die entsprechenden Zutaten dafür kann man in jedem Supermarkt kaufen. Die traditionelle niederländische Küche – Eintopf, Brei und Kartoffelgerichte mit Gemüse und Fleisch – wird immer unbeliebter. Pizza und asiatische Reisgerichte – vor allem der gebratene Reis *Nasi Goreng* – sind alltäglich geworden.

Doch stellen ausländische Besucher, die ihre heimische *cuisine* versuchen, oft einen geschmacklichen Unterschied fest. Der Geschmack hat sich verschoben, alles ist entweder etwas weniger scharf und/oder süßer geworden. Die Restaurants stellen sich auf den allgemeinen niederländischen Geschmack ein. Das bedeutet weniger Gewürze, denn die Gäste finden ein Gericht schnell zu scharf. Die niederländische Hausmannskost mit den vielen Kartoffelgerichten wurde traditionell kaum gewürzt. Internationale Feinschmecker tauschen daher untereinander die Adressen von Restaurants aus, die solche Konzessionen an den holländischen Geschmack nicht machen. Solche Puristen sind jedoch in der Minderheit und langsam aber sicher bekommen ausländische Gerichte einen unverkennbar niederländischen Geschmack. „Fader Geschmack", urteilen Snobs dann gnadenlos und man denkt unwillkürlich: *Benimm dich normal, das ist verrückt genug.*

Wer etwas wirklich Ausländisches sucht, findet sich doch wieder in der Buchhandlung bei den englischen und amerikanischen Serien. Auch ins Niederländische übersetzte neue Titel aus der gesamten Welt sind vorhanden. Es gibt Serien, mit denen moderne russische, südafrikanische oder südamerikanische Autoren dem niederländischen Publikum vorgestellt werden. Die übersetzten Bücher erfreuen sich großer Aufmerksamkeit in den Medien und die Verkaufszahlen sind gut, was man daran sieht, dass immer wieder Neues herausgegeben wird. Solche Übersetzungen werden auch in einigen sehr preiswerten Taschenbuchreihen veröffentlicht, deren Titel um die zehn Gulden kosten. Übersetzt wird grundsätzlich aus der ursprünglichen Sprache, nicht aus dem Englischen, denn die Niederlande mit ihrer Tradition auf dem Gebiet von Fremdsprachen verfügen über ausreichend Übersetzer. Ein typisches Beispiel dafür ist Dr. August Willemsen, dessen Übersetzungen der wichtigsten Werke der brasilianischen Literatur ihn zur nationalen Berühmtheit gemacht haben. Dass er außerdem selbst ein scharfsinniger Essayist ist, der nicht nur über sein eigenes Fach schreibt, sondern auch über Alkoholismus oder brasilianischen Fußball, ist keine Überraschung.

Auch hier gilt wieder, dass die Werke nicht nur in Großstädten erhältlich sind. Kleine Buchhandlungen in der Provinz bieten ebenfalls eine breite internationale Auswahl.

Ein ausländischer Besucher, der sich ein niederländisches Fernsehprogramm ansieht, wird angenehm überrascht: von Synchronisation wie in Deutschland oder Frankreich keine Spur. Alle ausländischen Serien und Filme werden in der ursprünglichen Sprache gezeigt und niederländisch untertitelt. Das Gleiche gilt für Kinofilme (abgesehen von den Zeichentrickfilmen von Walt Disney und anderen, die auch für Kinder verständlich sein müssen). Niederländer spotten gerne über ihre deutschen Nachbarn, die alles synchronisieren, und ärgern sich über Cowboys oder – noch schlimmer – Frank Sinatra, die fließend Deutsch sprechen.

Der unmittelbar bevorstehende Untergang der niederländischen Sprache wird regelmäßig prophezeit. Als vor einigen Jahren der (damalige) Unterrichtsminister Jo Ritzen vorschlug, den Hochschulunterricht grundsätzlich auf Englisch umzustellen, gab es einen Sturm der Entrüstung. Dies ist auch ein vielbesprochenes Thema an Stammtischen. Bis jetzt hat die Sprache sich jedoch nicht unterkriegen lassen. Fremdsprachliche Medien, wie beispielsweise eine Tageszeitung in englischer Sprache, konnten sich nie durchsetzen. Der Vorschlag von Minister Ritzen wurde auf breiter Front zurückgewiesen, aber Gesetze, wie es sie z.B. in Frankreich gibt, die die Benutzung der eigenen Sprache verordnen und den Gebrauch englischer Fremdwörter wie etwa *bulldozer*, *hamburger* oder *audiorack* verbieten, wären in den Niederlanden undenkbar.

Wissenschaftler neigen allerdings mehr und mehr dazu in englischer Sprache zu publizieren, dafür ist aber die zunehmende Spezialisierung ausschlaggebend. Manche Fachleute haben nur wenige Fachkollegen und müssen sich daher einem internationalen Publikum verständlich machen. Im hiesigen Fachbereich hingegen wird weiterhin Niederländisch gesprochen und ein hier lebender Ausländer, der der Sprache nicht mächtig ist, wird feststellen, dass er sich selbst ausschließt und es schwer hat, im Alltag zurecht zu kommen. Obwohl man nicht zu einem Sprachkurs gezwungen wird, spürt ein jeder, der am *overleg* nicht teilnehmen kann, die Folgen am eigenen Leib.

Abneigung gegen Unsinn und Vorliebe für Tatsachen

Im niederländischen Kaufmannsgeist verbirgt sich noch ein weiteres Element: eine Abneigung gegen Unsinn und eine Vorliebe für Tatsachen. Eines der berühmtesten Zitate aus der niederländischen Literatur – aus Multatulis *Max Havelaar* – lautet: „Die Luft ist rau und es ist vier Uhr" (was sich im Niederländischen reimt). Dies ist eine Bemerkung von Batavus Droogstoppel, Teilhaber von Last & Co., Kaffeemakler. Droogstoppel plädiert für „Aufrichtigkeit und gesunden Menschenverstand" und sagt: „Die Niederlande sind die Niederlande geblieben, weil unsere Vorfahren sich so gut ums Geschäft gekümmert haben und den wahren Glauben hatten. Nicht mehr und nicht weniger!"

Und weiter: „Ich habe an sich nichts gegen Verse. Mag man die Worte in Reih und Glied setzen, gut! Aber man sage nichts, was nicht wahr ist." Ich habe nichts einzuwenden gegen *„Die Luft ist rau, es ist vier Uhr"*, wenn die Luft wirklich rau und es vier Uhr ist. Aber wenn es Viertel vor drei ist, darf ich, der nicht reimt, sagen: *„Ich spiel Klavier, es ist Viertel vor drei"*. Der Dichter ist wegen des Reims an vier Uhr gebunden, es muss also genau vier Uhr sein oder die Luft ist nicht rau. Also tut er der Wahrheit Gewalt an. Entweder das Wetter ändert sich oder die Uhrzeit, sonst lügt er.

Batavus Droogstoppel, Kaffeemakler, ist eine Karikatur. Er ist in dem Buch eindeutig der Schurke, von dem Multatuli auf der letzten Seite sogar schreibt: „Halt, elendiges Produkt mieser Geldgier und gotteslästerlicher Frömmelei! Ich habe Euch geschaffen ... und Ihr seid unterm Schreiben zu einem Ungeheuer geworden. ... ich verabscheue mein eigenes Geschöpf: Erstick im Kaffee und verschwinde!"

Den Typus Droogstoppel gibt es bis heute. Das heißt: Viele Niederländer kostet es wenig Mühe, Aspekte seines Charakters bei anderen zu identifizieren.

An anderer Stelle im *Max Havelaar* erzählt Droogstoppel, dass er niemals ein zweites Mal nach dem Weg zu fragen braucht, denn „ich erkenne immer einen Ort, an dem ich schon einmal gewesen bin, weil ich immer auf alles achte. Das hab ich mir beim Geschäftemachen angewöhnt."

Zum holländischen Kaufmannsgeist gehört tatsächlich ein scharfes Auge für Tatsachen. Schein ist dazu da demaskiert zu werden. Man muss sich ums Geschäft kümmern und darf keinen Groschen zuviel ausgeben. Alles andere ist Phantasie. „Erst das Geschäft, dann das Mädchen" weisen Eltern ihre Kinder zurecht, bei denen sie einen Mangel an ernsthafter Einstellung vermuten. Erst das Geschäft, dann das Vergnügen.

Daher enden Diskussionen, gleich über welches Thema, oft schnell bei den Finanzen. „Was kann ich dafür kaufen?" ist die Frage, die viele fast wörtlich stellen, wenn man sie um ihre Mitwirkung bittet. Dieser Satz hat inzwischen auch eine bildliche Bedeutung, aber sein Ursprung ist eindeutig: Was ist für mich drin? Das kann zu Knauserigkeit führen, aber nicht zu Furcht vor Investitionen, die nicht unmittelbar gewinnträchtig sind. Die gleichen Vertreter der Kompanie, die in Negapatnam Feste gemäß einheimischem Brauch veranstalteten, spendeten Geld für den Bau hinduistischer Heiligtümer. Man wusste schon im 17. Jahrhundert, dass *Goodwill* gewinnträchtig sein konnte.

Wer einmal in Konkurs gegangen ist, hat sein Ansehen für immer verloren

Ein Schuldner kann auf wenig gesellschaftliches Ansehen rechnen. Wer einmal in Konkurs gegangen ist, hat sein Ansehen für immer verloren und wird die größte Mühe haben das Vertrauen seiner Gläubiger zurückzugewinnen. Die strengen Protestanten in Friesland schlossen bis in dieses Jahrhundert Bankrotteure vom Abendmahl, ihrer wichtigsten religiösen Zeremonie, aus. Der Rotterdamer Lumpenhändler Herman Heyermans jr. beging nach seinem Konkurs nicht Selbstmord, wie es von Herren seines Standes erwartet wurde. Seine Familie ließ ihn fallen und Heyermans wich nach Amsterdam aus, wo er sich übrigens zu einem der bekanntesten niederländischen Dramatiker entwickelte, etwa zu vergleichen mit Ibsen.

Der Holzhändler Dirk Witte war neben seinem eigentlichen Beruf ein bis heute unübertroffener Chansonschreiber. Zu seinem Begräbnis erschien die *crème de la crème* der niederländischen Kunst- und Vergnügungswelt, die Familie Witte hingegen konstatierte zufrieden, dass auch die Holzhändler vertreten waren. Trotz seines Hobbys, dem Kabarett, war Witte doch auch immer ein zuverlässiger Geschäftsmann geblieben.

„Ich bin immer nur zur Bank gegangen um Geld hinzubringen, nicht um welches zu holen", erklärt der konservative Vater in der berühmten Fernsehserie „Die gläserne Stadt", als sein Sohn mit einem Kredit der Genossenschaftsbank seine Gärtnerei renovieren möchte. Diese Haltung ist typisch für die alterhergebrachte niederländische Tüchtigkeit: Man soll nicht bei jemandem in der Kreide stehen. Trotzdem hätte die niederländische Wirtschaft niemals florieren können, wenn nicht mächtige Banken Kredite zur Verfügung gestellt hätten. Heute ist es jedenfalls praktisch unmöglich, mit eigenem Vermögen ein Unternehmen zu starten. In den neunziger Jahren hatte die ING Bank eine Fernsehwerbung geschaltet, in der eine Fracht aus San Francisco im letzten Moment freigegeben wird, weil eine Bank nach einem einzigen Telefongespräch einen Kredit gewährt. Wer allerdings im Vertrauen auf solche Großzügigkeit seine Bank aufsucht, wird enttäuscht werden. Banken sind sehr vorsichtig und misstrauisch. Sie wollen Sicherheiten. Sie analysieren einen Unternehmensplan sehr kritisch und geben sich keinesfalls mit Überzeugungskraft und geschäftlichem Talent alleine zufrieden. Eine ordentliche Bank wird auch keinesfalls ausschließlich aufgrund ausreichender Sicherheiten einen Kredit gewähren. Schließlich profitiert niemand vom finanziellen Ruin eines Kunden. Auch Banken streben nach Kontinuität und den sich daraus ergebenden langdauernden Geschäftsverbindungen.

Trotzdem hat die ABN AMRO, Nummer eins unter den niederländischen Banken, ein Plakat drucken lassen, auf dem eine hübsche junge Frau zu sehen ist, die erklärt: „Ich kann dreißigtausend Gulden bekommen". Gemeint ist das Limit ihres Verbraucherkredits.

Offensichtlich ist die Frau ein unbeschriebenes Blatt für die „Stiftung Büro Darlehensregistratur" (in etwa der Schufa zu vergleichen), einer Organisation, die von Banken, Versicherungen und Handelsfirmen gegründet wurde um die Daten der 4,6 Millionen Personen zu verwalten, die zusammen 8 Millionen Darlehensverträge abgeschlossen haben, von großen Summen bis zu sehr kleinen. Auch alle Inhaber von Kreditkarten sind dort erfasst. Das Büro beurteilt nicht die Solidität der registrierten Kunden, das überlässt man dem Darlehensgeber. Wer in der Vergangenheit Schulden nicht bezahlt hat, muss damit rechnen, dass er keinen Kredit bekommt und keinen Ratenzahlungsvertrag abschließen kann. Das Büro bekommt viel Besuch von ausländischen Delegationen, die sich über das System informieren möchten. Übrigens hat das Büro keine Mühe gescheut, um seine Datenbestände „hackersicher" zu machen.

Seit den siebziger Jahren haben immer mehr Niederländer ein Verbraucherdarlehen aufgenommen, meist für (relativ) langlebige Verbrauchsgüter wie Autos. Um ein Haus aus eigenen Mitteln finanzieren zu können muss man mindestens im Lotto gewonnen haben; daher ist praktisch jedes Eigenheim mit einem Hypothekendarlehen finanziert. Aber ein Haus stellt natürlich auch einen Wert dar, so dass man den Kauf als Geldanlage betrachten kann.

Die letzte Untersuchung zu diesem Thema im Jahre 1990 ergab trotzdem, dass Niederländer die vorsichtigsten Kreditnehmer in der gesamten Europäischen Union sind. Nicht untersucht wurde, ob auch die hiesigen Banken sich bei der Kreditgewährung extrem vorsichtig verhalten.

Auch mit einer Kreditkarte gehen Niederländer ausgesprochen vorsichtig um. Sie benutzen lieber ihre Geldkarte, mit der Zahlungen elektronisch über das Girokonto abgewickelt werden, so dass man zu keinem Zeitpunkt Schulden hat.

Dennoch steigt die Zahl der Menschen mit finanziellen Problemen. Vor allem Angehörige der niedrigeren sozialen Schichten haben Schulden, die sie nie mehr tilgen können, auch wenn es um Beträge geht, die besser Situierten niedrig vorkommen. Wer Haushaltsgeräte auf Abzahlung kauft und zuviel mit dem Handy telefoniert, sieht sich irgendwann mit monatlichen Raten konfrontiert, die er nicht mehr aufbringen kann. Auch dafür gibt es ein Sicherheitsnetz. Viele niederländische Gemeinden haben Kreditbanken, die Schulden sanieren; dabei erwarten sie allerdings auch von Gläubigern Entgegenkommen. Meist sind die Gläubiger denn auch einverstanden, weil sie ansonsten überhaupt nichts mehr von ihrem Geld sehen. Behörden wie der Fiskus, aber auch Energieunternehmen sind in der Praxis am wenigsten zu Zugeständnissen bereit.

Die Schuldner haben dann zwei harte Jahre vor sich, am Ende aber sind sie schuldenfrei. Die Gemeinde-Kreditbank knüpft ihre Hilfe an strikte Bedingungen. Die Bank selbst bezahlt feste Kosten wie Miete und Strom und gewährt den Schuldnern einen Betrag, von dem diese ihren Lebensunterhalt bestreiten können. Auch beim Einteilen dieses Geldes werden sie betreut. Wer sich dieser „Bevormundung" nicht unterwirft, dem wird nicht geholfen.

In den ersten fünf Monaten des Jahres 1994 betrug die Schuldenlast des durchschnittlichen „Kunden" der Haager Gemeinde-Kreditbank etwas mehr als 21 000 Gulden, drei- bis viertausend Gulden mehr als zu Anfang der neunziger Jahre. Insgesamt hatte die Bank Außenstände in Höhe von 25 Millionen Gulden. Ein Sprecher der Bank erklärt, dass die Bank etwa vierzig Prozent der bei ihr um Hilfe nachsuchenden Schuldner hilft. Der Rest ist nicht bereit oder nicht in der Lage die Bedingungen zu erfüllen.

Ein Vergleich: Ein durchschnittliches Nettogehalt liegt in den Niederlanden bei ca. 2300 bis 2500 Gulden monatlich. Daraus könnte man folgern, dass Genies in den Niederlanden nichts gelten, dass Soldaten keinen Marschallstab im Tornister tragen und ein Tellerwäscher hier nicht auf die Idee kommen sollte Millionär werden zu wollen. Jeder wird in einem sozialen Mischmasch nach oben befördert, der süß schmeckt, aber klebrig ist, so dass niemand es ganz bis nach oben bringt. Außerdem hat man zu viele Klötze von der Art eines Droogstoppel mit ihrer angeborenen Beschränktheit am Bein. In den Niederlanden muss man sich schon sehr anstrengen, um als Obdachloser zu enden, z.B. durch Drogenabhängigkeit. Ebenso schwierig ist es aus dem Nichts reicher Unternehmer zu werden.

Diese Vermutung enthält einen wahren Kern, obwohl man sie vor allem regelmäßig als Klage hört. Schon seit einem oder zwei Jahrhunderten gibt es in jeder Generation Propheten, die ihre Stimme gegen die Erstarrung und den Mangel an Dynamik in der Gesellschaft erheben. Die Karikatur Droogstoppel wurde ja ins Leben gerufen um der niederländischen Elite einen Spiegel vorzuhalten, der lediglich ihre weniger angenehmen Seiten zeigt. Auch die Niederschriften des niederländischen Parlaments, in denen die gesamte Geschichte des Parlaments während der Zeit seines Bestehens nachzulesen ist, enthalten regelmäßig Warnungen vor den eingebauten „Bremsmechanismen" der niederländischen Gesellschaft. Eine der Prioritäten aller Kabinette unter Ruud Lubbers war es die Dynamik der Gesellschaft zu erhöhen. Die Wurzeln solcher Dynamik identifizierte man im Unternehmertum.

Sie haben viel zu tun

Auf die Frage, wie es ihnen geht, antworten die meisten Niederländer, dass sie viel zu tun haben. Es mangelt nicht an neuen Vorhaben. Ein Niederländer wünscht auch keineswegs einen ruhigen Eindruck zu machen, sondern gibt sich aktiv und dynamisch. „Schreiben Sie auf ein DIN A4-Blatt, um was es eigentlich geht, und legen Sie es mir vor", ist eine bei Führungskräften beliebte Formulierung. Damit wird impliziert, dass für zeitraubende und komplizierte Erläuterungen eines Sachverhalts die Zeit fehlt und dass eine wirklich gute Idee grundsätzlich in einigen hundert Worten zusammengefasst werden kann. Dann kann der Vorgesetzte über die Sache entscheiden. Alle Kabinette unter Beteiligung von Ruud Lubbers förderten diese Einstellung. Der Staat entwickelte Kampagnen, in denen Bürger ermutigt wurden ein eigenes Unternehmen zu gründen. In diesen Kampagnen fungiert der „junge startende Unternehmer" als Modellbürger. Er findet eine Marktlücke und erwirtschaftet Gewinn für sich selbst, wovon der Arbeitsmarkt und die Gesellschaft profitieren. Sogar Non-Profit-Organisationen und Behörden machten sich das „Marktdenken" zu eigen. Der Jargon der Geschäftsleute drang in die Beamtenschaft vor. Studiengänge, die irgendwie mit Management oder Betriebswirtschaft zu tun hatten, erlebten eine Blütezeit. In der gesellschaftlichen Diskussion stand der Begriff „Unternehmen" trotzdem nicht im Mittelpunkt, es ging vielmehr um einen anderen Begriff, der in Mode war: Management, das dynamische Führen einer Organisation. Studentenvereine auf der Suche nach Sponsorgeldern präsentierten sich nicht als die Unternehmer von morgen, sondern als die Manager von morgen. *Captains of industry* geben dem Image als dynamischer Manager ihres Unternehmens den Vorzug vor dem des Direktors, der Traumverträge abschließt.

Jedes Jahr gründen etwa fünfzehn- bis zwanzigtausend „junge Starter" ein eigenes Unternehmen, was für ein Land mit mehr als fünfzehn Millionen Einwohnern nicht gerade viel ist. Letzten Endes verwirklichen die meisten Niederländer den Traum von der dynamischen Tätigkeit doch am liebsten in einer bestehenden Organisation, die ihre Kontinuität schon unter Beweis gestellt hat.

In den neunziger Jahren verschob sich das Interesse für Wirtschafts- und Managementstudien hin zu Disziplinen wie z.b. Psychologie. Daraufhin begann die Wirtschaft darüber zu klagen, dass die junge Generation nicht ausreichend in exakten Wissenschaften wie z.b. technischen Fächern ausgebildet wird, so dass man befürchtete auf diesem Gebiet ins Hintertreffen zu geraten.

Das war teilweise übertrieben, wie ein Blick auf eine durchschnittliche Universität, Fabrikhalle, einen Bauernhof oder eine Autobahn zeigt. Wenn das Land überhaupt ein Problem hat, sind es gewiss nicht veraltete Betriebe mit abgeschriebenen, altmodischen Maschinen oder rückständiger Technologie, über die man sich im Ausland lustig macht. Es gibt jedoch kaum Gebiete, auf denen die Niederlande tonangebend sind. In den Niederlanden tendiert man dazu neue Technologien erst anzuwenden, wenn sie sich im Ausland bewährt haben; andererseits spüren die Pioniere, dass ihnen die Niederländer dicht auf den Fersen sind. Wirklich große Neuheiten werden in den Niederlanden kaum entwickelt; die letzte wirklich erfolgreiche war die CD, die man in den Laboratorien bei Philips in Eindhoven für die Massenproduktion weiterentwickelte. Aber neue Dinge werden schnell übernommen und eingesetzt. Philips selbst ist dafür ein gutes Beispiel. Ende des 19. Jahrhunderts beruhte der Unternehmenserfolg praktisch auf der Glühbirne, einer Erfindung des Amerikaners Thomas Alva Edison. Kaufmännisches Denken stand im Vordergrund. Der erste wirkliche *Coup* des Gründers Anton Philips war der Auftrag die Beleuchtung im Zarenpalast zu elektrifizieren.

Heute befindet sich Philips in einer schwierigen Phase. Der frühere Generaldirektor Timmer sah mangelnde Dynamik als Ursache der Probleme. Er kämpfte verbissen gegen die Bürokratisierung, ein Problem vieler großer niederländischer Unternehmen mit ihrer traditionellen Ausrichtung auf Kontinuität und daraus resultierender Trägheit.

Ein anderer Punkt ist das Kostenmanagement. Ein Problem für jeden, der an der Spitze eines Unternehmens steht, da unnötige Kosten den Gewinn drücken. Niederländische Manager schenken diesem Punkt ausgesprochen viel Aufmerksamkeit. Einer Einsparung heute gibt man fast immer den Vorzug vor potentiellen Gewinnaussichten. Wenn der Umsatz sinkt, neigt man in erster Linie praktisch immer dazu die Ausgaben möglichst weitgehend zu drosseln. Geplante Investitionen werden gestrichen, weniger gewinnträchtige Aktivitäten abgestoßen, auch wenn diese durchaus zukunftsträchtig sind. *De tering naar de nering zetten*, nennt man das, sich nach der Decke strecken. Es ähnelt sehr den Maßnahmen der Gemeinde-Kreditbank ihren Schuldnern gegenüber.

Das Haushaltsdefizit nimmt denn auch breiten Raum in der öffentlichen Diskussion ein. Es wird grundsätzlich als besorgniserregend bezeichnet und die jeweiligen Finanzminister entwickeln Pläne um es strukturell zu senken. Einer Rezession begegnet man grundsätzlich mit Sparmaßnahmen. Die Geldpresse wird keinesfalls in Gang gesetzt.

Ex-Geschäftsmann Hendrikus Colijn, Ministerpräsident während der Wirtschaftskrise in den dreißiger Jahren, war der Meinung, das Land könne die Krise nur durch Änderungen der Finanzpolitik durchstehen. Er lehnte eine keynesianische Politik staatlicher Investitionen zur Belebung der Wirtschaft kategorisch ab. Gleiches galt für die Abwertung des niederländischen Guldens. Bis zum Jahre 1936 hielt Colijn am Goldstandard fest, viel länger als Nachbarländer wie Frankreich oder Großbritannien. Der starke Gulden war sein größter Stolz. Als auch die Niederlande den Goldstandard abschafften, betrachtete Colijn dies als Kapitulation.

Die Rezession der achtziger Jahre führte wiederum zu einer Einsparungsrunde, allerdings lag dieser eine andere Argumentation zugrunde. Die Regierung behauptete, dass jeder Gulden, den der Staat ausgab, nicht von der Wirtschaft investiert werden könne. Der Wert des Guldens wurde ebenfalls aktiv erhalten. Seit dieser Zeit ist die Inflationsrate besonders niedrig. In den siebziger Jahren betrug sie manchmal noch sechs bis acht Prozent pro Jahr, was man besorgniserregend fand.

Der enorme Wirtschaftsaufschwung in der zweiten Hälfte der achtziger Jahre war für die Regierung kein Grund ihre Sparpolitik zu ändern. Die Parteien, die nach den Wahlen 1994 die Regierung bildeten, setzten sich zum Ziel 18 bis 20 Milliarden Gulden einzusparen. Berichte über erneutes Wirtschaftswachstum und den Rückgang der Arbeitslosigkeit änderten daran nichts. Außerdem fürchtete die Regierung die Presse, die Sparmaßnahmen gerne als „kreative Buchhaltung" bezeichnet.

Die gleiche Presse widmet noch immer den unvorhergesehenen zusätzlichen Einkünften oder Ausgaben, die das Finanzministerium bekannt macht, größte Aufmerksamkeit. Es geht dann um Steuermehreinnahmen oder um Ausgaben für die soziale Sicherheit, die in früheren Prognosen nicht berücksichtigt waren. Unvorhergesehene Ausgaben sind für das Finanzministerium ein wichtiges Argument für weitere Sparmaßnahmen, während Mehreinnahmen *Manna* für die Kollegen in gebeutelten Ministerien mit großen Ausgaben wie z.B. Bildung oder Soziales sind.

In der Öffentlichkeit setzte sich allgemein die Auffassung durch, dass die Niederlande „zu teuer" sind. Die Niederlande verminderten ihre Konkurrenzfähigkeit durch die hohen Gehälter. Dies bedeutet übrigens nicht, dass der einzelne Arbeitnehmer ein hohes Nettoeinkommen hat, es sind vor allem die beträchtlichen Steuern und Sozialabgaben, die entsprechende Kosten verursachen. Man entwickelte einige hochkomplizierte Modelle, gemäß derer die Erhöhung oder Senkung staatlicher Ausgaben zum Verlust oder zur Schaffung von Arbeitsplätzen in der Wirtschaft führt. Einsparungen in Höhe von 18 oder 20 Milliarden Gulden würden die Schaffung von 350 000 neuen Arbeitsplätzen innerhalb von vier Jahren ermöglichen, sagte der PvdA-Parteichef Wim Kok während der Koalitionsverhandlungen im heißen Sommer 1994. Beobachter stellten fest, dass der Taschenrechner seit Anfang der achtziger Jahre zur Standardausrüstung eines jeden Politikers gehört. Mit dessen Hilfe erstellen sie „Einkommens-Szenarien", führen „Ausgaben-Einnahmen-Analysen" durch und berechnen deren Effekte auf den Arbeitsmarkt.

Ein Taschenrechner heißt hier „Taschenjapaner"; damit wird das Problem bereits angedeutet

Dass diese praktischen Taschenrechner *Taschenjapaner* genannt werden, macht in den Augen vieler einen Teil des Problems sichtbar: Seit den achtziger Jahren hält man den angeblich bequemen Niederländern den Eifer und das Durchsetzungsvermögen der südostasiatischen Volkswirtschaften vor. Die Asiaten, so wurde gesagt, sind nicht darauf aus Rechte zu erwerben, sondern Leistung zu erbringen. Typisch für diese Kritik war, dass dabei das niedrige Lohnniveau in diesen Ländern nicht erwähnt wurde, hervorgehoben wurde vielmehr die Mentalität. Niederländische Kommentatoren des japanischen Erfolgs suggerieren, dieser beruhe zu einem Großteil auf der Tatsache, dass die meisten Arbeitnehmer sich als Teil der Firma sehen, für die sie arbeiten. In der Art und Weise, wie man im Fernen Osten miteinander umgeht, erkannten sie Elemente der niederländischen Konsensmentalität. Einige niederländische Firmen experimentierten mit japanischen Organisationsmodellen, eine Aktivität, die schließlich als *Toyotisierung* bezeichnet wurde.

Toyotisierung bedeutete die Bildung von Teams aus verschiedenen Abteilungen eines Unternehmens, die gemeinsam die Ansprüche einer bestimmten Kundengruppe befriedigten, wobei Qualität der zentrale Begriff war. Schlechte Zeiten für das mittlere Management, das auf Abteilungen und Sektoren ausgerichtet war. Da es seine Hauptaufgabe war die Aktivitäten anderer zu überwachen, verlor es einen Großteil seiner Existenzberechtigung. Diese multidisziplinären Teams, in denen von der Lagerhaltung bis hin zu den Ingenieuren alle Unternehmensbereiche vertreten waren, hatten unter Einsatz ihrer spezifischen Kenntnis gemeinsam das vom Kunden gewünschte Produkt herzustellen. Anweisung und Koordination, die vorher Aufgabe des mittleren Managements gewesen waren, wurden jetzt durch *overleg* ersetzt.

Wirkliche *Toyotisierung* gab es zunächst nur in einigen Unternehmen. Doch praktisch alle großen Firmen begannen in den neunziger Jahren das mittlere Management kritisch unter die Lupe zu nehmen. Hatten alle diese

Abteilungsleiter und Unterabteilungsleiter denn eine wirkliche Funktion? Standen sie mit ihren Befugnissen, ihrem Recht „Nein" zu sagen und Ideen der Basis zu ändern, nicht der so brennend ersehnten Dynamisierung im Weg? Mit anderen Worten, waren sie ihr Geld wert?

Mit der wieder aufgekommenen Begeisterung für Dynamik kam auch ein zweites Wort in Mode: Flexibilität. Niederländer, Unternehmen und Organisationen mussten lernen sich schneller den Erfordernissen der jeweiligen Situation anzupassen. Die Kabinette unter Ruud Lubbers waren der Meinung, dass dies am besten durch den freien Markt zu verwirklichen war; wo irgend möglich, mussten staatliche Dienstleistungen in private Hände übergehen, dabei ging es vor allem um Unternehmen, die einst aufgrund ihrer Monopolposition in staatlichen Besitz übergegangen waren. Post, Telefon und die gesamte elektronische Kommunikation wurden privatisiert, ebenso wie die Eisenbahn. Behörden stießen ihr Eigentum an Wohnungen, vor allem im sozialen Wohnungsbau, an gemeinnützige Wohnungsbaugesellschaften ab, die seit Jahren auf dem gleichen Markt tätig waren. Konkurrenz wurde aktiv gefördert. Schließlich mietete eine Firma alle Kirchtürme katholischer Kirchen in den Niederlanden an, um Antennen für ein drahtloses Kommunikationsnetzwerk zu errichten, das der ehemals staatlichen, jetzt privatisierten Telefongesellschaft Marktanteile abjagen sollte.

Mit der Flexibilität steigt die Unsicherheit

Flexibilität bedeutet auch mehr Unsicherheit. Wer eine Stelle annahm, konnte nicht mehr unbedingt davon ausgehen, dass es im Prinzip eine Stelle fürs Leben sein würde. Während man bis in die achtziger Jahre hinein automatisch einen Orden erhielt, wenn man demselben Arbeitgeber treu geblieben war, wurde dieser Automatismus jetzt rigoros abgeschafft mit dem Hinweis, dass solch unbedingte Loyalität schließlich nicht unbedingt ein Verdienst ist. Niederländer stellten übrigens in zunehmendem Maße fest, dass ihre (fachliche) Ausbildung – auch wenn sie noch so gründlich gewesen war – nicht mehr für ein ganzes Arbeitsleben ausreichte. Vor allem Entwicklungen auf technischem Gebiet vollziehen sich so schnell, dass man sich regelmäßig fortbilden muss. Außerdem änderten sich viele Berufe. Typographen, die sich stolz als die Aristokraten unter den Arbeitern betrachtet hatten, wurden von Satzcomputern verdrängt. Nur wer sich zum Grafik-Designer ausbilden ließ, überlebte beruflich diese technische Revolution.

Inzwischen sind Fort- und Weiterbildung alltäglich geworden. Niederländer begannen sich in den achtziger Jahren an eine Gesellschaft zu gewöhnen, die weder dem Individuum noch der Firma oder Behörde bzw. Non-Profit-Organisation die Kontinuität bietet, die man so hoch zu schätzen gelernt hatte. Für viele war dies ein schmerzlicher Prozess. Sie sind in gewisser Weise in der Position, in der sich die Fischer befanden, die vor sechs- oder siebenhundert Jahren zum Heringsfang ausfuhren. Mit ihren zerbrechlichen Schiffen befuhren sie stürmische Weltmeere. Aber die Heringsfischer, die Händler und Entdeckungsreisenden haben niemals vor der See kapituliert, wie launisch diese auch sein mochte.

Die neue Unsicherheit hat nach Meinung vieler Niederländer auch erfreuliche Seiten. Man kann sich dynamisch und flexibel zeigen, Herausforderungen annehmen.

Dennoch, die alte Seemansweisheit *Kalmpjes aan, dan breekt het lijntje niet* (Immer ruhig, dann reißt die Leine nicht) ist noch in aller Munde. Ein guter Seemann scheut das Risiko nicht, aber er geht es nicht unnötigerweise ein. In fremden Gewässern lotet man die Untiefen aus; man hütet sich vor verlockenden Küsten, so lange man nicht weiß, ob es dort gefährliche Strömungen gibt.

Denn letztendlich geht es um die wohlbehaltene Rückkehr.

Es ist kein Zufall, dass die Piloten der niederländischen KLM Meister der sanften Landung sind.

5. UNANTASTBARES PRIVATLEBEN

„Sei ein Fürst auf dem eigenen Quadratmeter!"

Zurückhaltung als Lebensprinzip – Vorsicht bei Kontakten –
Kontrollierte Emotionen – Respekt vor der Privatsphäre anderer –
Persönliche Entscheidungsfreiheit und Anpassung in Kombination –
Geld macht nicht glücklich – Eine Beziehung dient der emotionalen
Zufriedenheit, die Arbeit der Selbstachtung – Einsamkeit –
Die Grenzen der Geselligkeit

EINE KNEIPE IN DEN NIEDERLANDEN kann ein ungemein trauriger Ort sein. Zwei oder drei Männer sehnen sich an der Theke nach einem Gespräch. Leider stehen zwischen ihnen ein paar leere Barhocker. Jeder bleibt alleine mit seinem Glas. Nur ein Wirt mit außerordentlichen sozialen Talenten kann solche Einsamkeit durchbrechen. Doch die meisten Wirte beschränken sich darauf schweigend Bestellungen entgegenzunehmen.

In den Niederlanden bleibt man wortwörtlich auf Distanz. Niederländer setzen sich nur direkt neben jemanden, wenn es keinen anderen freien Platz gibt; das gilt auch für Bus und Bahn. Wer im Berufsverkehr in öffentlichen Verkehrsmitteln im Gedränge steht, zieht den Bauch ein, als ob er deutlich machen wollte: „Ich stehe zwar dicht hinter Ihnen, aber das ist mir unangenehm. Ich gebe mir Mühe mich so dünn wie möglich zu machen. Ich kann nichts dafür." Wer sich weniger verkrampft verhält, bekommt Probleme. Er wird dann als einer dieser schmutzigen Ausländer angesehen, die sich einem schamlos aufdrängen.

Körperkontakt wird nach Möglichkeit vermieden. Ausländer aus einem Kulturkreis, in dem die Menschen weniger Abstand zueinander bewahren, wie zum Beispiel Araber, stellen das sofort fest. Ihre niederländischen Gesprächspartner weichen jeweils so lange zurück, bis der Mindestabstand wieder hergestellt ist. Ein Test unter meinen Kollegen ergab, dass ein Mindestabstand von etwa fünfzig Zentimetern eingehalten wird, wobei ich keinen wesentlichen Unterschied zwischen Männern und Frauen festgestellt habe.

Verliebte Paare andererseits stehen an der Bushaltestelle und küssen sich, spazieren auf der Straße mit einem Arm um die Taille des anderen, liegen eng aneinander geschmiegt am Strand. Wenn es in der Straßenbahn keinen Sitzplatz mehr gibt, steht ein höflicher junger Mann auf oder nimmt seine Partnerin auf den Schoß. Niemand stört sich daran, aber es fällt auf, dass alle Umstehenden den Blick abwenden. Bei solch intimen Szenen schaut man nicht hin, sondern versucht zu erkennen zu geben, dass man nichts gesehen hat.

Fernsehbilder von ausländischen Regierungschefs, die einander an der Gangway umarmen, stoßen auf Erstaunen. Russische Führer küssten ihre Vasallen bei solchen Gelegenheiten sogar. Für viele Niederländer war das ein weiterer Beweis dafür, dass man ihnen nicht vertrauen konnte. Ordentliche Menschen halten einen gewissen Abstand zueinander. Tun sie das nicht, handelt es sich um Liebe und die darf – sofern es um eine heterosexuelle Beziehung geht – auch gezeigt werden. In sehr progressiver Umgebung – zum Beispiel in Teilen der Amsterdamer Innenstadt – sieht man heutzutage auch junge Männer Hand in Hand, aber das ist etwas Außergewöhnliches und die meisten Leute finden es (noch) nicht angebracht. Wie dem auch sei, ein Paar manifestiert sich als solches. Es hält den halben Meter Abstand nicht ein, was für andere ein überdeutliches Zeichen dafür ist, dass sie ihn unbedingt einhalten müssen.

Man redet nicht einfach mit einem Wildfremden

Niederländer gelten im Ausland als steif und unnahbar. Und sie selbst sehen sich genauso, fügen aber sofort hinzu, dass sie – wenn das Eis erst einmal gebrochen ist – treue Freunde und unübertroffene Gastgeber sind. Inwieweit dies zutrifft ist schwer zu sagen, denn schließlich hat jeder seinen eigenen Charakter und das Bedürfnis nach Kontakt ist bei jedem unterschiedlich. Fest steht jedoch, dass niederländische Umgangsformen ein Hindernis für die Kommunikation mit Unbekannten darstellen.

Man beginnt nicht einfach ein Gespräch mit einem Wildfremden. In der Öffentlichkeit ist es schwierig mit anderen ins Gespräch zu kommen, sofern es dafür keinen unmittelbaren Anlass gibt. Wer sich nach dem Weg erkundigt oder eine andere Frage unpersönlicher Art stellt, bekommt eine ausführliche Antwort. Aber es ist eher unwahrscheinlich, dass man in einer Kneipe aufgefordert wird bei Unbekannten an einem Tisch Platz zu nehmen. Reisende im Zug schweigen sich an. Sie lesen die Zeitung oder schließen sich mit dem Walkman von der Außenwelt ab. Es gibt durchaus Leute, die angeregte Gespräche führen, es sind Freunde, die zusammen unterwegs sind, oder Kollegen auf dem Weg zur Arbeit.

All dies scheint in Widerspruch zur Idee der permanenten Kommunikation zu stehen, die in einer auf Kompromisse ausgerichteten Gesellschaft nun einmal erforderlich ist. Warum also reden die Leute so wenig miteinander? Die niederländische Antwort lautet: Sie kümmern sich um ihre eigenen Angelegenheiten und nicht um das Privatleben anderer. Sie haben Angst jemanden zu belästigen, denn schließlich gibt es kein Thema, das sie vereint oder vereinen könnte. Erst wenn ein Zug plötzlich mitten in der Landschaft stehen bleibt und es eine Verspätung von einer halben Stunde gibt, so dass die Termine der Passagiere durcheinandergeraten, entstehen Gespräche. Der heiße Sommer 1994 hatte einen solchen Effekt. Die Temperaturen erreichten tropische Werte. Da niederländische Häuser darauf nicht eingerichtet sind, flüchteten die Menschen nach draußen, wo sie Leute aus derselben Straße trafen, die sie bis dato kaum gegrüßt hatten. So ergaben sich Kontakte; Tische wurden auf die Straße getragen, Kartenspiele und Flaschen kamen zum Vorschein. Die Medien widmeten diesem außergewöhnlichen Verhalten etliche Beiträge. Auch meine Mutter, die ein Apartment in einem Mehrfamilienhaus bewohnt, erzählte angeregt, dass sie die Abende mit Nachbarn auf dem Rasen zwischen den Häusern verbrachte, während sie es normalerweise nicht wagen würde diese Leute abends zu besuchen. Man möchte schließlich niemanden stören.

Wenn der verspätete Zug aber schließlich auf dem Bahnhof angekommen ist, kommen die Kontakte genauso zum Erliegen, wie die kühleren Temperaturen das Zusammensein vor den Häusern beendeten. Es gibt kein gemeinsames Thema mehr.

Viele Niederländer haben den Eindruck, dass dieser Mangel an Kontakt mit anderen stets stärker spürbar wird. In Interviews mit Senioren wird darüber regelmäßig geklagt. *Früher*, so wird in vielen Variationen gesagt, *hielten die Menschen zusammen.* Man half einander. Das ist heute nicht mehr der Fall, jeder kümmert sich nur noch um sich selbst.

Es stellt sich die Frage, was damit gemeint ist. Niederländer unterscheiden genau zwischen Bekannten und Fremden, mit denen sie nichts zu tun haben. Es gibt Anzeichen dafür, dass der Bekanntenkreis im Lauf der Zeit kleiner wird. Abgesehen von einigen Jahren zu Anfang des 20. Jahrhunderts, als Menschen in Massen in die großen Städte im Westen des Landes strömten, sind die Niederländer recht lange bodenständig gewesen. Familien waren jahrhundertelang in derselben Gemeinde ansässig. Durch die rasante wirtschaftliche Entwicklung nach dem Zweiten Weltkrieg hat sich dies geändert. Ich erinnere mich noch daran, wie mein Vater und seine fünf Brüder mit ihrer ganzen Familie jeden Sonntag ihre Eltern besuchten. Sie hatten natürlich auch verwandtschaftliche Bande mit anderen Familien in unserer Provinzstadt, so dass unser Bekanntenkreis recht groß war. Kein einziger van der Horst meiner Generation wohnt noch in dieser Stadt. Die Familie ist über das ganze Land verstreut und die meisten meiner Neffen und Nichten habe ich zwanzig Jahre lang nicht gesehen; nur über die Familien-Buschtrommel höre ich ab und zu etwas über sie. Auch mein Bruder wohnt in einem anderen Teil des Landes. Das bedeutet in den Niederlanden etwa fünfzig Kilometer Entfernung – für die niederländische Psyche jedoch eine große Distanz. Die ausgedehnten Netzwerke, über die die Familie van der Horst in den fünfziger Jahren noch verfügte, wobei es größtenteils um Leute ging, die drei oder vier Straßen voneinander entfernt wohnten und deren Eltern sich ebenfalls bereits gekannt hatten, bestehen nicht mehr.

Es bedeutet auch, dass die Folgen der Distanz schwerwiegender sind und Einzelne schnell in eine Spirale der Einsamkeit geraten können. Vor allem älteren Frauen geht es so. Ihre durchschnittliche Lebenserwartung beträgt rund 78 Jahre, das heißt sie überleben ihre Männer, wie fast überall auf der Welt. Das bedeutet, dass sich hinter sorgsam gewaschenen und gestärkten Gardinen viel Kummer verbirgt, denn Niederländer haben Schwierigkeiten ihre Emotionen zu zeigen. Sie beherrschen sich und halten ihr Elend vor Außenstehenden verborgen, teilweise aus Stolz, teilweise aus Scham und auch weil sie andere nicht belästigen wollen. Es läge eigentlich nahe die Einsamen miteinander in Kontakt zu bringen, was auch versucht wird. Das Ergebnis ist allerdings enttäuschend, denn die Einsamkeit entsteht zum Teil durch den Wunsch lieber alleine als von anderen abhängig zu sein. Ein Gegensatz, der sich nicht überbrücken lässt. In den Niederlanden gibt es zahllose Institutionen, die sich um die Bürger kümmern, aber die Mitbürger selbst neigen dazu einander ihrem Schicksal zu überlassen.

Die Vision von der fürsorglichen Gesellschaft

Ende der achtziger Jahre wurde die Problematik der fürsorglichen Gesellschaft von dem christlich-demokratischen Politiker Elco Brinkman nachdrücklich thematisiert. Er entwarf die Vision einer Gesellschaft, in der die Mitglieder einer Familie und Nachbarn sich füreinander verantwortlich fühlen. Abgesehen von Zustimmung erntete er auch viel Protest. Brinkman wollte, dass Menschen wieder von anderen abhängig sind. Hinter seinen Vorstellungen verbarg sich jedoch schlicht die Hoffnung auf Einsparungen. Es ging ihm um den 'Abbau' sozialer Einrichtungen – von seinen Gegnern 'Errungenschaften' genannt.

Kinder, so erläuterte Brinkman, könnten doch durchaus ihre alten Eltern zu sich nehmen. Insbesondere dieses Beispiel war ein Schreckensbild für die ältere Generation, die fürchtete dazu gezwungen zu werden bei den Kindern die Hand aufzuhalten: das Schlimmste, was jemandem passieren kann.

Vor allem Besucher aus Asien und Afrika erschrecken, wenn sie die Altersheime und Pflegeheime sehen, in die die Jüngeren offenbar ihre Eltern schicken, um sie los zu sein. Sie kritisieren dies als Ausdruck weitgehenden Mangels an Liebe und Verantwortungsgefühl für die Eltern. Aber das ist nicht der Fall. Altersheime bieten ihren Bewohnern die Möglichkeit ein eigenes Leben gemäß persönlicher Vorstellungen zu führen. Sie brauchen sich nicht an ihre Kinder anzupassen – umgekehrt gilt das Gleiche. Auch innerhalb der Familie spielt das Streben nach Kompromissen eine große Rolle. Ältere Menschen wollen ernst genommen werden und nicht auf Geben und Nehmen angewiesen sein. Trotz ihres Alters legen sie Wert auf Privatsphäre und Unabhängigkeit; mit einem Zimmer im Haus der Kinder geben sie sich nicht zufrieden. Ganz unrecht haben die Besucher aus Asien und Afrika natürlich nicht. Denn Ältere beklagen sich auch darüber, dass die Kinder und Enkelkinder höchstens alle paar Monate einmal zu Besuch kommen. Aber gleichzeitig betrachten sie das Altersheim als wichtige Errungenschaft.

Natürlich versucht jeder den Umzug in ein solches Heim möglichst lange hinauszuschieben. Dabei hilft übrigens der Staat, denn alte Niederländer sollten – nach allgemein herrschender Überzeugung – möglichst lange selbstständig wohnen, vorzugsweise im eigenen Haus. Erst wenn Essen auf Rädern und Putzhilfe nicht mehr ausreichen, kommt das Altersheim in Frage. *Alte Bäume verpflanzt man nicht*, daher haben auch Menschen das Recht möglichst lange in der vertrauten Umgebung zu bleiben.

Im Jahre 1994 bekamen viele ältere Menschen den Eindruck, der Staat wolle die allgemeine Altersrente – eine der großen Errungenschaften der fünfziger Jahre – beschränken und so ihre Unabhängigkeit in Gefahr bringen. Zwei in aller Eile gegründete Parteien, die die Alten vertraten, bekamen so viele Wählerstimmen, dass sie zusammen sieben der 150 Sitze im Parlament eroberten, obwohl die traditionellen Parteien die Idee schnell verwarfen. Die Tatsache, dass die damaligen Regierungsparteien, Christdemokraten und Sozialdemokraten, so viele Stimmen – u.a. auch an die beiden liberalen Oppositionsparteien – verloren, hatte viel mit diesem Fauxpas zu tun. Sie hatten der älteren Generation Angst eingejagt und wurden daher mit dem Entzug der Wählerstimme bestraft, dem effektivsten Instrument, das man gegen Politiker einsetzen kann.

Dies bedeutete das Ende der bis dahin erfolgreich verlaufenen Karriere von Elco Brinkman, Spitzenkandidat der Christdemokraten, und seiner Vision von der 'fürsorglichen Gesellschaft'. Er brockte den Christdemokraten damit die größte Wahlniederlage ihrer hundertjährigen Geschichte ein.

Wenn es tatsächlich so ist, dass jeder Niederländer überzeugter Individualist ist, fragt man sich, wie sich das schmusende Liebespaar an der Bushaltestelle überhaupt kennen gelernt hat. Die Antwort ist einfach: Sie haben einen gemeinsamen Bekanntenkreis; ihr Netzwerk von Familien und Freunden überlappte sich, so dass die beiden miteinander ins Gespräch kamen.

So geschieht es jedenfalls recht häufig. Denn Liebe ist blind und Aussagen darüber, wie Menschen einander begegnen, sind nicht zu verallgemeinern. Es gibt überall in den Niederlanden Tanzveranstaltungen, wo vor allem junge Leute einander treffen. Aber die Diskotheken, und auch die meisten anderen Lokale, besonders die für junge Leute, haben eine jeweils eigene Subkultur, von konventionell bürgerlichen Lokalen bis zu den antibürgerlichen Altos (Alternativen), die eine bestimmte Gruppe von Leuten mit gleichem Lebensstil und gleichem musikalischem und sonstigem kulturellem Geschmack anziehen.

Dieser Lebensstil ist meist international und keineswegs typisch niederländisch. So gibt es eine kleine Tango-Subkultur, die sich im ganzen Land
zeigt und deren Teilnehmer sich der 'Trauer, zu der man tanzen kann' hin-
geben. Die Frauen erkennt man an schwarzen engen Röcken bis kurz übers
Knie und glattgekämmtem dunklem Haar. Die eher Konventionellen stehen
Abend für Abend bei *Baja* in Rotterdam in der Reihe, wo man mit Sand und
Holzstegen einen 'Strand' angelegt hat, der Florida ähneln soll, wie das teilweise amerikanische Personal erläutert. Für die etwas rauere Rockkultur gibt
es *Nighttown*, und Vertreter studentischer Burschenschaften und andere, die
trotz der neunziger Jahre an Yuppie-Idealen festhalten, treffen sich ein paar
hundert Meter weiter im alten Binnenhafen, der zum Ausgehviertel geworden ist.

Der Lebensstil hängt auch mit der Musik zusammen, die man favorisiert,
und auch dabei geht es um internationale Trends.

So hat fast jede Gemeinschaft eine traditionelle Kneipe, in der sich alle
Altersgruppen und Anhänger der jeweiligen Gruppe treffen. Meist ist die
Kneipe alt und verräuchert und wird gerade deshalb als 'außergewöhnlich'
beschrieben. Wer in eine solche Kneipe kommt, stellt fest, dass es oft einen
umfangreichen Kern von Stammgästen gibt, die nicht unbedingt auf Fremde
erpicht sind und auf eine entsprechende Frage antworten, dass sie die Kneipe
als ihr 'Wohnzimmer' betrachten.

Solche Stätten kennen feste Normen und Umgangsformen, an die man
sich anzupassen hat. Auch dann aber wird man nicht von einem Tag auf den
anderen in die Gemeinschaft der Stammgäste aufgenommen.

Das Vereinsleben hat eine enorme Entwicklung hinter sich

Wer nicht zu einer Clique gehört, die bestimmte Gesprächsthemen hat, wird
schnell einsam. Das ist möglicherweise der Grund dafür, dass das Vereinsle-
ben in den Niederlanden einen Höhenflug erlebt hat, vor allem auf lokaler
Ebene und auf dem Gebiet von Hobby oder Sport. Dabei geht es zwar um
das Hobby oder den Sport, aber der Kontakt zu anderen ist keinesfalls
zweitrangig.

Doch das System ist nicht perfekt, denn die Menschen werden immer
mobiler und es kostet immer mehr Mühe sich ein soziales Netzwerk zu
schaffen. Pfarrer und Sozialarbeiter haben die Vereinsamung als großes gesellschaftliches Problem identifiziert. Wenn die Sozialhilfesätze gesenkt werden sollen, führen Gegner oft als Argument an, dass Arbeitslose dann kein
Geld mehr für die Mitgliedschaft in Vereinen haben und in die Isolation geraten. Trotz ihrer großen Wertschätzung des Privatlebens haben die meisten
Niederländer Angst vor Einsamkeit. Sie wollen einer Gruppe angehören und
sind letztlich fast ausnahmslos davon überzeugt, dass das Leben nur mit einem Partner wirklich befriedigend ist.

Aber auch Beziehungen haben sich in den letzten dreißig Jahren geändert. So wie im Rest Europas war die Kleinfamilie einst auch in den Niederlanden die Norm. Man heiratete mit Anfang zwanzig um eine Familie zu gründen, gelobte einander Treue bis in den Tod und machte dieses Versprechen auch wahr. Man hatte auch keine andere Wahl, denn der soziale Druck zusammen zu bleiben war in den fünfziger Jahren groß. Die römisch-katholische Kirche gestattet nur in wenigen Ausnahmefällen die Auflösung einer Ehe. Protestanten hatten es in dieser Hinsicht etwas einfacher, aber auch sie machten von der theoretisch vorhandenen Möglichkeit kaum Gebrauch. Das hing auch damit zusammen, dass traditionell der Mann zu arbeiten und die Familie zu ernähren hatte. Noch in den fünfziger Jahren musste eine Beamtin bei der Eheschließung automatisch den Dienst quittieren. Der kulturelle Umschwung in den sechziger Jahren, die Einführung der Antibabypille ab 1963, die Frauen die Möglichkeit der Geburtenkontrolle eröffnete, veränderte all dies innerhalb weniger Jahre. Unverheiratetes Zusammenleben, bis dahin fast als eine Form der Prostitution angesehen, wurde zur Regel; außerehelicher Sex, bis dahin auf jeden Fall als Thema tabu, ist allgemein akzeptiert. Neue Gesetze kennen 'dauerhafte Zerrüttung' als Scheidungsgrund, während früher einer der Partner zugeben musste die Ehe gebrochen zu haben, was als 'die große Lüge' bezeichnet wurde. Das soziale System garantiert dem Partner ohne feste Einkünfte in jedem Fall ein Einkommen in Höhe des Existenzminimums, so dass die Beendigung einer Beziehung auch in materieller Hinsicht einfacher wurde.

Ein anderer Faktor aber war viel wichtiger: Einer Heirat liegen auch wirtschaftliche Erwägungen zugrunde.

Ist es um den allgemeinen Wohlstand weniger gut bestellt, wird Existenzsicherung zu einem wichtigen Faktor bei der Definition von 'Glück'. In der heutigen Gesellschaft ist eine gesicherte Existenz praktisch eine Selbstverständlichkeit geworden, so dass immaterielle Elemente für 'Glück' bestimmend sind. Eine Beziehung wird anhand emotionaler Qualitäten beurteilt. Die Persönlichkeit des Partners steht im Mittelpunkt, nicht das, was er oder sie materiell in die Beziehung einbringt. Die Qualität des Zusammenseins ist entscheidend. Lässt sie zu wünschen übrig, ist das ein Grund für das Beenden der Beziehung.

Gerade wegen der nationalen Ehrfurcht vor dem Privatleben und dem im Vergleich zu manchen außereuropäischen Kulturen geringen Kontakt der Familienmitglieder untereinander sind Partner in einer Beziehung vor allem aufeinander angewiesen. Das Durchhalten, 'bis der Tod uns scheidet', ist bei einer durchschnittlichen Lebenserwartung von 75 bis 80 Jahren keine leichte Aufgabe. Eine Beziehung dauert dann sehr lange, und die Liebe muss sehr groß sein, wenn man des Partners in keiner Hinsicht jemals überdrüssig werden soll. Vor allem wenn die Bereitschaft fehlt gewisse Enttäuschungen zu akzeptieren und es nicht ausreicht, wenn der Partner zu Hause für Gemütlichkeit sorgt, ein geregeltes Leben führt und ein ordentliches Einkommen hat.

Schönheit ist vergänglich, Hässlichkeit beständig

Mehr als je zuvor ist die romantische Liebe in ihrer reinsten Erscheinungsform zur Norm geworden. Die Eheschließung selbst gleicht oft einem Märchen und diese enden bekanntlich immer mit „und wenn sie nicht gestorben sind, dann leben sie noch heute (und sind glücklich)". Mit weniger als der idealen Beziehung geben sich Niederländer nicht mehr zufrieden. Letztendlich gelten für sie die gleichen Normen wie für Goocheme Sallie, einen beliebten Film- und Revuedarsteller der dreißiger Jahre. Dieser nicht mehr ganz junge Vertreter der Arbeiterklasse sang ein Lied mit einem Text von Philip Pinkhof:

Du bist nicht hübsch, bist keine schöne Frau.
Deine Nägel tragen immer Trauer.
Trotzdem will ich nichts von anderen wissen
Denn ich liebe dich so sehr.

Obwohl du ein bisschen merkwürdig bist
Will ich keine andre als dich.
Mit dir fühl ich mich wie ein König.
Denn ich liebe dich so sehr.

Schade, dass du nicht hübsch bist
Vor allem, wenn du keifst
Ach, du bist nicht schön anzusehn,
aber Schönheit vergeht.
Doch die Hässlichkeit bleibt,
man muss sich nur dran gewöhnen.

Auch deine Kleider sind nicht aus Satin
Und du hältst schon lange nicht mehr Diät
Trotzdem will ich nichts von anderen wissen
Denn ich liebe dich so sehr.

Deine Haare sind nicht dauergewellt
Und das Benutzen von Seife ist auch nicht dein Stil
Ich will dich trotzdem nicht tauschen
Für so eine magere Modefigur.

Arzt sucht Eva, nicht älter als 40

Dass es immer weniger Menschen gelingt den idealen Partner zu finden, der solch hohe Qualitätsansprüche erfüllen kann, sieht man daran, dass immer mehr Menschen in der Zeitung kundtun, dass sie auf der Suche nach einem Partner sind, was in den Niederlanden ein recht neues Phänomen ist. Solche Anzeigen gab es zwar schon länger, aber man las sie eher selten und meist begannen sie mit der Formulierung „auf diesem mir unangenehmen Weg". Jetzt hat jede überregionale Tageszeitung in ihrer Samstagsausgabe ein bis zwei Seiten Bekanntschaftsanzeigen, natürlich anonym mit einer Nummer. Jede Zeitung publiziert etwa 200 000 solcher Anzeigen pro Jahr.

Die Anzeigen vermitteln einen Eindruck davon, was man unter Glück versteht. Arzt sucht Eva, nicht älter als 40, „bietet Liebe, Schutz, Ruhe und Sicherheit. Sucht ihr Herz und ihre Zärtlichkeit". Ein Cindy-Crawford-Typ hat folgende Ideale: „Vor dem Frühstück ins Meer springen, abends joggen am Strand, zusammen die Sonne untergehen sehen". Sie sucht einen „sensiblen, optimistischen, spannenden, sportlichen Mann, am liebsten Akademiker".

Frau, knapp 40, zwei *Kids*, sucht Mann: „Kinderlieb, intelligent, jung, herzlich, humorvoll, nicht jemand, der Sport im Fernsehen sehen will". Sie selbst liebt: „Kultur, Reisen, Zelten, Schwimmen, Wandern, Radfahren, Freundschaft". „Sportlich, Strand, Wein, Wald, gute Gespräche, Zusammensein", liest man in einer anderen Anzeige. Eine Inserentin sucht einen „vielseitigen Jungen mit Verstand und Gefühl". Sogar ein „Liebhaber hoher Absätze und Leder" wünscht sich „ein gutes Gespräch, Vertrauen und aufeinander eingehen".

Oder: „Me and you against the world. Du: Frau zwischen 25 und 35, schlank, attraktiv, kontrovers. Ich: sportlicher Mann, Anfang 30, kreativer Beruf, suche neue Herausforderung, auch durch dich".

„Every night, when I go to sleep, I hope to see the woman of my dreams. Every morning when I wake up I hope to meet her" (...) Du bist eine charmante, attraktive, umgängliche Lady (25–35 Jahre, Akademikerin) und wünschst dir ebenfalls eine seriöse Beziehung, um zusammen auf angenehme Weise das Leben zu genießen. Willst du noch länger träumen oder schreibst du mir?"

Für homosexuelle Beziehungen gilt das Gleiche. Die Anzeigen für diese Kategorie – eine Selbstverständlichkeit in jeder Zeitung – unterscheiden sich nicht grundlegend von denen suchender Heteros: „Selbstständiger junger Mann, 35, sucht Gleichgesinnten für monogame romantische Beziehung. Wenn du weißt, was du willst und mit beiden Beinen im Leben stehst, schreib mir (am liebsten mit Foto). Vielleicht können wir die kalten Winterabende zusammen verbringen."

Gefragt sind positive Charaktereigenschaften

Es fällt auf, dass es in den Anzeigen fast ausschließlich um positive Charaktereigenschaften geht. Sehr selten wird etwas über Geld oder materielle Dinge gesagt oder gar das Einkommen des Inserenten erwähnt. Trotzdem enthalten die Anzeigen eine Menge indirekter Informationen. Man erwähnt das eigene Ausbildungsniveau oder das, was man in dieser Hinsicht von einem potentiellen Partner erwartet. In der progressiven Tageszeitung *De Volkskrant* handelt es sich oft um akademisches Niveau. Im eher rechten *Telegraaf* präsentieren sich vor allem „Unternehmer", denn dieses Blatt steht auf der Seite des *free enterprise* und hat Geschäftsleute und deren Lebensstil zur allgemeinen Norm erhoben. Wer eine Anzeige in der vornehm-liberalen Tageszeitung *NRC Handelsblad* aufgibt, ist oft auf der Suche nach „anspruchsvollem Niveau", was bedeutet, dass der potentielle Partner bestimmten gesellschaftlichen Anforderungen genügen sollte. Dahinter verbirgt sich zwar nicht der heimliche Wunsch nach einem Leben in Luxus, aber den idealen Partner suchen diese Leute nicht in einer Wohnung des sozialen Wohnungsbaus aus den fünfziger Jahren. Sie suchen wirklich jemanden mit „anspruchsvollem Niveau" und außerdem kann von einem Akademiker mit Fug und Recht angenommen werden, dass er ein ordentliches Einkommen hat.

Andere viel verwendete Begriffe sind „Ebenbürtigkeit" und „ein gutes Gespräch". Dafür – so lautet die allgemeine Überzeugung – ist eine in etwa gleichwertige Ausbildung Voraussetzung. Dieser auf den ersten Blick durchaus verständliche Wunsch verschleiert eine alte Quelle sozialen Unterschieds: Status. Seit dem Zweiten Weltkrieg ersetzt gute Bildung das, was man früher als „standesgemäß" bezeichnete. Es gab eine enorme Kluft zwischen dem wohlhabenden Bauern und seinen Knechten, zwischen Unternehmern, Ladenbesitzern und Arbeitern. Söhne von Geschäftsinhabern heirateten keine Fabrikarbeiterin und eine reiche Bauerntochter keinen Knecht. Natürlich kam das ab und zu vor, aber es war mit Problemen verbunden. Aufgrund der Demokratisierung der Gesellschaft ist diese Haltung seit Jahrzehnten verpönt. Aber die Ansprüche an die berufliche Qualifikation sind ein guter Ersatz für standesbedingte Ansprüche. Damit bringt man zwischen den Zeilen zum Ausdruck, dass von einem Akademiker kaum erwartet werden kann ein anspruchsvolles Gespräch mit einem Hauswirtschaftsschulabsolventen oder jemandem mit technischer Lehre zu führen oder gar einen gemeinsamen Hausstand auf der Basis von Ebenbürtigkeit zu gründen. Intelligenz und Kreativität werden unmittelbar an die Schulbildung gekoppelt.

Das sagt natürlich nichts aus über den Großteil der Beziehungen, die noch immer ohne die Hilfe von Anzeigen zu Stande kommen. Die Anzeigen sind höchstens bezeichnend für die Denkweise der Inserenten. Aber gerade weil sie den idealen Partner beschreiben, sind sie eine wichtige Informationsquelle hinsichtlich der Ideale, die viele Niederländer in dieser Hinsicht haben. Dass Amor seine eigenen Spielregeln hat, tut dem keinen Abbruch. Ich selbst habe mich noch nie in jemanden verliebt, der meiner Vorstellung vom idealen Partner entsprach, und so wird es wohl den meisten Menschen ergehen.

Dennoch bleibt es auffallend, dass die Ansprüche so hoch sind. Die Tatsache, dass die meisten Niederländer heute nicht mehr im traditionellen Familienkreis leben, zeigt außerdem, dass man – der Sehnsucht nach einer Beziehung zum Trotz – weniger denn je bereit ist Zugeständnisse zu machen. Ist dies ein gutes oder ein schlechtes Zeichen? In der heutigen Gesellschaft sind Scheidungsdramen alltäglich geworden. Aber vielleicht ist das nicht so schlimm wie das stille Leiden, das frühere Generationen ertragen mussten um den Schein einer glücklichen Ehe aufrecht zu erhalten.

Arbeit dient der Selbstverwirklichung

Neben einer Beziehung braucht der moderne Mensch zur Selbstverwirklichung noch etwas: bezahlte Arbeit. Das zumindest ist der allgemeine Konsens: Arbeit führt zur Selbstverwirklichung; sie ist Quelle der Selbstachtung und verhilft uns zu sozialen Kontakten. Wer lange arbeitslos ist, *wird an den Rand der Gesellschaft gedrängt, gehört nicht mehr dazu.* Für alle Parteien ist daher die Schaffung von Arbeitsplätzen zentraler Programmpunkt. Über die Verwirklichung dieses Vorhabens gehen die Meinungen auseinander, aber der Ausgangspunkt ist bei allen gleich.

Nun ist Arbeit in den Niederlanden ein knappes Gut. Von den Niederländern zwischen 16 und 64 Jahren haben 57 Prozent, insgesamt etwa 6,5 Millionen Menschen, bezahlte Arbeit, wobei auch geringfügigste Teilzeitstellen berücksichtigt sind. Das bedeutet, dass etwas mehr als ein Drittel der Gesamtbevölkerung von über fünfzehn Millionen am Arbeitsprozess teilnimmt. Der Rest geht zur Schule, ist pensioniert oder bezieht Arbeitslosengeld oder Sozialhilfe. Der phänomenale wirtschaftliche Millenniumsboom hat dieses Verhältnis nicht fundamental verändert. Das Wirtschaftswachstum, das eigentlich bereits in den achtziger Jahren begann und lediglich zu Beginn des letzten Jahrzehnts des 20. Jahrhunderts einen kleinen Einbruch erlitt, führte endlich zu einem Wachstum bei den Arbeitsplätzen. Seit etwa 1998 klagen Arbeitgeber darüber, dass offene Stellen schwer zu besetzen sind. Der Staat, der seinen Dienern zwar Sicherheit, jedoch weder Prämien noch Tantiemen bieten kann, bekam Probleme beim Anwerben fähiger Mitarbeiter, was sich am deutlichsten und schmerzhaftesten im Bildungssektor zeigte. Sogar Absolventen von Pädagogischen Hochschulen hatten wenig Lust sich vor eine Klasse zu stellen, solange die Wirtschaft besser zahlte. Schuldirektoren sahen sich gezwungen, nicht für das Lehramt

ausgebildete Dozenten anzustellen und Grundschulen haben ein immer grö-
ßeres Defizit an Lehrkräften. Alle möglichen Regelungen für vorgezogenen
Ruhestand und andere Hinterlassenschaften aus der Zeit der hohen Arbeitslosigkeit der achtziger Jahren wurden einer kritischen Analyse unterzogen. Plötzlich sollten Ältere dem Arbeitsprozess unbedingt erhalten bleiben.
Meinungsführer sangen auf einmal Loblieder auf die Erfahrung und man
dachte sich Anreize aus um Arbeitende bei der Stange zu halten. Die Arbeitslosigkeit ging erheblich zurück.

Im Jahre 2000 bezogen über 900 000 Niederländer eine Berufsunfähig-
keitsrente. Trotz aller Maßnahmen, mit denen die Inanspruchnahme dieses
Gesetzes beschwerlich und unattraktiv gemacht werden sollte, hat man sie
für berufsunfähig erklärt. Außerdem bleibt ein harter Kern von einigen hunderttausend Arbeitslosen übrig, die nicht über Fähigkeiten verfügen, die sie
für die neue, immer mehr von Elektronik, Informatik und Kommunikati-
onstechnologie dominierte Wirtschaft qualifizieren, oder die von den Arbeitgebern – trotz all ihrer 'Erfahrung' – als zu alt angesehen werden. Mit
vierzig ist man eigentlich schon alt und ein fünfzigjähriger Bewerber wird
von den meisten Unternehmen als Methusalem angesehen, der mehr hindert
als nützt. Inzwischen werden Gesetze vorbereitet, die die so genannte Diskriminierung aufgrund des Lebensalters verbieten sollen – und zweifellos
werden sie auch verabschiedet –, aber solange diejenigen entscheiden, die –
meist selbst Vierziger und Fünfziger – davon überzeugt sind, dass sie sich
mit jugendlichem Elan statt mit Altersgenossen umgeben müssen, wird sich
nicht allzu viel ändern. Noch immer steigt zum Beispiel die Zahl der Menschen, die Arbeit suchen. Traditionell hatte in den Niederlanden der Mann
für das Einkommen zu sorgen, während die Frau zu Hause blieb. Das hat
sich, auch durch die zweite feministische Bewegung, stark geändert. Immer
mehr Frauen streben eine berufliche Karriere an, wobei sie vom Staat nach
Kräften unterstützt werden.

Auch in früheren Generationen haben Frauen gearbeitet. Nach der
Schulzeit suchten die meisten Mädchen sich Arbeit um zum Familienein-
kommen beizutragen und für die Aussteuer zu sparen, die die Grundlage des
eigenen Hausstands bildete, sobald das Mädchen heiratete und aufhörte zu
arbeiten um den eigenen Haushalt zu führen.

Bis in die siebziger Jahre gab es einen eigenen Schultyp, die mittlere
Mädchenschule, ursprünglich für die Töchter der besseren Kreise gedacht,
von denen als selbstverständlich angenommen wurde, dass sie heiraten würden, am liebsten einen Akademiker. Auf dem Lehrplan stand Unterricht in
Sprachen, Kunstgeschichte und Literatur um die Mädchen in die Lage zu
versetzen während des – selbst zubereiteten – Abendessens über alles mitzu-
reden, wenn es sein musste, auch auf Französisch ohne sich mit Wissensver-

tiefung abzumühen. Die Hochschulreife konnte man auf dieser Schule natürlich nicht erwerben.

Aber es studierten ohnehin nur wenige Frauen. Die meisten Eltern hielten es für unnötig, dass Töchter studierten, sie würden später ja doch heiraten. Das hat sich drastisch geändert.

Das Private ist politisch

Der Umschwung wird durch die sogenannte „zweite feministische Welle" symbolisiert. Aktivistinnen in den sechziger Jahren war nicht entgangen, dass sie meistens Butterbrote schmieren mussten, während die Männer Reden schwangen. Seit Beginn der siebziger Jahre manifestierten sie sich als Gruppe mit einer Reihe von Forderungen unter dem Motto „Das Private ist politisch". Sie kritisierten die bestehenden Verhältnisse – auch innerhalb von Beziehungen – als unterdrückend für Frauen. Sie definierten die Hausarbeit als Beruf und verlangten, dass auch die Männer ihren Teil dazu beitrugen. Sie setzten sich dafür ein, dass Männer und Frauen entsprechend dem tatsächlichen Bevölkerungsaufbau am Arbeitsprozess teilnahmen, und wollten dieses Ziel durch positive Diskriminierung erreichen. Der Bestsellerautor Maarten 't Haart stellte – ohne viel Resonanz – fest, dass es dabei grundsätzlich um leitende Funktionen ging, nicht um das 'Befrauen' von Müllautos. Das Ansehen der Hausfrau änderte sich. Von der respektierten Managerin des eigenen Haushalts wurde sie zum Dummchen, das sich selbst aufopferte um dem Mann, dem phallokratischen Unterdrücker, eine glanzvolle Karriere zu ermöglichen. 'Kaffeewärmer' nannte die feministische Schriftstellerin Renate Dorrestein sie.

Die zweite feministische Bewegung wurde keine Massenbewegung, aber sie erhielt viel Unterstützung in Kreisen von Politikern und Intellektuellen. Eine gemäßigte Form positiver Diskriminierung – bei gleicher Eignung genießen Frauen den Vorzug – setzte sich bei praktisch allen Behörden durch. Mädchen wurden mit dem Slogan *Ein kluges Mädchen bereitet sich auf die Zukunft vor* zum Studium ermuntert. An Universitäten wurden „Frauenstudien" betrieben. Die immer besser ausgebildeten Frauen strömten in großer Zahl auf den Arbeitsmarkt. Zur Zeit ist ungefähr die Hälfte der Studenten weiblich, obwohl sie in technischen Fächern immer noch unterrepräsentiert sind. Ein Mädchen, das heiratet bzw. mit einem Mann zusammenzieht, wird in den seltensten Fällen seinen Beruf aufgeben.

Das ändert sich, wenn Kinder geboren werden. Aber viele Frauen bekommen erst Nachwuchs, wenn sie in den Dreißigern sind und der Zeitpunkt des Jetzt oder Nie gekommen ist. Dank der Pille und anderer Verhütungsmittel ist die Geburtenrate drastisch gesunken. In den fünfziger Jahren war eine Familie mit sechs Kindern noch normal und selbst neun bis zwölf Kinder waren keine echte Ausnahme; inzwischen liegt der Durchschnitt bei zwei Kindern. Seit einigen Jahren drängt eine neue Gruppe auf den Arbeitsmarkt: Mütter, deren Kinder aus dem Haus sind oder so groß, dass sie keine Betreuung mehr brauchen.

Da es trotz des florierenden Arbeitsmarktes immer noch Arbeitslose gibt, glauben viele – gleich welcher politischen Überzeugung – dass Arbeitslose sich keine Mühe geben Arbeit zu finden, dass sie lieber vom Arbeitslosengeld 'profitieren' und 'vor dem Fernseher sitzen' wollen. Das System der Arbeitslosenunterstützung soll daher ebenfalls geändert werden. Der Staat versucht, die Bedingungen für den Bezug von Arbeitslosengeld zu erschweren. Immer wieder ist die Empörung groß, wenn es Arbeitgebern trotz vorhandener Arbeitsloser nicht gelingt, Arbeitskräfte für Saisonarbeit zu finden, zum Beispiel für das Spargelstechen, schwere Arbeit, die so schlecht bezahlt wird, dass sie sich im Vergleich zum Arbeitslosengeld nicht lohnt.

Gleichzeitig floriert die Schwarzarbeit, die sich der Kontrolle durch den Fiskus und das Sozialamt entzieht. Der 'Bar-auf-die-Hand-Tarif' für Putzfrauen liegt z.B. bei 15 Gulden pro Stunde, legal muss etwa das Doppelte oder noch mehr gezahlt werden. Eine wachsende Zahl von 'Sozialermittlern' versucht Arbeitslose bei ihrer Nebenbeschäftigung zu erwischen, während die Behörden darüber nachdenken Maßnahmen einzuführen, die für Arbeitslose einen Anreiz zum Akzeptieren einer Stelle darstellen.

Erfahrungen haben gezeigt, dass Menschen, die länger als zwei Jahre arbeitslos sind, keine Arbeit mehr finden, und sei es auch nur, weil sie aufgrund der dauernden Enttäuschungen mutlos werden. Dies ist der harte Kern der Arbeitslosen, etwas weniger als ein Drittel der gesamten Arbeitslosen.

Der Regierung ist es gelungen Arbeitsplätze zu schaffen, indem sie die Ausgaben unter dem recht schlichten Motto drosselte, dass die Wirtschaft jeden nicht wegbesteuerten Gulden investieren kann. Im Idealfall entstehen daraus Arbeitsplätze. So gelang es dem ersten Kabinett Kok, das im Sommer 1994 die Regierungsgeschäfte übernahm, durch Ausgabenbeschränkung und gemäßigte Lohnentwicklung 350 000 Arbeitsplätze zu schaffen. Zwischen 1994 und 1998 kamen jedoch 300 000 Arbeitssuchende, vor allem Jugendliche, neu auf den Arbeitsmarkt, so dass der Saldo schließlich mäßige 50 000 Arbeitsplätze betrug. Dies führte zu einer öffentlichen Diskussion darüber, ob dieses magere Resultat die Anstrengungen rechtfertige. Manche – wie der Soziologe und frühere sozialdemokratische Politiker Marcel van Dam – behaupten, dass Arbeitslosigkeit eine Gegebenheit ist. In modernen, steinreichen und hochautomatisierten Gesellschaften wie der niederländischen gibt es einfach nicht für jeden etwas zu tun. Wenn man soviel Wert darauf legt, dass jeder Arbeit hat, ist Arbeitszeitverkürzung die einzige Lösung. Ein Grundlohn für jeden wäre auch eine Möglichkeit; dann könnten die Bürger selbst entscheiden, inwiefern sie noch etwas hinzuverdienen möchten. Die Höhe dieses Einkommens könnte nach demokratischer gesellschaftlicher Debatte festgesetzt werden. Außerdem entfiele dadurch eine Menge Bürokratie, denn das weitverzweigte Netzwerk des Sozialsystems kommt ohnehin fast jedem ohne Einkommen zugute, abgesehen von obdachlosen Drogenabhängigen, denn für den Bezug von Sozialhilfe muss man beim Einwohnermeldeamt gemeldet sein.

Diese Argumente hört man inzwischen öfter, die Mehrheit der Niederländer lehnt diese Idee jedoch entrüstet ab. Man sieht darin eine Sanktionierung des Rechts auf Faulheit und gleichzeitig auch den Untergang eines gesellschaftlichen Ideals, das besagt, dass niemand ausgegrenzt werden darf und jeder Bürger einen Anspruch auf Selbstverwirklichung durch Arbeit hat. Im Denken der meisten Menschen sind die Begriffe „Arbeit" und „Selbstachtung" noch immer miteinander verbunden.

Ein Niederländer muss daher zwei relativ seltene Werte erringen: eine emotional befriedigende Beziehung und Selbstverwirklichung durch bezahlte Arbeit. Was das betrifft, sind Doppelverdiener vielleicht die erfolgreichsten Niederländer: Sie haben Arbeit und wenn ihre Beziehung stimmt, sind sie glücklich. Übrigens basieren Gehälter immer noch auf dem Grundsatz, dass man davon eine Familie ernähren können muss, so dass Doppelverdiener über einen gewissen finanziellen Spielraum verfügen. Sie können ihren Urlaub in Thailand oder in der Dominikanischen Republik verbringen – Fernreisen werden immer beliebter – oder sich ein Haus kaufen. Die Zinsen des Hypothekendarlehens können sie von der Steuer absetzen. Deshalb erstreckt sich die allgemeine Zurückhaltung, was Kredite angeht, auch nicht auf die Finanzierung von Wohnraum. Man geht davon aus, dass ein Haus auf die Dauer im Wert steigt; trotz gelegentlicher Einbrüche des Immobilienmarktes kommt dieser Gedanke nicht aus der Mode.

Hinter der eigenen Haustür ist man sein eigener Herr

Ein schönes eigenes Haus steht auf dem Wunschzettel der meisten Niederländer obenan. Denn hinter der eigenen Haustür ist man sein eigener Herr. Wer ein eigenes Einkommen hat – das erste Gehalt oder BAföG –, schmiedet Pläne zum Verlassen des Elternhauses.

Man fängt mit einem möblierten Zimmer oder einer kleinen Wohnung an und sobald das Einkommen oder die Einkommen steigen, sucht man eine größere Wohnung. Dafür hat man sogar den Begriff 'Wohnkarriere' geprägt.

Umfragen zeigen immer wieder, was der Niederländer sich wünscht: keine Wohnung, sondern ein eigenes Haus – ein Reihenhaus oder eine Doppelhaushälfte – mit Vorgarten und einem Garten hinter dem Haus. In vielen Fällen bleibt es beim Traum, denn mit diesen Häusern ist es genauso wie mit der Arbeit oder einer zufriedenstellenden Beziehung, man bekommt sie nicht im Handumdrehen. Die Niederlande sind klein und nach Bangladesch das am dichtesten besiedelte Land der Welt. Platzmangel zwingt dazu in die Höhe zu bauen, vor allem im verstädterten Westen des Landes. Dennoch werden seit den siebziger Jahren nicht mehr viele Hochhäuser, sondern eher kleinere Häuser entworfen. Bei pfiffiger Planung kann man auf der gleichen Fläche in 'normalen' Häusern genauso viele Leute unterbringen wie vorher in vier- oder fünfstöckigen Häusern, die in einigem Abstand zueinander stehen müssen. Denn Hochhäuser praktisch ohne Zwischenraum, wie zum Beispiel in Hongkong, will man in den Niederlanden nicht.

Wer in einem Mehrfamilienhaus wohnt, sehnt sich nach einem eigenen Haus mit Garten. Keiner weiß genau, warum das so ist. Im Zweifelsfall werden die Menschen sagen, dass ein Garten 'für die Kinder' gut ist, oder von der 'angenehmen grünen Umgebung' schwärmen. Aber kaum jemand wohnt allzu weit von einem Park entfernt. Und traditionelle bäuerliche Gefühle dürften auch nicht vorhanden sein, denn meist dienen die Gärten der Zierde und keinesfalls dem Gemüseanbau. Doch vielleicht erfüllt so ein kleines Gärtchen vor und hinter dem Haus das tiefe Verlangen die Privatsphäre auszudehnen, sich einen Raum zu schaffen, in dem man 'man selbst sein' kann.

Man selbst sein? Das schafft Probleme, die bereits vor 70 Jahren vom Liederschreiber Dirk Witte unübertroffen zum Ausdruck gebracht wurden. Sein Text gehört zum klassischen niederländischen Repertoire:

> *Du lebst nur kurz, nur ein einziges Mal*
> *Und wenn du was anderes willst, geht das nicht mehr*
> *Mensch, hab Mut zu leben.*
>
> *Frag dich nicht an jedem Tag deines kurzen Bestehns:*
> *Was hätte mein Vater an meiner Stelle getan?*
> *Wie macht's mein Cousin und wie macht es mein Freund?*
> *Und wer weiß, was die Nachbarn jetzt denken?*
> *Und was gebietet der Anstand?*
> *Mensch, hab Mut zu leben!*
>
> *Die Leute reden über deine Krawatte mit,*
> *die Form deines Huts und den Schnitt des Jacketts*
> *Und – über dein Leben.*
>
> *Sie zeigen die Wege, die du beschreiten darfst*
> *Und rufen 'Pfui', wenn du einmal verschnaufst.*
> *Sie bestimmen die Zukunft und deinen Beruf*
> *Die Kneipe, in der du was trinkst, und die Kirche zum Beten.*
> *Und wieviel du den Armen zu geben hast.*
> *Mensch, nennst du das Leben?*

Die Menschen, die machen die Regeln für dich,
sie geben dir Rat und rufen im Chor:
Mensch, so musst du leben!

Mit dem darfst du umgehen, der ist nicht gut genug,
die musst du heiraten, ob du willst oder nicht.
Und da musst du wohnen, das ist standesgemäß.
Du wirst isoliert, wenn du's anders machst.
Als hättest du etwas ganz Schlechtes getan.
Mensch, ist das Leben?

Das Leben ist prächtig, das Leben ist schön.
Streck die Flügel aus, kriech nicht in den Käfig
Mensch, hab Mut zu leben.

Den Kopf in die Höhe, die Nase zum Wind.
Und kümmere dich nicht drum, was ein anderer denkt.
Ein Herz voll von Wärme und Liebe dazu
Aber sei ein Fürst auf deinem eigenen Quadratmeter!
Was du sucht, kann kein andrer dir geben.
Mensch, hab Mut zu leben.

Kümmere dich nicht darum, was ein anderer denkt. Man muss schon beherzt sein um den Aufruf *Mensch, hab Mut zu leben* zu befolgen. Dann bekommt man Probleme, denn die Leute werden auf einen aufmerksam und lassen einen dann nicht mehr in Ruhe. Hält man sich nicht an die Norm, gefällt das vielen nicht, was sich an der Gleichförmigkeit unserer Gärten zeigt und der Tatsache, dass die Wohnungen so wenig überraschend eingerichtet sind. Wer sind 'sie'? Einige Jahre nach dem Erfolg von „Mensch, hab Mut zu leben" versetzte der Sänger Louis Davids ausverkaufte Säle in Ekstase, indem er dem Publikum einen Spiegel vorhielt. Viel hat sich seither nicht geändert:

Der kleine Mann, der Biedermann
im Anzug von der Stange.
Der Mann der nichts vertragen kann, immer untergeordnet
Ein Hungerleider, der unsichere kleine, kleine Mann.

Davids erhielt wegen dieses Liedes den Ehrennamen 'Der Große Kleine Mann'. Das Lied lässt sich auf den Nenner 'Der kleine Mann zahlt immer die Zeche' bringen:

Dempsey steigt wieder in den Ring und kriegt ne dicke Million.
Für eine Viertelstunde voller Schläge und Schmerz.
Und sein Gegner, wenn er gewinnt, ne halbe Million mehr
Die Kerle lassen sich nicht für dumm verkaufen.

Wer will so eine Arbeit, wer lässt sich für zwanzig Mark
oder was mehr
Alle Zähne aus dem Kiefer rausschlagen?

Das ist der kleine Mann, der Biedermann
im Anzug von der Stange.
Der Mann, der eine Hemdbrust trägt
Ein Hungerleider, unsicherer kleiner, kleiner Mann

Heutzutage versorgen wir unsere Mitbürger gut
Wer nicht arbeitet, kriegt ein paar Mark Stütze
Und es gibt eine Menge Faulenzer, die sind lieber faul als müde
Und denken: die Stütze, da sag ich nicht nein!
Sie schimpfen alle auf den Chef und auf das Kapital
Und wer ist der Dumme bei diesem Freiheitsideal?

Das ist der kleine Mann, der Biedermann
im Anzug von der Stange.
Hat imitierte Markenunterwäsche an
Mindestlöhner, unsicherer kleiner, kleiner Mann

Die restlichen Strophen sind ohne Kenntnis der niederländischen Verhältnisse in den dreißiger Jahren schwer verständlich. Auch in diesen Strophen ist der 'Kleine Mann' ein Monument der Eifersucht, Opfer eines jeden, der nicht im Anzug von der Stange herumläuft, vom Vizeadmiral bis zum faulen Arbeitslosen, vom Villenbesitzer bis zum gutbezahlten Sportheld. Er ist der rachsüchtige Kleinbürger, der alles ihm Unbekannte verabscheut. Der heutige Leser versteht daher auch, dass der Textschreiber, Jacques van Tol, während der Besatzung ein nationalsozialistisches Radioprogramm präsentierte, für das er u.a. eine antisemitische Version seines Meisterwerks schrieb. Der 'Kleine Mann' rächte sich auf typische Art und Weise: Nach dem Krieg blieb van Tol einer der produktivsten niederländischen Textschreiber, sein Name aber wurde geflissentlich totgeschwiegen.

Wer anständig sein will, muss sich anpassen

Typisch ist auch, dass der 'kleine Mann' bis heute in breiten Kreisen als glänzende Apologie des sich abrackernden Einzelgängers gilt. Ein Sänger, der das Lied ankündigt, bekommt Applaus, bevor er überhaupt angefangen hat. Aber das Charakteristikum des kleinen Mannes ist, dass er sich nicht zu leben traut. Er hat Angst um seinen eigenen Quadratmeter, aber er nutzt ihn ohnehin nicht um sich etwas Besonderes zu schaffen. Alles muss dem entsprechen, was Dirk Witte in seinem Lied den '*Anstand*' genannt hat. Wer anständig sein will, muss sich anpassen.

Witte selbst war ein anständiger Bürger, der den Holzhandel seiner Familie führte. Seine Lieder waren wahrscheinlich das Sicherheitsventil für den erzwungenen Anstand, dessen er sich im täglichen Leben befleißigte. Sein eigenes Leben war der Grund dafür, dass seine Lieder so viel Anklang fanden. Man kann ruhig ab und zu verbal über die Stränge schlagen, wenn man sich im Alltag anständig benimmt. Hält man sich nicht daran, folgt die Strafe auf dem Fuß: *Du wirst isoliert, wenn du's anders machst.*

Unangepasstes Verhalten wird mit Isolation bestraft: *Man behält dich im Auge.*

'Sie' behalten jeden im Auge, aber es ist unwahrscheinlich, dass sie eingreifen, weder individuell noch gemeinsam. Dazu ist der Respekt vor der Privatsphäre doch zu groß. Immer wieder liest man Geschichten über Familien, in denen Kinder jahrelang misshandelt wurden, während die Nachbarn so taten, als hörten und sähen sie nichts. Und vielleicht ist das auch wahr. Niederländer kümmern sich nicht um das, was ihre Mitmenschen in den eigenen vier Wänden tun. Hinterher sagen die Nachbarn dann meist: *„Mit der Familie hatten wir sowieso kaum Kontakt."*

Etwas anderes wäre es, wenn die Misshandlungen in der Öffentlichkeit stattfänden, dann hätte man eingegriffen. Ein Charakteristikum des Anstands ist, dass man schmutzige Wäsche nicht in der Öffentlichkeit wäscht. Früher kam es manchmal vor, dass ein Lehrer oder Pfadfinderführer den Dienst quittierte, ohne dass die üblichen Abschiedsempfänge stattfanden und Reden geschwungen wurden, in denen ihre uneigennützige Arbeit gelobt wurde. Dann wußte jedermann, dass sie sich höchstwahrscheinlich an Kindern vergangen hatten.

Seit gut zehn Jahren wird diese schmutzige Wäsche doch in der Öffentlichkeit gewaschen. Geschieht dies in Gerichtsverfahren, bleibt den Betroffenen die Schmach einer bisweilen ausufernden Publizität nicht erspart. Da seit den sechziger Jahren der Einfluss der Kirchen zurückgeht und sich die bürgerliche Moral drastisch verändert, liegt die Betonung nicht mehr auf *Kleiner Mann*, sondern auf *Mensch, hab Mut zu leben.* Dieser Gedanke drängt sich einem auf jeden Fall auf, wenn man sich in Amsterdam in der Kalverstraat, auf den Rembrandtplatz oder dem Nieuwendijk die flanierende Menschenmenge ansieht und später feststellt, dass ein Junkie das Auto aufgebrochen hat. Anstand ist eine Seltenheit geworden.

Das niederländische Wort für Anstand, *fatsoen*, hat denselben Ursprung wie das gleiche Wort in anderen Sprachen, z.B. das englische 'fashion'. In Büchern aus dem 18. oder 19. Jahrhundert wird es auch in diesem Sinne gebraucht, es ist ein Ausdruck für Kleidung. Heute ist die Bedeutung viel allgemeiner geworden. Das niederländische Standardwörterbuch *Van Dale* definiert *fatsoen* in einem relativ langen Lemma wie folgt: „Alles was als zu gesellschaftlichem Anstand oder guten Manieren gehörend anzusehen ist, sowohl in moralischem als auch in formellem Sinn (gute Manieren im weitesten Sinne des Wortes), vor allem jedoch was im Sinne von konventionell zu verstehen ist." Geschickt ausgedrückt! Dank des Passivs wird die Frage vermieden, wer die Grenzen des Anstands festlegt. Deutlich ist auf jeden Fall, dass anständiges Verhalten viel mit Äußerlichkeiten zu tun hat, sonst hätte man dafür nicht einen Begriff gewählt, der früher lediglich im Zusammenhang mit Kleidung gebraucht wurde. *Anstand* betrifft ausschließlich das Verhalten in der Öffentlichkeit: In den eigenen vier Wänden kann man nackt herumlaufen, solange die Vorhänge zugezogen sind. Es handelt sich also um Verhaltensregeln und -normen, die in einem kollektiven Prozess entstanden sind. Wer dazugehören will, hat diese Normen in jeden Fall nach außen hin einzuhalten.

Ältere beklagen sich oft darüber, dass Anstand nicht mehr das ist, was er früher einmal war. Aber vielleicht ist etwas ganz anderes der Fall: Anstand nimmt nicht ab, sondern wird fragmentarisiert. Passend zum organisatorischen Prinzip der Gesellschaft jeder Gruppe ihren eigenen Raum zuzugestehen, entstehen immer mehr öffentliche Räume mit jeweils eigener Form von Anstand. Bleiben wir bei dem Beispiel des nackt Herumlaufens. Als in den Siebzigern immer mehr Leute nackt baden wollten, richteten die meisten Badeorte Nacktbadestrände ein, wo man nicht etwa ohne Badehose oder Bikini herumlaufen *kann*, sondern *muss*. Bekleidete Spanner können davon ausgehen, dass sie früher oder später mit einer Gruppe starker Jungs Bekanntschaft machen, deren Muskelpakete durch den Anstand des nackt Herumlaufens noch mehr zur Geltung kommen. Hier heißt es also mitmachen oder wegbleiben, einen Mittelweg gibt es nicht.

In der orthodox kalvinistischen Gemeinde Staphorst wird das dritte Gebot 'Du sollst den Tag des Herrn heiligen' noch ernst genommen. Sogar Autofahren verstößt gegen Gottes Gebot. Die Gläubigen wollen mit solcher Missachtung der heiligen Gebote auf ihrem Weg zur Kirche mittags und abends nicht konfrontiert werden. Deshalb laufen sie mitten auf der Straße und weichen für ein Auto nicht zur Seite. Wer hupt oder eine Gruppe von Kirchgängern überholt, bekommt Probleme. Die Menschen in Staphorst wollen nicht Zeuge sein, wenn andere Ärgernis erregen. Was das betrifft, denken sie genauso wie die Badenden am Nacktstrand.

Wer in einer Gemeinschaft mit vielen Christen wohnt, die den Tag des Herrn heiligen, sollte tunlichst am Sonntag nicht den Rasen mähen oder draußen am Auto herumbasteln. In der Garage bei geschlossener Tür ist letzteres kein Problem, solange man nicht zuviel Lärm macht. Natürlich hat jeder das Recht zu tun und zu lassen was er will und Radikalismus wie in Staphorst kommt selten vor. Die meisten Niederländer aber haben eine geistige Alarmanlage, die sie warnt, wenn die Gefahr besteht jemanden zu belästigen und allzu individuelles Verhalten unterbindet. Ein asiatischer Anthropologe behauptet, dass Niederländer abends die Gardinen nicht zuziehen um den Passanten zu zeigen, dass auch im Innern des Hauses nichts geschieht, was Ärgernis erregen könnte. Der beste Beweis für die Konventionalität der Niederländer. Falls diese Erklärung korrekt ist, haben Leute, die das Motto *Mensch, hab Mut zu leben* verwirklicht haben, Pech. Sie sollten lieber leise vor sich hinpfeifen oder sich einer Subkultur anschließen, wo man sich so individuell verhalten kann, wie man selbst möchte. Schwierig ist das nicht, denn sogar für Anhänger von SM gibt es eine Kontaktzeitschrift.

Dieses Blatt wird allerdings im neutralen Umschlag verschickt, was noch durchaus verständlich ist. Aber gleiches gilt für *De Gay Krant*, mit einer Auflage von fast 26 000 Exemplaren das weltweit meistgelesene Blatt für Homosexuelle. Obwohl Homosexualität in den Niederlanden durchaus anerkannt ist (die Diskriminierung Homosexueller ist gesetzlich untersagt), scheint es vielen Abonnenten doch sicherer, wenn Postbote oder Nachbarn nicht wissen, dass sie *De Gay Krant* beziehen. Andererseits wurde die Zeitschrift von einem höheren Beamten im Verteidigungsministerium gegründet, der den Dienst schließlich quittierte, als die Zeitschrift so erfolgreich wurde, dass sie seine gesamte Freizeit in Anspruch nahm.

Man möchte keinen Anstoß erregen. Außerdem weiß man letzten Endes ja doch nicht, wer der kleine Mann im Anzug von der Stange ist. Gerade das große Angebot an Konfektion macht es so schwierig, das auf den ersten Blick festzustellen.

Man belästigt den Mitmenschen ungern mit seinen Gefühlen

So beschränken die Fürsten und Fürstinnen auf ihrem eigenen Quadratmeter freiwillig ihren Spielraum. Außerhalb des eigenen Quadratmeters sind sie noch vorsichtiger. Emotionen zum Beispiel zeigt man lieber nicht, damit belästigt man seine Mitmenschen nicht. Als mein Vater starb, sollte ich als sein ältester Sohn bei der Einäscherung einige Worte sprechen. Ich bereitete eine kurze Rede vor, in der ich die Prinzipien in Erinnerung rief, nach denen mein Vater gelebt hatte, und auch erklärte, warum die Zeremonie trotz seiner katholischen Abstammung keinen religiösen Charakter hatte. Mein Vater hatte sich in den sechziger Jahren von seinem Glauben entfernt. Da bei der Zeremonie Leute anwesend sein würden, die meinen Vater lange nicht gesehen hatten, bat ich einige Bekannte und Freunde um ihre Meinung zu meiner Rede. Das hätte ich besser nicht getan, denn die meisten von ihnen wußten eigentlich nicht, wie sie mit dieser in ihren Augen äußerst ungewöhnlichen Bitte umgehen sollten. Man ist es zwar von mir gewöhnt, dass ich mich nicht um Sitten und Gebräuche kümmere, aber diesmal war ich doch zu weit gegangen. Ich bezog Menschen in eine Privatsphäre ein, in der sie ihrer Ansicht nach nichts zu suchen hatten. Ich zeigte ihnen meine Gefühle, aber damit öffnete ich auch eine Tür, hinter der sie ihre eigenen versteckten.

Meine Mutter jedoch las den Redetext mit großer Aufmerksamkeit. Nicht weil sie Einfluss ausüben wollte, sie wollte genau wissen, was ich sagen würde, *um während der Feier nicht selbst in Tränen auszubrechen*. Es ist zwar zulässig Trauer zu zeigen, heftige Äußerungen von Trauer aber sind nicht erwünscht. Man reißt sich zusammen und demonstriert, dass man sich unter Kontrolle hat. Damit zeigt man Selbstrespekt, aber auch Respekt vor anderen, die vielleicht nicht wissen, wie sie mit allzu deutlich zur Schau gestellter Trauer umgehen müssen. Wir Niederländer waren übrigens schon immer der Meinung, dass übertriebenes Heulen oder Lachen Anstellerei ist.

Die Feierlichkeit verlief, wie es sich gehört, in stiller Würde. Wir behielten unsere Tränen für uns. So etwas ist sogar für niederländische Verhältnisse ziemlich extrem. Die Familie van der Horst hat ihre Gefühle möglicherweise allzu gut unter Kontrolle. Viele niederländische Leser werden diese Geschichte über die Einäscherung meines Vaters vielleicht mit einigem Erstaunen lesen, aber der zugrunde liegende Mechanismus ist ihnen bekannt. Man zeigt seine Emotionen nur sparsam, denn sie sind eine Privatangelegenheit. Gefühle haben sich auf dem eigenen Quadratmeter abzuspielen, nicht außerhalb.

Nicht außerhalb? Eventuell kann man Gefühle – kontrolliert natürlich – in einer sicheren Umgebung doch zeigen, zum Beispiel im Beruf. Früher taten das nur Pfarrer und Pastoren, denn Zuhören, Trost spenden und Rat erteilen waren und sind das Charakteristikum ihrer Dienstleistung. Geistliche werden auch nur selten wegen ihr beeindruckenden liturgischen Fähigkeiten gelobt, sondern für ihre Fähigkeit Trost zu spenden, ihre Weisheit und ihre Milde im persönlichen Kontakt.

Mehr und mehr Menschen wenden sich jedoch von der Kirche ab. Heutzutage haben die Niederlande die größte Psychologendichte der Welt. Einen Psychologen darf man auf dem eigenen Quadratmeter zulassen, genauso wie Gipser, Maler oder Elektriker in die Privatsphäre eindringen dürfen um ihren Beruf auszuüben. Denn sie bringen nicht ihre Persönlichkeit ein, sondern ihr Fachwissen. Deshalb liegen beim Psychologen die Papiertaschentücher bereit, hier kann und darf geweint werden.

Doch kennt auch die niederländische Gesellschaft viel unverarbeiteten Kummer, der seelische Wunden verursacht, die nicht so einfach heilen. Ein bekannter Fotograf, der zwei Kinder bei einem Autounfall verloren hatte, fand Trost und Ruhe bei einem Aufenthalt in der Sahelzone, wo er über seinen Kummer sprechen konnte, ohne dass die Menschen erschraken. Sie wissen, was es bedeutet Kinder zu verlieren und gehen auf natürliche Art und Weise mit Trauer um. Niederländer dagegen lassen ihre Mitmenschen mit ihrer Trauer alleine, sie scheuen davor zurück mit ihr konfrontiert zu werden. Jeder behält seine Gefühle für sich, was Trauern zu einem langwierigen und einsamen Prozess macht.

Seit einigen Jahren gibt es eine Reihe sehr erfolgreicher Fernsehsendungen, die die These vom Verstecken der Gefühle zu widerlegen scheinen: die so genannten Kuppelshows, in denen man auf dem Fernsehschirm im Rahmen eines Spiels einen Partner für eine Reise aussuchen kann. Nach der Rückkehr tritt das Paar dann noch einmal in der Sendung auf um zu erzählen, wie alles verlaufen ist. In der beliebtesten Show geht es darum zerbrochene Beziehungen wieder zu kitten und miteinander Verfeindete zu versöhnen. Der Präsentator tritt dabei als Vermittler auf, aber er betritt nicht etwa die Wohnung der Person, die um Vermittlung gebeten hat. Der Hilfesuchende wird mitgenommen in einen Wohnwagen in der Nähe seiner Wohnung, wo er sich einen Videofilm ansehen kann, in dem der andere Besserung gelobt oder seiner ewigen Liebe Ausdruck verleiht. Das Ganze verläuft sehr tränenreich. Die Versöhnung findet dann im Studio vor großem Publikum statt.

Der Erfolg solcher Sendungen ist ein weiterer Beweis dafür, dass Niederländer andere nicht mit ihren Problemen belästigen wollen. Die Opfer schütten ihr Herz nicht einer Person aus, sondern einer anonymen Masse. Interaktion ist ausgeschlossen. So wird der Fernsehapparat zum Psychologen; das Leid kann öffentlich gezeigt werden. Die Versöhnung findet vor aller Augen statt, das Glück ist für jedermann sichtbar, während die Mitmenschen – Millionen an der Zahl – Abstand wahren. Das Fernsehen fungiert als eine Art Sicherheitsventil für Emotionen, die sich sonst nicht entladen könnten.

Das Publikum andererseits braucht sich für sein Verhalten nicht zu schämen, da es ebenfalls keine Möglichkeit zur Interaktion hat. Es befriedigt seine Neugier, ohne dass dies Folgen hätte. Man braucht nicht wegzusehen wie bei einem schmusenden Paar an der Bushaltestelle oder dem Streit der Nachbarn im Treppenhaus. Mit fremdem Leid und fremdem Glück, dem Ausdruck verliehen wird, während man selbst auf sicherem Abstand bleibt, kann man problemlos umgehen.

Freundschaft ist nur selten ein Sicherheitsnetzwerk

Die Versöhnungsshow trägt übrigens einen vielsagenden Titel: *All you need is love.* Wie schon gesagt: Glück hängt mit immateriellen Dingen zusammen und ist damit die Basis für wirkliche Beziehungen. Freundschaften sind in den Niederlanden nur selten ein Sicherheitsnetz fürs Überleben. Wer in finanzielle Schwierigkeiten geraten ist, wird sich hüten, im eigenen Freundeskreis Geld zu borgen. Man fährt vielleicht zusammen in Urlaub, besucht einander zu Hause, aber es ist nicht Sinn der Sache, dass diese Freundschaft mit materiellen Angelegenheiten verknüpft wird. Auch steht die Tür keineswegs immer für Freunde und Bekannte offen. Viele Niederländer sind nicht erfreut, wenn sie unangemeldet Besuch bekommen, denn das passt nicht in die Planung. Sie konnten sich nicht auf den Besuch vorbereiten und haben nichts anzubieten, so dass sie fürchten keine guten Gastgeber zu sein.

Im Gegensatz zu vielen anderen Völkern rechnen die Niederländer niemals damit, dass ein Gast zum Essen da sein könnte. Es ist daher auch absolut verpönt zur Essenszeit bei Leuten aufzutauchen und falls ein Besuch am Nachmittag verabredet war, geht man davon aus, dass sich der Besuch gegen fünf Uhr verabschiedet, denn traditionell wird zwischen sechs und sieben Uhr zu Abend gegessen. Bleibt der Besuch, fühlen die Gastgeber sich unbehaglich, denn man kann nicht mit dem Kochen beginnen, bevor die Gäste gegangen sind. Das käme nämlich einer Einladung zum Essen gleich, und dafür hat man nicht genug eingekauft.

Die erste Möglichkeit dieses Problem zu lösen besteht darin den Gästen zu verstehen zu geben, dass sie sich verabschieden sollten, indem man zum Beispiel auf jede Bemerkung ausschließlich mit einem freundlichen Ja oder Nein antwortet und dann schweigt. Sehr direkte Leute können aus dem Fenster schauen und sagen: *„Es hat aufgehört zu regnen, du kannst jetzt gehen"*, vor allem, wenn den ganzen Tag die Sonne schien. Nur wenige trauen sich so weit zu gehen. Bleibt der Besuch hartnäckig sitzen, wird er schließlich notgedrungen zum Essen eingeladen.

Man lässt sich um die Essenszeit nur sehen, wenn man dazu ausdrücklich aufgefordert worden ist. Dann wird auch ein genauer Zeitpunkt verabredet, zu dem man dann pünktlich zu erscheinen hat. Auf keinen Fall sollte man eine halbe Stunde vorher absagen, denn eine solche Einladung ist eine ernste Angelegenheit. Wer jemanden zum Essen einlädt, durchbricht seine tägliche Routine, tätigt extra Einkäufe und gibt sich besonders viel Mühe. Daher bekommt eine solche Mahlzeit auch einen festlichen Charakter. Mit einem alltäglichen Essen ist es nicht getan, es muss schon etwas Besonderes sein. Auch Einladungen wie zum Beispiel *„Komm heute abend auf ein Glas vorbei"*, was bedeutet, ab etwa acht Uhr, nach dem Essen, sind grundsätzlich zu befolgen, wenn dabei ein Zeitpunkt genannt wird. Nur wenn ein Niederländer sagt: *„Wir sehen uns"* oder *„Wir müssen mal was zusammen unternehmen"*, handelt es sich um einen freundlichen Abschied.

So hegen und pflegen die Niederländer ihre Privatsphäre. Das Zuhause ist ein zentrales Element ihres Lebens. Eine bekannte Fernsehwerbung zeigt ein Auto, das irgendwo in Europa über eine Autobahn rast, an riesigen Wegweisern vorbei, auf denen *„Naar huis"* (nach Hause) geschrieben steht. Zu Hause ist da, wo es Suppe gibt. Und Kaffee. Wer die ideale niederländische Familie in natürlicher Umgebung sehen möchte, sollte sich im Fernsehen die Kaffeewerbung anschauen. Diese Filme strahlen eine Atmosphäre der Sicherheit und Stabilität aus. Auch hier ändert sich allerdings die traditionelle Rollenverteilung. Der Sohn kommt morgens um sieben Uhr vom Zeitungen austragen nach Hause, wo sein Vater – nicht seine Mutter – das Frühstück macht und ihm schon mal eine Tasse heißen Kaffees einschenkt. In einem anderen Film sehen wir einen jungen Vater, genauso todmüde wie seine junge Frau nach einer wegen des weinenden Babys schlaflos verbrachten Nacht. Zeit für Kaffee. Ein weiterer Werbefilm zeigt ein Elternpaar – beide um die vierzig –, das gerade seiner Tochter beim Umziehen in das erste möblierte Zimmer geholfen hat. Die Mutter wischt sich eine Träne aus dem Auge, ist aber sichtlich stolz. Die Tochter macht den ersten Schritt in die Unabhängigkeit, indem sie ihre eigene Kaffeemaschine anschaltet. So entsteht Geselligkeit.

Geselligkeit ist eine Verhaltensweise, eine Art der Kommunikation

Gezelligheid ist etwas, das die Niederländer stolz als typisch niederländisch bezeichnen und das mit *Geselligkeit* nur unzulänglich zu übersetzen ist. Geselligkeit hat mit Gesellschaft zu tun und bezeichnet eine Verhaltensweise, eine Art der Kommunikation, die alle Betroffenen beisammen hält, weil sie das gerne so wollen, weil es ihnen so gefällt. Wenn sich einer der Anwesenden „ungesellig" verhält, ist sofort die Stimmung verdorben. Und diese Möglichkeit besteht irgendwie immer, denn in einer Gastwirtschaft oder auf einer Party braucht man sich nicht um Konsens zu bemühen. Man befindet sich zum Vergnügen dort und kann deshalb seine Meinung äußern. Und das wird dann auch getan. Radikale Äußerungen sind keineswegs selten. Dann besteht die Gefahr, dass die Geselligkeit zerstört wird, wenn man dem Gegenüber nicht zugesteht ebenfalls seine Meinung zu äußern, und den anderen persönlich angreift.

Jeden Sonntag besuchten meine Eltern meine Großeltern und auch alle meine Onkel hatten mit ihrer gesamten Familie zu erscheinen. Jeder von ihnen brachte meinem Großvater zwei Zigarren mit. Es gab Kaffee für alle und dabei diskutierte man über gesellschaftliche Themen, denn über Familienangelegenheiten sprach man nicht. Das wäre zu gefährlich gewesen. Ich erinnere mich an einen Besuch, bei dem mein Vater plötzlich aufstand und – als ob er eine Zuhörermenge vor sich hätte – konstatierte: „Die Straßenbahn ist ein prähistorisches Verkehrsmittel." Er sagte das mit großem Nachdruck, der Widerspruch geradezu ausschloss, aber meine Onkel widersprachen ihm doch. Ich sah, wie meine Tanten warnende Blicke mit ihren Gatten wechselten, jedoch nicht eingriffen.

Ein anderes Mal taten sie das wohl – es war in den fünfziger Jahren, also zur Hochzeit des Kalten Krieges. Mein Vater hatte wieder einmal irgend eine Überzeugung geäußert. „Wenn das deine Überzeugung ist", so mein Onkel Anton, „bist du ein Kommunist."

„Ich bin absolut kein Kommunist."

„Dann bist du wohl ein Kommunist."

Zunächst intervenierte meine Großmutter: „Ruhig, Jungs, bei den Nachbarn ist jemand krank." Das sagte sie auch immer, wenn wir als Kinder beim Spielen zuviel Krach machten.

Danach meldete sich Tante Eugenie zu Wort, die Frau von Onkel Anton: „Anton, hör auf damit. Es soll *gesellig* bleiben." Übrigens hatten sowieso alle meine Tanten ihren Ehemännern verboten während dieser Familientreffen über Politik zu reden, denn schließlich ging es ja um die *Geselligkeit*. Ich erinnere mich, dass meine Mutter, als sie einmal von einem Begräbnis nach Hause kam, sagte: „Eigentlich ist es eine Schande, aber hinterher wird es immer so *gesellig*."

Geselligkeit ist ein gemeinschaftliches Gut und jeder hat die moralische Pflicht dazu beizutragen. Dabei steht die Kommunikation im Mittelpunkt, stimuliert – je nach dem Anlass und dem Charakter der Anwesenden – durch gemeinsamen Genuss von Kaffee, Tee, Alkohol und manchmal auch „Gras", denn ein Joint, der von einem Besucher zum anderen geht, ist ein natürliches Bindemittel. Wer die Geselligkeit stört, mit dem nimmt es ein schlechtes Ende, wie ein Zitat aus der Biographie des Admirals Michiel de Ruyter aus dem 17. Jahrhundert lehrt:

„Es geschah auf dem Schleppkahn, dass in seinem Beisein die Obrigkeit auf schmutzige Weise mit viel Worten gelästert wurde, und er sich dem mit großem Ernst entgegensetzte, sagend, dass er, ein Diener des Landes, der auf dieses einen Eid abgelegt habe, solche Worte nicht dulden könne und dem Lästerer zu schweigen befahl. Verharre er aber in seinen Lästerungen, so warnte er ihn mehrmals, würde er dem Kapitän befehlen, den Mann an Land zu setzen. Als jedoch alles vergebens war, hat er den Unruhestifter angefasst und, also er sehr stark war, hochgehoben und außer Bord gesetzt, nicht weit vom Land, wo dieser sich verbarg."

Der Admiral, aus heutiger Sicht eine Art General Schwarzkopf des 17. Jahrhunderts, konnte manchmal kurz angebunden sein.

Wer heute die Geselligkeit stört, bekommt zwar keine Hiebe – es sei denn, er befände sich in einer Gastwirtschaft und die anderen wären betrunken –, aber man übersieht ihn. Es fällt ihm schwer sich einfach zu anderen an einen Tisch zu setzen. Wer seine Gesprächspartner nicht respektiert, dem wird nicht so schnell vergeben, obwohl de Ruyter den Lästerer nicht wegen seiner Meinung an sich von Bord beförderte, sondern wegen der Art und Weise, in der er diese äußerte. So jemanden konnte man in der Kajüte eines Schleppkahns nicht brauchen, denn da musste man lange Stunden miteinander auskommen und Geselligkeit war die wichtigste Arznei gegen Langeweile. Der Admiral wollte einfach vermeiden, dass die Atmosphäre vergiftet wurde. Trotz seiner eigenen ausgeprägten Religiosität – de Ruyter las zur

Entspannung theologische Abhandlungen – war er, so sein Biograph, kein Haarspalter.

> „Er hörte sehr ungern, dass man einige andere Christen, ja sogar, dass man Menschen, die sich außerhalb des Christentums befanden, ganz und gar verurteilte, er wollte solches Urteil lieber aufschieben, obwohl er keinen Grund für Hoffnung sah, da es außerhalb Christus keine Seligkeit gibt, sah er selbst nicht nur, dass dies die Wahrheit war, sondern erkannte auch eine undurchdringliche Tiefe. Da er in seinem Urteil beiden Barmherzigkeit erweisen wollte, befahl er die Angelegenheit Gottes Willen an. Es verdross ihn auch sehr, wenn einer, der sich in seinem Glauben verirrt hatte, verhöhnt und verspottet wurde."

Die Geselligkeit, die man bei Bekannten im Straßencafé sieht, ist eine Fortsetzung der harmonischen Stimmung, die zu Hause herrschen sollte. Schließlich nennt man das Wohnzimmer in den Niederlanden *huiskamer*. Wenn es schön warm ist, ist es gesellig. „Schalt den Fernseher aus und lass uns gesellig zu Bett gehen", schlägt man dem Partner vor. Oder: „Sei doch gesellig und leg das Buch weg".

Geselligkeit kann sogar das Kennzeichen der Wohnung sein. Während der eine seine Wohnung kühl und modisch eingerichtet hat, ist es bei anderen wirklich gesellig. Die ehemalige Tageszeitung *De Rotterdammer*, deren Leser vor allem protestantischen Familien entstammten, warb mit dem Slogan: „Eine gesellige Zeitung!" Damit profilierte sie sich als wichtiges Attribut für das Erzeugen der richtigen häuslichen Atmosphäre.

Die in den Niederlanden sehr beliebten Kabarettiers Kees van Kooten und Wim de Bie haben den Begriff Geselligkeit in ihrem Lied '1948' definiert, das sie zur Melodie von Gilbert O'Sullivans *Alone Again* sangen. Das Lied beschreibt die Einsamkeit, und zwar auf ganz eigene Art und Weise:

> *Draußen heult der Wind ums Haus*
> *Aber der Ofen schnurrt auf vier*
> *Vor dem Briefkasten hängt ein Stück Stoff*
> *Und in den zugigsten Ritzen steckt Papier*
> *Wir waren furchtbar arm*
> *Und keiner liebte uns*
> *Aber wir hatten Tee und noch kein TV*
> *Nur Radio und Löffelbisquit*
> *Samstags gab's ein Bad*
> *Wir blieben mit nassen Haaren noch ein wenig auf*
> *Bis Vater sagte: „Jetzt ab ins Bett"*
> *Wir bekamen eine Wärmflasche mit*
> *Wir sah'n Gesichter auf der Tapete*

Aber wir hatten nicht wirklich Angst
Damals war Glück noch ganz normal.

Draußen pfeift der Wind ums Haus
Und Mutter strickt einen warmen Schal
und das Mensch-ärgere-dich-nicht-Spiel
stand am nächsten Morgen noch auf dem Tisch.
In den Wald gingen wir auch,
da haben wir uns damals verirrt
Vom Weg abgekommen, Karriere gemacht
Den Geschmack von Pfannkuchen vergessen.

Die letzten vier Zeilen sind besonders interessant. Für Niederländer ist der Wald ein Synonym für wilde, ungezähmte Natur, auch wenn er von Menschenhand geschaffen ist. Die Bäume sind hoch, man kann kaum den Himmel sehen und schon gar nicht den Horizont, der im Polder allgegenwärtig ist. Wald ist eine fremde Welt, in der man die Orientierung verliert. *Jemanden in den Wald schicken* bedeutet jemanden im Stich zu lassen.

Wald bedeutet Unsicherheit, Gefahr. Van Kooten und de Bie beschreiben das verlorene Bollwerk der Geselligkeit, das sie der Karriere wegen verlassen haben. Sie haben das Motto *Mensch, hab Mut zu leben* verwirklicht und sind ihren eigenen Weg gegangen. Jetzt stellt sich heraus, dass sie sich verirrt haben, vom Weg abgekommen sind und die Geselligkeit für immer verschwunden ist. Das absolute Gefühl von Sicherheit und Geborgenheit ist auf immer und ewig im Nebel der Zeit verschwunden. Sie müssen sich in der kalten Wirklichkeit zurechtfinden. Der Verlust der Wärme, die so oft mit Geselligkeit assoziiert wird und zusammen mit dem Ofen, der Wärmflasche und dem Schal eine Hauptrolle im verlorenen Paradies spielt, ist der Preis, den man für Erfolg und Freiheit bezahlt.

Das hält Menschen davon ab die Geselligkeit preiszugeben, in die weite Welt zu ziehen oder wenigstens dem Reich auf dem eigenen Quadratmeter das Ansehen einer absoluten Monarchie zu geben.

Die Atmosphäre wird durch Rosenkohlgeruch vergiftet

Die moderne niederländische Literatur beschäftigt sich ausführlich mit Versuchen, Haus, Herd, Traditionen und allerlei Formen von Geselligkeit, die man plötzlich als erstickend empfindet, zu entkommen. Zitat aus dem ersten und noch immer bekanntesten Werk dieses Genres: *Die Abende* von Gerard Reve (1947).

„Während sie den Tisch abräumte, legte sein Vater sich auf das Sofa, richtete sich wieder auf, um die Schuhe auszuziehen, starrte im Sitzen kurz vor sich hin, stand dann auf und ging zum Bücherregal. Kurz davor rutschte er aus, fuchtelte mit dem linken Bein in der Luft, aber fand das Gleichgewicht wieder. 'Oh', rief seine Mutter. 'Es ist nichts passiert', sagte Fritz, 'du brauchst nicht gleich so zu schreien.'

Sein Vater holte ein Buch aus dem Schrank, legte sich wieder aufs Sofa und fuhr sich mit seiner freien Hand durchs Haar. 'Ach, der Ofen', sagte seine Mutter. Sie schaute ins Feuer und sagte: 'Es brennt gut. Denkt dran, dass ihr ihn so offen stehen lasst. Der Kessel passt gerade dazwischen'. Sie machte vor, wie der Wasserkessel genau auf der Oberkante der Klappe stehen bleiben musste, so dass diese einen Spalt breit offen blieb. 'Sonst verbrennt alles in einer Stunde', sagte sie und ging in die Küche.

Fritz schaute auf die Uhr. 'Alles ist verloren', dachte er, 'alles ist verdorben. Es ist zehn nach drei. Der Abend kann nur besser werden.'"

Wir finden hier dasselbe Bühnenbild wie bei van Kooten und de Bie vor, aber jetzt ist es zu einem erstickenden Gefängnis geworden, vergittert durch Engstirnigkeit, Heuchelei und Angst vor dem Unbekannten. Die Atmosphäre wird durch den Rosenkohlgeruch vergiftet. Wenn man Rosenkohl lange kocht, verbreitet sich der penetrante Geruch im ganzen Haus. Dieser ist bezeichnend für die Geschmacklosigkeit von Rosenkohl – der übrigens herrlich schmeckt, wenn er *al dente* gekocht wird, aber das ist die moderne Zubereitungsart, nicht die traditionelle –, der Geruch symbolisiert den faden und gleichzeitig bitteren Geschmack, die blässlich fahlgrüne Farbe des Rosenkohls, Symbole für die Farblosigkeit der Existenz.

Rosenkohlgeruch drängt sich geradezu auf bei den phantasielosen Vorschlägen eines farblosen Politikers, den klischeeartigen Mitteilungen eines ausgebrannten Presseberichterstatters oder der übertriebenen Vorsicht eines Direktors. Wo Geselligkeit regiert, findet sich auch immer jemand, der glaubt, den Geruch von Rosenkohl zu erschnuppern, den er als erstickend erfährt. Die ungeschriebenen Gesetze taugen hier nicht länger, um in Gesellschaft doch 'man selbst' zu sein, sie erzwingen eine Nivellierung von Denken und Handeln. Jegliche Farbe verblasst. *Man sollte ihnen Pfeffer in den Hintern pusten* lautet eine passende Redensart. Man widersetzt sich stillschweigend dem, was man als unbedeutend, dumm, charakterlos, bedrohlich, langweilig empfindet.

Dummheit kennt keine Zeit paraphrasierte der Kolumnist Nico Scheepmaker das Sprichwort *Geselligkeit kennt keine Zeit*.

Van Kooten und de Bie sind – wie man ihrer Biographie entnehmen kann – der Geselligkeit wohlüberlegt entronnen. Sie entwickelten sich zu praktisch unangefochtenen Tabuverletzern. In intellektuellen Kreisen sind ihre Fernsehauftritte Pflichtprogramm und van Kootens Bücher sind Bestseller. Bis etwa Anfang der neunziger Jahre waren sie die Trendsetter überhaupt und ein Würdenträger, der Zielscheibe ihres Spotts geworden war, wurde nie mehr so richtig ernst genommen.

Wenn solche Leute das Loblied der Geselligkeit singen, ist das ein Beweis für die unveränderte Attraktivität des Phänomens. Man muss schon einen starken Charakter haben um sich der Geselligkeit zu entziehen.

Andererseits versuchen allerlei wohlmeinende Organisationen, Menschen, die sich am Rand der anständigen Gesellschaft befinden – vor allem Drogenabhängige – für 'Wohnzimmerprojekte' zu begeistern. Sie stellen einen Raum zur Verfügung, wo es Kaffee und Tee gibt, und engagieren jemanden, der zuhört: die wichtigsten Merkmale der Geselligkeit. Doch dabei handelt es sich nicht um Betreuung, sondern um die Voraussetzung für das Entstehen gegenseitiger Kommunikation, die gleichzeitig auch Sicherheit und Geborgenheit beinhaltet und von den Besuchern selbst getragen wird. Betreuung ist die folgende Stufe, die erst erklommen wird, wenn der Betroffene das auch wünscht.

Wie überall in der Welt stehen Schwerst- und Langzeitabhängige auf der untersten Sprosse der gesellschaftlichen Leiter oder sind sogar von dieser heruntergestoßen worden. Sie sind die Parias der Gesellschaft und allgemein herrscht die Überzeugung, dass sie selbst an ihrem Schicksal schuld sind. Mehr als die Hälfte aller Gefängnisinsassen sind Suchtkranke. In den Stadtzentren sieht man Junkies auf der Suche nach Beute. Sie erregen normalerweise Angst und Abwehr, obwohl diese Junkies, deren körperlicher Verfall sichtbar ist, nur selten bedrohlich sind, weil sie sich in einem so schlechten Zustand befinden, dass sie keine Gefahr mehr für den Besitz ihrer Mitmenschen darstellen. Es sind vielmehr diejenigen, die zwar Drogen einer Mahlzeit vorziehen, jedoch noch nicht obdachlos sind, die nicht deutlich erkennbaren Fälle, die für die Beschaffungskriminalität verantwortlich sind. Sie sind übrigens nicht immer leicht von einer anderen, sich schnell ausdehnenden Kategorie nichtsesshafter Menschen zu unterscheiden: psychisch Kranke, die sich nicht in eine Klinik einweisen lassen wollen. Eine Zwangseinweisung kann in den Niederlanden nur ein Bürgermeister veranlassen, wenn feststeht, dass der Betroffene eine Gefahr für sich selbst und seine Umgebung darstellt. Es muss sich dabei um einen unanfechtbaren Beweis handeln. Diese Zurückhaltung kann tragische Folgen haben, wie sich 1993 herausstellte, als ein psychisch Kranker, vor dem die ganze Straße sich fürchtete, ein zwölfjähriges Mädchen auf der Straße mit einem Knüppel totprügelte. Die Behörden hatten sein Privatleben respektiert und ein Übermaß an Verständnis für sein Verhalten gezeigt.

Dieser Fall führte zu Diskussionen über die Grenzen dessen, was noch zu tolerieren ist. Es wurde festgestellt, dass in diesem Fall verschiedene Instanzen aneinander vorbeigearbeitet hatten und deshalb niemand die Initiative ergriffen hatte. Ob man Leute vielleicht schon bei geringeren Anzeichen für eine psychische Erkrankung aus dem Verkehr ziehen muss, spielte in der

Debatte praktisch keine Rolle. Niederländer finden es unangenehm, andere zum Wohle der Gemeinschaft ihrer Freiheit zu berauben.

Auch hier hat die kulturelle Revolution der sechziger Jahre eine Intensivierung dieses Standpunkts zur Folge gehabt. Eine Zeitlang war die Antipsychiatrie, die annimmt, dass nicht die Menschen, sondern die Gesellschaft krank sei, recht populär. Neue Gesetze sorgten dafür, dass auch Geisteskranken mehr Rechte eingeräumt wurden. Psychiatrische Kliniken halten sich an das Gesetz und akzeptieren nur noch Patienten, die sich freiwillig in Behandlung begeben. So kommt es, dass man in manch einem Einkaufszentrum deutlich gestörte Leute sieht. Sie sind das Pendant zu den obdachlosen Frauen, die in den USA mit Einkaufswagen voller Tüten herumziehen und *shopping bag ladies* genannt werden. Böse Zungen behaupten, dass die Achtung vor den Rechten des Individuums als Vorwand diente, um Sparmaßnahmen bei psychiatrischen Einrichtungen zu verwirklichen: dadurch sank schließlich die Zahl der Patienten. Dies veranlasste einen Sozialarbeiter der Utrechter Polizei zu einer zynischen Aussage über die größte *Shopping Mall* der Niederlande, *Hoog Catharijne* (beim Hauptbahnhof Utrecht), in der er eingesetzt war: Er schrieb in der Tageszeitung *Trouw* vom 24. September 1994:

> „In Hoog Catharijne finden sie nicht nur ein Dach über dem Kopf, Anonymität, Freiheit und Leidensgenossen. Sie finden sogar 'Pflegepersonal', zufälligerweise in Polizeiuniform. Hoog Catharijne ist manchmal fast eine wirkliche Anstalt mit allen Einrichtungen. Man wird dorthin überwiesen, es gibt Pflegepersonal, Mitpatienten, man schluckt Pillen und setzt Spritzen."

Er bezog sich in seinem Artikel auf den Fall einer inkontinenten, völlig verwahrlosten Frau, die Befehle von 'Stimmen in ihrem Kopf' erhielt, die ihr verboten sich zu waschen. Sie war jahrelang in Hoog Catharijne zu finden, weil ein Psychiater in einem Gutachten festgestellt hatte, dass sie nicht wirklich krank sei, woraufhin der Richter beschloss, dass sie keine Gefahr darstellte. Sie stank jedoch so, dass die Junkies, die ebenfalls in Hoog Catharijne 'wohnten', sie wegjagten.

Die Zeitung weiter:

> „Einige Wochen später geschah das, wovor die Polizisten seit Monaten gewarnt hatten: Die Drogenabhängigen begannen das Problem selbst zu lösen. Eines Tages fand man die Frau voller Prellungen und Brandwunden von ausgedrückten Zigaretten auf dem ganzen Körper. 'Das war eine Warnung', fürchtete der Sozialarbeiter. 'Dann wurde Anna endlich in eine Anstalt eingewiesen. Sie saß wie ein Häufchen Elend bei uns auf dem Revier, bis die Einweisung ausgestellt war. Sie war so verwahrlost, dass man sie sofort ins Krankenhaus brachte, wo sie eine Zeitlang blieb'".

Ich finde es nicht angenehm, diese Dinge aufzuschreiben. Sie sind auch nicht repräsentativ für den Umgang der Niederländer miteinander. Aber ich wohne im Zentrum einer Großstadt und habe den Eindruck, dass dies kein Einzelfall ist. Auf der Straße oder auf dem Bahnhof sehe ich regelmäßig psychisch gestörte Leute, deren Menschenrechte strikt beachtet werden, außer von ihren Schicksalsgenossen auf der Straße, den Junkies, den Obdachlosen, den Huren, den Kleinkriminellen, unter denen eine mitleidlose Rangordnung gilt, wobei die Stärkeren die Schwächeren vertreiben. Das Problem ist, dass Hilfe nur denjenigen zuteil wird, die selbst ausdrücklich darum bitten. Nonverbal ist das nicht möglich. Wer in Lumpen gehüllt auf der Straße vor dem Bahnhof Selbstgespräche führt, wer im Abfalleimer halb aufgegessene Hamburger sucht und in U-Bahn-Schächten schläft, dessen Verhalten wird nicht als *expliziter Hilferuf* interpretiert.

Ich übergehe diese Hilferufe genauso wie alle anderen Passanten, denn für solche Leute gibt es Einrichtungen und schließlich bezahlen wir eine Menge Steuern.

Aus dem gleichen Grund ist Zwangsentzug, wie es ihn zum Beispiel in Singapur gibt, in den Niederlanden unmöglich, obwohl der Ruf nach dieser Maßnahme manchmal nicht nur an Stammtischen, sondern auch in der Politik laut wird. Doch in den Niederlanden muss ein solcher Entschluss noch immer freiwillig getroffen werden. Die helfende Hand drängt sich nicht auf, man muss sie um etwas bitten. Es gibt zahllose Instanzen, die Süchtigen helfen, sie betreuen und ihnen aus ihrer alten Umgebung heraushelfen, die jedoch nichts erzwingen. Statt Zwang gibt es ein Aufnahmeverfahren, wobei die Initiative vom Süchtigen auszugehen hat, der die Institution aufsucht und auch wieder verlassen kann. Die strengste Strafe für solche Abtrünnigen ist, dass sie bei einer eventuellen erneuten Anmeldung als hoffnungsloser Fall zurückgewiesen werden.

Dennoch machen Süchtige durchaus mit dem Strafrecht Bekanntschaft. In den Kriminalstatistiken erscheinen sie als Taschendiebe oder Einbrecher, auch in Autos (wer in einer Stadt das Radio im Auto lässt, lädt geradezu zum Diebstahl ein). Doch strafrechtliche Maßnahmen sind etwas anderes als Hilfe.

Die Drogenproblematik – um sie in der richtigen Perspektive zu sehen, muss man wissen, dass Crack erst 1994 auf den Straßen auftauchte – lastet schwer auf den Schultern der niederländischen Gesellschaft – so jedenfalls empfinden es viele. Wie bereits gesagt, kommen auf mehr als fünfzehn Millionen Niederländer rund 23 000 Abhängige. Das Problem wird noch dadurch verschlimmert, dass niemand wirklich glaubt die richtige Lösung für das Problem zu haben. Dass man gegenüber den Süchtigen eine abwartende Haltung einnimmt, obwohl Statistiken zeigen, dass die Leute sich auf der Straße noch niemals so unsicher gefühlt haben wie heute und dafür die Abhängigen verantwortlich machen, dass trotzdem die eigene Entscheidung Süchtiger strikt respektiert wird, illustriert noch einmal, wie außergewöhnlich vorsichtig man in den Niederlanden vorgeht, bevor man sich in die Privatangelegenheiten eines anderen einmischt.

Niederländer reichen niemandem die helfende Hand, wenn diese nicht erbeten wird. Dies gilt in gleichem Maße für Individuen wie für Organisationen. Die Initiative kommt niemals von ihnen selbst. Sogar der sturste Passant wird jemandem, der sich verirrt hat, helfen, wenn er darum gebeten wird. Aber man kann durchaus eine halbe Stunde lang im strömenden Regen mit einem vom Wind zerzausten Stadtplan herumlaufen, ohne dass jemand ungefragt Hilfe anbieten wird.

Wer Hilfe oder Auskunft braucht, muss selbst darum bitten. Es gibt einen Dschungel an Behörden, Vereinen und Organisationen, die in allen möglichen Bereichen tätig sind. Man muss sie nur zu finden wissen. Die Gemeinde Rotterdam hat sogar ein zentrales Informationszentrum eingerichtet, das den Weg durch dieses Labyrinth weist. Man tut dort nichts anderes als Leute an die richtige Instanz zu verweisen, wo sie jegliche nur erdenkliche Hilfe erhalten. Man möchte die Besucher auch dann nicht mit leeren Händen weggehen lassen, wenn deutlich ist, dass man eigentlich nichts für sie tun kann. Das gilt vor allem für Instanzen, bei denen man Unterstützung beantragen kann – Unterstützungen passen sehr gut in dieses System, denn es sind meist geringe Summen, die man nur auf Antrag erhält. Wer die Kriterien nicht erfüllt, wird freundlich an eine andere Instanz verwiesen, bei der nur allzu oft das gleiche passiert. Diese freundliche Form des Abweisens nennt man *Van het kastje naar de muur sturen* (jemanden von Pontius zu Pilatus schicken). Sie führt bei den Betroffenen innerhalb kürzester Zeit zur Raserei, vor allem wenn sie nicht wissen, warum man so mit ihnen umgeht. Sie fühlen sich belogen und hingehalten, glauben, dass man eine Entscheidung so lange hinausschiebt, bis sie sich von selbst erledigt hat. Das ist eine sehr geeignete Art und Weise jemandem etwas zu verweigern ohne direkt nein sagen zu müssen. Ausländer, die die niederländische Gesellschaft nicht gut kennen, können so viel Zeit vergeuden. Sie bitten eine beliebige Instanz um Förderung und bekommen zu hören, ihr Vorschlag sei sehr interessant, erfülle jedoch leider nicht die Kriterien dieser bestimmten Organisation. Das sei aber weiter nicht schlimm, denn es gebe eine Reihe anderer Organisationen, die zweifellos Interesse haben – woraufhin man eine Liste dieser Organisationen erhält. Passiert einem das gleiche noch einmal oder sogar noch öfter, kann man davon ausgehen, dass es um einen Vorschlag oder einen Antrag geht, auf den niemand Lust hat. Es gibt nur eine Möglichkeit, das herauszufinden: Man fragt, was los ist, warum der Vorschlag denn nichts tauge. Dazu braucht man allerdings ein dickes Fell. Denn man bekommt wahrscheinlich eine ehrliche Antwort in unverhüllter Form und ohne Ansehen der Person. Schließlich hat man ja selbst darum gebeten.

Aber man gewinnt dabei auch etwas: Endlich wird einem deutlich, dass man bisher einem Phantom hinterher lief. Und wenn man Glück hat, werden einem sogar aussichtsreiche Alternativen genannt.

Eine ähnliche Einstellung trifft man bei vielen Dozenten an, vor allem im Universitätsbereich, die sich alle – abgesehen von einigen als exzentrisch angesehenen Ausnahmen – davor scheuen Studienleistungen als unzureichend zu bezeichnen. Sie werden zunächst einige Kleinigkeiten loben, die tatsächlich gut gemacht wurden, dann aber kommen kritische Äußerungen. Die Chance, dass die freundlichen Bemerkungen dazu bestimmt waren die bittere Pille zu versüßen ist recht groß. Auch Vorgesetzte in der freien Wirtschaft haben süße Pillen auf Lager, wobei es darauf ankommt, die Verpackung richtig einzuschätzen. Denn letzten Endes kommt es doch zu einer negativen Beurteilung. „Vielleicht", so hört man dann, „müssen wir Abschied voneinander nehmen". Oder: „Möglicherweise kämen Ihre nicht unbedeutenden Talente woanders besser zu ihrem Recht". Auf die Frage nach dem 'Wo' allerdings erhält man eine vage Antwort.

Ich spreche aus Erfahrung. Während meiner Studentenzeit wurde ich aus einem Job als freier Mitarbeiter gefeuert. Völlig zu Unrecht und sehr unerwartet, so fand ich damals. Jetzt – *sadder, older & wiser* – kann ich die Signale von damals besser einschätzen. Die Kollegen hatten ihre Anerkennung für meine Arbeit immer mit kleinen Randbemerkungen versehen, und zwar immer denselben.

Der Chef machte mir Mut. Vielleicht sei ich woanders besser aufgehoben.

„Ihr Unternehmen hat in den Niederlanden ein Monopol auf diesem Gebiet", antwortete ich. „Und Sie stellen die Leute ein. Also habe ich wenig Möglichkeiten."

„Wo ein Wille ist, ist auch ein Weg", antwortete der Chef. „Schauen Sie mal, wie Gerd Müller es macht (damals auf dem Höhepunkt seiner Karriere), er hat kein feststehendes Spielmuster. Er geht seinen eigenen Weg. Ist total eigensinnig. Aber er macht die Tore."

„Das heißt, wenn Sie Trainer der deutschen Nationalmannschaft wären, hätten Sie Müller niemals aufgestellt?"

Das saß. Leider begleitete der Chef mich sofort persönlich zum Ausgang. Ich habe ihn niemals wieder gesehen. Ein einmal gefasster Beschluss wird nicht mehr geändert. Man ist zwar bereit ausführlich zu diskutieren, jedoch nur um den Beschluss zu erläutern. Wer emotional oder gar aggressiv reagiert, gibt der Gegenpartei die Möglichkeit den peinlichen Gedankenaustausch zu beenden, weil die Spielregeln verletzt wurden. Der Chef hätte mir am liebsten in einer Atmosphäre allgemeiner Geselligkeit den Laufpass gegeben, aber diese Chance hatte ich ihm genommen.

Vielleicht wäre Gerd Müller in den Niederlanden tatsächlich nicht in die Nationalmannschaft gekommen. Die Erfahrungen des brasilianischen Stars Romario lassen das vermuten. Romario kommt aus einer Kultur, in der für Berühmte eigene Gesetze gelten. Sie brauchen sich nicht an die Regeln zu halten, die für das Fußvolk gelten, und können ihren Individualismus ausleben. Das machte Romario – der während der WM 1994 geradezu göttlich spielte – untauglich für den Einsatz beim niederländischen Erstligaclub PSV Eindhoven. Denn der Brasilianer hatte seine eigenen Vorstellungen, was Training und alle möglichen anderen Absprachen betraf. Dies kompensierte er zwar während des Spiels, aber leider entwickelte Romario sich nicht zum Abgott der Anhängerschaft. Was seiner Meinung nach Detailkritik des Trainers, der Kollegen und des Vorstands war, erwies sich auf die Dauer als fundamental. Eindhoven nahm Abschied von Romario, der einen Vertrag bei Barcelona unterzeichnete, wo er mit dem damaligen niederländischen Trainer Johan Cruyff ähnliche Probleme bekam. *Der Krug geht so lange zum Brunnen, bis er bricht,* sagen auch die Niederländer. Man geht bis zum Äußersten, um die Atmosphäre gesellig zu halten, aber man darf eben nichts Unmögliches verlangen. Der Kontakt ist gestört, man steht auf der Straße oder sitzt alleine an einer Bar und starrt vor sich hin, während ein paar Meter weiter jemand anderer vor sich hinstarrt. Man bestellt ein Glas nach dem anderen, das der Gastwirt mit einem kurzen „Bitte sehr" vor einen hinstellt. Es ist nicht immer einfach, in den Niederlanden zu leben. Was nützt es einem schon, auf einem Quadratmeter Fürst zu sein?

6. EINE EHRENSCHULD

Die Niederländer und ihre nationalen Minderheiten

Zunehmende ethnische Verschiedenheit – Das koloniale Imperium und das schlechte Gewissen – Aufkommender Fremdenhass – Einwanderungsland oder nicht? – Integration versus Anpassung

FÜR EINEN SAMSTAG IN JEDEM JAHR verwandelt sich der Coolsingel – sozusagen die Hauptstraße Rotterdams – in einen tropischen Boulevard. Das Wetter ist in den Sommermonaten meist gut, so dass die Temperaturen auf weit über 20 Grad steigen. Eine große Menschenmenge steht erwartungsvoll an den Straßen: Der antillianische Sommerkarneval ist im Anzug. Vor dem Rathaus findet er traditionell seinen Höhepunkt. Dort steht der Bürgermeister mit der Amtskette um den Hals auf dem Balkon um die Parade offiziell abzunehmen.

Ihre Länge variiert von Jahr zu Jahr, aber meist ist sie anderthalb bis zwei Kilometer lang. Eine enorme Flotte von NedLloyd-LKWs transportiert die crème de la crème der niederländischen *Salsa-, Merengue-* und *Kaseko-*Bands. Zwischendurch swingen Tanzgruppen, meist zu Klängen aus einem fernen Vaterland. Daneben gibt es viele traditionelle Karnevalswagen, meist einem Thema gewidmet, auf denen eine *Miss* thront. Seit einigen Jahren sind auch afrikanische Gruppen beteiligt.

Abends wird dieser Karneval in riesigen Hallen fortgesetzt, aber dabei ist die weiße Bevölkerung Rotterdams eher unterrepräsentiert. Die verschiedenen schwarzen Minderheiten der Stadt bevorzugen eigene Unterhaltungszentren, wobei es kaum Überschneidungen mit denen der übrigen Bevölkerung gibt.

An diesem bewussten Samstag zeigt sich Rotterdam von seinem freundlichen, multikulturellen Gesicht, das sich manchmal jedoch zu einer hässlichen Grimasse verziehen kann. Bei den Kommunalwahlen zum Beispiel, wenn 13 Prozent der Sitze an eine ausländerfeindliche, faschistisch angehauchte Partei gehen, für die alle Ausländer Kriminelle, Drogensüchtige und Profiteure sind, die das Sozialsystem missbrauchen und uns 'unsere' Arbeitsplätze wegnehmen.

Das Sozial-Kulturelle Planungsbüro führte 1993 eine Meinungsumfrage durch, bei der 15 Prozent der Befragten erklärten, dass „zu viele Menschen anderer Nationalität in den Niederlanden leben". Außerdem hat etwa die Hälfte der Bevölkerung lieber keine Nachbarn, die einer anderen Nationalität angehören, während die andere Hälfte damit keine Probleme hat. Nur

13 Prozent der Bevölkerung finden die Anwesenheit von Ausländern wirklich störend. Zwei Jahre vorher fanden dagegen 43 Prozent der Niederländer, dass es in ihrem Land zu viele Ausländer gibt, hier ist also ein Anstieg zu verzeichnen. Auch andere Zahlen deuten auf zunehmende Intoleranz. 1985 waren 20 Prozent der Niederländer der Meinung, dass 'Niederländer' – wie immer auch die Definition lautet – bei der Vergabe von mit öffentlichen Mitteln gefördertem Wohnraum den Vorzug genießen sollten, 1993 waren bereits 36 Prozent dieser Meinung.

Es ist verlockend diese Zahlen einfach umzudrehen. Rund zwei Drittel der Niederländer finden es dann selbstverständlich, dass Ausländer die gleichen Rechte bei der Vergabe von subventioniertem Wohnraum haben wie sie selbst, während 87 Prozent erklären, dass sie 'Ausländer' nicht störend finden und die Hälfte der Meinung ist, dass sich davon keineswegs zu viele in ihrem Vaterland aufhalten. Verglichen mit anderen Ländern ist die niederländische Gesellschaft also ein leuchtendes Vorbild der Toleranz. Niederländer zeigen gerne warnend mit dem Finger in Richtung ihrer Nachbarn im Osten, wo bei rassistischen Anschlägen in den neunziger Jahren viele Menschen ums Leben kamen. In den Niederlanden gibt es solche Anschläge praktisch nicht. Allerdings ist der Unterschied zwischen Niederländern und Deutschen, wenn es um die Stimmenzahl geht, die rechtsextreme Parteien bei Wahlen bekommen, sehr gering. In den Niederlanden erhielten diese bei den Parlamentswahlen 1994 sogar drei Sitze, während Deutschland mit der 5-Prozent-Klausel eine effektive Hürde gegen radikale Splitterparteien in den Parlamenten kennt. Bei den Wahlen im Jahre 1998 eliminierten rechtsextreme Gruppierungen sich aufgrund interner Auseinandersetzungen selbst, im Jahre 2000 scheint sich eine neue Nationale Partei zu einem Sammelbecken rechtsradikaler Gruppierungen zu entwickeln.

Geistiges Unwohlsein bei den korrekt Denkenden

Wenn sie in irgendeiner Form mit Rassismus in Deutschland konfrontiert werden, rufen die Niederländer gerne Hitler in Erinnerung. Sich selbst sehen sie dabei per definitionem als *good guys*.

Ähnliche Entwicklungen in anderen europäischen Ländern, wie zum Beispiel das starke Wachstum des französischen Front National oder die Tatsache, dass die italienischen Neofaschisten es zur Regierungspartei gebracht haben, führen höchstens zu besorgten Artikeln in der linksgerichteten Presse. Verlieren die Niederlande ihren Ruf als tolerante Gesellschaft?

Auf jeden Fall besteht in breiten Kreisen die Überzeugung, dass das Aufkommen rechtsextremer Gruppierungen in den Niederlanden keine „normale" Erscheinung ist. Das zeigt sich einerseits durch die große Verbreitung von Anti-Rassismus-Komitees, die sämtlich Telefonnummern eingerichtet haben, unter denen man entsprechende Vorkommnisse melden kann, z.B.

rassistische Parolen irgendwo auf einer Mauer; andererseits durch allerlei Argumente, die bei korrekt Denkenden ein geistiges Unwohlsein beseitigen sollen. Abneigung gegen Ausländer und das Wählen rechtsradikaler Parteien werden demnach als Protest gegen gesellschaftliche Missstände interpretiert: Arbeitslosigkeit, heruntergekommene Arbeiterviertel, Mangel an Vertrauen in die Effektivität der Behörden. Wer über die '… türken' in der eigenen Straße schimpft, will damit eigentlich ausdrücken, dass es an der Zeit sei, die Häuser renovieren zu lassen.

Es ist schwierig diese Argumente auf ihren Wahrheitsgehalt hin zu überprüfen, denn es handelt sich um bloße Interpretationen, die nicht auf repräsentativen Umfragen beruhen. Genauso wird nämlich die Meinung vertreten, dass derjenige, der auf die '… türken' schimpft, auch tatsächlich die '… türken' meint. Man kann in diesem Zusammenhang jedoch auf ein europäisches Phänomen hinweisen: Liberalismus, Toleranz und Achtung der Menschenrechte gelten in vielen Ländern als Selbstverständlichkeit, gleichzeitig aber finden sich überall Strömungen, die Intoleranz und Fremdenhass predigen. Parteien, die solche Ideen verbreiteten, verfügten vor dem Zweiten Weltkrieg in ganz Westeuropa über eine (häufig nicht unbeträchtliche) Anhängerschaft. Und ihre Führer nahmen an der seriösen politisch-gesellschaftlichen Meinungsbildung teil. Auch Hitlers Nationalsozialisten erlangten in freien Wahlen niemals die parlamentarische Mehrheit in Deutschland, Hitler errang die Alleinherrschaft durch eine Art 'legalen Staatsstreich'.

Im Zweiten Weltkrieg zeigte sich die extreme Rechte zu solch grauenerregenden Missetaten fähig, dass alle Länder, die von den Nationalsozialisten besetzt waren, für mehrere Jahrzehnte gegen diese politische Seuche immun waren. Doch ist seit der Befreiung mehr als ein halbes Jahrhundert vergangen. Die Menschen, die dies alles selbst am eigenen Leib erfahren haben, sind heute Greise und zunehmend in der Minderheit. Für die Mehrheit der Bevölkerung ist der Zweite Weltkrieg Geschichte, Teil der gemeinsamen Erinnerung, was die abschreckende Wirkung von Auschwitz mindert. Die Macht der heutigen Rechten ähnelt relativ der, die die Rechte innehatte, bevor Hitler seine Armee aussandte um Europa zu erobern. Dies gilt auch für die Niederlande, jedoch mit der Einschränkung, dass vor dem Zweiten Weltkrieg das fest verankerte Säulensystem ein Bollwerk gegen rechtsradikale Überzeugungen bildete. Die Säulen sind praktisch nicht mehr vorhanden, aber die rassistischen politischen Parteien haben es noch nicht auf die vier Prozent der Stimmen gebracht, die die niederländischen Nationalsozialisten in den dreißiger Jahren mit viel Mühe erringen konnten.

Ein Problem der gesellschaftlichen Anpassung

Möglicherweise handelt es sich um ein Problem gesellschaftlicher Anpassung. Denn die Niederlande werden immer farbiger – Antirassisten sagen

'bunter'. Seit fast vierzig Jahren sind die Niederlande ein Einwanderungsland, wobei die Neuankömmlinge natürlich die städtischen Zentren bevorzugen. Nur sieben Prozent der Bevölkerung sind nicht niederländischer Abstammung, da sie aber vor allem in den Städten leben, fallen sie sehr auf. Etwa im Jahre 2015 wird sich der Prozentsatz verdoppelt haben, während
gleichzeitig ein Prozess der Integration stattfinden wird. 11 Prozent aller
Eheschließungen sind bereits multiethnisch; wie es bei Formen des Zusammenlebens außerhalb der Ehe aussieht, ist nicht bekannt, da es dazu keine
statistischen Daten gibt. Viele Niederländer sind noch erstaunt, wenn neben
ihrem Kirchturm ein Minarett entsteht. In zwanzig Jahren werden sie sich sicher daran gewöhnt haben, vor allem wenn sich ein Islam mit niederländischen Zügen entwickelt. Erste Anzeichen dafür gibt es bereits, immerhin
trägt einer der einflussreichsten Imame den Namen Abdoelwalid van Bom-
mel.

Außerdem: Aller Anfang ist schwer. Zum ersten Mal kommt die niederländische Gesellschaft mit Gruppen von Immigranten aus gänzlich anderen
Kulturkreisen in Berührung. Früher haben die Niederländer ihre Kolonien
manchmal stolz als die tropischen Niederlande bezeichnet. Jetzt liegen diese
tropischen Niederlande um die Ecke. Daran muss man sich erst einmal gewöhnen.

Das Kolonialimperium hat mehr hinterlassen als chinesisch-indische Restaurants

Auf allen Ebenen jedoch ist die gemeinsame Erinnerung an die kolonialen
tropischen Niederlande noch wach. Sie spielt im Hintergrund mit bei der
Art und Weise, in der Niederländer Ausländer, Minderheiten, 'Mitländer',
Allochthone oder wie sie auch immer heißen mögen, behandeln. Niemand
stellt diesen Zusammenhang bewusst her, für den unbefangenen Ausländer
ist er dennoch deutlich sichtbar. Das koloniale Imperium hat mehr hinterlassen als chinesisch-indische Restaurants.

Das Wort „Imperium" ist keineswegs übertrieben. Bis 1949 waren die
Niederlande die bedeutendste Kolonialmacht nach England und Frankreich.
Sie herrschten über Niederländisch-Indien, das heutige Indonesien, ein In-
selreich in Südostasien, größer als der gesamte europäische Kontinent. Außerdem herrschten sie über sechs kleine Inseln in der Karibik und das ausgedehnte Land Surinam (das frühere Niederländisch-Guayana, nördlich von
Brasilien gelegen), wo jedoch lediglich einige hunderttausend Menschen
wohnten. Niederländisch-Indien machte mit seinen 50 Millionen Einwohnern (inzwischen sind es viermal soviel) die Niederlande zur Kolonialmacht.
König Abd al-Asis, Begründer Saudi-Arabiens, erbat sich oft Rat von seiner
niederländischen Kollegin Wilhelmina, da er sie aufgrund der 50 Millionen
Indonesier, von denen sich jedes Jahr viele in Schiffen zur Pilgerfahrt nach

Mekka aufmachten, als Herrscherin über das wichtigste muslimische Reich der Welt betrachtete.

Der Besitz von Niederländisch-Indien bildete ein wichtiges Element des Nationalstolzes. Die große Mehrheit der Niederländer war davon überzeugt, dass ihre Landsleute in 'Insulinde' (ein Name, den Multatuli der Kolonie gegeben hatte) bzw. dem sogenannten 'Smaragdgürtel' Gutes taten. Sie beschützten dort das Volk gegen die Tyrannei der inländischen Herrscher und verbreiteten Fortschritt und Zivilisation. Sie waren davon überzeugt, dass die einheimische Bevölkerung die niederländische Herrschaft dankbar akzeptierte. Die Javaner, so wurde gesagt, seien die sanftmütigsten Menschen auf Erden. Berichte über Unabhängigkeitsbewegungen und nationalistisch gesinnte Anführer wurden daher auch nicht ernst genommen. Man betrachtete sie als vereinzelte Vorfälle, angezettelt von Unruhestiftern, die sich des segensreichen Wirkens der niederländischen Herrschaft nicht recht bewusst waren. Sie wurden als völlig unbedeutend eingestuft.

Alle guten Absichten endeten in einem Fiasko

Es war kaum erstaunlich, dass die niederländische öffentliche Meinung die Verhältnisse so falsch einschätzte, denn in der Kolonie befanden sich zu keinem Zeitpunkt mehr als 80 000 Niederländer zugleich. Dank des Massentourismus besuchten nach 1980 mehr Niederländer Indonesien als in den Jahrhunderten davor. Frühere Generationen mussten sich auf Augenzeugenberichte und durch koloniale 'Siebe' gefilterte Informationen verlassen.

Das Zerreißen der Bande zwischen den beiden Ländern war eine traumatische Erfahrung und hat Wunden hinterlassen, die auch jetzt – fünfzig Jahre später – noch nicht verheilt sind. Die Beziehungen zu Surinam, seit 1975 unabhängig, sind ähnlich belastet. Nach relativ weit verbreiteter Einschätzung waren die Niederländer schlechte Dekolonisatoren. Alle guten Absichten endeten in einem Fiasko.

Die Basis für das niederländische Kolonialreich wurde von der Vereinigten Ostindischen und Westindischen Kompanie im Goldenen Zeitalter geschaffen. Diese Handelsunternehmen importierten Produkte aus Übersee nach Europa und strebten nach einem Monopol, das sie ohne allzu viel Skrupel mit Waffengewalt zu erringen versuchten. So besetzte die Ostindische Kompanie die gesamte Küste der Insel Ceylon (heute Sri Lanka) und isolierte das im Binnenland residierende Königshaus, so dass das Handelsmonopol gesichert war. Eine Minderheit unter dem Namen '*Dutch Burghers*' lebt noch immer an dieser Küste. Wie ihre niederländischen Nachnamen zeigen, sind sie die Nachfahren der Männer der Kompanie, die einheimische Mädchen heirateten; Rassismus gab es damals nämlich noch nicht. Diese Ideologie entwickelten die Europäer erst, als sie zu der Überzeugung gelangten, dass Überlegenheit in der Kriegsführung allein keine Rechtfertigung für Vorherrschaft ist, sondern dass ein Element moralischer oder intellektueller Superiorität dazugehört.

Auch der Hauptsitz der Kompanie, Batavia (heute Jakarta), war einschließlich der kolonialen Elite eine multiethnische Stadt.

Die lokalen Herrscher waren nicht gerade erfreut über das Handelsmonopol, das die Ostindische Kompanie ihnen aufzwang. Dies führte zu vielen Kriegen, die sie in der Regel verloren, wodurch sich das von der Kompanie beherrschte Gebiet immer weiter ausdehnte, obwohl es im Vergleich zum heutigen Indonesien recht begrenzt blieb. Drei Viertel davon wurden erst in der letzten Hälfte des 19. und den ersten vierzig Jahren des 20. Jahrhunderts von der Königlich Niederländisch-Indischen Armee (KNIL) erobert bzw. – wie es koloniale Quellen ausdrücken – befriedet. Dies geschah oft mit so brutaler, blutiger Gewalt, dass sich ein Vergleich mit dem Vietnamkrieg aufdrängt. Die Kompanie ging 1799 in Konkurs und der niederländische Staat übernahm ihre Schulden, Besitztümer und die politische Verantwortung.

Die Westindische Kompanie konzentrierte ihre Aktivitäten auf Nord- und Südamerika. Anfänglich handelte es sich dabei vor allem um offiziell genehmigte Piraterie, die so genannte 'kaapvaart', gegen Spanien gerichtet, gegen das die Niederlande bis 1648 Krieg führten. Jeder Niederländer kennt das Lied von Piet Hein, dem Admiral, der die spanische Silberflotte eroberte. Es ist sogar zum Kampflied von Fußballfans geworden.

Außerdem trieb die Kompanie auch gewöhnlichen Handel, was sich allerdings in Nord- und Lateinamerika schwieriger gestaltete als in Asien. Alle entwickelten Kulturen, mit denen die Kompanie Handel hätte treiben können, waren von den Spaniern in den Jahrzehnten nach der Entdeckung Amerikas durch Kolumbus ausgerottet worden. Große Teile des Kontinents eigneten sich jedoch für den Anbau tropischer Produkte, im 17. und 18. Jahrhundert vor allem Zucker, den man allerdings selbst anbauen musste. Die Spanier und Portugiesen hatten deshalb ein Plantagensystem eingeführt und anfänglich die einheimische Bevölkerung versklavt. Später wurden in großem Stil schwarze Sklaven aus Westafrika importiert. Die Westindische Kompanie musste also Plantagen erwerben um mit Zucker Handel treiben zu können. Im Wettstreit mit den Franzosen, Engländern und Dänen wurden verschiedene Inseln in der Karibik besetzt und der Nordosten Brasiliens von den Portugiesen erobert. Die Kompanie ernannte Prinz Maurits von Nassau-Siegen, einen entfernten Verwandten des damaligen Statthalters, zum Gouverneur.

Johan Maurits regierte wie ein Renaissancefürst. Er wurde zum Beschützer von Kunst und Literatur, bemühte sich um eine ordentliche Verwaltung, wollte sowohl in die Menschen als auch in das Land investieren und träumte von neuen Niederlanden an der brasilianischen Küste. Die Direktion der Kompanie in Amsterdam hingegen, die sich vor allem mit der Gewinn- und

Verlustrechnung beschäftigte, teilte seine Ansichten nicht, so dass Johan Maurits nach sieben Jahren verbittert abdankte. Die Machtposition der Kompanie wurde in den Jahren danach durch einen Volksaufstand zugunsten der Portugiesen zerstört. Noch immer aber ist Prinz *Mauricio* fester Teil der brasilianischen kollektiven Erinnerung und hat seinen Platz im Pantheon der Nation.

Schließlich erhielt die Kompanie dauerhaften Zugang zu Zuckerplantagen und tauschte im Rahmen eines Friedensvertrages mit England, der den Handelskrieg beendete, Surinam für den Handelsposten Neu Amsterdam ein, der übrigens bereits vorher in die Hände des Herzogs von York gefallen war. Dieser Edelmann machte mit einer Namensänderung die neuen Verhältnisse deutlich: Neu Amsterdam wurde zu New York.

Das Zusammentreffen von Angebot und Nachfrage

Bereits zu Ende des 16. Jahrhunderts kehrten Piraten aus Middelburg mit einem Schiff voller Sklaven nach Hause zurück. Die Einwohner von Middelburg waren so entsetzt, dass man den Sklaven sofort die Freiheit schenkte. Bald gewöhnte man sich jedoch an dieses Phänomen. Von Anfang an hatte die Westindische Kompanie großen Anteil am Sklavenhandel. Dazu musste sie Stützpunkte an der westafrikanischen Küste erobern: Forts mit enormen Kerkern, in denen die Sklaven bis zur Verschiffung festgehalten wurden. Hauptstützpunkt war Elmina, wo noch heute viele Familien einen niederländischen Namen tragen. Das verlassene Fort erhebt sich noch immer über den Dächern des Städtchens. Touristen zeigt man die geheime Treppe, die vom Schlafzimmer des Gouverneurs zum Kerker der Sklavinnen führte.

Die Zahl der Sklaven, die auf niederländischen Schiffen nach Amerika gebracht wurden, ist schwierig zu schätzen. Doch reicht es aus zu wissen, dass die Sklaven im Rumpf träger Segelschiffe zu Hunderten zusammengepfercht wurden und nach der Reise einige Monate brauchten, um auf der Insel Curaçao – bezeichnenderweise 'Sklavenplantage' genannt – wieder zu Kräften zu kommen, bevor die Kompanie sie mit einem Brandzeichen versehen auf den Sklavenmärkten verkaufte. Die Sterblichkeit während der Reise war hoch und von vornherein in die Preise einkalkuliert. Grob gesagt lag der Verkaufspreis etwa zehnmal höher als der Einkaufspreis an der afrikanischen Küste. Sehr gewinnbringend war der Sklavenhandel trotzdem nicht, obwohl oft das Gegenteil behauptet wird. Dies dürfte an der hohen Sterblichkeit gelegen haben.

Die niederländischen Sklavenhändler brauchten ihre Ware übrigens nicht zu rauben, denn an der westafrikanischen Küste lagen große, gut organisierte Königreiche, in denen die Sklaverei gängige Praxis war. Angebot und Nachfrage trafen hier aufeinander.

Das Fort Elmina spielt manchmal eine Rolle in Fernseh-Dokumentarfilmen, in denen dieses beschämende Kapitel der Geschichte beschrieben wird. Die keineswegs geringe Rolle der Niederlande im Sklavenhandel wird als schwarze Zeit in der nationalen Geschichte angesehen, wobei die populäre Kultur dazu neigt, das Ganze eher schlimmer darzustellen als es war. Im Gegensatz zu ihren Zeitgenossen, die von der *Middle Passage* profitierten, brauchten sich die niederländischen Sklavenhändler nicht mit einer Opposition im eigenen Land auseinanderzusetzen, während sich in England bereits im 18. Jahrhundert eine Massenbewegung gegen die Sklaverei entwickelte. Die Französische Revolution schaffte in ihrer radikalen Periode die Sklaverei ab, während es solche Tendenzen in den Niederlanden nicht gab. Das Parlament beendete die (in Vergessenheit geratene, aber noch immer umfangreiche) Sklaverei in zwei Schritten: für Ost-Indien im Jahre 1859, für die karibischen Kolonien im Jahre 1864, wobei Eigentümer übrigens für ihre 'Verluste' entschädigt wurden. Jemand, der heutzutage auf die Idee kommt Sklavenhandel zu treiben, wird mit einer Gefängnisstrafe von maximal zwölf Jahren bestraft.

Es gibt allerdings auch Hinweise dafür, dass die am Sklavenhandel Beteiligten bisweilen ein schlechtes Gewissen hatten. Im 18. Jahrhundert brachte ein freier schwarzer Bewohner des heutigen Ghana es in Leiden zu großer Berühmtheit, als er in Theologie promovierte. Seine Dissertation enthielt eine Rechtfertigung der Sklaverei. Eine der letzten niederländischen Gesellschaften, die Sklavenhandel betrieb, trug den neutralen Namen *Middelburgsche Commercie Compagnie*. Niemand käme je auf die Idee, die moralische Akzeptanz der Straßenbeleuchtung zu verteidigen. Erst wenn Gebräuche oder Organisationen ein moralisches Fundament benötigen, werden sie kontrovers.

Das Aufblühen rassistischer Ideologien im 19. Jahrhundert hat damit viel zu tun. Weiße Europäer – auch Niederländer – mussten ihre Vorherrschaft in Übereinstimmung mit der Idee der Gleichwertigkeit (nicht etwa Gleichheit) der Menschen bringen, die das Fundament des Christentums bildet. Wer mit Menschen handelte oder sie – in welchem Ausmaß auch immer – ihrer grundlegenden Rechte beraubte, musste sich dafür gute „Argumente" einfallen lassen, etwa den „Nachweis", dass sie zu einer minderwertigen Rasse gehören oder schlichtweg anders sind. So wurde der Handel mit Afrikanern oft mit dem Hinweis auf die biblische Geschichte von Noah, dem Erbauer der Arche und dem Stammvater aller Menschen, erklärt. Noah hatte seinen Sohn Cham verflucht und Afrikaner sind die Nachkommen von Cham. Eng damit verwandt sind alle möglichen Pseudo-Wissenschaften, die genetische Unterschiede zwischen Menschen mit höherer oder niedrigerer Intelligenz verbinden.

Es gibt auch eine nicht-rassistische Rechtfertigung für die europäische Vorherrschaft, die in den Niederlanden viel Anklang gefunden hatte; eine Ideologie, die eng mit Kiplings Diktum vom *white man's burden* verwandt ist: Europäer verbreiteten die Zivilisation in der gesamten Welt, indem sie die Barbaren erzogen und zivilisierten, bis sie einen Entwicklungsstand erreicht hatten, der dem ihrer Mentoren entsprach. Solange sie auf diesem Stand nicht tatsächlich angelangt waren, blieb die Herrschaft über sie ein notwendiges Übel. Die Eroberungszüge, die die Königlich Niederländisch-Indische Armee ab etwa 1870 auf den indonesischen Inseln unternahm, wurden von der offiziellen Propaganda als Kreuzzüge gegen die Sklaverei dargestellt, die die unzivilisierten örtlichen Herrscher betrieben, und deshalb als Befreiungskampf ausgegeben.

Ein deutliches Element struktureller Vergewaltigung

Gleichzeitig jedoch entwickelte sich der Kolonialismus in der Praxis mehr und mehr zu einer ausschließlich weißen Angelegenheit, vor allem durch das Eintreffen von Ehefrauen. Mit einem Segelschiff dauerte die Reise von Amsterdam nach Indonesien bzw. zurück anderthalb Jahre, wobei es durchaus als normal galt, dass ein Drittel der Besatzung unterwegs das Zeitliche segnete. Auch auf den Stützpunkten vor Ort war die Sterblichkeit groß, denn die Neuankömmlinge waren anfällig für tropische Krankheiten. Die Niederländer vergrößerten dieses Problem noch, weil sie sich bevorzugt an Orten niederließen, die sie an zu Hause erinnerten, in sumpfigen Deltas. Batavia war mit Brücken und Grachten angelegt, um Amsterdam zu ähneln, womit ein idealer Lebensbereich für die Malariamücke geschaffen worden war. Unmittelbar nach der Eroberung von Nordostbrasilien verlegten die Holländer ihr Verwaltungszentrum aus dem hochgelegenen Städtchen Olinda – von der UNESCO wie die Sklavenforts zum Weltkulturerbe erklärt – in das Fischerdorf Recife an einer nahegelegenen Flussmündung. Bis heute sind Überschwemmungen ein immer wiederkehrendes Problem dieser Millionenstadt.

Das waren keine Orte für Frauen. Die Kompanie hatte noch mit aus der Unterschicht der niederländischen Gesellschaft rekrutierten 'Kompanietöchtern' experimentiert, aber wenn diese die Reise überhaupt überlebten, trugen sie an den fernen Vorposten des Reiches nicht unbedingt zur moralischen Entwicklung bei. Außerdem hatten die Kolonialherrscher in einer von der Sklaverei dominierten Umgebung Alternativen: Mätressen so viel sie wollten. Im gesamten System des Kolonialismus ist Vergewaltigung ein strukturelles Element.

Durch den Bau des Suezkanals und die Entwicklung der mit Dampfkraft angetriebenen Passagierschiffe wurde die Reise schließlich sicherer, so dass die Tropen auch für „ordentliche" junge Frauen geeignet wurden. Die Kolonialbeamten ihrerseits waren einer guten Partie durchaus nicht abgeneigt. Auch waren diese Kolonialbeamten nicht mehr dieselben; aufgrund der gestiegenen Überlebenschancen in den Kolonien war eine Karriere dort nicht mehr ausschließlich eine Verzweiflungstat für Bankrotteure und andere, die sich in ihrer gewohnten Umgebung nicht mehr sehen lassen konnten. Die „ordentlichen" jungen Frauen heirateten und wehrten sich mit vereinten Kräften gegen die Konkurrenz der inoffiziellen einheimischen Frauen (*Njais* genannt) und der Mätressen ihrer Ehemänner. Sie versuchten auch – jedoch mit sehr viel weniger Erfolg – die *Sozietäten* (Herrenclubs) zu erobern, in denen ihre Männer große Mengen an Alkohol konsumierten.

Die koloniale Gesellschaft jedoch blieb eine Männergesellschaft. Europäische Ehefrauen herrschten über das Haushaltspersonal, aber ihr Status beruhte ausschließlich auf der Position und dem Ansehen ihrer Gatten. Sie waren Frauen und Mütter, nicht mehr, und mussten also dafür sorgen, dass der Mann auf dem rechten Pfad blieb, und sei es auch nur in den Augen der Außenwelt.

Bumi Manusia (*The Earth of Mankind*), erster Teil des nationalen indonesischen Romanzyklus, geschrieben von Pramoedya Ananta Toer, beschreibt, wie eine inoffizielle einheimische *Njai* nach dem Tod ihres altmodischen und daher nicht offiziell verheirateten Meisters von der weißen Familie ihres Kindes beraubt wird. Der Roman beruht auf historischen Tatsachen und stellt eine direkte Verbindung zwischen solchen Vorkommnissen und dem Aufkommen des indonesischen Nationalismus dar.

So schlich sich ein Element der Rassentrennung in die koloniale Gesellschaft ein.

Ethische Politik

Im Jahre 1899 publizierte der liberale Politiker C. T. van Deventer einen Artikel in der politisch-kulturellen Monatszeitschrift *De Gids,* der wie eine Bombe einschlug. Die Überschrift lautete „Eine Ehrenschuld" und der Artikel schuf einen neuen Begriff: „Ethische Politik". Van Deventer wies anhand von Zahlen und Fakten eindeutig nach, dass die Niederlande Indonesien immer ausgebeutet und ausgeraubt hatten. Dadurch hatten die damaligen Generationen eine Ehrenschuld und die Niederlande die Verpflichtung, diese abzutragen, indem die Kolonie in Zukunft zum Vorteil der einheimischen Bevölkerung verwaltet wurde. Van Deventers konkrete Vorschläge ähneln dem, was wir heutzutage 'Entwicklungszusammenarbeit' nennen. Ein Land soll allmählich auf seine Selbstverwaltung vorbereitet werden.

Van Deventer stand mit seiner Überzeugung nicht alleine. Er gehörte zu einer Gruppe Intellektueller, die der Universität von Leiden nahestanden, wo es eine wissenschaftliche Ausbildung für Kolonial-Verwaltungsbeamte gab, die aus dem Studium der indonesischen Sprachen und Jura bestand sowie – in dem Maße, in dem die Wissenschaft sich weiter entwickelte – aus Anthropologie. Der große Held war der brillante Gelehrte Christiaan Snouck Hurgronje, ein Universalgelehrter, der durch sein Studium der Arabistik ein immenses Wissen über den Osten erworben hatte. Snouck Hurgronje besaß eine aufrichtige Wertschätzung für die indonesischen Kulturen und es gibt Hinweise darauf, dass er sich insgeheim zum Islam bekehrt hatte. Er schärfte seinen Studenten – den zukünftigen Verwaltungsbeamten – ein, dass man die einheimischen Kulturen nicht nur kennen müsse, sondern ihnen auch Achtung entgegenzubringen habe und dass der Aufbau des Landes auf dieser Grundlage und nicht nur unter dem Gesichtspunkt des Profits stattzufinden habe. Der Hüter seines geistigen Erbes, Cornelis van Vollenhoven, kodifizierte die *Adat*, das einheimische Rechtssystem, und setzte sich sein Leben lang dafür ein, dass die *Adat* möglichst uneingeschränkt beachtet wurde.

Die öffentliche Meinung war auf solche Auffassungen durch den bereits genannten Schriftsteller *Multatuli* und seinen Bestseller *Max Havelaar oder Die Kaffeeauktionen der Niederländischen Handelsgesellschaft* vorbereitet worden. In diesem Roman wird in der Gestalt von Batavus Droogstoppel ein beschränkter, scheinheiliger Niederländer dargestellt, der an Indonesien ausschließlich verdienen will. Max Havelaar, der edle Protagonist, geht zugrunde, weil er sich für die unterdrückten Einheimischen einsetzt und seine Vorgesetzten ihn eiskalt fallen lassen. Die Geschichte ähnelt dem, was Multatuli selbst erlebte. Man sollte dabei nicht aus dem Auge verlieren, dass die unmittelbar für die Ausbeutung Verantwortlichen die traditionellen einheimischen Herrscher sind, die der Kolonialbeamte Max Havelaar kontrollieren muss. Erst an zweiter Stelle kommt die niederländische Kolonialbürokratie. Der Roman plädiert nicht für die Emanzipation der Einheimischen von der Last des Kolonialismus, sondern für mehr Paternalismus seitens der Niederlande. Die entscheidende Stelle in dem Roman ist eine Rede, die Max Havelaar vor den Häuptlingen von Lebak hält, in denen er, der Niederländer, ihnen deutlich macht, wie sie auf Basis ihrer eigenen Prinzipien klug regieren sollten. Max Havelaar weiß das nämlich besser als die Betroffenen selbst.

General van Heutz, Kommandant der sehr aggressiv auftretenden Königlich Niederländisch-Indischen Armee und für Aktionen verantwortlich, die gemäß der Maßstäbe von Nürnberg und Tokio unzweifelhaft als Kriegsverbrechen zu klassifizieren waren, war überzeugter Anhänger der ethischen Politik. Snouck Hurgronjes Ratschläge für diesen Feldherrn waren so beschaffen, dass van Heutz durchaus als Begründer der psychologischen Kriegsführung gelten kann. Wann immer die einheimische Bevölkerung sich nicht für die Taktik der ethischen Politik begeistern konnte, stand die Artillerie parat.

Dennoch war die ethische Politik ernst gemeint. Die koloniale Geschäftswelt ärgerte sich so sehr über die Leidener Verwaltungsbeamten, dass sie an der Universität von Utrecht eine konkurrierende Fakultät finanzierte. Denn die von den ethischen Bürokraten respektierte *Adat* stand oft der kapitalistischen Entwicklung im Weg.

Ob diese die *Adat* tatsächlich respektierten, ist übrigens bis heute nicht ganz geklärt. Auf jeden Fall respektierte man van Vollenhoven und seine Forschungen sowie seine Hunderte – anonymer – Plädoyers für die ethische Politik in der von der Intelligenzschicht gelesenen Tageszeitung *Nieuwe Rotterdamsche Courant*. Der Gelehrte hielt sich selbst lediglich ein einziges Mal für einige Wochen in Indonesien auf und beschränkte sich ansonsten auf die Informationen, die ihn in Leiden erreichten. Spätere Nachforschungen haben ergeben, dass die einheimische Bevölkerung die mündlich überlieferte *Adat* oft ganz anders interpretierte als die wohlmeinenden Verwaltungsbeamten, die bei van Vollenhoven erfolgreich ihr Examen absolviert hatten. In solchen Fällen war man gemeinhin davon überzeugt, dass die Einheimischen sich irrten.

Die niederländische öffentliche Meinung gelangte allmählich zu der Überzeugung, dass die Ehrenschuld tatsächlich getilgt war. Die Kolonie wurde langsam, aber sicher zur Selbstständigkeit 'erzogen'. Die Betonung lag auf langsam, denn auch die meisten Ethiker waren davon überzeugt, dass dieser Prozess Generationen dauern sollte. Auf die nationalistischen Bewegungen reagierte man daher mit ziemlicher Härte. Radikale Anführer wurden im Lager Boven-Digoel auf der isolierten Insel Neu-Guinea, deren Bevölkerung noch in der Steinzeit lebte, interniert. Zensur hielt die oppositionelle Presse in Zaum.

Die gemäßigten Nationalisten zielten auf einen niederländisch-indonesischen Staatsverband ab, wobei der Kolonie interne Selbstverwaltung zugestanden werden sollte. Die niederländische Regierung war dagegen und ernannte General-Gouverneure, die nicht mit dem ethisch-politischen Virus infiziert waren.

Das indonesische Kartenhaus fiel innerhalb von drei Monaten in sich zusammen

Nach dem Angriff auf Pearl Harbor erklärten die Niederlande Japan den Krieg und das indonesische Kartenhaus fiel innerhalb von drei Monaten in sich zusammen. Zu ihrem eigenen Erstaunen mussten die meisten der achtzigtausend Niederländer feststellen, dass sich die einheimische Bevölkerung keineswegs begeistert hinter die niederländische Flagge scharte, sondern mit einigem Optimismus abwartete, wie sich die neuen Besatzer verhalten würden.

Die Japaner legten dem aufkeimenden Nationalismus keine Hindernisse in den Weg, solange die Anführer sich mit den militärischen Zielen der Japaner identifizierten. Gleichzeitig aber stellte sich heraus, dass die japanische Armee zu schlimmen Gräueltaten im Stande war. Sie plünderte das Land und terrorisierte die Bevölkerung.

Die Niederländer wurden – getrennt nach Männern und Frauen – in Lagern interniert, wo Hunger herrschte und es am Allernötigsten fehlte. Genauso wie außerhalb der Lager übten die japanischen Kommandanten auch hier eine grausame Schreckensherrschaft aus. Mit der Kapitulation Japans nach dem Abwurf der Atombomben auf Hiroshima und Nagasaki war die Besatzungszeit Indonesiens noch nicht zu Ende. Die nationalistischen Führer Sukarno und Hatta nutzten das Machtvakuum und erklärten Indonesien für unabhängig. Für die internierten Niederländer war dies eine unangenehme Überraschung. Sie hatten erwartet wieder zu den gewohnten Verhältnissen zurückkehren zu können und mussten sogar feststellen, dass sie im Lager sicherer waren als draußen, da radikale Nationalisten ihre früheren Kolonialherren verfolgten.

Die Regierung der inzwischen befreiten Niederlande setzte die nationalistischen Anführer, die ja schließlich mit den Japanern kollaboriert hatten, den eigenen nationalsozialistischen Landesverrätern gleich. Sie sandte eine Expeditionsarmee aus um die Ordnung wiederherzustellen. Dabei ging es nicht darum die Kolonialmacht zurückzuerobern. Ein unabhängiges Indonesien war durchaus akzeptabel, solange diese Unabhängigkeit niederländischen Bedingungen entsprach. Die niederländische Regierung stellte sich eine Art Föderation autonomer Regionen vor, in denen die *Adat* und einheimische Sitten voll respektiert würden. So musste die Region vier weitere Jahre Krieg erdulden. Die Niederlande mussten schließlich auf Druck der Völkergemeinschaft Verhandlungen mit der jungen Republik aufnehmen, doch diese verliefen äußerst schwierig. Zweimal erhielt die Expeditionsarmee den Auftrag eine Offensive durchzuführen, die man euphemistisch 'Polizeiaktion' nannte. Eine blutige Angelegenheit, wobei auch die niederländische Seite kriminelle Racheakte ausführte. Schließlich zwangen die Vereinigten Staaten die Niederlande Indonesien seine Unabhängigkeit zuzugestehen. Der Form halber erklärten sich Sukarno und die Nationalisten mit einer Föderation einverstanden, mit ihrer eigenen Republik als Teilstaat. In den ersten Jahren nach der Unabhängigkeit annektierte die Republik die übrigen Staaten.

Sukarno musste außerdem den Niederländern Neu-Guinea überlassen, das der Form halber ein Protektorat der Vereinten Nationen wurde. Sukarno begann eine Politik der Konfrontation um auch dieses Gebiet zu erobern und hatte schließlich 1963 Erfolg, nachdem die Vereinigten Staaten deutlich gemacht hatten, dass sie das niederländische Beharren in dieser Angelegenheit in keiner Weise weiterhin zu unterstützen gedachten. Der konservative niederländische Außenminister Joseph Luns war darüber so erbost, dass er später das Ersuchen ein niederländisches Bataillon nach Südvietnam zu senden mit dem Argument zurückwies, die Niederlande spielten in Asien keine Rolle mehr.

Der Verlust von Indonesien brachte die ersten Minderheiten in die Niederlande

Der Verlust von Indonesien führte zum Zuzug der beiden ersten Gruppen nationaler Minderheiten in die Niederlande. Ein Großteil der *Indos*, etwa 250 000 Menschen niederländisch-indonesischer Abstammung, flüchtete in die Niederlande. Sie hatten vor allem in und um Batavia eine eigene Identität entwickelt, komplett mit einer auf dem Niederländischen basierenden Sprache, und sich – von einigen Ausnahmen abgesehen – gegenüber der Kolonialverwaltung loyal gezeigt. Aus Angst vor Vergeltungsmaßnahmen entschieden sie sich jetzt für das Land, das sie als ihr Mutterland betrachteten.

In den Niederlanden bemühten sich die Indos, vor allem die niederländischen Elemente ihrer Identität zu entwickeln. Es blieb ihnen auch nichts anderes übrig: Sie wurden zunächst in Auffanglagern untergebracht, wo Sozialarbeiter ihnen auf recht unbarmherzige Weise niederländische Werte und Normen „nahebrachten". Man sah es zum Beispiel nicht gerne, wenn die Indos an ihrer traditionell auf Reis basierenden eigenen Küche festhielten. Familien, die abends die traditionellen holländischen Kartoffeln auf den Tisch brachten, wurden bei der Zuteilung eines eigenen Hauses bevorzugt. Viele Indos fügten sich, da sie sich bewusst für die Niederlande entschieden hatten und ihre Kinder möglichst niederländisch großziehen wollten.

Noch heute leidet diese Gemeinschaft an verzehrendem Heimweh nach einem idealisierten Indonesien, das sie als ein verklärtes Image ihres Vaterlandes sehen. Im Malaiischen heißt dieses Gefühl *tempoe doeloe*, ‘die alte Zeit’. In jeder größeren niederländischen Stadt wird von Zeit zu Zeit ein *pasar malam* (Abendmarkt) oder *pasar dalam* (überdeckter Markt) angekündigt, meist in einer kommunalen Sporthalle. Auf diesen Märkten findet man ein umfangreiches Kulturprogramm, so dass während einiger Tage innerhalb der niederländischen Einschränkungen *tempoe doeloe* wieder wach wird und man für kurze Zeit das kühle Nordseeklima vergisst.

Jüngere Generationen sind dabei das indonesische Element in sich selbst wieder zu entdecken. Sie sehen den Empfang, den man ihren Eltern in den fünfziger Jahren bereitete, äußerst kritisch und versuchen neue Bande mit Indonesien anzuknüpfen.

Die Molukker fühlten sich betrogen und ausgenutzt

Etwa zur gleichen Zeit wie die Indos trafen die Molukker in den Niederlanden ein; Soldaten von den Molukkeninseln, die in der Königlich Niederländisch-Indischen Armee gedient hatten, mit ihren Familien. Sie kamen nicht etwa freiwillig in die Niederlande, sie befolgten die Befehle ihrer Vorgesetzten, die sie angewiesen hatten die Molukken zu verlassen. Sofort nach ihrer Ankunft wurden sie zu ihrer großen Überraschung demobilisiert.

Die Christen auf der winzigen Insel Ambon hatten traditionell in großer Zahl in der Armee gedient und ihre Loyalität gegenüber ihren niederländischen Herren war womöglich noch größer als die der Indos. Von der indonesischen Unabhängigkeit hatten sie wenig zu erwarten. Auf Ambon selbst gab es eine eigentlich von den Niederländern unterstützte Separatistenbewegung, was die Situation noch erschwerte. So befahl man den Soldaten in die Niederlande zu emigrieren, wo sie sofort demobilisiert wurden. Auf Ambon wurde danach für kurze Zeit die Republik der Süd-Molukken ausgerufen, der jedoch nur ein kurzes Leben vergönnt war.

Die Molukker, die sich von den Niederländern betrogen und ausgenutzt fühlten, weigerten sich die Auffanglager zu verlassen und betrachteten sich weiterhin als Soldaten. Sie setzten jeglicher Form der Integration energischen Widerstand entgegen und klammerten sich an das Ideal der Republik der Süd-Molukken. Schnell bildeten sie eine Exilregierung, die loyal und sehr diszipliniert unterstützt wurde.

Die niederländische Regierung wies dieses Ideal kategorisch zurück und setzte weiterhin auf Integration. Dies führte gelegentlich zu Konflikten mit der Exilgemeinschaft, und in den sechziger Jahren mussten die Niederländer zu ihrem Erstaunen miterleben, dass die Molukker sich weigerten ihre mittlerweile maroden Baracken in den Lagern zu verlassen und in ordentliche Wohnhäuser zu ziehen. Gemäßigte molukkische Kreise jedoch stimmten schließlich einem Umzug unter der Bedingung zu, dass man sie zusammen in eigenen Vierteln unterbrachte. Denn die Unterbringung in ordentlichen Häusern wäre als Signal zu verstehen gewesen, dass ihr Verbleib in den Niederlanden nicht länger vorübergehender Natur war und sie ihre Entlassung aus der Armee akzeptierten. Die Molukker blieben Soldaten. Sie verhielten sich diszipliniert und gebrauchten keine Gewalt gegenüber den niederländischen Behörden. Aber sie gaben nicht nach.

In den siebziger Jahren kämpfte eine neue Generation Molukker mit anderen Waffen. Inspiriert durch die Widerstandskultur der sechziger Jahre und Organisationen wie die PLO übten radikale Splittergruppen Terror aus. Es begann mit einer Geiselnahme in der indonesischen Botschaft; in den Jahren danach wurde einmal ein mit Reisenden voll besetzter Zug und später ein Kindergarten überfallen, wobei es Tote gab. Die niederländischen Behörden richteten ein Krisenzentrum ein, aus dem sie mit den Entführern verhandelten, was in einem Fall fast drei Wochen dauerte. Dadurch zermürbte man die Terroristen, so dass schließlich Elitetruppen einen Angriff ausführen konnten. Die Gemeinschaft der Molukker lehnte einen solchen Terrorismus entschieden ab, nutzte diese Vorfälle, die in der ganzen Welt

Aufsehen erregten, jedoch um eine Forderung zu erheben: Sie bat um Verständnis und nannte die Terroristen konsequent „unsere Jungs".

Dies war vage ausgedrückt und bot Raum für Interpretation. Es gelang den Molukkern jedenfalls nicht, außerhalb ihrer eigenen Gemeinschaft Anhänger für ihre Republik zu finden. Genausowenig entstand allgemeiner Hass auf Molukker – sie verschwanden einfach aus der öffentlichen Wahrnehmung. Statistiken zeigen, dass es den jüngeren Generationen in zufriedenstellendem Maße gelang sich selbst einen Platz in der Gesellschaft zu schaffen ohne ihre Identität ganz und gar aufzugeben. In den eigenen Vierteln fanden sich in den siebziger Jahren auf jeden Fall die typischen Probleme eines Ghettos, nämlich Drogenabhängigkeit und Arbeitslosigkeit. Diese Problematik scheint sich mittlerweile zu entschärfen. Die alten Soldaten, die sich noch immer konsequent als solche betrachten, sind inzwischen recht betagte Herren und haben in den neunziger Jahren immerhin die Renovierung der alten Baracken gestattet, obwohl das darauf hindeutet, dass diese dauerhaft und nicht mehr vorübergehend bewohnt werden sollen. Diese Hartnäckigkeit rief in den Medien Sympathiegefühle hervor. Das Ideal der Republik der Süd-Molukken besteht noch immer, genauso wie die Exilregierung, aber es entwickelt allmählich die Züge eines offiziellen Ideals, in etwa wie ein Himmelreich, das den Gerechten gehören wird. Inzwischen ist die öffentliche Meinung in den Niederlanden ebenfalls davon überzeugt, dass die Niederlande die Molukker damals tatsächlich betrogen haben. Die blutigen Auseinandersetzungen in Ost-Timor seit 1999 haben zu erneuter Unruhe unter den Molukkern geführt, die der Meinung sind, dass die Niederlande bei diesem internen indonesischen Konflikt nicht einfach zusehen sollten. Radikale Kreise drohten sogar mit Anschlägen in den Niederlanden.

So ruft die indonesische Vergangenheit von Zeit zu Zeit noch Emotionen hervor. Das bekam der Historiker Lou de Jong zu spüren, als sich herausstellte, dass er in seinen Büchern den Krieg gegen die Japaner und den darauffolgenden Befreiungskampf der Indonesier recht kritisch geschildert hatte. Zum ersten und einzigen Mal änderte er aufgrund des Drucks von außen einige Passagen. Wo er zunächst von niederländischen Kriegsverbrechen sprach, musste er Termini wie z.B. Exzesse verwenden. Der Autor Graa Boomsma wurde noch im Jahre 1994 vor Gericht angeklagt, als er in einem Roman das Auftreten der niederländischen Armee in Indonesien von 1945 bis 1949 mit dem der SS verglich. Den Prozess gewann er zwar ohne Schwierigkeiten, indem er sich auf das Recht der freien Meinungsäußerung berief. Bezeichnend ist jedoch, dass es nicht um eine Einstweilige Verfügung ging, sondern es sich um einen Strafprozeß handelte, der auf Veranlassung der Staatsanwaltschaft angestrengt wurde.

Die Brisanz der kolonialen Vergangenheit zeigt sich weiterhin in den Erfahrungen des Essayisten Rudy Kousbroek, der konsequent die Entmythologisierung der *tempoe doeloe*-Legende betreibt. Kousbroek, während des Zweiten Weltkriegs in einem japanischen Lager interniert, wird nicht müde zu erklären – am deutlichsten in seinem Sammelband *Het Oost-Indisch Kampsyndroom* –, dass es in den Lagern nicht schlimmer zuging als draußen. So lese man in den Erinnerungen anderer Ex-Gefangener häufig, sie seien von den Japanern wie 'Kulis' behandelt worden und empörten sich vor allem darüber, dass sie die Japaner auf japanische Art zu grüßen hatten, das heißt mit einer Verbeugung. Kousbroek schlussfolgert, dass die Japaner offensichtlich die Niederländer genauso behandelten, wie diese selbst die Indonesier behandelt hatten. Die erzwungene Verbeugung wurde von den Niederländern natürlich als Affront gegenüber ihrem weißen – also rassistischen – Überlegenheitsgefühl empfunden. Weiterhin betont er, dass sich in der gesamten Lagerliteratur keinerlei Hinweise auf die indonesischen Opfer des japanischen Terrors finden.

Kousbroek geht in seiner Kritik ziemlich weit, doch die Gegenseite meldet sich ebenso emotional zu Wort und die Debatten werden selten sachlich geführt. Auch nach fünfzig Jahren sind die Wunden nicht verheilt und die Geschehnisse in den Lagern immer noch von Tabus, Legenden und Mythen umrankt. Von einem sachlichen Blick zurück kann keine Rede sein, vielmehr haben wir es mit einem kolonialen Trauma zu tun.

Die Geschichte der Entkolonialisierung in der Karibik ist auch nicht gerade erfreulich – gerade weil die damaligen Machthaber aus den Fehlern in Indonesien gelernt hatten; die gleichen würden sie nicht noch einmal machen.

Die Kolonien in der Karibik hatten einen bescheidenen Umfang: Curaçao, Aruba und Bonaire, drei Inseln vor der venezolanischen Küste mit zusammen weniger als 200 000 Einwohnern, und drei weitere Inseln, Sint Eustatius, Saba und die Hälfte von Sint Maarten, die südlich der Dominikanischen Republik und von Puerto Rico liegen. Diese bildeten zusammen die Niederländischen Antillen.

Bei der Küste Guyanas lag noch Surinam, ein Gebiet wilden Dschungels mit der städtischen Enklave Paramaribo, die von landwirtschaftlich genutzten Flächen umgeben war. Surinam ist etwa fünfmal so groß wie die Niederlande und hat etwas mehr als 300 000 Einwohner.

Als modernes Land muss man sich doch schämen

Nach dem Zweiten Weltkrieg gewährten die Niederlande diesen Gebieten, was sie eigentlich auch Indonesien hatten gewähren wollen: Selbstverwaltung. Gesetzliche Grundlage dafür war das *Statuut van het Koninkrijk* (das Königreichsstatut). Das Königreich bestand aus drei Teilen: den Niederlanden, die die Alleingewalt für Auswärtiges und Verteidigung behielten, Surinam und den Antillen. Beide 'Reichsteile' waren durch einen Minister im niederländischen Kabinett vertreten. Abgesehen davon besaßen ihre Regierungen Handlungsfreiheit.

Die Reformer der sechziger Jahre ließen sich durch koloniale Befreiungsbewegungen inspirieren. Die Generation, die sich jetzt zu Wort meldete, wollte sich von den Älteren absetzen und fühlte sich eher verwandt mit Leuten wie Julius Nyerere, Kenneth Kaunda oder dem schon damals weltberühmten Nelson Mandela, die Gründerväter von Nationen gewesen waren, als mit den Ethikern der Kolonialzeit. Diese Stimmung übertrug sich auf die linken Parteien. In den Niederlanden gelangte man zu der Überzeugung, dass es mit den altmodischen Kolonien ein Ende haben musste. Auch die Generalversammlung der Vereinten Nationen – in der viele Nationen vertreten waren, die gerade ihre Unabhängigkeit errungen hatten – kritisierte die niederländische Delegation wegen der rot-weiß-blauen Flagge in der Karibik. Als modernes Land musste man sich dann doch schämen.

Einige Vorkommnisse auf Curaçao verstärkten dieses Gefühl noch. Im Jahre 1969 arteten Protestdemonstrationen gegen die Regierung dort zu einem Plünderzug durch das Zentrum der Hauptstadt aus. Die niederländische Regierung setzte mit Zustimmung der damaligen sozialdemokratischen Opposition Marinetruppen ein, um die Ordnung wiederherzustellen. Im In- und Ausland erhob sich ein Sturm der Kritik. Die Vorstellung, dass die Niederlande ihre Armee einsetzten um arme Schlucker zu bekämpfen, passte nicht zum Selbstbild eines modernen demokratischen Staates, vor allem nicht Ende der sechziger Jahre, als viele junge Europäer ein Poster von Che Guevara über ihrem Bett hängen hatten. Bei Joop den Uyl, damals Chef der Sozialdemokraten, festigte sich die Überzeugung, dass die niederländischen Kolonien so schnell wie möglich unabhängig werden mussten. Sollte er Regierungschef werden, werde er für die Unabhängigkeit von Surinam sorgen.

Den Uyl wurde Regierungschef.

Der „Commonwealth" hatte durchaus Vorteile

In Surinam und auf den Niederländischen Antillen war man jedoch im Allgemeinen zufrieden mit dem Statut. Die Königin wurde bei ihrem Besuch der Gebiete in Übersee von einer begeisterten Menge empfangen. Im surinamischen Parlament befürwortete eigentlich nur eine intellektuelle Splittergruppe, deren Mitglieder an niederländischen Universitäten Nationalismus und moderne Theorien zur Dritten Welt kennengelernt hatten, die Unabhängigkeit. Die Unruhen in Willemstad, der Haupstadt von Curaçao, waren gegen Korruption in der Regierung und niedrige Löhne gerichtet, nicht gegen die niederländische Flagge. Die Anführer des Aufstands arrangierten sich übrigens schnell mit dem bestehenden Klientelsystem, was die wahre Natur der Bewegung deutlich machte.

Der 'Commonwealth' hatte durchaus Vorteile. Die Niederlande trugen ihre Ehrenschuld mit großzügigen Beiträgen zum Haushalt der Reichsteile ab, denn dort war es um den Wohlstand bedeutend schlechter bestellt als im Mutterland. Noch immer ist das Pro-Kopf-Einkommen auf den Antillen nur etwa halb so hoch wie in den Niederlanden.

Andererseits kontrollierten die Niederlande nur halbherzig, was mit ihren Zahlungen passierte. Man ging mehr oder weniger davon aus, dass alles seine Ordnung hatte. Außerdem hing man nicht mehr dem Gedankengut früherer Generationen an, die mit ihrem Paternalismus das Debakel in Indonesien verursacht hatten.

Sowohl die Antillen als auch Surinam waren und sind karibische Gesellschaftsordnungen, in denen sich hinter einer demokratischen Verfassung Klientelsysteme verbergen, in denen man von Politikern, die man bei Wahlen unterstützt, Gegenleistungen erwartet. So wird der Korruption Tür und Tor geöffnet.

Die Elite auf den Niederländischen Antillen wusste das niederländische Drängen nach Unabhängigkeit durch geschicktes Verhandeln hinauszuschieben, bis die niederländische Regierung schließlich aufgab. Der Führungsschicht von Aruba gelang es, einen *status aparte* zu erreichen, einen eigenen Platz im Königreich, Seite an Seite mit den Antillen. Seit 1990 nimmt auch Den Haag die letzten Reste der tropischen Niederlande als gegeben hin.

Das Versprechen, dem Land einen Milliardenbonus mitzugeben

Die Elite in Surinam konnte man wohl für die Unabhängigkeit begeistern, unter anderem durch das Versprechen, dass man dem Land einen Bonus in Milliardenhöhe mitgeben würde. Surinam ist eine multi-ethnische Gesellschaft. Nach dem Ende der Sklaverei tauschten die meisten der freigelassenen schwarzen Sklaven die Zwangsarbeit auf den Plantagen für eine meist kümmerliche Existenz in der Hauptstadt Paramaribo ein. Als Ersatz warb die Regierung Vertragsarbeiter an, erst in der britischen Kolonie Indien und – als die englischen Machthaber dies verboten – auf Java.

Die Plantagen gingen zugrunde, weil die Arbeiter ihre Verträge nicht erneuerten. So kommt es, dass die surinamische Gesellschaft aus Kreolen afrikanischer Abstammung und Hindus besteht – beide Gruppen sind ungefähr gleich groß. Die Javaner bilden eine recht kleine Minderheit. Weiterhin gibt es kleinere Gruppen Chinesen, Indianer und „Maroons", Nachfahren entkommener Sklaven. Diese Gruppen lebten weitgehend getrennt voneinander und auch die politische Parteibildung spiegelte die Verhältnisse wider. Die Regierung jedoch bildete eine multi-ethnische Koalition, eine Kopie des niederländischen Säulensystems, jedoch auf ethnischer Grundlage.

Eine wunderbare neue Stadt: Bimri

An der Basis der Gesellschaft waren die Trennlinien äußerst scharf, so dass viele Menschen für den Fall, dass die Niederlande sich zurückziehen würden, den Ausbruch von Gewalttätigkeiten fürchteten. Als feststand, dass die Unabhängigkeit 1975 verwirklicht werden würde, stimmte die Hälfte der Bevölkerung mit den Füßen ab: Die Leute erwarben ein Flugticket nach Amsterdam, bevor sie ihren niederländischen Pass für einen surinamischen würden abgeben müssen. Vor allem die Kreolen in Surinam zog es in die sagenumwobene neue Stadt, deren Ruhm bis über den Atlantischen Ozean gedrungen war: In *Bimri*, das wussten sie, erwartete sie eine goldene Zukunft.

Bimri steht für Bijlmermeer, einen Polder südöstlich von Amsterdam, wo Ende der sechziger Jahre gewaltige Apartmentblocks aus dem Boden gestampft worden waren. Fußgänger und Autoverkehr waren strikt voneinander getrennt. Gigantische Tiefgaragen standen für die Amsterdamer bereit, die es zu einigem Wohlstand gebracht hatten und hier eine schöne große Wohnung mieten sollten.

Die Niederländer aber fanden Bijlmer zu abgelegen, hart und unmenschlich, kurzum: zweite Wahl. Wer sich in Amsterdam niederlassen wollte, war oft gezwungen sich dort Wohnraum zu suchen, betrachtete ihn jedoch als Zwischenstation. Für die meisten einheimischen Bewohner war der Bijlmer eine Art Wartezimmer, von dem aus sie nach etwas Besserem Ausschau hielten. Als die surinamischen Immigranten zu Tausenden in die Niederlande kamen, fanden sie hier ohne Schwierigkeiten Wohnungen. Solange sie arbeitslos waren, hatten sie Anspruch auf Sozialhilfe und Wohngeld, das die Regierung denjenigen gewährte, die sich eine dieser teureren Neubauwohnungen eigentlich noch nicht leisten konnten. Bimri wurde schnell zur zweitgrößten surinamischen Stadt nach Paramaribo. Die Hindus hingegen entschieden sich eher für Den Haag, weit weg von den Kreolen.

Viele kreolische Surinamer ließen sich auch in Rotterdam nieder, vor allem im Stadtteil 'Alt-West', wo es verwahrloste Wohnungen gab, die man ohne weiteres mieten konnte, weil sie nicht länger den Ansprüchen der einheimischen Rotterdamer genügten.

So entstanden Viertel mit deutlich ausländischem Charakter, vor allem deshalb, weil die Niederlande als Kolonialmacht niemals die Beherrschung der niederländischen Sprache und Kenntnis der Kultur zur Bedingung für die Menschen gemacht hatten, über die sie herrschten. Eine Gesellschaft, in der die Souveränität in den eigenen Kreisen so groß geschrieben wird, erwartet so etwas natürlich nicht. Was das betrifft, waren van Vollenhovens Ehrfurcht für die *Adat* und Snouck Hurgronjes Respekt vor der Kultur des Ostens vielleicht ethnozentrisch-niederländischer als ihnen selbst klar war.

6. Eine Ehrenschuld

Die Neuankömmlinge mussten einen Platz auf dem Arbeitsmarkt erobern

Die Neuankömmlinge mussten einen Platz auf dem Arbeitsmarkt erobern. In ihren Augen stellte sich dies vordergründig als nicht so schwierig dar, denn es gab Arbeit für alle, mehr als die Niederländer selbst erledigen konnten.

Die Hochkonjunktur der sechziger Jahre hatte tatsächlich zu einem Mangel an Arbeitskräften geführt. Lohnerhöhungen hatten die Kaufkraft der unteren Schichten beträchtlich erhöht. Dennoch blieb es schwierig Arbeitskräfte zu finden, vor allem für einfache Tätigkeiten. Drastische Lohnerhöhungen hätten Abhilfe schaffen können oder auch ein verstärkter Eintritt von Frauen in den Arbeitsprozess wie z.B. in Finnland. Doch diesen Weg beschritten die niederländischen Arbeitgeber nicht. Stattdessen begannen sie mit staatlicher Unterstützung Arbeitskräfte im Mittleren Osten und Nordafrika, vor allem in Marokko und Tunesien, anzuwerben. Sie folgten dabei dem Vorbild Deutschlands, wo ebenfalls Arbeitskräftemangel herrschte.

In Marokko und in der Türkei grassierte die Arbeitslosigkeit. Die Niederlande schufen in Absprache mit deutschen Instanzen Anwerbebüros, um sich nicht allzusehr in die Quere zu kommen. Da die Deutschen sich bereits auf die großen Städte richteten, konzentrierten sich die Niederlande auf ländliche Gebiete. So kamen Berber und Leute aus Anatolien in die Niederlande. Sie beabsichtigten einige Jahre hart zu arbeiten um sich dann zu Hause selbstständig zu machen und vertauschten ihr Landleben mit dem in einer großen westeuropäischen Stadt.

Die meisten Gastarbeiter holten ihre Familie nach

Diese Immigranten, die man 'Gastarbeiter' nannte, wurden in Pensionen untergebracht und machten bald schmerzliche Erfahrungen. Im Vergleich zum Heimatland waren nicht nur die Löhne hoch, sondern auch die Preise, was das Sparen erschwerte. Außerdem gestaltete sich das Leben weit weg von der Familie in einer fremden Kultur schwieriger als erwartet, vor allem da man letztlich doch mehr oder weniger an die neue Umgebung gebunden war. Die meisten Gastarbeiter ließen schließlich ihre Familien nachkommen und die niederländische Regierung konnte sich dem schwerlich widersetzen. Christliche Politiker priesen das Ideal der Familie, Sozialdemokraten konnten sich aufgrund ihrer Ideologie dem Wunsch der Gastarbeiter mit ihren Familien vereinigt zu werden ebensowenig verschließen. So entstanden dauerhafte türkische und marokkanische Gemeinschaften, obwohl Umfragen ergaben, dass man nach wie vor von der Rückkehr ins eigene Land träumte. Doch auch die Betroffenen selbst sahen ein, dass dies ein Traum bleiben würde.

1973 machte die erste Ölkrise dem Mythos vom unaufhörlich steigenden Wohlstand ein Ende. Europa erlebte eine echte wirtschaftliche Rezession, es gab wieder Arbeitslosigkeit. Gleichzeitig mussten arbeitsintensive Industriezweige wie zum Beispiel Textilwirtschaft und Schiffbau erkennen, dass sie gegen die billigere Konkurenz aus Schwellenländern keine Chance hatten. Automatisierung und Digitalisierung forderten ebenfalls ihren Preis. Heute liegt die Arbeitslosigkeit unter Ausländern doppelt so hoch wie im ganzen Land. In Rotterdam, wo mehr als 100 000 Ausländer ein Fünftel der Bevölkerung ausmachen, stellen diese 36 Prozent der registrierten Arbeitslosen.

Arbeitslosengeld bedeutet ein niedrigeres Einkommen. Nach Hause zurückkehren ist keine Lösung, da die Arbeitslosigkeit im Herkunftsland noch größer ist. Generationen wuchsen auf, die nicht etwa Marokko oder die Türkei, sondern die Niederlande als ihr Zuhause betrachten. Was als Übergangslösung gedacht war, wurde aufgrund der Umstände zu dauerhafter Einwanderung.

Die surinamischen Zuzügler trafen nach der ersten Ölkrise ein. Die demokratische Regierung, die 1975 dort die niederländische Flagge einholte, versank in einem Sumpf von Korruption und Günstlingspolitik. 1980 putschte sich die Armee an die Macht und Surinam bekam in der Person von Sergeant Desi Bouterse einen echten Diktator. Als Bouterse persönlich bei der Ermordung politischer Gegner mitwirkte, stellten die Niederlande die Zahlung des Unabhängigkeitsbonus ein und Surinam geriet in den Strudel der Verarmung. Die Demokratie ist zwar mittlerweile wieder hergestellt, doch die Politiker, die während des Unabhängigkeitsprozesses in Misskredit geraten waren, sind wieder an der Macht und die Armee bleibt ein einflußreicher Faktor im Hintergrund.

So endete auch die Dekolonisierung von Surinam mit einem Trauma. Surinamer in den Niederlanden sahen sich auf einen Arbeitsmarkt geworfen, der keineswegs auf sie gewartet hatte. Genauso wie die Minderheiten aus Marokko und der Türkei lernten sie die Arbeitslosigkeit kennen.

Die meisten Arbeitgeber entscheiden sich letztendlich doch für einen Niederländer

Die Konkurrenzfähigkeit aller Minderheiten war und ist bei Bewerbungen gering. Letztendlich entscheiden sich die meisten Arbeitgeber doch für einen Niederländer. Artikel 1 des Grundgesetzes verbietet zwar eine solche Bevorzugung, doch eine Bewerbungskommission findet natürlich immer Möglichkeiten die Gesetze zu umgehen. Zudem sind Angehörige von Minderheiten oft nicht ausreichend für einen Arbeitsmarkt qualifiziert, auf dem man von Bewerbern immer mehr erwartet. Sogar den Kindern der Immigranten fehlt es häufig noch an ausreichender Schulbildung, obwohl die jüngere Generation oft bereits in den Niederlanden geboren und aufgewachsen ist.

Wer Statistiken zum Bildungssektor liest, fühlt sich in ein Land der Dritten Welt versetzt. Einer kleinen Gruppe von Ausländern gelingt der Aufstieg; sie schließen ein Universitätsstudium erfolgreich ab und gehören irgendwann zur Mittelklasse. Die Mehrheit aber scheitert früher oder später. Ausländer sind bei den qualifizierten Berufsausbildungen kaum vertreten und bei ihnen ist die Durchfallquote hoch. Anscheinend finden sich nur die Cleversten im niederländischen Bildungssystem zurecht.

Das hängt mit der niederländischen Kultur und niederländischen Traditionen zusammen. Minderheiten finden sich in einem Konsenssystem wieder, in dem man Respekt vor Menschen aus anderen Kulturen hat und Hilfe nur leistet, wenn sie erbeten wird. In der Türkei, in Marokko oder auch in Surinam ist das anders. Im Allgemeinen haben die Minderheiten aus islamischen Ländern eine stark patriarchalische Kultur, in der großer Respekt vor elterlicher Autorität besteht und eine eigene Meinung bei Kindern als Widersprechen gilt. Auch Hindus sind streng hierarchische Familienstrukturen gewöhnt.

Für Kreolen und Antillianer gilt das in viel geringerem Maße. Sklavenhalter waren an engen Familienbanden auf den Plantagen nicht interessiert, da diese ihre Macht hätten verringern können. So entstand eine Kultur sich stets ändernder Beziehungen, wobei die Mutter für die Kinder veranwortlich war. Noch immer sind Familienbeziehungen bei Kreolen und Antillianern oft um Frauen herum aufgebaut, die über große mentale Stärke verfügen und nicht nur für den Haushalt, sondern auch für das Einkommen verantwortlich sind. Um in Surinam zu überleben muss man über Improvisationsvermögen verfügen und stets nach persönlichen Vorteilen auf der Jagd sein, so dass sich stets wechselnde Gelegenheitskoalitionen bilden. In der Politik bedeutet das: Ich tu dir einen Gefallen und du verschaffst mir ein Pöstchen. Das erschwert das Operieren in einer von einheimischen Niederländern dominierten Gesellschaft, vor allem solange man die Sprache nicht gut genug beherrscht um ihre Nuancen erfassen zu können. Missverständnisse sind praktisch vorprogrammiert, wenn der eine Gesprächspartner davon überzeugt ist sich einen Vorteil zu verschaffen oder einen Handel abzuschließen, während der andere versucht einen Konsens herbeizuführen, der alle verschiedenen Meinungen unter einen Hut bringt.

Die ersten Kinder aus Minderheiten, die eine niederländische Schule besuchten, erlebten eine Überraschung. Der Unterricht begann mit einem Gespräch in der Runde, wobei der Lehrer sich als Gleicher unter Gleichen präsentierte. Der Lehrstoff wurde nicht einseitig aufgezwungen, sondern oft zur Diskussion gestellt. Die Didaktik zielte auf eigenständiges Lernen ab und darauf, dass Gruppen gemeinsam Lösungen zu einer Frage erarbeiteten. Eine buchstabengetreue Reproduktion des Inhalts von Schulbüchern war nicht gefragt und Lehrer beurteilten ihre Schüler nach ihrer Kreativität und ihrem

Vermögen kritisch zu denken. Dagegen waren in der Kultur, der die Kinder entstammten, Vorschriften und das Nachahmen dessen, was den Kindern gezeigt wurde, wichtig. Eigenständiges Denken gilt als Errungenschaft, die man sich in diesen Kulturen nur durch viel Lebensweisheit zu eigen machen kann; Kinder haben sich still zu verhalten und Respekt zu zeigen.

Wenn man dann auch noch die Sprache nicht beherrscht, weil man zu Hause Türkisch oder Sranan Tongo spricht, wird alles noch schwieriger.

Es gehört nicht zum niederländischen Stil eine Anpassung an die einheimischen Sitten zu verlangen. Im Gegenteil, wie zu van Vollenhovens Zeiten achtete man Sprache und Kultur der Ausländer. Das Bildungsministerium veranstaltete anfänglich für die Neuankömmlinge nicht etwa Kurse in Niederländisch, sondern in der jeweils eigenen Sprache. Dafür wurden im Ausland Lehrkräfte angeworben – alles vor dem Hintergrund der Souveränität in eigenen Kreisen, doch auch als Antwort auf den Wunsch nach Rückkehr: Die in den Niederlanden aufgewachsene Generation sollte sich auch im eigenen Land zurechtfinden können.

Der Staat förderte überdies die Selbstorganisation von Minderheiten mit einem gut entwickelten Subventionsmodell. Eine Reihe sozialer Stiftungen unter Leitung der Elite der Minderheiten selbst, derjenigen mit guter Ausbildung, entstand. Sie betrachteten sich als Vertreter der Bevölkerungsgruppen, die man in den Niederlanden als ihre Anhänger ansah, auch wenn nur schwer nachzuweisen war, inwieweit diese Stiftungen in den eigenen Kreisen verwurzelt waren.

Diese Anführer setzten sich – so gut sie eben konnten – für ihre Klientel ein, prangerten tatsächliche und vermeintliche Diskriminierung an und propagierten die eigene Sprache und Kultur. Sie forderten eine positive Diskriminierung, um der Benachteiligung auf dem Arbeitsmarkt ein Ende zu setzen, genauso wie es die Feministinnen taten, die mit beachtlichem Erfolg ähnliche Ziele verfolgten.

Bei den offiziellen Instanzen stießen sie auf viel Sympathie, denn Diskriminierung aufgrund von Rasse oder Herkunft war verpönt. So steht es nicht umsonst in Artikel 1 des Grundgesetzes. Und nicht umsonst hat man so entschieden die koloniale Vergangenheit verurteilt.

Die in den siebziger Jahren tonangebende Generation wollte nichts mit dem zu tun haben, was frühere Generationen der Kolonialzeit normal und akzeptabel gefunden hatten. Sie hatten gelernt die koloniale Vergangenheit als verwerflichen Imperialismus zu definieren, für den die Niederlande sich schämen mussten. Außerdem stand alles, was auch nur im Geringsten mit Diskriminierung zu tun hatte, nicht nur im Zusammenhang mit dem Kolonialismus, sondern auch mit der Judenverfolgung während des Zweiten Weltkriegs, gegen die die Niederlande, so der breite Konsens, sich nicht entschieden genug zur Wehr gesetzt hatten. Drittens gab es das schlechte Beispiel der entfernten Verwandten, von denen die Niederländer sich in den letzten Jahren distanziert hatten: der 'Afrikaaner'.

Diese führen ihre Abstammung auf die einzige echte niederländische Ansiedlung zurück, die während der Zeit der Vereinigten Ostindischen Kompanie entstanden war: die Kapkolonie, die als Proviantstation für Schiffe auf dem Weg nach Niederländisch-Indien gegründet worden war. Die Kompanie hatte um ihren Hafen herum ein Stück Land bebaut. Zwar war dieses Land – ebenso wie Ceylon – an die Engländer gefallen, doch die dortige Bevölkerung bewahrte sich ihren eigenen Charakter und entwickelte sogar eine dem Niederländischen eng verwandte Sprache, Afrikaans.

Ihre Eigenständigkeit erhielten sich die Afrikaaner aufgrund ihrer Bibeltreue, wobei sie die Heilige Schrift sehr eigentümlich interpretierten. Sie entnahmen ihr, dass sie sich aufgrund ihres Wissens um die göttliche Wahrheit als auserkorenes Volk betrachten durften, im Gegensatz vor allem zu den schwarzen Kindern des Sünders Cham. So entstand schließlich die *Apartheid*-Ideologie, die im Prinzip auf einer rassistischen Interpretation von Abraham Kuypers Säulendenken beruhte. Die Kontakte zu den Niederlanden waren nämlich unverändert erhalten geblieben. Paul Krüger, Präsident der Afrikaaner, führte um die Jahrhundertwende einen verzweifelten Krieg gegen die Vorherrschaft der Engländer und wurde in den Niederlanden als Held betrachtet. Die Solidarität mit den Afrikaanern war zu jener Zeit groß. Fast jede Stadt, ob klein oder groß, besitzt ein aus jener Zeit stammendes Afrikaanerviertel, dessen Straßen nach Krüger und seinen Generälen benannt sind.

Manchmal findet sich allerdings ein Straßenschild neueren Datums, zum Beispiel einen Steve-Biko-Platz, wofür dann das Straßenschild mit dem Namen eines Generals Platz machen musste, denn in den siebziger und achtziger Jahren hatte der ANC die Stelle der Afrikaaner eingenommen. Bei seinem ersten Besuch in Amsterdam, kurz nach seiner Freilassung, wurde Nelson Mandela von Zehntausenden von Niederländern begeistert empfangen, genauso wie man 1901 Paul Krüger bejubelt hatte. Die Jubelnden in Amsterdam distanzierten sich damit von einem weiteren Stück 'verkehrter' Geschichte.

Daher konnte man in den Niederlanden nichts dulden, was auch nur den Anschein von Apartheid erweckte. Ohnehin wurde in der südafrikanischen Propaganda vielfältig auf die keineswegs paradiesischen Zustände hingewiesen, unter denen Ausländer in den Niederlanden lebten.

Doch für die Leute im Bijlmer war dies nicht genug

Die meisten Medien vermeldeten nach Protesten aus den Kreisen von Minderheiten irgendwann die Herkunft von Festgenommenen nicht mehr, weil das schließlich unerheblich war und man ja auch nie die Überschrift „Niederländer bei Einbruch gefasst" las. Die Polizei musste ausweichende Formulierungen verwenden, wenn es bei einer Fahndung um die Personenbeschreibung nicht-niederländischer Verdächtiger ging, sonst wurde eine Beschreibung schnell als rassistisch eingestuft.

Doch für die Leute im Bijlmer und ähnlichen Stadtvierteln war dies nicht genug. Die Kinder schafften die kulturell für sie so fremde Schule nicht. Bewerbungen waren zwecklos, auch weil jemand, der einigermaßen Niederländisch spricht, noch lange keinen grammatikalisch korrekten Brief schreiben kann. Die Minderheiten gerieten in vielerlei Hinsicht ins Hintertreffen. Sie konnten sich weniger gut durchsetzen, waren Gefangene einer Gesellschaft mit vielen Verlockungen und wenig Aussichten.

Es gibt eine Reihe von Möglichkeiten um diese Situation für den Einzelnen erträglicher zu machen; darunter zwei Extreme: ein fast vollständiges Zurückziehen in die eigenen Traditionen und die Selbstisolierung oder die völlige Loslösung davon. Die meisten Ausländer entscheiden sich für einen Mittelweg, so dass sie im Prinzip nicht auffallen. Wer sich jedoch für ein Extrem entscheidet, fällt umso mehr auf. Für viele Türken und Marokkaner bleibt der traditionelle Islam eine Stütze. Sie halten sich mehr denn je an traditionelle Gesetze und Gewohnheiten. Sie verurteilen die Niederlande – mit Miniröcken und Sex im Fernsehen, mit Drogen und Alkohol – als Sündenpfuhl. Innerhalb des Islam, mit rund 300 000 Gläubigen zweitgrößte Religion in den Niederlanden, gewinnt das Kopftuch an Bedeutung. Es unterscheidet strenggläubige Frauen optisch deutlich von allen anderen.

Gleiches gilt für die, die sich keine Beschränkungen mehr auferlegen. Ein oberflächlicher Beobachter der Niederlande kann zu der Überzeugung gelangen, dass hier tatsächlich alles erlaubt ist, dass Frauen, die sich sexy anziehen, auf der Suche nach Sex sind, dass man mit öffentlichem Eigentum nicht pfleglich umzugehen braucht, dass man in den öffentlichen Verkehrsmitteln schwarz fahren kann, weil einen doch niemand kontrolliert. Der Verstoß gegen Normen ist auch kein allzu großes Problem, da die Strafen gering und Ehrfurchtsbezeigungen nicht erforderlich sind. Aber andererseits gehört man doch nicht dazu, denn Arbeit gibt es nicht. Vor allem in patriarchalischen Familien spielen sich Generationenkonflikte ab, denn die Kinder müssen immer wieder umschalten zwischen einer Wirklichkeit, in der die elterliche Autorität im Mittelpunkt steht, und einer Außenwelt, die eine eigene Meinung und Initiative verlangt. Die väterliche Autorität wird von der Gesellschaft nicht anerkannt, jedenfalls nicht auf die für die Väter gewohnte Art und Weise. Das führt zu Krisen und so erliegen Jugendliche aus Minderheiten viel schneller den Verlockungen des freien Lebens, den Drogen und der mit ihnen einhergehenden Kriminalität. Jemand, der diesen Weg wählt, ist deutlich zu erkennen. Ein Kreole mit Entzugserscheinungen, der in der Straßenbahn mit einem Messer herumfuchtelt, wird von den anderen Reisenden schnell als exemplarisch für seine ganze Gemeinschaft angesehen. Gleiches gilt für gebeugte Frauen im langen Mantel und schwarzen Kopftuch. Diese Menschen sind anders, doch nicht wie die Javaner, die sanftmütigsten Menschen auf Erden, sondern eher beängstigend. „Khomeini auf der Tapete", sang der berühmteste niederländische Kabarettist Wim Kan Anfang der achtziger Jahre, um die Ängste des Normalbürgers zu beschreiben. Die Minderheitenorganisationen protestierten ganz zu Recht gegen die ethnische Stigmatisierung festgenommener Verdächtiger in Zeitungsberichten.

Eine ganze Reihe urbaner Mythen über Minderheiten

Seit den siebziger Jahren gibt es eine Reihe urbaner Mythen über Minderheiten, die auf einer unzureichenden Kenntnis der einschlägigen Gewohnheiten beruhen, die jedoch nie präzise zu benennen sind. Es geht dann zum Beispiel um das Schlachten von Schafen. Bei einer 'Bekannten' tröpfelt Blut vom Balkon oder sogar durch die Zimmerdecke, weil die Marokkaner, die über ihr wohnen, Schafe schlachten.

Das ist nicht das einzige Beispiel. Die Kinder eines anderen Bekannten können sich bewerben, soviel sie sollen, sie werden doch immer abgewiesen, weil bevorzugt Ausländer eingestellt werden. Man braucht sich gar nicht erst um eine Sozialwohnung zu bemühen, denn Ausländer (inzwischen auch Asylbewerber) gehen vor. Ein Polizist hat tatsächlich einmal zu meinem Neffen gesagt: „Man braucht so einen Ausländer gar nicht erst festzunehmen, denn nach einer Stunde läuft er sowieso wieder frei herum. Sie brauchen gar nicht erst Anzeige zu erstatten." So etwas wird auch im Zusammenhang mit Drogenabhängigen gesagt. Die Polizei rät übrigens immer zu einer Anzeige.

Und schließlich: Den Ausländern geht es gut. Sie bekommen Kindergeld für ihre zehn Kinder, die angeblich in Marokko leben.

Das zähe Leben solcher urbaner Mythen beweist, dass zwischen den verschiedenen Gruppen in der niederländischen Gesellschaft Spannungen existieren. Die offizielle Toleranz ist in den weniger gebildeten Bevölkerungsschichten kaum oder gar nicht vorhanden. Es herrschen Misstrauen und Angst, mit denen die Leute schlecht umgehen können. Niemand weiß, wie tief dieses Misstrauen sitzt, denn rassistisch zu interpretierende Äußerungen sind tabu. Meist werden sie mit der Bemerkung: „Ich habe nichts gegen ..., aber ..." eingeleitet. Wenn sich Anwohner dem Bau einer Moschee widersetzen, argumentieren sie mit knappem Parkraum oder Lärmbelästigung. Übrigens wird dann immer behauptet, dass ein solches Gebetshaus durch die Konzentration von Muslimen zu „Rassismus und Diskriminierung" führt, etwas, was der Sprecher selbst natürlich ablehnt.

Offizielle Stellen haben diesen Unterton lange ignoriert. Zu schnell wurde eine Verbindung zum Nationalsozialismus hergestellt, und mit Faschisten diskutiert man nicht. So einfach ist das. Kein Platz den Rassisten!

„Wer wird denn hier eigentlich diskriminiert? Die Niederländer!" konnte man in mancher Kneipe hören, wenn der Alkohol einmal das historische Verständnis lahmgelegt hatte. Und vielleicht sogar schon vorher.

In den siebziger Jahren waren vor allem kreolische Surinamer Gegenstand der Gespräche am Stammtisch, heute sind es Marokkaner und Türken, die man offenbar für gefährlicher hält. Dies dürfte wohl mit den Berichten über anti-westliche muslimische Führer wie zum Beispiel in Iran zusammenhängen. Schnell neigen Leute dann dazu, ein Kopftuch mit dem *Tschador* gleichzusetzen und dessen Trägerinnen als Khomeinis Fünfte Kolonne anzusehen. Ein Kopftuch gilt dann flugs als Vorbote des Fundamentalismus, der 'demnächst' hier 'die Macht übernimmt'. Diese Angst ist erstaunlich weit verbreitet und auch in progressiven Kreisen vorhanden. In einer stark vom Feminismus beeinflussten intellektuellen Gesprächskultur versteht man nur schwer, dass das Tragen eines Kopftuches auf eine wohldurchdachte, bewusste Entscheidung zurückgehen kann und dass damit nicht etwa Unterwürfigkeit gegenüber dem Mann – dem man keineswegs gefallen möchte –, sondern gegenüber Gott zum Ausdruck gebracht wird.

Im Prinzip ist dies gar nicht so schlecht für eine Gesellschaft, die den Rassismus bekämpfen will, denn es bedeutet, dass die Ausländerhaltung auf Vorurteilen und Angst vor Fremdem beruht, nicht auf der Überzeugung, dass die weiße Rasse anderen überlegen ist oder bessere Eigenschaften als diese besitzt. Vorurteile verschwinden einfacher als Ideologien, mit Fakten und guten Beispielen, mit Sommerkarneval und anderen angenehmen Erfahrungen kann man sie bekämpfen.

Auch ein Spaziergang über die West Kruiskade in Rotterdam oder die Hobbemastraat in Den Haag lässt hoffen. Diese sind belebte Einkaufsstraßen in großen Arbeitervierteln, in denen heute viele Ausländer wohnen. Türkische, surinamische und marokkanische Geschäfte reihen sich aneinander, denn manch ein Immigrant hat den Traum vom eigenen Geschäft nicht zu Hause, sondern bereits hier verwirklicht. Die Geschäfte richten sich zwar in erster Linie an die eigene Gruppe, doch der Kundenkreis wird immer größer. Immer mehr einheimische Niederländer wissen, dass man ausgezeichnetes Lammfleisch am besten bei türkischen oder marokkanischen Metzgern kaufen kann. Auch die Küche der Minderheiten setzt sich durch. Es wird für Niederländer stets alltäglicher, beim Surinamer um die Ecke Roti zu essen, wenn sie keine Lust haben selbst zu kochen. Die Minderheiten entwickeln ihren eigenen Mittelstand. Kleinunternehmer setzten sich durch. Vorläufig ist das nicht genug um den Rückstand zu beseitigen, doch es eröffnet eine Perspektive, und zwar keine von außen auferlegte, sondern eine selbst entwickelte, ohne wohlmeinende niederländische Institutionen und Stiftungen aus den eigenen Reihen. Selbstemanzipation ist das Stichwort.

Andererseits verlieren gerade die Politik und der Staat ihre Behutsamkeit gegenüber Minderheiten und vertreten immer mehr Überzeugungen, die man am urholländischen Stammtisch hören kann.

Die Katastrophennacht im Bijlmer

Fünfzehn Jahre nach dem massenhaften Zuzug von Surinamern herrschten geteilte Meinungen über die Entwicklung im Bijlmermeer. Viele Menschen fürchteten sich dort. An den mit Graffiti bedeckten Metrostationen auf dem Weg dorthin lungerten Junkies herum. Die Polizei hatte das Stadtzentrum von Amsterdam 'gesäubert', so dass die Junkies in den großen dunklen Tiefgaragen der Satellitenstadt Unterschlupf suchten. Das ganze Stadtviertel war allerdings für abweichendes Verhalten wie geschaffen. Die Architektur erschwerte eine soziale Kontrolle. Die Bewohner erreichten ihre Wohnungen nur durch Hunderte Meter lange Gänge. Aus den Fenstern waren die Parks zwischen den enormen Gebäuden kaum einzusehen. Wer wollte, konnte problemlos die Bewohner eines ganzen Apartmentgebäudes terrorisieren, indem er zum Beispiel den Aufzug funktionsunfähig machte. Die Umgebung verwahrloste. Entmutigende Berichte über den Bijlmer wurden veröffentlicht. Die Wohnungsbaugesellschaften, Eigentümer der Gebäude, begriffen, dass sie verhängnisvolle planerische Fehler gemacht, ein Ghetto geschaffen hatten. Man beschloss zwei Komplexe abzureißen, weil sie total heruntergekommen waren.

Soweit ein Gesicht des Bijlmer. Gleichzeitig gab es ein ganz anderes. Obwohl es nicht so aussah, hatte sich ein soziales Netzwerk gebildet, das sich dem Blick der Behörden und ihrer Wohlfahrtsstiftungen entzog. Der Bijlmer schuf sich mit dem Wochen andauernden Kwakoe-Festival, entstanden aus dem Fußballturnier surinamischer Clubs, ein Äquivalent zum Rotterdamer Sommerkarneval, das jährlich Hunderttausende Bucher anlockte.

Sonntags erklangen aus den Stadtteilzentren Musik und Gesang; das waren keine Feste, sondern Gottesdienste. Bimri hatte sich zu einem sehr religiösen Stadtviertel entwickelt, obwohl die Kirchen kaum Kontakt zum offiziellen Kalvinismus hatten. Sie ähnelten eher Sekten, die in den Niederlanden ihren Glauben relativ verkrampft ausüben. Außerdem war der Bijlmer zum Zentrum des afro-surinamischen Winti-Glaubens geworden. Medien hatten sogar Kontakt zu niederländischen Wintis aufgenommen, wie zu denen der von den Nationalsozialisten vergasten Juden, die ursprünglich im angrenzenden Amsterdam-Süd gewohnt hatten. So konnte man im Bijlmer das Drama von Mokum fühlen.

Diese soziale Schattenstruktur verschloss sich allerdings dem flüchtigen Betrachter, der etwas verloren vor den Graffitis in der verwahrlosten Metrostation stand. Er sah die Drogen von einer Hand in die nächste gleiten, registrierte die zerstörte Straßenbeleuchtung und fürchtete sich davor, irgendwo in der Hochhauswüste überfallen zu werden. Bimri offenbarte sich einem nur zögerlich und dann auch nur in einer außergewöhnlichen Situation.

Am 4. Oktober 1992 geriet ein Frachtflugzeug der El Al, das gerade von Schiphol gestartet war, in Schwierigkeiten. Der Pilot kreiste über Amsterdam und suchte nach einer freien Landebahn in Schiphol. Zweimal überflog die Maschine das Stadtzentrum – dass etwas nicht in Ordnung war, war so offensichtlich, dass sogar im Radio eine Meldung kam. Beim dritten Versuch verlor die Boeing schnell an Höhe und bohrte sich schließlich in das Apartmentgebäude De Kruitberg im Bijlmer – am Sonntagabend gegen sieben, zur *Prime Time*, zu der sich die Niederländer im Fernsehen *Studio Sport* ansehen. CNN war noch etwas früher zur Stelle als das niederländische Fernsehen NOS.

Man konnte das Drama live im Fernsehen verfolgen: Haushohe Flammen schlugen aus dem teilweise verwüsteten Gebäude. Aus dem ganzen Stadtviertel strömten die Leute zum Schauplatz der Katastrophe. Es war klar, dass niemand diesem Inferno hatte entkommen können. Sicherlich hatte es Hunderte von Toten gegeben. Man sah die hohen Flammen, die hektisch arbeitende Feuerwehr, verzweifelte Menschen und ein sofort eingerichtetes Krisenzentrum, die Polizei, die Neugierige im Zaum hielt, den schockierten Bürgermeister, Augenzeugenberichte. Schnell wurde deutlich, dass im Kruitberg vor allem Surinamer und Ghanaer wohnten; wie viele wusste allerdings niemand. Die Reporter berichteten, es sei durchaus möglich, dass viele Menschen dort gewohnt hatten, nicht nur die offiziellen Mieter, sondern auch illegale, Menschen, die in den Niederlanden untergetaucht waren, um in der Schattenwirtschaft Geld zu verdienen. Es konnten durchaus auch tausend Menschen umgekommen sein, doch diese waren nirgendwo registriert.

Es dauerte Tage, bis alle Leichen geborgen waren. Die Behörden gingen über eine Woche lang davon aus, dass etwa 250 Tote zu beklagen waren. Eine Welle der Emotionen und des Mitleids ergoss sich über das Land. Die Katastrophe im Bijlmer war mehr als eine Woche lang Gesprächsthema Nummer eins. Ein beeindruckender Gedenkgottesdienst wurde abgehalten, bei dem nicht nur der Ministerpräsident, sondern auch Vertreter der Minderheiten im Bijlmer das Wort ergriffen. Schließlich zogen zwanzigtausend Menschen unter Leitung des Bürgermeisters zum Unglücksort um Blumen niederzulegen. Viele Gläubigen äußerten ihre Trauer sehr lebendig, im Fernsehen wurden die verschiedenen Riten gezeigt, mit denen Angehörige anderer Kulturen ihrer Trauer Ausdruck verleihen. Die Tragödie hatte tiefe Eindrücke bei allen hinterlassen, die Nation war eins mit den Opfern. Eigentlich eine Gelegenheit, um sich gut zu fühlen. Die trauernden Niederlande waren stolz auf sich selbst.

Die Behörden versprachen den Opfern, zu denen man ausdrücklich auch die Anwohner der Umgebung rechnete, die durch die Katastrophe einen psychischen Schock erlitten hatten, jegliche erdenkliche Hilfe und Unterstützung.

So wurde zum Beispiel allen illegalen Bewohnern der verwüsteten Apartments eine Aufenthaltsgenehmigung versprochen, sofern sie sich bei der Ausländerpolizei meldeten. Dort meldeten sich jedoch fast zweitausend Personen, die sämtlich behaupteten, Bewohner des Gebäudes gewesen zu sein. Es war eine bunte Gesellschaft, die im Laufe der Zeit immer aggressiver wurde. Journalisten entdeckten, dass sie in Bussen bis aus Paris gekommen waren, um diese Chance zu nutzen. Es dauerte lange, bis man der Schar Herr geworden war, und schließlich erhielten etwa fünfzig Opfer eine Aufenthaltsgenehmigung.

Dadurch schlug die Stimmung radikal um, denn dies bestätigte alle Vorurteile, die die Bilder von der eigentlichen Katastrophe mit einer dünnen Schicht von Emotionen bedeckt hatten. Das Bild vom guten, gefühlvollen, mitleidigen Bijlmer verschwand von einem Tag auf den anderen.

Woher kamen diese Leute eigentlich? In den achtziger Jahren waren die Niederlande genauso wie die anderen Länder der Europäischen Union zum Einwanderungsland geworden. Kenner der Problematik hatten dafür eine einfache Erklärung: Wenn der Reichtum nicht zu den Menschen kommt, kommen die Menschen zum Reichtum. Eine weltweite Völkerwanderung auf der Suche nach Arbeit und Existenzsicherheit kam in Gang und erreichte auch die Niederlande.

Doch diese hatten genauso wie andere Länder ihre Grenzen für mittellose Ausländer geschlossen. Sie bekamen keine Aufenthaltsgenehmigung und schon gar keine Arbeitserlaubnis. Ausnahmen gab es nur für Leute, die im eigenen Land aufgrund ihrer politischen Überzeugung verfolgt wurden und beweisen konnten, dass ihr Leben in Gefahr war. Sie konnten politisches Asyl erhalten, was im Prinzip Gleichstellung mit Niederländern – abgesehen vom Wahlrecht – bedeutet. Politisches Asyl wird jedoch nur in Ausnahmefällen gewährt.

Auch eine Liebesbeziehung mit einem niederländischen Staatsbürger kann eine Aufenthaltsgenehmigung sichern, die jedoch erst dann unbefristet erteilt wird, wenn diese Beziehung mindestens drei Jahre besteht. Schließlich kann man auch noch in die Illegalität untertauchen; in einer Demokratie mit offenen Grenzen kein großes Problem. Wer einmal die Grenze überschritten hat, zum Beispiel mit einem Touristenvisum, hat nichts mehr zu befürchten, solange er nichts tut, was ihn mit der Polizei in Berührung bringt, zum Beispiel öffentliche Verkehrsmittel ohne Fahrkarte zu benutzen.

Die Behörden jedoch schlossen immer mehr Lücken im Netz der Vorschriften. Sie stellten Bedingungen für die Familienzusammenführung auf. Offizielle Verfahren dauerten lange und kosteten viel Mühe. Trotzdem konnte man den Eindruck erhalten, dass die Niederlande eine Festung waren, die von Horden Mittelloser belagert wurde, die ebenfalls von den Segnungen der entwickelten Industriegesellschaft profitieren wollten.

Illegale lieferten Arbeitskräfte für die Schattenwirtschaft. Im ganzen Land entstanden Nähereien, in denen sie für niedrige Löhne schufteten. Bauern und Gemüse- oder Blumenzüchter heuerten sie für die Ernte, Gastronomen für ihre Restaurantbetriebe und Kneipen an. So entstand in den Niederlanden eine hart arbeitende, schlecht bezahlte Unterklasse, deren Bedeutung für die Wirtschaft und die Produktion schwer einzuschätzen ist. Auch die Prostitution wurde international. Ab und zu kam ein Skandal ans Licht, wenn zum Beispiel Bordellbesitzer Mädchen aus Asien oder Lateinamerika aufgrund ihrer Schulden praktisch als Sklavinnen beschäftigten. Eine willkürliche Auswahl der Anzeigen (anderthalb Seiten) aus *De Telegraaf* vom 7. Oktober 1994, in denen Sex angeboten wird: „*Teap Bandal*, südamerikanische Mädchen", *chinesischer* Teenager, 18 Jahre, und unwiderstehliche Blondine", „Liebe *Thai*-Mädchen in luxuriöser Umgebung. Gönn dir ein Bad im Whirlpool oder eine thailändische Body-Massage. Auch thailändische Herrinnen und SM-Räume vorhanden". Dann folgen Telefonnummer und/oder Adresse.

Dieser illegale Kreislauf geriet nach der Katastrophe im Bijlmer an die Öffentlichkeit. Es stellte sich heraus, dass abgesehen von Türken, Marokkanern und Surinamern große Gruppen Ghanaer in Amsterdam wohnten, aber auch Südamerikaner, u.a. Tausende von Brasilianern, die vor der Krise im eigenen Land geflüchtet waren. Pakistanis hatten den Weg in die Niederlande gefunden und nach dem Fall des Eisernen Vorhangs waren Russen, Polen und vor allem auch Rumänen hinzugekommen. Die Kanäle der Asylbewerberbetreuung waren schließlich verstopft.

Politisch Verfolgte müssen ein Verfahren durchlaufen, in dem das Justizministerium festzustellen versucht, ob ihre Behauptungen der Wahrheit entsprechen. Dabei geht man von vornherein davon aus, dass die meisten Asylbewerber keine politischen, sondern Wirtschaftsflüchtlinge sind. Der Ausdruck 'Wirtschaftsflüchtling' ist seit den achtziger Jahren sehr negativ besetzt. Man sieht sie als Menschen, die die in den Niederlanden vorhandenen Möglichkeiten missbrauchen. Ab und zu hört man zwar auch, dass die Niederlande als wohlhabendes Industrieland sowieso ein Einwanderungsland sind, so dass es ehrlicher wäre, Einwanderungsquoten einzuführen, doch diese Stimmen können sich bislang nicht durchsetzen. Politiker und Behörden reagieren grundsätzlich mit dem Argument: „Die Leute müssen ihr eigenes Land aufbauen", oder: „Man muss ihnen im eigenen Land helfen". Dazu muss gesagt werden, dass die Immigranten nur selten aus einem der vielen Länder kommen, mit denen die Regierung einen Vertrag zur Entwicklungszusammenarbeit von wesentlichem Umfang abgeschlossen hat.

Frits Bolkestein, einst Chef der konservativ-liberalen Volkspartei für Freiheit und Demokratie (VVD), war der erste Politiker, der sich die Stammtischgespräche zu Herzen nahm. Er vertrat nachdrücklich den Standpunkt, dass die Niederlande kein Einwanderungsland seien und forderte geschlossene Grenzen. Außerdem – so fand er – mussten sich die in den Niederlanden lebenden Ausländer anpassen. Mit der bisherigen nachgiebigen Politik musste Schluss sein. Bolkestein fand sofort Zustimmung. Der sozialdemokratische Staatssekretär im Justizministerium Aad Kosto bemühte sich die Lücken im Ausländergesetz zu schließen und leitete entsprechende Maßnahmen ein. Die Möglichkeiten für Asylbewerber gegen einen negativen Bescheid Berufung einzulegen wurden drastisch beschnitten. Prompt gingen die niederländischen Richter – stolz auf eine Tradition der Unabhängigkeit, Sorgfalt und des Eigensinns – dazu über, Asylanträge noch sorgfältiger zu studieren und im Zweifel für den Asylbewerber zu entscheiden, getreu dem Prinzip: „Im Zweifel für den Angeklagten".

Wer eine Liebesbeziehung mit einem Niederländer aufbauen möchte, muss erst im eigenen Land bei der Botschaft der Niederlande eine Aufenthaltsgenehmigung beantragen. Auch der Partner in den Niederlanden muss einige Bedingungen erfüllen. Er muss über eine ordentliche Wohnung verfügen und ein eigenes Einkommen von rund viertausend Gulden brutto im Monat erzielen, ein Betrag, der beträchtlich über dem Mindestlohn und dem Sozialhilfeniveau liegt. Damit sollen Scheinehen vereitelt werden. Es gab nämlich Niederländer, vor allem im Drogenhandel, die sich durch eine Ehe mit einem Ausländer einen Nebenverdienst verschafften. Sobald die Aufenthaltsgenehmigung erteilt war, wurde die Scheidung eingereicht. Eine Maßnahme, mit der ein ausländischer Partner zum Vorrecht Arbeitender gemacht wird, sollte eigentlich nicht unumstritten sein. Doch das Gesetz passierte das Parlament ohne Probleme und in der Öffentlichkeit gab es kaum Proteste.

Die Medien gaben ihre Zurückhaltung beim Aufzeigen des Zusammenhangs zwischen sozialen Problemen und der Zusammensetzung der Bevölkerung allmählich auf. Sie erwähnten wieder die Herkunft verdächtiger Personen und berichteten ausführlich über marokkanische und antillianische Jugendbanden, die die großen Städte unsicher machten, und betonten, dass die Marokkaner oder Antillianer nicht etwa wegen ihrer Herkunft kriminell geworden waren, sondern weil sie sich in der für sie so andersartigen niederländischen Gesellschaft nicht zurechtfanden. Normalerweise aber zeigte man anklagend mit dem Finger nicht auf die Gesellschaft, sondern auf die Betroffenen. Dies alles stand im Zusammenhang mit der neuen Härte, die sich in Einsparungen im Sozialsystem äußerte. Die Menschen mussten sich bemühen, ihre Probleme selbst zu lösen und – so dachte man – die große Mehrheit der Ausländer führt ein ruhiges Leben und verursacht keine Probleme.

Bei den Behörden entstand eine Stimmung, die sich radikal von der herkömmlichen Praxis unterschied. Die Minderheiten, so hieß es nun, seien jahrelang 'verwöhnt' worden und in eine Situation der Abhängigkeit geraten. Jetzt war es an der Zeit, etwas von ihnen zu fordern. Wer zum Beispiel die Sprache nicht lernen wollte, sollte auch keine unbefristete Aufenthaltsgenehmigung bekommen.

Diese Haltung brachte einige schmerzliche Tatsachen ans Licht, zum Beispiel, dass es nicht genügend Sprachkurse für Ausländer gab und dass diese Kurse ohnehin vom Engagement ehrenamtlich Tätiger abhängen. Bei Ausländern war durchaus Interesse für solche Kurse vorhanden; doch erst einmal wurde man auf entmutigend lange Wartelisten gesetzt. Es ist durchaus in Ordnung Bedingungen aufzustellen, aber es muss natürlich die Möglichkeit geben sie zu erfüllen.

Die Versäulung von einst als Vorbild

1994 beschloss die Regierung, mit Neuankömmlingen zukünftig einen Einbürgerungsvertrag abzuschließen. Zu einem Vertrag gehört das Festlegen von Rechten und Pflichten. So muss ein Ausländer die Möglichkeit haben die Behörden vor Gericht in Verzug zu setzen, wenn sie ihm nicht ausreichend Möglichkeiten bieten die Bedingungen – zum Beispiel das Erlernen der Sprache – zu erfüllen.

Das Recht der Minderheiten auf ihre eigene Sprache und Kultur bleibt hiervon unberührt. Der Respekt davor steht nicht zur Diskussion. Im Gegenteil. Vor allem christdemokratische Politiker weisen die Minderheiten auf die Versäulung von einst als Vorbild hin. Das heißt, nicht individuelle Integration ist gefragt, sondern die der Gruppe als Ganzes. Muslime und Hindus entdecken, dass die niederländischen Bildungsgesetze es ihnen ermöglichen Schulen auf weltanschaulicher Grundlage zu errichten, die vom Kultusministerium finanziert werden, das den Schulen, was den Religionsunterricht betrifft, völlige Freiheit gewährt. Natürlich wird kontrolliert, ob der Unterricht den sonstigen Bedingungen entspricht, die für alle Schulen gleichermaßen gelten. Liberale und Sozialdemokraten sind über diese Versäulungstendenzen weniger glücklich, weil sie sie als eine Art historischer Regression betrachten. In Kreisen von Niederländern wird über diese Dinge sachlich diskutiert.

So scheint die ethische Politik noch immer zu existieren. Niederländer diskutieren über die beste Methode Minderheiten zu – persönlicher und wirtschaftlicher – Selbstständigkeit zu erziehen. Sie tilgen eine Ehrenschuld und bestimmen selbst, auf welche Weise. Inzwischen gehen die Minderheiten ihren eigenen Weg, sie emanzipieren sich außerhalb aller Strukturen und guten Absichten.

Der Rotterdamer Sommerkarneval am letzten Samstag im Juli ist das beste Beispiel für selbstständige Aktivitäten. Wie sie es machen, weiß niemand, aber sie schaffen es immer, dass die Sonne scheint.

Trotz der tiefhängenden Wolken.

EPILOG

Das böse Wasser und die böse Welt

DIES, DIRCEU, IST DIE GESCHICHTE VOM TIEFEN HIMMEL und den fünfzehn Millionen Menschen, die darunter wohnen. Unwillkürlich muss ich an die Aufkleber denken, die eine deiner Firmen verteilt: „Brasilien, was wir am meisten brauchen, ist Liebe" und „Brasilien, wir halten zu dir!" Aufkleber mit solchen Sprüchen würden wir Niederländer uns nie an die Stoßstange kleben. Wir scheuen vor allzu deutlicher Umarmung unseres Vaterlandes zurück, denn das wirkt gleich so übertrieben und überschreitet eigentlich die Grenzen dessen, was man als normales Verhalten ansieht.

Dieses Buch hat – wie ich hoffe – deutlich gemacht, wer wir sind, wie wir vorzugsweise miteinander umgehen und welche Reflexe unser Dasein bestimmen. Das heißt aber noch nicht, dass der niederländische Volkscharakter sich problemlos definieren lässt. Dieses Thema ist seit einiger Zeit sogar Gegenstand einer Debatte in den Feuilletons unserer nationalen Medien, in denen man eine gewisse Neubewertung des Patriotismus feststellen kann.

Das hängt mit der Tatsache zusammen, dass das Aussehen der Niederlande sich ständig verändert. Die europäische Einheit kommt zwar sehr langsam, aber doch unaufhaltsam zu Stande. Die Niederlande bereiten sich darauf vor das Symbol des Nationalstolzes und der Tüchtigkeit, nämlich den Gulden mit der Abbildung der Königin, zugunsten der Einheitswährung Euro abzuschaffen. In einem solchen Moment frage ich mich unwillkürlich, was uns eigentlich von den anderen Mitgliedern der Föderation unterscheidet, welches unsere spezifischen Charakterzüge sind. Braucht ein so kleines Land wie die Niederlande nicht ein erkennbares Bindemittel?

Die Ergebnisse dieser Debatte sind nicht uneingeschränkt positiv. Die Definition des 'Niederländischseins' ergab ziemlich viele Eigenschaften, die jede humane Gesellschaft kennzeichnen. Niederländer sind angeblich von Natur aus demokratisch eingestellt, tolerant, friedfertig, auf Kooperation statt auf Konflikt bedacht. Die Gesellschaft in ihrer heutigen Funktion nährt diesen Gedanken, aber es führt doch zu weit ihn mit einer Art nationalem Fundament zu untermauern, den Gedanken zu hegen, dass solche vortrefflichen Eigenschaften den Niederländern nun einmal im Blut liegen. Das jedenfalls behaupten die Gegner der gerade erwähnten neuen Patrioten.

Trotzdem sagt diese Diskussion etwas über den Volkscharakter aus. Der Verweis auf die allgemeine demokratische Gesinnung und das Gefühl für *overleg* waren ein Echo des 19. und des beginnenden 20. Jahrhunderts, als die Niederlande sich noch der eigenen Neutralität erfreuten und die Machtpolitik der Großmächte mit einer gewissen selbstsicheren Herablassung beobachteten. Niederländer waren viel zu vernünftig um sich von wohlfeilen Emotionen und Ambitionen beherrschen zu lassen, sie waren mit sich selbst und ihrem ordentlichen Land zufrieden. Gemeinsam gingen sie ihrer Zivilisationstätigkeit nach und hatten damit alle Hände voll zu tun.

Doch patriotische Gefühle erleben eine Blütezeit, sobald ein Land mit einer nationalen Sternstunde konfrontiert wird, wie die Natur sie Anfang 1995 den Niederländern schenkte. Das Wasser demonstrierte wieder einmal seine Kraft.

Diesmal jedoch klopfte es im Gegensatz zu 1953 nicht an die Haustür. Es gab keinen Orkan und die Nordsee verhielt sich friedlich. Unvorhergesehen führten Maas und Rhein, die zusammen den größten Teil des Deltas bilden, in dem die Niederlande liegen, ungeahnte Wassermengen heran. Der Wasserpegel stieg auf eine neue Rekordhöhe und es sah so aus, als ob die Flussdeiche dieser Gewalt nicht würden standhalten können. Nicht weil sie zu niedrig waren, sondern weil sie sich wie Schwämme verhielten, etwas, was für viele Niederländer neu war. Sie saugten sich voll mit Flusswasser, was die Gefahr von Deichbrüchen mit sich brachte, nach denen die Flüsse freies Spiel gehabt hätten.

Für die Betuwe, ein Obstanbaugebiet in der Mitte des Landes, und eine Reihe umliegender Gebiete an den Armen von Rhein und Maas (zusammen ein breiter Landstrich, der unser Land von Osten nach Westen etwa in der Mitte durchschneidet) bestand große Gefahr.

Mitte Januar war das Wasser so hoch gestiegen, dass die Behörden sich zur Evakuierung entschlossen und 75 000 Menschen ihre Wohnungen sofort verlassen mussten.

Die Aktion verlief reibungslos. Die Polizei räumte die Autobahnen für die Evakuierung, das geräumte Gebiet wurde hermetisch von der Außenwelt abgeschlossen um Plünderungen zu verhindern. Das Ganze war eine Art Abenteuer. Die kommerziellen Fernsehanstalten veranstalteten einen erfolgreichen Wohltätigkeitsabend für die Opfer, die mit ihren Mittelklasseautos samt Anhängern zu Verwandten gezogen waren oder in Massenunterkünften einquartiert wurden. Reporter waren zahlreich zur Stelle um die Evakuierten zu interviewen. Doch die Katastrophe fand nicht statt. Es kostete ziemlich viel Mühe Leute zu finden, die bereit waren öffentlich Tränen zu vergießen oder große Angst zu zeigen.

Trotzdem fühlte sich die Nation vereint

Trotzdem einte die Nation ein Zusammengehörigkeitsgefühl, das man jahrelang nicht gekannt hatte. Eine Art erhabener Stolz hing über dem Land. Die Regierung kündigte sofort Deichverstärkungen an, die im Rahmen eines Zweiten Deltaplans präsentiert wurden, denn noch einmal wollte man sich von den Wassermassen nicht überraschen lassen. Als das Wasser abgeflossen war, kehrten die Evakuierten in Sonderzügen und ihren Mittelklassewagen so diszipliniert in ihre Häuser zurück, wie sie sie verlassen hatten. In ihren Briefkästen fanden sie Briefe ihrer Gemeindeverwaltung mit einem Willkommensgruß und einer Reihe von Mitteilungen. Jeder Haushalt erhielt etwa 500 Gulden Schadensersatz, für Betriebe und Bauern gab es Sonderregelungen. Der nationale Konsens war vollkommen, höhere Deiche waren geplant, alles andere war sekundär.

Die Diskussion über den Nationalcharakter lebte auf. Die Beinahe-Katastrophe illustrierte ungemein anschaulich, wie Niederländer alle miteinander Widerstand leisten und letztendlich durch eine Kombination aus Improvisationsvermögen, Tatkraft, Eintracht und Entscheidungsfreudigkeit alle Probleme überwinden. Ein jeder, dessen Wiege im nassen Delta stand, konnte sich glücklich preisen.

Einige Monate nach der vermiedenen Überschwemmungskatastrophe wurden die Niederländer – gewollt oder ungewollt – mit einer neuen Katastrophe konfrontiert: dem Fall der Enklave Srebrenica. In der UNO-Schutzzone Srebrenica sollten bosnische Muslime vor den „ethnischen Säuberungen" der Serben bewahrt wurden, die das Land in ihrem eisernen Würgegriff gefangenhielten. Ein niederländisches Bataillon (*Dutchbat*) sollte die feindlichen Parteien auseinanderhalten. Dieses war gemäß UNO-Bestimmungen nur leicht bewaffnet und hatte für einen militärischen Gegenschlag unzureichende Befugnisse. Der serbische Generalstab fuhr in gestohlenen niederländischen Geländeautos herum und verzichtete auch nicht auf dieses Transportmittel, wenn er zu Unterhandlungen mit dem Kommandanten von Dutchbat erschien.

Für die Niederlande war es eine Selbstverständlichkeit ein Kontingent für die bosnische Friedenstruppe bereitzustellen. Das Land ist ein Verfechter internationaler Schiedsgerichte als Mittel zur Konfliktbewältigung und überzeugtes und aktives Mitglied der Vereinten Nationen. Die niederländische Armee hatte bereits Erfahrungen mit Friedensmissionen im Libanon und in Kambodscha. Nach dem Fall der Berliner Mauer und dem Ende des Kalten Krieges beschloss die Regierung die Armee so umzugestalten, dass sie vor allem für Friedensoperationen einzusetzen ist. Man schuf eine 'Luft-Einsatzbrigade' und wirbt das Personal mit Fernsehspots an, in denen junge holländische Männer in bergigen, also außerordentlich fremdartigen Gebieten einen Staudamm 'sichern'. *Join the army* und – so lautet der unausgesprochene Gedanke der Textschreiber – hilf den Frieden in der Welt zu erhalten.

Dutchbat jedoch wurde mit nicht kompromissbereiten Serben konfrontiert, die vom Friedensprozess nichts wissen wollten und sich am Verhandlungstisch absolut nicht so verhielten, wie es die Niederländer von ihnen erwarteten. Der Diplomat und Politiker Hans van den Broek hatte während seiner letzten Monate als niederländischer Außenminister noch Erfahrungen mit den Serben gesammelt. Als EU-Vertreter vereinbarte er in Jugoslawien am laufenden Band Feuerpausen, die in der Regel keine 24 Stunden hielten. Dem durchschnittlichen Dutchbat-Soldaten fiel es immer schwerer seine Anwesenheit in diesem Bürgerkrieg zu rechtfertigen. „Sollen Jim der Muslim und Aad der Kroat sich doch allein einigen", klang in ihren Briefen nach Hause immer öfter durch.

Beschämende Tage

Schließlich eroberten die Serben unter General Mladic die Enklave Srebrenica ohne irgendwelche Gegenwehr. Dutchbat wehrte sich nicht, weil dem Bataillon dafür die Ausrüstung fehlte. Außerdem erstreckte sich das UNO-Mandat nicht auf Kampfhandlungen. Und schließlich nahmen die Serben auch noch einige hundert niederländische Soldaten als Geiseln.

Es folgten beschämende Tage. Vor den Augen von Dutchbat trennten die serbischen Streitkräfte die männlichen Muslime von ihren Frauen und Kindern und transportierten letztere in überfüllten Bussen zur Front, wo sie in der Nähe der muslimischen Linien freigelassen wurden. Die Männer verschwanden 'zum Verhör' in Lagern. Über die ganze Welt wurden Fernsehbilder verbreitet, auf denen man sah, wie die niederländischen Blauhelme dieser Selektion zusahen.

Die Niederlande reagierten erstaunlich zurückhaltend auf diese Ereignisse. Außenminister Hans van Mierlo erklärte vor den Fernsehkameras, dass die Serben alle Trümpfe in Händen hätten und er ohne „Wechselgeld" verhandeln müsse. Erste Priorität war es die niederländischen Soldaten unversehrt aus Srebrenica herauszubekommen.

Inzwischen mehrten sich die Hinweise auf Gräueltaten der serbischen Streitkräfte gegenüber den Flüchtlingen. Die Niederlande reagierten darauf mit einem 'Maulkorberlass' für ihre Soldaten um ihre entführten Kameraden nicht in Gefahr zu bringen. Nur der Minister für Entwicklungszusammenarbeit, Jan Pronk, nannte die Dinge beim Namen und erklärte, dass die Weltgemeinschaft – nicht die Niederländer allein – unverzüglich etwas gegen diese Gräueltaten unternehmen müsse. Sofort hagelte es Kritik von allen Seiten, denn er hatte 'unsere Jungs' gefährdet.

Diese Jungs kehrten schließlich in kleinen Grüppchen zurück, denn die Serben ließen ihre Gefangenen nur Mann für Mann frei. Ein Kontingent von Psychologen stand bereit, um diesen Kämpfern beim Verarbeiten ihrer zweifellos traumatischen Erfahrungen zur Seite zu stehen. Die Regierung bereitete der ersten Gruppe Rückkehrer auf dem Militärflughafen Soesterberg einen triumphalen Empfang.

Allerdings gab es auch kritische Stimmen. So behaupteten manche Journalisten, dass die Besorgnis um das Wohlbefinden 'unserer Jungs' im umgekehrten Verhältnis zur Sorge um das Schicksal der zehntausenden Muslime stand, die aus der Enklave verschwunden und Mördern und Vergewaltigern ausgeliefert waren, obwohl sie sich unter den Schutz von Dutchbat begeben hatten. Solche Kritik führte ausnahmslos zu allgemeiner öffentlicher Empörung. Weiterhin fiel auf, dass die Zeitung *De Telegraaf* ab dem vierten Tag der Krise keine Berichte über Bosnien auf der ersten Seite mehr brachte, sondern anderen Themen das Hauptaugenmerk widmete. Die Redaktion, die wie keine andere die Stimmung des Volkes einzuschätzen vermag, wollte die Leser nicht allzu sehr beunruhigen.

Die anderen Zeitungen berichteten weiterhin über die Gräuel auf dem Balkan, aber die Unterstützung für die Haltung der Regierung und das Auftreten von Dutchbat blieb weitgehend erhalten. Der Tenor lautete: „Wir haben alles getan, was in unserer Macht stand und man kann uns keine Vorwürfe machen. Erste Priorität ist es nun Dutchbat möglichst unversehrt nach Hause zu bekommen."

Die Geschehnisse in Srebrenica führten keineswegs zum kritischen Nachdenken über den nationalen Charakter oder die fatalen Konsequenzen, die sich aus dem Patriotismus ergeben können.

Im Gegenteil neigte man nun eher dazu sich ganz von globalen Krisenherden zurückzuziehen. Die Niederlande sind nun einmal Teil einer bösen Welt und von der sollte man sich möglichst fernhalten. Protestdemonstrationen oder Briefaktionen fanden nicht statt. Der Nation fiel es nicht schwer wegzusehen, wenn die Bilder allzu schockierend waren.

Ein niederländischer Soldat war tatsächlich in Srebrenica gefallen. Alain Franco, der niederländische Korrespondent von *Le Monde*, schrieb dazu mit beißender Ironie: „Der Tod des Blauhelms Raviv van Renssen war für jedermann ein großer Schock. 'Wir sind es nicht gewöhnt, dass einer 'unserer Jungs' im Ausland getötet wird', sagt ein Diplomat, der ab nächster Woche in der Botschaft in Paris für Presse und Kultur zuständig sein wird. Er hat Recht. Glücklicherweise haben die Niederlande damit wenig Erfahrung. Das Nachhauseschicken eines Leichensacks, ein offizielles Begräbnis, die Trauer von Familie und Bekannten, die in jedem Wohnzimmer auf dem Fernsehgerät zu sehen ist, all das ist nicht normal. Und die Regierung möchte gerne, dass das so bleibt. 'Wir sind ein kleines Land mit begrenzten Möglichkeiten', sagte mir ein höherer Beamter im Außenministerium. 'Wir verfügen nicht über die große Macht, die Frankreich oder Großbritannien haben. Deshalb können wir wenig tun.' *La belle affaire*! Die Niederlande, kleinstes der großen, größtes der kleinen europäischen Länder, das Land, das so gerne auf der internationalen Bühne mitspielen möchte, ist wasserscheu." Franco empfahl den Niederlanden eine weniger ehrgeizige Außenpolitik zu betreiben, wenn sie nicht bereit seien Risiken einzugehen.

Doch die Erinnerung ist flüchtig. Vier Jahre nach der Katastrophe von Srebrenica befanden sich die Niederlande einen oder zwei Monate lang tatsächlich im Krieg. Der Kriegsschauplatz lag nicht sonderlich weit entfernt von dem unglücklichen Städtchen, nur einige Stunden, in der serbischen Provinz Kosovo. Niederländische Kampfflugzeuge waren Teil der NATO-Luftstreitmacht, die die Serben bombardierte um das Land zum Abzug aus dem Kosovo zu zwingen. Als ein niederländischer Pilot ein feindliches Flugzeug abschoss, berichtete die Presse darüber mit großer Begeisterung. Erstmals seit dem Zweiten Weltkrieg hatte ein niederländischer Pilot tatsächlich einen Feind vom Himmel geholt. Sein Kommandant mutmaßte, dass Prinz Bernhard persönlich eine Belobigung aussprechen werde.

Srebrenica war allerdings in der Zeit davor regelmäßig aus der Anonymität der täglichen Berichterstattung aufgetaucht. Das Verteidigungsministerium hatte die Vorgänge zur Zeit der Massaker von Srebrenica untersuchen lassen, man erhielt allerdings immer mehr den Eindruck, dass bei dieser Untersuchung nicht gerade schonungslos vorgegangen wurde. Die Position der politisch Verantwortlichen stand zur Diskussion. Zur Zeit der Massenmorde richtete sich die Aufmerksamkeit der Journalisten in Den Haag noch ausschließlich auf den Verteidigungsminister: „Ist seine Position gefährdet oder nicht?" Diese Frage wurde nachdrücklich gestellt, aber der Minister trat nicht zurück. Auch für die militärischen Oberbefehlshaber des Landes hatten die Vorgänge keine Konsequenzen außer einigen Beförderungen auf andere Posten. Schließlich erhielt das Reichsinstitut für Kriegsdokumentation den Auftrag die Geschehnisse wissenschaftlich aufzuarbeiten. Das Institut hat in manchen Kreisen den Ruf allzu ausgeprägter Obrigkeitshörigkeit, jedoch zu Unrecht. In seinen Untersuchungen über den Zweiten Weltkrieg hat es sich durch unermüdliche Nachforschungen ohne Ansehen der Person ausgezeichnet. Andererseits ist es jedoch nicht dafür bekannt schnell Ergebnisse zu liefern. Wer dem Institut einen Auftrag erteilt, kann sich einer langen Verschnaufpause sicher sein. Einige Abgeordnete wollten eine parlamentarische Untersuchungskommission erzwingen, ein Vorschlag, der mit dem Hinweis auf den wissenschaftlichen Forschungsauftrag erfolgreich abgeschmettert wurde.

Man sonnte sich lieber in internationaler Bewunderung. Die *Financial Times* ersann einen Neologismus: das *Poldermodell*, eine Bezeichnung für die beachtliche Methode, mit der die Niederlande sich aus der Krise der achtziger Jahre emporgearbeitet hatten. Internationale Beobachter priesen die Art und Weise, wie Arbeitnehmer und Arbeitgeber miteinander umgehen; wie sie im Interesse des Gemeinwohls und der Arbeitsplätze ihr Bestes tun um Lohn- und Preissteigerungen zu begrenzen. Der Begriff 'Poldermodell' erwies sich schlicht als neues Wort für das uralte niederländische Kompromissmodell, das Suchen nach Übereinstimmung, das Finden von Lösungen, die jedermann zusagen und in denen ein jeder sich erkennt. So ernannten ausländische Meinungsführer die Niederlande doch noch ein wenig zum

Musterland, doch ganz anders, als es den Gesellschaftsreformern der sechziger Jahre vorgeschwebt hatte.

Eine Tragikomödie

Die Gesellschaftsreformer waren seit den achtziger Jahren mehr und mehr an den Rand der öffentlichen Diskussion gedrängt worden, obwohl man bei flüchtigem Hinsehen einen anderen Eindruck erhält, denn die beiden radikal linken Parteien, Grün-Links und die maoistischen Wurzeln entstammende Sozialistische Partei, erfreuten sich eines gesunden Wachstums. Im letzten Herbst des zweiten Millenniums verfügten sie über elf bzw. fünf Sitze im Parlament, mehr als das äußerste linke Spektrum jemals erreicht hatte. Von einer substantiellen Alternative zur Gesellschaftsordnung allerdings, so wie es sie früher gegeben hatte, war keine Rede mehr. Die Sozialistische Partei spezialisierte sich wie schon früher auf das Enthüllen von Skandalen und das Klagen über Amtsmissbrauch und Ausbeutung. Grün-Links hatte deutliche Standpunkte zur Umwelt formuliert, wonach eine intakte Umwelt viel wichtiger sei als Wirtschaftswachstum, aber ansonsten schien die Partei mit dem Poldermodell nicht wirklich unzufrieden zu sein. Auch die Beteiligung an einem 'violetten' Kabinett aus Sozialdemokraten, Liberalen und Linksliberalen sah man durchaus als eine Möglichkeit an.

Große gesellschaftliche Debatten und fesselnde, ideologisch gefärbte Zusammenstöße wie die zwischen Ministerpräsident den Uyl und Hans Wiegel in den siebziger Jahren gab es nicht mehr. Wenn die politischen Gemüter sich überhaupt noch erhitzten, ging es um Einzelfälle und Betriebsunfälle. Ein gutes Beispiel dafür ist der Skandal um Hans Wiegel im Jahre 1999.

Dieser saß inzwischen als *Graue Eminenz* in der Ersten Kammer (vergleichbar dem Bundesrat), wo er mit einem Gesetzesvorschlag des zweiten Kabinetts Kok konfrontiert wurde, mit dem – unter sehr restriktiven Bedingungen – das Instrument des Referendums zu einigen wenigen Themen eingeführt werden sollte. In der Zweiten Kammer hatte dieser Vorschlag, mit dem man einen alten Herzenswunsch des Koalitionspartners D66 erfüllen wollte, kaum Probleme hervorgerufen. Unter den Senatoren jedoch, die ihr Gremium mit Vorliebe als *chambre de réflexion* bezeichnen, gab es viele Gegner einer Volksabstimmung, mit der ihrer Meinung nach der Demagogie und schlecht durchdachter Beschlussfassung Tür und Tor geöffnet würden. Diese Überzeugung hatte insbesondere bei der liberalen VVD, einem der drei Koalitionspartner, viele Anhänger. Vor allem Hans Wiegel war einer der erklärten Gegner des Referendums. Das Vorhaben wurde noch dadurch erschwert, dass hierfür eine Änderung des Grundgesetzes erforderlich war, die mit Zweidrittelmehrheit beschlossen werden muss.

Der eigentlich nicht-politische Charakter des Problems erwies sich in dessen weiterem Verlauf. D66 erhob die Annahme des Gesetzesvorschlags über die Volksabstimmung zur Kabinettsfrage, und zwar – so meldeten alle Beobachter – nicht aus ideologischer Überzeugung, sondern weil die Partei bereits seit zwei Jahren bei Meinungsumfragen schlecht abschnitt. Es lohnte sich also viel Aufhebens um die Volksabstimmung zu machen. Die Minister von D66 kündigten an, dass sie bei Ablehnung des Vorschlags den Sturz der Regierung herbeiführen würden.

Die VVD-Parteiführung setzte daraufhin die eigenen Senatoren mächtig unter Druck, um die Annahme des Gesetzesvorschlags sicherzustellen. Wiegel aber hielt dem Druck stand. Dank seiner Gegenstimme erhielt der Vorschlag nicht die erforderliche Zweidrittelmehrheit. Erstmals in seinem Leben war es dem inzwischen betagten Politiker gelungen ein Kabinett zu stürzen.

In den Wochen danach hüllte Wiegel sich in tiefes Schweigen, vor allem nachdem er auf einem Kongress seiner Partei nicht mit dem üblichen Beifall begrüßt worden war. Man sah ihn als Spielverderber und wohl auch als politischen Amateur, der zum falschen Zeitpunkt für eine Sache, die es eigentlich nicht wert war, Stolpersteine auf den politischen Weg gelegt hatte. Nachdem D66 nach anfänglichem Widerstand letztendlich doch einem Referendum mit lediglich informativem Charakter zugestimmt hatte, blieb die Regierung im Amt. Ein solches unverbindliches Referendum kann im normalen Gesetzesverfahren mit einfacher Mehrheit eingeführt werden.

Der vermeintliche Sprengstoff unter dem Kabinett erwies sich so schließlich doch nur als Knallfrosch, den ein unbesonnener Politiker gezündet hatte.

So löst man Probleme in Zeiten des Poldermodells: Wenn es darauf ankommt, greifen doch alle Rädchen ineinander. Aufs neue hatte man ein Klima erzeugt, in dem die politischen Führer mit der gemeinsamen Verwaltung einer wohlhabenden Nation fortfahren konnten, in der der allgemeine Konsens höchstens durch das Geschrei eines geistig behinderten Obdachlosen auf dem Bahnhof gestört wird. Oder durch einen Bischof Muskens, der in seinen Predigten immer wieder feststellt, dass fünf bis zehn Prozent der Bevölkerung keinen Anteil an dem haben, was man als allgemeinen Wohlstand bezeichnet. Das Symbol des Sommers 1999 waren junge Mädchen, die im Straßencafé per Handy mit ihren Freunden kommunizierten.

Ein Gefühl des Unbehagens

Trotz allem griff ein gewisses Unbehagen um sich, denn so manches passte nicht in dieses friedliche Bild. Es verbreitete sich das Gefühl, hinter der Fassade des Poldermodells verberge sich eine harte und gnadenlose Wirklichkeit. Meinungsumfragen ergaben, dass sich viele Niederländer abends auf der Straße nicht mehr sicher fühlen, dass die Angst vor Überfällen und Vergewaltigungen zunimmt. Zwar belegen Statistiken, dass es durchaus nicht wesentlich gefährlicher ist als früher sich auf öffentlichen Plätzen zu bewegen.

Das subjektive Unsicherheitsgefühl lässt sich dadurch allerdings nicht aus der Welt schaffen, zumal tragische Vorfälle diesem Gefühl Nahrung verliehen. In den neunziger Jahren kamen mehrmals Menschen durch Gewalt auf der Straße um. Das ist schlimm, vor allem wenn es sich um Passanten handelte, die eingriffen, weil andere bedroht wurden. Aus diesem Grund wurde in Amsterdam der Student Joes Kloppenburg von alkoholisierten Gewalttätern erschlagen. In Leeuwarden erlitt Meindert Tjoelker einige Tage vor seiner Hochzeit das gleiche Schicksal. Derartige Vorfälle hatte es auch in den siebziger und achtziger Jahren gegeben. Sie erregten zwar einiges Aufsehen in der Presseberichterstattung, doch es entstand keine allgemeine Empörung.

Anders in den neunziger Jahren. Straßengewalt mit tödlichem Ausgang führt zu großen Demonstrationen der Trauer und des stillen Protests. Gedenksteine werden aufgestellt. Die größte Demonstration in diesem Zusammenhang fand 1999 in der ruhigen Provinzstadt Gorinchem statt. Hier hatten einige wütende junge Männer von außen auf die Tür einer Diskothek gefeuert, weil man ihnen wegen ihres schlechten Benehmens den Eintritt verwehrt hatte. Zwei Mädchen, die zufällig an der Garderobe standen, wurden getötet.

Die niederländische Eisenbahn musste Sonderzüge einsetzen um die Demonstranten zu transportieren und die Zugangsstraßen um das Städtchen herum waren überfüllt. Die Demonstration wurde im Fernsehen übertragen. Ein Massenritual, das sozusagen die Unreinheit der Stadt Gorinchem beseitigte. Mehr als das: Solche Manifestationen machen deutlich, dass derjenige, der solche Gewalt ausübt, damit allgemeiner Verachtung anheimfällt; er wird ausgeschlossen. So zeigen die individualistischen Niederländer ab und zu ein großes Maß an Übereinstimmung.

Dies alles besitzt aber hauptsächlich symbolischen Charakter. Die meisten dieser abscheulichen Morde hatten etwas Wichtiges gemeinsam: Sie wurden in aller Öffentlichkeit vor den Augen vieler Umstehender verübt, von denen keiner eingriff.

Nicht nur sinnlose Gewalt schockierte die öffentliche Meinung. Auch Pädophilie erschien wieder als Thema auf den ersten Seiten der Zeitungen. In den freien siebziger Jahren existierte noch ein relativ weit verbreitetes Verständnis für Pädophilie. Eine Pädophilenorganisation mit dem Namen 'Martijn' konnte noch mehr oder weniger öffentlich agieren. Erwachsene, die sexuelle Beziehungen zu Kindern unterhielten, wurden zwar vor Gericht gestellt, große Skandale jedoch ereigneten sich nicht. Zumeist wurden Lehrer oder Jugendleiter, die sich an Kindern vergriffen hatten, lediglich ohne viel Aufsehen aus dem Dienst entfernt.

Doch dies änderte sich in den neunziger Jahren, vor allem nach der Verhaftung des belgischen Entführers Dutroux, die auch in den Niederlanden große Publizität erhielt. Die Stimmung änderte sich grundlegend. Erwachsene erklärten, als Kind sexuell missbraucht worden zu sein. Die Täter wurden auch nach langer Zeit noch belangt. Entstanden irgendwo Gerüchte über Kindesmissbrauch oder wurde ein Lehrer dabei ertappt, entstand sofort große gesellschaftliche Unruhe. Sie erreichte einen Höhepunkt, wenn irgendwo ein Psychopath ein Kind getötet hatte. Dann legten die Menschen in großer Zahl Blumen am Fundort der Leiche nieder und die Presse beschäftigte sich wochenlang damit, was in den siebziger und achtziger Jahren nicht der Fall gewesen war. Die Behörden legen Kondolenzbücher aus. Als im Sommer des Jahres 2000 in Kampen die unbekleidete Leiche eines erwürgten Mädchens gefunden wurde, bat der Bürgermeister alle Einwohner, während eines Spätnachmittages zum Zeichen der Trauer halbmast zu flaggen. Aktionskomitees organisierten Schweigemärsche und die Hinterbliebenen, Eltern und Familienangehörige, die ihren Verlust am liebsten in aller Stille betrauert hätten, konnten sich nur mit Mühe dieser „Verbündeten" erwehren.

Der Justizminister kündigte eine strengere Bestrafung von Kindesmissbrauch an. Der Besitz von Kinderpornographie wurde nicht mehr geduldet und regelmäßig konnte man Berichte über Leute lesen, die für den Besitz von oder Handel mit Kinderpornographie bestraft wurden, zum Beispiel nachdem sich in ihrem Computer einschlägige Bilder gefunden hatten.

Musste die Nation sich einer Welle des Sex mit Kindern und einer wachsenden Zahl mörderischer Psychopathen erwehren? Die Statistiken zeigen ein anderes Bild, nämlich dass es auf diesem Gebiet abgesehen von kleinen Schwankungen in den letzten Jahrzehnten kaum Veränderungen gegeben hat. Verändert hat sich allenfalls die Reaktion der Öffentlichkeit, die nun eifrig strengere Strafen fordert.

Eine zunehmende Intoleranz gegenüber sexueller Freiheit hingegen war nicht zu beobachten, obwohl der Fraktionsvorsitzende der Christlich-Demokratischen Partei protestierte, als der Privatsender SBS6 im Rahmen einer wöchentlich ausgestrahlten Kuppelshow (ähnlich wie „Herzblatt"), bei der man einen potentiellen Partner finden konnte, auf die Idee kam eine Frau eine Woche lang an fünf Männer anzuketten (oder umgekehrt). Die Sendung fand jedoch wesentlich geringeren – positiven oder negativen – Anklang bei den Zuschauern als *Big Brother* oder dessen Konkurrent auf SBS6, *Der Bus*, in dem eine Gruppe von Menschen in einem Bus Tag und Nacht mit der Kamera beobachtet wird, während das Fernsehpublikum die Möglichkeit hat Teilnehmer abzuwählen. Die Programmmacher hatten in der Öffentlichkeit auf Sex vor laufender Kamera spekuliert, ein Wunsch, der sich zu ihrem Leidwesen weniger erfüllte, als es für die Einschaltquoten gut gewesen wäre.

Die Reaktion des Publikums hatte mit Sex nichts zu tun, vielmehr ging es um die äußerste Form von Machtmissbrauch. Wenn Erwachsene, die sich im Vollbesitz ihrer geistigen Kräfte befinden, freiwillig (auch „schmutzigen") Sex miteinander haben, hat dagegen niemand etwas einzuwenden. Anders sieht es aus, wenn Zwang ausgeübt wird, wenn jemand ein Kind oder eine geistig behinderte Person zu Sex verführt, denn diese verfügen nicht über genügend Urteilskraft um selbstverantwortlich zuzustimmen. Hier handelt es sich nach Meinung der meisten Niederländer um Vergewaltigung; daher die Reaktion, die der auf sinnlose Gewalt ähnelt.

In diesem Zusammenhang kann man die Schweigemärsche, das Niederlegen von Blumen und das Eintragen in Kondolenzregister auch als wachsende Anteilnahme der Gesellschaft am Schicksal des Individuums deuten. Es ist zu einfach dieses Phänomen schlicht als Scharfmacherei oder neokonservativen Widerstand gegen die Fröhlich-Frei-Mentalität der siebziger Jahre abzutun. Hier geht es um mehr, vielleicht um die Suche nach neuen sozialen Zusammenhängen, jetzt wo die Zeit der Versäulung für immer vorbei ist. Dann wiesen die Schweigemärsche über bloße Symbolik hinaus.

Mittlerweile rufen Politiker und Meinungsführer zu einer Rückkehr zur sozialen Kontrolle auf. An Straßenbahnhaltestellen und in öffentlichen Verkehrsmitteln hängen Plakate, die Alternativen aufzeigen. Wer Zeuge von Gewalt wird, tippt drei Zahlen ein: 1-1-2, die landesweite Notrufnummer. Denn die Zahl der Handybesitzer geht inzwischen in die Millionen. Das setzt ein großes Fragezeichen hinter die Analysen des Individualismus und der atomisierten Gesellschaft. Offenbar setzen die Individualisten doch alle Mittel ein um jederzeit erreichbar und immer in der Lage zu sein Kontakt mit anderen aufzunehmen.

Während das Handy zum allgemeinen Gebrauchsgegenstand wurde, stieg auch die Zahl der Internetanschlüsse außerordentlich. Über Glasfaserkabel entstehen so neue Zusammenhänge. Über Diskussionsgruppen zu allen möglichen Themen – von Sadomasochismus bis hin zum christlichen Glauben – entwickelten sich überall neue Netzwerke von Menschen, die miteinander im Kontakt stehen und manchmal sogar sehr Vertrauliches austauschen. Vor allem junge Leute nutzen die Möglichkeiten des Internet, aber auch die ältere Generation hat dieses neue, sehr persönliche Kommunikationsmittel entdeckt: Wer surft, ist nicht allein. Wenn man über ein Handy verfügt, ist der Geliebte immer in der Nähe.

Diese neuen Zusammenhänge aber konnten das gesellschaftliche Unbehagen nicht beseitigen. Dafür erreichen den durchschnittlichen Niederländer zu viele besorgniserregende Signale. Der Staat, dem man immer hatte vertrauen können, scheint nicht so ordnungsgemäß zu funktionieren, wie man dachte. Der Justizapparat ist träge und nicht immer vollkommen. Regelmäßig kommt es vor, dass große Kriminelle aufgrund von Formfehlern freigelassen werden müssen. Das sog. ICT-Team, das in den neunziger Jahren die organisierte Kriminalität bekämpfen sollte, ging so tief in den Untergrund, dass die Grenze zwischen Kriminellen und Polizisten manchmal vage wurde.

Das Team musste aufgelöst werden und der frischgebackene Innenminister Ed van Thijn sah sich zum Rücktritt gezwungen.

Auch die Flugzeugkatastrophe in Amsterdam – der Absturz einer El-Al-Maschine auf ein Wohngebiet – geriet wieder in die Öffentlichkeit. Die vielen Rätsel in diesem Zusammenhang führten zur Einsetzung einer parlamentarischen Untersuchungskommission, die jedoch die Merkwürdigkeiten z.B. bezüglich der 'Männer in Raumfahrtanzügen', die man unmittelbar nach dem Absturz am Unglücksort gesehen haben wollte, nicht aufklären konnte. Genauso wenig wie sie herausfand, was die Ursache der gesundheitlichen Probleme war, über die viele Überlebende und Zeugen des Unglücks klagten. Der Bericht ergab ein schockierendes Bild von schlampig aneinander vorbei arbeitenden Behörden. Ein weiteres Argument dafür sich im Land des Poldermodell nicht sicher zu fühlen. So gingen die Niederländer mit einem leichten Gefühl des Unbehagens ins dritte Jahrtausend.

Hinter unseren Deichen, Dirceu, fühlten wir uns traditionell sicher vor den bösen Fluten und der bösen Außenwelt. Aber jetzt beschleicht uns doch ein gewisses Gefühl der Unsicherheit. Ist mit den Deichen auch alles in Ordnung? Sind es nicht eigentlich Schwämme? Sind sie nicht an manchen Stellen porös? Im Grunde genommen mögen die Niederländer Abenteuer und Risiken überhaupt nicht. Das stimmt größtenteils überein mit dem, was du deiner Tochter geraten hattest: „Hier solltest du nicht bleiben. Hier ist der Himmel zu tief." Vielleicht ist das die zentrale Charaktereigenschaft, aus der sich alles andere ergibt.

Mit einer Feuerwerksfabrik mitten in einem Wohngebiet, die an einem Samstagnachmittag in die Luft fliegt, während wir alle davon überzeugt waren, dass so etwas in einem gut organisierten Land wie den Niederlanden nicht möglich sei, mit all den Flüchtlingen so nahe an unseren Grenzen, mit der Gewalt auf unseren Straßen, dem Schein der Fackeln, der sich während der Schweigemärsche im Licht der Grachten spiegelt, mit all dem fühlen wir uns ein wenig unbehaglich.

Wir fürchten, dass uns trotz des tiefen Himmels Abenteuer bevorstehen.

Friso Wielenga
Vom Feind zum Partner
Die Niederlande und Deutschland
seit 1945

AGENDA

Friso Wielenga

Vom Feind zum Partner

Die Niederlande und Deutschland seit 1945

528 Seiten
DM 59,80/öS 437,–/sFr 54,–/€ 30,58
ISBN 3-89688-072-1

Der Zweite Weltkrieg hinterließ in den deutsch-niederländischen Beziehungen tiefe Spuren, und so galten die Niederlande lange Zeit als „anti-deutsch". Wie wurden die Feinde von einst zu Partnern, und welchen Verlauf nahm in den Niederlanden seit 1945 die Bildformung über Deutschland? In dieser Untersuchung, die auf bis dahin nicht zugänglichem Quellenmaterial beruht, bietet Wielenga eine einzigartige Übersicht über mehr als ein halbes Jahrhundert bilateraler Beziehungen. Das Ergebnis ist eine abwechslungsreiche Studie über den Normalisierungsprozeß zwischen beiden Ländern in seinen vielen Schattierungen zwischen Annäherung und Distanz. Wielenga warnt vor einer Überbewertung der auch heute noch auftretenden Spannungen, zeigt sie in ihrem historischen Kontext und plädiert für mehr Gelassenheit im deutsch-niederländischen Umgang.

agenda Verlag
Hammer Str. 223 • D-48153 Münster • Tel. +49–(0)251–799610
Fax –799519 • E-mail: info@agenda.de
Internet: www.agenda.de

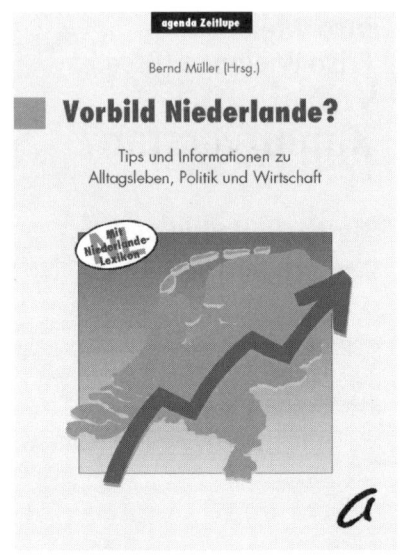

agenda Zeitlupe

Bernd Müller (Hrsg.)

Vorbild Niederlande?

Tips und Informationen zu
Alltagsleben, Politik und Wirtschaft

Mit Niederlande-Lexikon

Bernd Müller (Hrsg.)

Vorbild Niederlande?

Tips und Informationen zu Alltagsleben, Politik und Wirtschaft

Mit Niederlande-Lexikon

256 Seiten
DM 28,–/öS 204,–/sFr 26,–/€ 14,32
ISBN 3-89688-026-8

Die Niederlande – der unbekannte Nachbar? Unser Bild der Niederlande ist nur allzu oft geprägt von Klischees und Pauschalurteilen. Doch wer beruflich oder touristisch mit dem Nachbarland intensiver zu tun hat, sollte mehr kennen als nur die Sehenswürdigkeiten.

Dieses Buch bietet nützliche Handreichungen und Hintergründe über Politik, Wirtschaft und Gesellschaft der Niederlande. Die häufig gepriesene holländische Liberalität wird von den Autoren kontrovers diskutiert. Auch das niederländische Wirtschaftswunder – unter dem Stichwort »Poldermodell« bekannt – wird kritisch unter die Lupe genommen.

Eine Einführung in die »Benimm-Regeln« (Nicht mehr als einen Keks zum Kaffee nehmen!) liefert handfeste Tips für den Aufenthalt im Land. Ein ausführliches Niederlande-Lexikon sowie ein Adreßteil machen das Buch zu einem praktischen Leitfaden.

agenda Verlag

Hammer Str. 223 • D-48153 Münster • Tel. +49–(0)251–799610
Fax –799519 • E-mail: info@agenda.de
Internet: www.agenda.de

Bernd Müller
Friso Wielenga (Hrsg.)

Kannitverstan?

Deutschlandbilder aus
den Niederlanden

208 Seiten, 20 Abb.
DM 19,80/öS 145,–/sFr 19,–/€ 10,12
ISBN 3-929440-63-6

Die deutsch-niederländischen Beziehungen sind in politischer und wirtschaftlicher Hinsicht gut, auf der sozialpsychologischen Ebene kommt es jedoch oft zu Spannungen und Verstimmungen. Die Niederländer haben ein empfindliches Verhältnis zu den ehemaligen Besatzern, und das Bild vom großen Nachbarn ist nicht frei von Vorurteilen und Stereotypen.

Dieses Buch benennt Hintergründe und Zusammenhänge. Die historische Entwicklung der schwierigen Beziehung zwischen Niederländern und Deutschen kommt dabei ebenso zur Sprache wie die verschiedenartigen (politischen) Kulturen in beiden Ländern. Faktenreich wird aufgezeigt, daß die Stimmung in den Niederlanden keineswegs nur „antideutsch" ist, sondern differenzierte Wahrnehmungen existieren. Hier liegen die Ansatzpunkte für ein besseres gegeneitiges Verständnis und eine Überwindung des „Kannitverstan".

agenda Verlag
Hammer Str. 223 • D-48153 Münster • Tel. +49–(0)251–799610
Fax –799519 • E-mail: info@agenda.de
Internet: www.agenda.de